REFA-Fachbuchreihe Unternehmensentwicklung

Prof. Dr. Dietram Schneider

Unternehmensführung
und strategisches Controlling

REFA-Fachbuchreihe Unternehmensentwicklung

Dietram Schneider

Unternehmensführung und strategisches Controlling

– überlegene Methoden und Instrumente sowie postmoderne Relativierungen

5., erweiterte Auflage

HANSER

Die Deutsche Bibliothek – CIP Einheitsaufnahme
Ein Titelsatz für diese Publikation ist bei der Deutschen Bibliothek erhältlich.

ISBN 978-3-446-41316-0

1. Auflage 1997
2., überarbeitete Auflage 2000
3., überarbeitete Auflage 2003
4. Auflage 2005
5., überarbeitete Auflage 2007

© Copyright 2007 by REFA Bundesverband e. V., Darmstadt.
Nachdruck oder fotomechanische Wiedergabe – auch auszugsweise – verboten.
Druck: Druck Partner Rübelmann, Hemsbach

Vorwort (zur fünften Auflage)

Zehn Jahre nach dem ersten Erscheinen geht dieses Buch nun in seine fünfte Auflage. Von der ersten über die zweite und dritte bis zur vierten Auflage ergaben sich immer wieder kleinere Anpassungen und Veränderungen. Allerdings beschränkten sie sich eher auf Details.

Der „inhaltliche Sprung" von der vierten zu dieser nun vorliegenden fünften Auflage fällt dagegen mit einer Aufstockung von rund 80 Seiten viel umfassender und tiefgreifender aus. Er basiert vor allem auf drei Säulen:

Einerseits wurden **zusätzliche Instrumente** aufgenommen (z.B. Balanced Scorecard, Target Costing), während die bereits in den früheren Auflagen dargebotenen Instrumente an zahlreichen Stellen Ergänzungen und Vertiefungen erfuhren.

Andererseits zeichnet sich diese fünfte Auflage vor allem durch eine **Ausweitung des empirischen Datenmaterials** aus. Es soll dem Leser als zusätzliche Illustration und praktische Veranschaulichung der Instrumente und Methoden dienen. Das empirische Material stammt zum Großteil aus dem Fundus von Studien und Projekten, die im Kompetenzzentrum für Unternehmensentwicklung und -beratung (KUBE e.V.) und/oder direkt vom Autor in den letzten Jahren durchgeführt wurden. Unter den Internetadressen www.kube-ev.de sowie www.dietram-schneider.de findet der Leser hierzu noch umfangreicheres und weitergehenderes Material. Außerdem bietet das Literaturverzeichnis am Ende dieses Buches zusätzliche Quellen über Publikationen, in denen die in diesem Buch nur auszugsweise dargestellten Studien- und Forschungsergebnisse einschließlich des empirischen Datenmaterials noch umfassender und tiefgehender beschrieben und behandelt werden.

Darüber hinaus – und dies ist aus Sicht des Autors die Hauptkomponente des „inhaltlichen Sprungs" – zeichnet sich diese fünfte Auflage durch eine **„postmoderne Eröffnung und Durchdringung"** aus. Angeregt und inspiriert durch den seit einigen Jahren betriebenen Austausch mit Philosophen und Soziologen und eines thematisch verwandten Forschungssemesters lag es nahe, sich der Analyse von Beziehungen zwischen postmoderner Philosophie und Gesellschaftsdiagnose einerseits und ökonomischen Theorieansätzen und aktuellen wirtschaftlichen und betrieblichen Verhältnissen andererseits zu widmen. Daraus ergaben sich in vielfältiger Weise neue und vor allem auch kritische Betrachtungswinkel und Einsichten für die Unternehmensführung, das strategische Controlling sowie das dort eingesetzte Instrumentarium. Im Ergebnis führten sie – trotz vieler Relativierungen – nicht zu einer Schwächung oder Vernachlässigung des Eintretens für eine instrumentell-methodisch orientierte Unternehmensführung und ein ebenso fundiertes strategisches Controlling, sondern sie mündeten – ganz im Gegenteil – in ein noch überzeugteres und nachhaltigeres Plädoyer für die instrumentell-methodische Stärkung von Controlling und Unternehmensführung. Postmoderne Philosophie und postmoderne Gesellschafts- und Entwicklungsanalyse diagnostizieren (vereinfacht und verkürzt) auf sämtlichen Ebenen und in sämtlichen Bereichen hohe und noch ansteigende Unsicherheit, wuchernde Legitimitätskrisen von so genannten Meta-Erzählungen und ihren Verkündern, zunehmende Schwierigkeiten für die Trennung von Rationalität und Irrationalität, für die Trennung von Wahrheit und Lüge und für die Trennung von Realität und Simulation. Was als real, wahr, rational, legitim und moralisch erscheint, unterliegt der ständigen Relativierung und Kontingenz – und degeneriert überspitzt formuliert u.a. zu einer Frage der bestehenden Machtverhältnisse, der Mobilisierung von Ressourcen für die Wahrheitsverkündung und für die Erlangung von Deutungshoheit, den Zugangsmöglichkeiten zu den Diskursarenen und der individuellen Kommunikationsfähigkeiten, der sozialen Geltung und dem sozialen Auftritt, dem äußeren freundlichen Schein und dem gekonnten Umgang mit ein- und antrainierten Präsentationstechniken und -technologien. Als Kenner der betriebswirtschaftlichen Szene in Theorie und Praxis kann man sich der Stichhaltigkeit dieser Diagnose für die eigene Disziplin und ihres praktischen Niederschlags in Unternehmen und in den Funktionen Unternehmensführung und Controlling nicht erwehren. Die Ausführungen in Kapitel I, in dem die postmoderne Denkrichtung im Zentrum steht, werden zeigen, dass gerade vor diesem Hintergrund eine Besinnung auf instrumentell-methodisches Know-how für die Führung und das Controlling von Unternehmen von durchschlagender Bedeutung ist. Instrumente und Methoden sind die scharfen und immer wieder zu schärfenden „Spaltwerkzeuge", um trotz – oder gerade wegen – steigender Schwierigkeiten auch zukünftig Wahrheit von Lüge, Realität von Simulation, Sein von Schein und Rationalität von Irrationalität zu trennen. Dies geschieht im vollen Bewusstsein darüber, dass sich mit Instrumenten und Methoden die Realität nie ganz erschließen lässt, dass jedes Instrument Schwächen und Mängel aufweist, dass mit der Hilfe von Instrumenten und Methoden Schein und Irrealität erzeugbar sind und unter ihrem Deckmantel der Irrationalität und der Lüge zur Legitimität und zum Durchbruch verholfen werden kann.

Schließlich sei an dieser Stelle der Hinweis erlaubt, dass es zu diesem (Lehr-) Buch ein **Fallstudien- und Übungsbuch** gibt, das sich zur Vertiefung der Inhalte, zur Vorbereitung auf Prüfungen und Klausuren sowie zum Training in Teams und Gruppen eignet:

Fallstudien- und Klausurtraining zur Unternehmensführung – Case Studies und Multiple-Choice-Aufgaben für Manager, Controller und Berater; Schneider, D., Norderstedt 2007.

Dem REFA-Bundesverband – und dort vor allem Herrn Manfred Stroh – gilt mein Dank für die Weiterführung dieses Buches in der REFA-Fachbuchreihe Unternehmensentwicklung und die hervorragende Zusammenarbeit.

Dietramszell im April 2007   *Dietram Schneider*

Vorwort (zur ersten Auflage)

Erfolgreiche Unternehmensführung bedarf in Zeiten hoher Komplexität und Dynamik einer zunehmenden **methodisch-instrumentellen Unterstützung**. Dies bedeutet nicht, die **unternehmerische Intuitionskraft** zu vernachlässigen. Allerdings wird die Praxis auf sämtlichen Managementebenen schnell zeigen, dass die vielfältigen Herausforderungen durch „unternehmerisches Gefühl", „frühere Erfahrungen" und „tradierte Handlungsmuster" kaum zu bewältigen sind. Daher muss das „Im-Blut-Haben" durch das im „Werkzeugkasten-Haben" ergänzt werden.

Die Pflege, die Weiterentwicklung - aber bei Bedarf auch die Entrümpelung - dieses Werkzeugkastens für die Unternehmensführung obliegen vor allem dem (strategischen) **Controlling**. Das Controlling hilft bei der Navigation des Unternehmens und unterstützt das Management bei der Planung, Steuerung und Kontrolle.

Das vorliegende Buch widmet sich vor allem **der methodisch-instrumentellen Stärkung der Unternehmensführung** und zeigt hierfür dem (strategischen) Controlling als typische Unterstützungsfunktion ein breites Spektrum an Werkzeugen auf. Neben der **Darstellung und Weiterentwicklung traditioneller Methoden und Instrumente** (z.B. Portfolios, Gap-Analyse) erfolgt auch eine **Darbietung moderner und völlig neuer Methoden und Instrumente** (z.B. Conjoint-Measurement, Präferenzmethode, Frequentierungsanalyse, Success Resource Deployment).

Während sich viele der typischen Management-, Controlling- und Consultingmethoden auf die **Disziplinierung und „Bereinigung" der Inputressourcen** konzentrieren und damit häufig **Gegenstrategien und Antipathien** provozieren, fördern diese modernen bzw. „völlig neuen" Instrumente die **kundenorientierte Ausrichtung des Unternehmens und die marktbezogene Vitalisierung von Geschäften, Funktionen und Prozessen**. Durch diesen **Markt- und Outputbezug** produzieren sie für das Management, die Betroffenen und Beteiligten **optimistische Wachstumsperspektiven und positive Voreinstellungen**.

Insofern dürften insbesondere die neueren Methoden besonders auch für **Beratungsunternehmen** von Interesse sein. In diesem Zusammenhang dürfte sich auch die zunehmend beobachtbare **Annäherung zwischen Consulting und Controlling** fruchtbar für die Stärkung des methodisch-instrumentellen Fundaments in Unternehmen auswirken. Was diese „Annäherung" betrifft, so entwickelt sich der Controller immer mehr zum Consulter. Er wirkt häufig in Consulting-Projekten mit, nutzt typische Consultingmethoden in seiner Funktion als Navigator und/oder war früher selbst im Consulting und ist jetzt Controlling-Leiter - oder umgekehrt, der Controller geht Richtung Consulting.

Vorwort

Die **Integration von Controlling und Consulting** kommt auch durch die aktuelle Entwicklung zum Ausdruck, wonach das Management und die Eigentümer von Unternehmen **In-House-Consultingtruppen** aufbauen, die meist Mischfunktionen aus Controlling und Consulting übernehmen. Solche **In-House-Consulter** trifft man heute nicht nur in großen Industriekonzernen, Banken und Versicherungen, sondern mittlerweile auch in steigender Anzahl in Mittelstandsunternehmen. In diesen In-House-Consultingeinheiten kommt es zu einer Akkumulation von (Methoden-) Know-how und einem Sammelbecken von „High-Potentials", aus dem das Management seine Nachwuchskräfte rekrutiert.

Ihnen - den Managern, Controllern und Consultern - sowie denjenigen, die in diesen Bereichen früher oder später tätig werden wollen, ist dieses Buch gewidmet.

Zur Entwicklung und Fertigstellung dieses Buches haben viele Unterstützer und Förderer beigetragen, denen an dieser Stelle der herzliche Dank des Autors gebührt. Zu nennen ist Herr Volker Seitz, der durch unermüdliche Kleinarbeit zahlreiche Korrekturen durchgeführt und viele Abbildungen erstellt hat. Gleiches gilt für Herrn Michael Strey (heute SAP), der dies vor allem auch für die erste Auflage übernommen und für verschiedene Instrumente hervorragende Software-Lösungen auf Excel-Basis erstellt hat (vgl. hierzu Anhang). Frau Michaela Berg (heute Siemens AG) und Herr Andreas Gschmeidler (heute Mummert Consulting AG) haben mich vor allem bei Praxisprojekten, Recherchen und der Anfertigung diverser Zwischenberichte unterstützt. Ein besonderer Dank gilt den Mitgliedern und Beiräten sowie meinem Vorstandskollegen im Kompetenzzentrums für Unternehmensentwicklung und -beratung (KUBE e.V), Herrn Professor Dr. Peter Pflaumer (zum KUBE e.V. vgl. auch Anhang). Sie haben mich in verschiedenen Praxisprojekten, die auch die Grundlage für mehrere Fallbeispiele in diesem Buch bilden, begleitet und unterstützt. Unter www.kube-ev.de und dort unter „Projekte" und „News" werden die verschiedenen Projekte und Studien aktualisiert aufgelistet. Hervorheben darf ich vor allem auch Herrn Dr. Klaus Kaufhold-Belwe, KUBE-Beirat für Controlling und langjähriger Produktmanager für Controlling im REFA-Bundesverband; ihm danke ich für zahlreiche und sehr anregende Fach- und Methodendiskussionen; er hat mich immer wieder auf vielfältige Weise (heraus-) gefordert und gefördert. Schließlich gilt mein Dank Herrn Manfred Stroh vom REFA-Bundesverband. Mit großer Umsicht und redaktionellem Geschick hat er zum Gelingen dieses Buches beigetragen.

Dietramszell im Februar 2003

Dietram Schneider

Inhaltsverzeichnis

Seite

I Führung, Controlling, Planung und postmoderne Relativierungen 15

1 Führung von Unternehmen, Personal und Menschen 15
2 Postmoderne Relativierungen – Führung, Vernunft, Wahrheit, Meta-Erzählungen und Darwiportunismus 20
2.1 Postmoderne als philosophischer Modus des Denkens 20
2.2 Postmoderne als Diagnose der Gesellschaft und ihrer Entwicklung . 23
2.3 Unternehmensführung im Würgegriff postmoderner Widersprüche .. 24
3 Planung und Regelkreis der Unternehmensführung 33
4 Unternehmensführung, Planung und Flexibilität 35
5 Unternehmensführung, Instrumente und Intuition 41
6 Unternehmensführung und Kundenorientierung 44
7 Unternehmensführung und virtuoses Controlling 53

II Voraussetzungen zielorientierter Unternehmensführung 60

1 Zielbildung 60
1.1 Zielbildungsprozess 60
1.2 Zieldimensionen und Zielvertikalisierung 62
1.3 Zielformulierungspräferenzen 65
1.4 Zielbeziehungen 67
2 Planung 70
2.1 Planungsprozess 71
2.2 Planungselemente 72
2.3 Planungsebenen 74
2.4 Planungsansätze 76
2.5 Planungstypen 78
2.6 Planungsrelevanz 80
3 Umweltanalyse 82
3.1 Analyse der globalen Umwelt 82
3.2 Analyse der aufgabenspezifischen Umwelt 85
4 Unternehmensanalyse 90
4.1 Managementanalyse 90
4.2 Potenzialanalyse 91
4.3 Entwicklungsanalyse 92
5 Bildung strategischer Geschäftseinheiten 94

Seite

6 Prognose 95
6.1 Prognoseobjekte 95
6.2 Prognosearten 97
6.3 Prognoseverfahren 100
6.4 Instrumente zur Berücksichtigung der Ungewissheit 104

III Controlling-Instrumente für die Unternehmensführung 108

1 Überblick 108
2 Preispolitische Spielräume 112
3 PIMS 114
3.1 Allgemeine Kennzeichnung 114
3.2 Aussagen 114
4 Erfahrungskurvenkonzept 117
4.1 Allgemeine Kennzeichnung 117
4.2 Empirische Beispiele 119
4.3 Erfahrungskurvenkonzept und strategisches Preisverhalten 121
4.4 Erfahrungskurvenkonzept in der Beschaffung 124
4.5 Erfahrungskurvenstrategie am Beispiel von Ford 129
5 Produkt-Lebenszyklus-Modell 132
5.1 Allgemeine Kennzeichnung 132
5.2 Empirische Beispiele 136
5.3 Marktzyklus und Entwicklungszyklus 137
5.4 Lebenszyklus, Produkt- und Umsatzstruktur-Mix 141
5.5 Lebenszyklus und Wertschöpfungsstrukturen 143
6 Mehrfach ergänzte Gap-Analyse 148
6.1 Allgemeine Kennzeichnung 148
6.2 Marktstrategien zur Schließung von Lücken 149
6.3 Überlegungen zur Strategiewahl 152
6.4 Beispiel einer verfeinerten Produkt-Markt-Matrix 153
6.5 Varianten der Gap-Analyse 155
6.6 Vier-Felder-Matrix der strategischen Verhaltensoptionen 159
7 Portfolio-Methode 163
7.1 Allgemeine Kennzeichnung 163
7.2 Marktwachstums-Marktanteils-Portfolio 164
7.3 Marktattraktivitäts-Wettbewerbsvorteils-Portfolio 171
7.4 ADL-Portfolio-Matrix 177
7.5 Beispiele für Marktattraktivitäts-Wettbewerbsvorteils-Portfolios 178
7.6 Technologie- und Forschungs- und Entwicklungs-Portfolios 180
7.7 Beschaffungs-Portfolios 184
7.8 Human-Resource-Portfolios 190

Inhaltsverzeichnis

Seite

8 Programmanalyse	194
8.1 Allgemeine Kennzeichnung	194
8.2 Produktpositionierung	195
8.3 Alters-, Umsatz-, Kunden- und Erfolgsstrukturanalyse	197
8.4 Frequentierungsanalyse	201
9 Wertkettenlandkarte	206
9.1 Allgemeine Kennzeichnung	206
9.2 Wertkettenstrategien aus Sicht der Wertkettenlandkarte	208
9.3 Analyse der Verkettungsintensität	213
10 Wertschöpfungsstrukturanalyse	218
10.1 Allgemeine Kennzeichnung	218
10.2 Beispiele für Wertschöpfungsstrukturveränderungen	219
11 Ergebniskennlinie	223
11.1 Allgemeine Kennzeichnung	223
11.2 Normstrategien und Varianten	225
11.3 Anwendungsbeispiele	227
12 Präferenzmethode	229
12.1 Allgemeine Kennzeichnung	229
12.2 Einfache Präferenzmethode	230
12.3 Differenzierende Präferenzmethode	232
12.4 Differenzierende und gewichtende Präferenzmethode	235
13 Conjoint-Analyse	236
13.1 Allgemeine Kennzeichnung	236
13.2 Vorgehensweise der Conjoint-Analyse	236
13.3 Anwendungsbeispiele	240
13.4 Exkurs: Conjoint-poor-man-Verfahren	244
14 Target Costing	249
14.1 Allgemeine Kennzeichnung	249
14.2 Neun-Stufen-Programm des Target Costing	250
14.3 Anwendungsbeispiel	250
15 Quality Function Deployment	262
15.1 Allgemeine Kennzeichnung	262
15.2 Beispielhafte Analyseergebnisse	266
16 Success Resource Deployment	271
16.1 Allgemeine Kennzeichnung	271
16.2 Vorgehensweise und beispielhafte Analyseergebnisse	279
16.3 Praktische Anwendungsbeispiele	289
16.4 SRD als überlegenes Managementinstrument	294
17 Benchmarking	297
17.1 Allgemeine Kennzeichnung	297
17.2 Vorgehensweise des Benchmarking	299
17.3 Benchmarking-Beispiele	305
18 Balanced Scorecard	310
18.1 Allgemeine Kennzeichnung	310
18.2 Perspektiven einer Balanced Scorecard	311

Inhaltsverzeichnis

Seite

18.3 Ursache-Wirkungsketten 313
18.4 Auszug aus einer Balanced Scorecard 315

IV. Strategische Umsetzung 319

1 Grundlagen der strategischen Umsetzung 319
1.1 Probleme der Strategieumsetzung 319
1.2 Strategieumsetzung und Handlungsfähigkeit von Unternehmen 321
2 Gewinnung von Strategien 322
2.1 Strategische Grundpositionen 323
2.2 Strategiesuche 324
2.3 Strategiearten 324
2.4 Strategiemix 325
3 Bewertung und Auswahl von Strategien 327
3.1 Verwendung strategischer Instrumente 327
3.2 Strategiebewertungskataloge 327
3.3 Wertorientierte Bewertungskonzepte 330
3.4 Entscheidungsregeln 335
4 Konkretisierung und Umsetzung von Strategien 338
4.1 Strategische Programme 338
4.2 Maßnahmenplanung 341
4.3 Budgetierung und Ressourcenzuteilung 343
4.4 Weitere Absicherung der Strategieumsetzung 348
5 Projektablaufpläne für die Instrumenten-Implementierung 351
5.1 Beispiel 1: Make-or-Buy-Portfolio 351
5.2 Beispiel 2 : Success Resouce Deployment 353
6 Strategische Kontrolle 355

V. Strategische Frühwarnung 360

1 Frühwarnung, Früherkennung und Frühaufklärung 360
2 Planung, Frühwarnung und Krisenmanagement 360
3 Krisenursachen und Krisenverläufe 364
4 Komponenten eines Frühwarnsystems 367
5 Formen von Frühwarnsystemen 369
5.1 Überblick 369
5.2 Operative Frühwarnsysteme 372
5.3 Strategische Frühwarnsysteme 384
6 Praktische Einführung von Frühwarnsystemen 398

Inhaltsverzeichnis

Seite

Anhang 401

DV-Tools auf Excel-Basis 401
Kompetenzzentrum für Unternehmensentwicklung
und -beratung (KUBE e.V.) 401

Literatur 403

Stichwortverzeichnis 416

I Führung, Controlling, Planung und postmoderne Relativierungen

1 Führung von Unternehmen, Personal und Menschen

Die **Unternehmensführung** umfasst die zielgerichtete und planvolle Gestaltung der Strukturen und Prozesse eines Unternehmens (interner Focus). Hierdurch soll die Wettbewerbsfähigkeit eines Unternehmens am Markt sowie gegenüber Konkurrenten gesichert und ausgebaut werden (externer Focus).

Die Unternehmensführung konzentriert sich damit vor allem auf **Willensbildungs-** bzw. **Zielbildungs-** und **Planungsprozesse**, die das Gesamtunternehmen und seine Stellung im Wettbewerb betreffen. Diese Willensbildungsprozesse sind die Vorstufe von **Willensdurchsetzungsprozessen**, d.h. den verschiedenen Handlungen und Aktivitäten, die mit der Realisierung der im Zuge der Willensbildung entwickelten Ziele und Pläne verbunden sind.

Die **Menschenführung** setzt demgegenüber an **personenbezogenen Handlungen** und **Beeinflussungen** an. Hier geht es darum, dass bestimmte Personen (Führende) auf andere Personen (Geführte) einwirken, um diese zu einem zielentsprechenden Handeln zu bewegen (Heinen (a)). Dies gilt für Menschen- und Personalführung gleichermaßen. Obwohl die Grenzen fließend verlaufen (z.B. Sportverein), geht die **Menschenführung** (Privatbereich) in **Personalführung** über, wenn die Führung in einem formalen institutionell-organisatorischen Rahmen integriert ist (z.B. Unternehmen). Ungeachtet dessen und ungeachtet des Unterschieds zwischen Mensch und Person ist der Führungsbegriff zunächst unabhängig von bestimmten hierarchischen Stellungen der einzelnen Personen in einem Unternehmen. Daher schließt er nicht nur Führung von oben nach unten (top down), sondern auch von unten nach oben (bottom up) sowie auf der gleichen Ebene (horizontal) mit ein.

Trotz dieser Unterscheidung sind Unternehmens-, Personal- und Menschenführung in der Praxis eng miteinander verzahnt. Die **Führung eines Unternehmens ist ohne Personalführung nicht möglich**. Und schon die im Kindes- und in der Reifephase des Jugendalters (Adoleszenz) empfangene und ausgeübte Menschenführung übt einen ganz wesentlichen Einfluss auf die spätere Personalführung – sowohl als Geführter als auch als Führender – im beruflichen Alltag aus. Zu denken ist beispielsweise an die Herausbildung des **Habitus**, an die Gewinnung von **sozialem Kapital** und die **soziale Schichtung** (im Überblick Münch; zum sozialen Kapital und Habitus v.a. Bourdieus).

Letztlich ist die **personelle und hierarchische Teilung zwischen Willensbildung und -durchsetzung** die zentrale Ursache der Entstehung des Phänomens der Menschenführung. In Unternehmen und für die Personalführung gilt dies in besonderer Weise, weil u.a. mit steigender Größe von Unternehmen die Prozesse der Willensbildung und Willensdurchsetzung zunehmend personell und hierarchisch getrennt sind. Wo diese Trennung nicht vorliegt (z.B. Einpersonen-Unternehmung), ist zwar im Unternehmen weiterhin Führung im Sinne von Unternehmensführung, aber nicht Führung im Sinne von Personalführung erforderlich. Im externen Verhältnis, d.h. zwischen diesem Einpersonen-Unternehmer und den Lieferanten und Kunden, wird jedoch auch weiterhin von personalen Einflussprozessen (z.B. Überzeugung von der Qualität der Produkte, Motivation zum Kauf) Gebrauch gemacht. Im zwischenbetrieblichen Verhältnis existiert daher auch in dieser Situation Führung im Sinne von Menschenführung – jedoch nicht im hierarchischen Gebilde eines Unternehmens, sondern im Rahmen eines marktlichen Koordinationsmechanismus.

Abstrahiert man von diesem „Sonderfall", so erfolgt in der Praxis Willensbildung vor allem auf den oberen und Willensdurchsetzung auf den unteren Ebenen der Managementhierarchie (Bild 1).

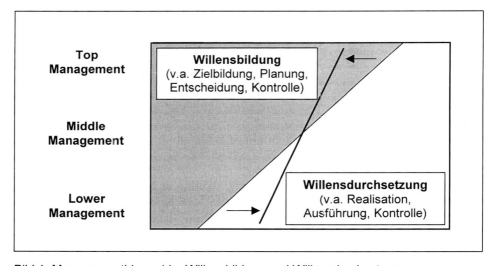

Bild 1: Managementhierarchie, Willensbildung und Willensdurchsetzung

Die **Willensbildung** konzentriert sich vor allem auf die **Zielbildung, Planung, Entscheidung** und die **Kontrolle**. Aus der Kontrolle ergeben sich vor allem für nachfolgende Zielbildungsprozesse wichtige Eingangsinformationen. Außerdem erfolgen im Rahmen der Willensbildung ständig Kontrollaktivitäten (z.B. Zielkontrolle). Die **Kontrolle** ist neben der **Ausführung** (Realisierung) gleichzeitig eine wichtige Komponente der **Willensdurchsetzung**.

Führung, Controlling, Planung und postmoderne Relativierungen

Geht man davon aus, dass sich in der Praxis die Willensbildungszentren eher im oberen und die Willensdurchsetzungszentren eher im unteren Management befinden, dann stellt die Personalführung bei einer personellen und hierarchischen Aufgabenteilung eine wichtige Voraussetzung für die Unternehmensführung dar. Wollen die Träger der Willensbildung ihre Ziele und Pläne in der Praxis realisieren bzw. durchsetzen, müssen sie Führung im Sinne von Personalführung betreiben. Den autorisierten und institutionalisierten Willensbildungszentren des Unternehmens (z.B. Vorstand, Geschäftsführung) muss es gelingen, vor allem auch die Belegschaft von den gefassten Zielen und Plänen (z.B. Herstellung von Panzern) zu überzeugen und zu entsprechenden Handlungen zu veranlassen. Diese Überzeugungsarbeit wird um so relevanter, je „aufgeklärter", „kritischer" und „selbstbewusster" die Belegschaft ist. Gelingt dies nicht, kann die Unternehmensführung an der Personalführung scheitern. Versagt das Management bei der Personalführung, will es aber unter diesen Bedingungen weiterhin an der Realisierung der Ziele und Pläne festhalten, muss es selbst – durch den Einsatz der eigenen operativen und ausführenden Arbeitskraft – für die Willensdurchsetzung sorgen (z.B. Montage der Panzerketten). In diesem Fall wird das Management sehr schnell an eigene Kapazitätsgrenzen stoßen.

Dieses – sicher überspitzte – Beispiel weist die Personalführung (und letztlich die Menschenführung) in Verbindung mit der individuellen Begrenzung der menschlichen Arbeitskapazität als Engpass für die Realisierung von (Unternehmens-) Zielen und Plänen aus. Insofern sind Visions- und Überzeugungskraft, Begeisterungsfähigkeit, Glaubwürdigkeit, Wahrhaftigkeit, Leadership, Charisma, soziale Geltung, soziales Kapital, Habitus usw. wichtige Voraussetzungen für eine erfolgreiche Menschen-, Personal- *und* Unternehmensführung.

Die entlang der typischen Managementhierarchie dargestellte Trennung zwischen Willensbildung und -durchsetzung wurde in der Vergangenheit durch verschiedene Entwicklungen beeinflusst, die auch heute noch wirken (vgl. Pfeile in Bild 1). Durch z.B. Lean Management, Re-Engineering-Aktivitäten und die Delegation von Planung, Organisation und Disposition im Zuge von Gruppen- und Teamarbeit sowie durch ständige Arbeitsintegrationsprozesse und die bessere Ausstattung mit modernen Informations- und Kommunikationsmedien stiegen (und steigen) im unteren Bereich der Hierarchie die Anteile der Willensbildung. Gleichzeitig ergab (ergibt) sich damit eine (relative) Zunahme des Anteils der Willensdurchsetzung im oberen Bereich (Reichwald, Schneider (c)). Die Anteilsunterschiede zwischen Willensbildung und -durchsetzung entlang der Managementhierarchie wurden (werden) hierdurch immer geringer.

Vor diesem Hintergrund ist es wenig überraschend, wenn von der bereits vor mehreren Jahren in Gang gesetzten **Abflachung der Hierarchieebenen** vor allem das mittlere Management betroffen war (und ist). Dass mit der Reduzierung der Hierarchieebenen eine **Ausweitung der Leitungs-, Kontroll- bzw. Führungsspanne** verbunden ist, wurde lange unterschätzt. Allerdings kann dies zu zusätzlichen Problemen für die Personalführung führen. Zu denken ist in diesem Zusammenhang beispielsweise an intensivierte Konkurrenz um den Aufstieg, an höheren Betreuungsaufwand und an den Zwang zur eher ergebnisorientierten Führung durch Linienmanager.

Bild 2 fasst hierzu für den Zeitraum mit den vermutlich intensivsten Prozessen der Hierarchieabflachung (ca. 1991 – 1994) unterschiedliche Hinweise und Trendmeldungen aus verschiedenen Quellen zusammen (v.a. Manager Magazin 1994).

Beispiele:

Hypobank:	400 > 220 Direktoren
HP:	1994: 700 Führungspositionen > 30-40 pro Jahr streichen (schrittweise Ausweitung der Führungsspanne)
Lufthansa:.	30 % der Führungspositionen gestrichen
Daimler Benz AG:	20 % weniger leitende Angestellte
Mercedes:	25 % weniger Managementpositionen
Volkswagen:	3 Führungskreise ersetzen 8 Hierarchiestufen (Reduktion von 1000 auf 800 Führungspositionen (1992-1994))
Wacker Chemie:	170 > 145 Abteilungsleiter/Prokuristen

Trends: (aus Sicht von 1994)

Consultative:	60-80 % der „Mittelmanager" werden zukünftig obsolet
IBM:	1/3 der Manager wird abgebaut/erhält Fachpositionen (durchschn. Kontrollspanne 1991: 8,6; 1994: 12,1)
Montani (GDI Zürich):	„noch ist Herzstück nicht getroffen, also weiter Abflachen"

Problem: *USA-Studie: 60 % der Mittelmanager sind „Zyniker" geworden, kein Glaube an und keine Loyalität gegenüber Unternehmen („Vertrauenskrise im Management")*

Bild 2: Hierarchieabflachung – empirische Beispiele (1)

Bild 3 zeigt hierzu auf der Basis eines von McKinsey vorgestellten Unternehmens ein vereinfachtes Beispiel aus der mittelständischen Industrie (Kluge u.a.):

Führung, Controlling, Planung und postmoderne Relativierungen

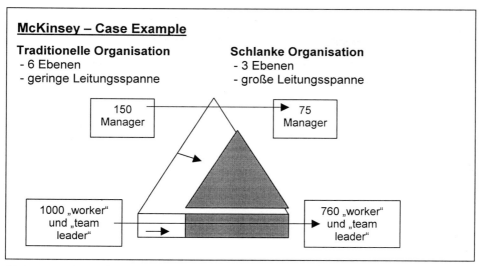

Bild 3: Hierarchieabflachung – empirische Beispiele (2)

Nicht überall, wo Menschen geführt werden, liegt gleichzeitig Unternehmensführung vor (z.B. private Bereiche). Jedoch zeigen die gemachten Ausführungen, dass die Personalführung ein sehr wichtiger Teilaspekt der Unternehmensführung ist. Sorgsam aufeinander abgestimmte Zielbildungs- und Planungsprozesse sind daher nicht nur Erfolgsfaktoren der Unternehmensführung, sondern können auch latente sowie konkret auftretende (Überzeugungs- und Verhaltens-) Konflikte im Zuge der Personalführung reduzieren helfen.

Ferner muss ein Bewusstsein für die Tatsache geschaffen werden, wonach die Unternehmensführung heute vor allem auch von Kunden- und Marktzwängen beeinflusst wird – sieht man von Extremfällen ab, dann gibt es ohne Kunden keine Unternehmen. Auf einer abstrakten Ebene kann man das **Management als vernunftgesteuerten „Handlanger" und „Transmissionsriemen"** zwischen unternehmerischer **Willensbildung und -durchsetzung** einerseits und den **Kunden und Märkten** andererseits interpretieren. Daher ist es von enormer praktischer Bedeutung, für die grundlegenden Zusammenhänge zwischen **Unternehmensführung**, **Vernunft** (und damit verbunden Wahrheit), **Zielbildung**, **Unternehmensplanung** und **Kundenorientierung** eine hohe Sensibilität zu entwickeln (vgl. dazu die folgenden Abschnitte). Wie sich insbesondere in Abschnitt 2 zeigen wird, ergeben sich dabei vor allem aus Sicht der **Postmoderne** zusätzliche Anforderungen an die Führung von Unternehmen.

2 Postmoderne Relativierungen – Führung, Vernunft, Wahrheit, Meta-Erzählungen und Darwiportunismus

Unternehmen sind offene sozio-technische Systeme (Heinen (b)). Die Führung von Unternehmen muss daher gegenüber den gesellschaftlichen Veränderungen eine hohe Wahrnehmungsfähigkeit aufweisen und ist gezwungen, sich den daraus ergebenden (neuen bzw. veränderten) Anforderungen zu stellen. Andererseits treten Unternehmen und ihre Manager selbst als wichtige Treiber von gesellschaftlichen Veränderungen auf. Damit ist für eine erfolgreiche Führung von Unternehmen eine Diagnose der gesellschaftlichen Verhältnisse und Strömungen unerlässlich.

Für die Zustandsbeschreibung der gegenwärtigen gesellschaftlichen Verhältnisse und ihre aktuellen Entwicklungslinien hat sich vielfach der Begriff **„Postmoderne"** etabliert. Neben der **Diagnose der Gegenwartsgesellschaft**(en) und ihren Wandlungen bezeichnet „Postmoderne" eine auf den so genannten **Poststrukturalismus** basierende **philosophische Denkrichtung**. Postmoderne als Charakterisierung und Entwicklung der Gegenwartsgesellschaft und Postmoderne als philosophische Denkrichtung sind dabei eng miteinander verknüpft und haben für die Unternehmensführung und das (strategische) Controlling durchschlagende Auswirkungen. Um diese (annähernd) zu durchschauen, ist der schillernde Begriff „Postmoderne" hinsichtlich der zwei Bedeutungsbereiche näher zu kennzeichnen (vgl. zur Postmoderne ausführlich z.B. Behrens. Engelmann, Jain (a), Welsch, Zima, sowie die „Klassiker" wie Baudrillard, Baumann, Derrida, Foucault, Lyotard).

2.1 Postmoderne als philosophischer Modus des Denkens

„Postmoderne" beschreibt zunächst eine insbesondere von französischen Philosophen (des Postrukturalismus) ausgearbeitete Konzeption, die sich allerdings aufgrund ihrer oft kritisierten Uneinheitlichkeit und Unschärfe einer genauen Charakterisierung – wie es sich der Betriebswirt in aller Regel wünscht – entzieht. Sogar eifrigste Verfechter der Postmoderne vermeiden genaue Definitionen. So bemerkt zum Beispiel Behrens: „Seit den achtziger Jahren ist der Begriff Postmoderne aus dem universitären, aber auch dem alltäglichen Sprachgebrauch nicht mehr wegzudenken. Aber mit einer genauen Definition tun sich selbst die postmodernen Theoretiker schwer." Trotzdem sei an dieser Stelle aus pragmatischen Gründen der Versuch einer robusten und vereinfachten Charakterisierung gewagt. Ein wichtiger Wesenskern der postmodernen Philosophie liegt in der **Skepsis gegenüber so genannten (metaphysischen) Meta-Erzählungen**, die lediglich beschwichtigen, Sinn und Einheitsvorstellungen vorgaukeln, Pluralität gefährden und damit Totalitarismen – welcher Art auch immer – Vorschub leisten (können). „In äußerster Vereinfachung

Führung, Controlling, Planung und postmoderne Relativierungen

kann man sagen: `Postmoderne´ bedeutet, daß man den Meta-Erzählungen keinen Glauben mehr schenkt." (Lyotard).

Diese für die Epoche der **Moderne** typischen Meta-Erzählungen (z.B. Marxismus; Vernunft des menschlichen Geistes; Einheit der Vernunft; Einheit der Wahrheit; Einheit des Staates; tieferer Sinn und hermeneutisches Erschließen von Sinn) haben nach Ansicht der Anhänger der Postmoderne ihre **Legitimationskraft** und ihren **Geltungsanspruch verloren**. Sie glauben weder an die mit der Aufklärung verbundene Emanzipation der Menschheit noch an die mit ihr einhergehende Besinnung auf die menschliche Rationalität. Damit stellt die Postmoderne zentrale Ansprüche der Moderne in Frage. Danach gibt es nicht die *eine* Rationalität, sondern lediglich eine so genannte **transversale Rationalität** – eine **Vielheit** bzw. **Pluralität an Rationalitäten und an Rationalitätsformen** (z.B. praktische und theoretische). Somit halten postmoderne Philosophen ein Plädoyer für eine Rationalität jenseits des Einheitsstrebens des Aufklärungs-Rationalismus.

Alles unterliegt nach postmoderner Auffassung der **Kontingenz**. Dies gilt neben der Rationalität, die in postmoderner Lesart oft im Irrationalen mündet und von dieser oft kaum unterschieden werden kann, vor allem auch für die **Wahrheit**, die es letztlich nicht gibt – und wenn doch, dann häufig derart verstümmelt und zerstört, wie es dieser Zeilenumbruch andeutet. Was *wahr* und *rational* ist (oder im Sinne der Postmoderne besser ausgedrückt als *wahr* und *rational* „erscheint"), unterliegt daher vielfältigen Einflüssen, beispielsweise
- dem Zeitgeist,
- der gesellschaftlichen Akzeptanz und Mehrheitsfähigkeit,
- den mobilisierbaren Ressourcen für die Inszenierung von Wahrheitsritualen und die Wahrheitsverkündigung,
- der Macht,
- der Deutungshoheit,
- der sozialen Geltung und dem Habitus des Wahrheitsverkünders,
- dem Diskurs und den darin eingebauten Diskursregeln,
- der Steuerung der Aufmerksamkeit des Publikums und der Kommunikationsfähigkeit der Wahrheitspropheten.

Wo es nur noch **kontingente und plurale Wahrheiten und Rationalitäten** gibt und ein verbindlicher Wahrheits- und Rationalitätsbegriff fehlt, liegen Rationalität und Irrationalität, Wahrheit und Lüge, Moral und Unmoral auf engem Terrain zusammen und sind kaum noch zu unterscheiden. So entsteht die Gefahr, dass **„Lüge und Irrationalität zur Weltordnung"** gemacht werden und sich überdies unter dem Deckmantel von Wahrheit und Rationalität ausbreiten können (so könnte man die kritischen Hinweise von Zima in Anspielung auf die Postmoderne deuten).

Eine besondere Rolle in der Philosophie der Postmoderne spielt die so genannte **Dekonstruktion**. Im Hinblick auf ihre Definition als zentraler Teilaspekt der postmodernen Philosophie teilt sie ein ähnliches Schicksal wie die Postmoderne insgesamt. Auf der anderen Seite ist die Zurückhaltung gegenüber Definitionen in der Postmoderne nun durchaus nachvollziehbar, weil sie notwendigerweise totalitäre Ansprüche bergen, gegen die sich postmoderne Philosophen stets vehement zur Wehr setzen. Lässt man sich trotzdem auf eine Begriffsbestimmung ein, so kann man die Dekonstruktion aufgrund ihrer zunächst auf die **Literaturwissenschaften** konzentrierten Anwendung als ein Verfahren auffassen, Texte in ihre **Einzelteile zu zerlegen, Aussagen und Folgerungen umzukehren,** ihre **Logik zu verschieben** und der Frage nachzugehen, was in **Texten weggelassen** oder gerade **nicht betont** wird. Insofern ist zu verstehen, wenn die Vertreter der Postmoderne in Anlehnung an Derrida, den wohl exponiertesten Denker der Dekonstruktion, formulieren, dass derartiges „Differenzdenken" das Ausgegrenzte und Abgeschobene wieder an das Licht bringt und zur Geltung verhilft. Dadurch können (Sinn-, Rationalitäts- und Wahrheits-) **Pluralität und Vielfalt** gestärkt und totalisierenden Bedrohungen wirksame Hebel entgegengesetzt werden. Überspitzt ließe sich formulieren, dass die Dekonstruktion die totalisierende Gefahr eines verfassten bzw. konstruierten Textes hemmt und die Suche nach einem (einzigen) tieferen Sinn ins Leere läuft, indem sie Text und Sinn dekonstruiert.

Da das Verfahren der Dekonstruktion auch auf jeden beliebigen anderen Inhaltsbereich (z.B. Soziologie, Politik, Kunst, Architektur, aber auch Betriebswirtschaftslehre und Management) übertragbar ist, zeigen schon diese vereinfachten Hinweise die **radikal relativierende und desillusionierende** (manche Kritiker sagen auch zerstörerische) **Wirkung postmoderner Philosophie.** Andererseits entfaltet sie im gleichen Atemzug einen kritisch-realistischen Blick und ein enormes Potenzial für eine gleichermaßen **radikale Kritik der Gesellschaft und der darin agierenden Akteure** (z.B. Politiker, Manager, Unternehmen, Kirche und sonstige Institutionen) sowie für sämtliche wissenschaftliche Disziplinen und letztlich den gesamten Wissenschaftsbetrieb (z.B. Institutionen der Lehre und Forschung, Lehrende und Wissenschaftler, Forschungsergebnisse und wissenschaftliche Publikationen). Selbstverständlich sind darin auch die Betriebswirtschafts- und Managementlehre und die in diesen Disziplinen agierenden Lehrenden sowie die von ihnen betriebenen Inhalte, aber auch das vorliegende Buch und die darin vorgestellten Methoden und Instrumente eingeschlossen. Sie alle stellen letztlich „lediglich" (jederzeit) dekonstruierbare Meta-Erzählungen dar. Insofern lässt sich die Dekonstruktion auf einer noch operativeren und direkt mit dem Management verbundenen Ebene nicht nur für „Texte" in der Form von textbasierten Unternehmensverlautbarungen (z.B. Pressekonferenzen, Leitbilder, Unternehmensvisionen, Zielbeschreibungen, Strategien, PR-Slogans und Werbespots) heranziehen. Vor der Dekonstruktion ist vielmehr nichts mehr sicher. Auch die typischen **Unternehmensportfolios** (wie sie in Kapitel III.7 beschrieben werden) **und ihre Präsentatoren erzählen Geschichten** (z.B. über die strategische Position eines Unternehmens und seiner Geschäftsbereiche sowie über die zu ergreifenden Normstrategien), die sich als Meta-Erzählungen interpretieren lassen. Eine sehr bekannte amerikanische Unternehmensberatungsgesellschaft (Boston Consulting Group) nutzt (freilich etwas plakativ und ohne Rekurs auf die postmoderne Philosophie) auf ihrer Internetseite den Begriff der **Dekonstruktion in Verbindung mit der Auflösung von inner- und zwischenbetrieblichen Wertschöpfungsketten** und deren Re-Design. Auch das in diesem Buch beschriebene **Conjoint Measurement** kann als so genanntes dekompositionelles (dekonstruktives) Verfahren beliebige Produktgesamtheiten in ihre Einzelteile zergliedern und darauf aufbauend zu neuen Re-Kombinationen von Produkten führen – obgleich sowohl das Re-Design als auch die Re-Kombination und die damit intendierte Verbindung der Einzelteile zu einer neuen Einheit aufgrund der Kritik an (totalisierenden) Einheitspostulaten der postmodernen Philosophie eher zuwider läuft.

2.2 Postmoderne als Diagnose der Gesellschaft und ihrer Entwicklung

„**Postmoderne**" als Diagnose für die Positionierung und Entwicklung der Gegenwartsgesellschaft(en) fasst aktuelle Phänomene der realen Lebenswelt zusammen.

So wie die postmodernen Anhänger das Einheitsdenken auf der philosophischen Ebene kritisieren, so verfallen auch die eindeutigen und klar vorgezeichneten Lebenswege – wie auch die Karriereverläufe in Unternehmen – von Menschen immer mehr. Daher leidet der Mensch aus postmoderner Sicht in zunehmendem Maße an **Desorientierung, Unsicherheit** und **Selbstzweifeln** – obwohl und gerade auch dann, wenn er nach außen das Gegenteil signalisiert, um der Umwelt weiterhin eine souveräne Fassade zu demonstrieren. Den Ausweg aus diesem Dilemma in sinnstiftender menschlicher Identität, Authentizität und/oder in tiefgehenden sozialen Beziehungen oder Engagements zu suchen, verweisen postmoderne Soziologen wiederum in das „Märchenland der Meta-Erzählungen" – auch wenn sich die menschlichen **Sehnsüchte** nach Identität, Authentizität und sozialer Beziehung womöglich wiederum immer mehr steigern. Denn diese werden nach der skeptischen Einschätzung von Vertretern der Postmoderne wieder nur durch dekonstruierbare Meta-Erzählungen und in Anlehnung an den Postmoderne-Theoretiker Baudrillard durch den **Aufbau von künstlichen und beschwichtigenden Hyperrealitäten bzw. Simulationen** befriedigt bzw. ruhiggestellt. In der postmodernen Gesellschaft gibt es bestenfalls kurzfristig aufgebaute und jederzeit veränderbare **Patchwork-Identitäten** bzw. Identitäts- und Authentizitätssubstitute. Und **soziale Beziehungen** werden immer **oberflächlicher, zeitlich begrenzter und von ökonomischen Flexibilitätserfordernissen** geleitet und damit niedergerissen. Sie entpuppen sich dadurch sowohl als Antreiber als auch als Folge der anhaltenden **Individualisierungsprozesse** in der Gesellschaft.

Der Übergang zur postindustriellen Gesellschaft in Richtung **Dienstleistungs-, Informations- und Wissensgesellschaft** mit den **global vernetzten Kommunikations- und Finanzströmen** heizt die Dekonstruktion der (Einheits-) Gesellschaft, des (National-) Staates, der sozialen Errungenschaften (z.B. Arbeitnehmerschutzgesetze, soziale Sicherheit) und von gesellschaftlichen Institutionen (z.B. Ehe, Familie) zusätzlich an. Die sozialen Formationen sind von **Kurzfristigkeit und „Flüchtigkeit", Risiko und Unsicherheit, Flexibilität und Oberflächlichkeit, Legitimations- und Glaubwürdigkeitskrisen** sowie **Instabilität und anhaltender Unordnung** gekennzeichnet (so z.B. bei Baumann, Beck, Sennet). Zuweilen propagieren Vertreter der Postmoderne sogar einen „spielerischen Umgang mit der Unsicherheit" (so Welsch auf seiner Internetseite im Frühjahr 2007), was denjenigen wie zynischer Hohn in ihren Ohren klingen mag, die von existenzbedrohender Arbeitsplatzunsicherheit, vom sozialen Abrutschen in untere Schichten und von der Zunahme prekärer Arbeitsverhältnisse betroffen sind.

Von Menschen wird zwar kurzfristig und flexibel gehandelt, aber ähnlich wie bei den Ansprüchen an die Rationalität und die Wahrheit schimmern auch hier Doppeldeutigkeiten, (Selbst-) Zweifel und Widersprüchlichkeiten durch. Ob nämlich menschliches Handeln – egal, ob im Privat- oder im Geschäftsleben – unter solchen postmodernen Bedingungen richtig oder falsch, konstruktiv oder destruktiv, moralisch oder unmoralisch, rational oder irrational ist, kann – wenn überhaupt – nur noch kontingent und relativierend entschieden werden. Schon fast genüsslich erinnert Zima an Musils Protagonistin Diotima: „Jedesmal, wenn Diotima sich beinahe schon ... entschieden hätte, mußte sie bemerken, daß es auch etwas Großes wäre, das Gegenteil davon zu verwirklichen." Die hier zum Ausdruck gebrachte **Wertgleichheit von Entscheidungsalternativen** sowie die **Unentschiedenheit** und die **Unentscheidbarkeit** können aus der Sicht der betriebswirtschaftlichen Entscheidungstheorie schnell in **kognitive Dissonanz** – mit allen ihren Folgeproblemen – umschlagen (vgl. hierzu z.B. Schneider o und q). Und sie können aus philosophischer Sicht ebenso rasant in **Standpunktlosigkeit, Indifferenz und Gleichgültigkeit** münden (z.B. gegenüber Werten, Menschen, Parteien, Institutionen, Gesellschaftsformen, Ideologien; aber ebenso gegenüber Unternehmensstrategien, Arbeitgebern, Vorgesetzten, und „Unternehmensführern").

2.3 Unternehmensführung im Würgegriff postmoderner Widersprüche

Selbst Autoren, die sich kritisch mit der Philosophie der Postmoderne befassen (z. B. Zima), konstatieren, dass die postmoderne Präsentation der gesellschaftlichen Verhältnisse und ihrer Veränderungen eine **stichhaltige Situations- und Entwicklungsbeschreibung** bietet. Sowohl fundierte **empirische**

Führung, Controlling, Planung und postmoderne Relativierungen

Untersuchungen als auch die **Tagespresse** liefern dafür in einer inzwischen kaum noch überschaubaren Flut zahlreiches untermauerndes Material. Dazu gehören beispielsweise Berichte über
- das zunehmende Unsicherheitsempfinden in der Gesellschaft,
- das steigende Risiko des Arbeitsplatzverlustes,
- die kürzeren Verweildauern auf Arbeitsplätzen bzw. die kürzeren Verweildauern von Top-Managern in den Geschäftsführungen und Vorständen von Unternehmen,
- das Erfordernis zunehmender Flexibilität und Mobilität,
- die Kurzfristigkeit und Oberflächlichkeit der (sozialen) Beziehungen,
- das verstärkt zu beobachtende Basteln an Patchwork-Identitäten,
- den Vertrauensverlust gegenüber gesellschaftlichen Vorbildern (z.B. im Management aufgrund von Korruption und Bestechung oder z.B. in der Politik aufgrund von überzogenem Lobbyismus und Vorteilsnahme in Verbindung mit dem damit einhergehenden Verlust an Geltungs- und Legitimationsansprüchen von „jederzeit dekonstruierbaren Meta-Erzählungen und gleichermaßen dekonstruierbaren bzw. derart dekonstruierten Vorbildern").

Es ist an dieser Stelle weitgehend unbedeutend, ob und gegebenenfalls inwieweit man den philsophischen Überbau der Postmoderne bzw. des Poststrukturalismus akzeptiert. Fest steht, dass die weithin als zutreffend qualifizierte **Diagnose der postmodernen Lebens- und Gesellschaftsverhältnisse die Führung als zielorientierte Verhaltensbeeinflussung an der Nahtstelle zwischen Willensbildung und Willensdurchsetzung mit enormen Schwierigkeiten und Problemen belastet**. Dies gilt für die **Unternehmensführung** im funktionalen betriebswirtschaftlichen Sinne als Willensbildungszentrum, Geschäftsführung und Betriebsleitung und das **Management** im Sinne des leitenden Personals (Vorstand, Geschäftsführung, Führungskräfte und Linienmanager). Sie geraten immer mehr in den „Würgegriff der postmodernen Widersprüchlichkeiten".

Willensbildung und Willensdurchsetzung werden nicht nur zusätzlich herausgefordert und stehen vor neuen Anforderungen und Erschwernissen. Zugespitzt könnte man bei der Postmoderne von einem „Spaltpilz" zwischen Willensbildung und Willensdurchsetzung sprechen. Er bedroht die Kohäsion der Managementebenen und die Funktionstüchtigkeit des Transmissionsriemens zwischen Willensbildung und Willensdurchsetzung und erschüttert die klaren Konturen, wie sie im Bild 1 (vgl. oben) noch zum Ausdruck kamen (vgl. dazu Bild 4):

Führung, Controlling, Planung und postmoderne Relativierungen

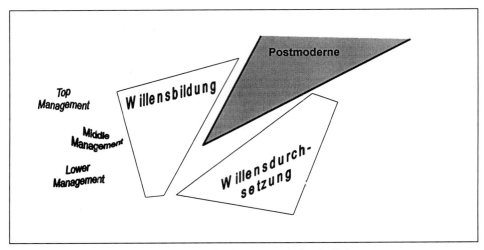

Bild 4: Postmoderne als neue Herausforderung und „Spaltpilz"

Es liegt auf der Hand, dass die im vorigen Abschnitt als wichtige Voraussetzungen für eine erfolgreiche Menschen- und Unternehmensführung interpretierten Merkmale (Charisma, Visions- und Überzeugungskraft, Leadership, sowie Glaubwürdigkeit und Begeisterungsfähigkeit usw.) allesamt negativ tangiert und entzaubert werden – und gleichzeitig doch um so dringlicher erscheinen. Das gleiche Urteil trifft für typische Einheitsbeschwörungen und Identitätsappelle, die das Management nicht selten an die Beschäftigten von Unternehmen richtet, zu („wir sitzen alle in einem Boot", „wir müssen zusammenhalten", „nur gemeinsam können wir erfolgreich sein und im globalen Wettbewerb bestehen"). Manager mobilisieren sie meist dann, wenn sie sich selbst und/oder wenn sich die ihnen anvertrauten Unternehmen in besonders prekärer Lage befinden. Allerdings sehen sie sich stets der Gefahr ausgesetzt, dass sich ihre Einheitsappelle nicht selten als Meta-Erzählungen entlarven, schon bald der Dekonstruktion zum Opfer fallen und statt Identifikation und Engagement nur Indifferenz, Ungläubigkeit oder sogar Abneigung ernten, weil die Widersprüche in den Aussagen und Texten immer wieder aufbrechen und für jedermann deutlich sichtbar hervortreten.

Im Herbst des Jahres 2006 wandte sich der Vorsitzende des Aufsichtsrats der Siemens AG, Heinrich von Pierer, nach mehreren PR-Pannen (BenQ-Siemens-Insolvenz, gleichzeitige Erhöhung der Vorstandsgehälter) und staatsanwaltlich untersuchten Betrugs- und Korruptionsvorwürfen gegen hochrangige Konzernvertreter in der Mitarbeiterzeitschrift „SiemensWelt" mit dem Appell an die Belegschaft, „jetzt geht es darum zusammenzustehen" und man dürfe es nicht zulassen, dass ein „Keil in das Unternehmen" (bzw. zwischen Management und Belegschaft) getrieben würde. Diese auf Einheit bedachte Botschaft von Heinrich von Pierer erntete von Mitarbeitern von Siemens auf Demonstrationen und in Internet-Chats sofort Widerspurch. Darüber hinaus wurde in sich anschließenden Verlautbarungen der Industriegewerkschaft IG-Metall überhaupt nicht mehr in Zweifel gezogen, dass ein solcher Keil existiert, sondern nur noch die Frage gestellt, „wer ihn hineingetrieben hat" (Reimer). Ohne großen Zynismus könnte man diesen Vorgang als ein Paradebeispiel der Dekonstruktion einer Meta-Erzählung auf dem Gebiet des Managements von Unternehmen zitieren.

In der Managementpraxis gibt es – allerdings oft weit weniger öffentlichkeitsträchtig – täglich Beispiele dieser Art. Sie lassen zumindest Zweifel daran aufkommen und stets wieder auf ein Neues die Frage entstehen, ob und inwieweit es sich bei der Rede von **mitarbeiterzentrierter und partizipativer Unternehmensführung, diskursivem und differenziellem Personalmanagement, institutionalisierten Verfahren und Gremien der interpersonellen und intraorganisatorischen Konflikthandhabung, humaner und ethisch fundierter Unternehmenskultur und ausgeprägter Unternehmensidentität** usw. tatsächlich um seriöse und widersprechende Interessen ausgleichende **Komplementaritäten für die Unternehmensführung** oder lediglich um beschwichtigende **Einheitsbekundungen** und ärmliche **Umarmungsbemühungen** mit enormen **Dekonstruktionspotenzial** handelt. Dieser Frage muss sich selbstverständlich nicht nur die Managementpraxis, sondern vor allem auch die Theorie und Lehre stellen lassen. Postmoderne Philosophen würden sich vermutlich nicht auf die eine oder die andere Seite schlagen, sondern unverhohlen darauf hinweisen, dass beide Seiten gleichzeitig möglich und untrennbar miteinander verwoben sind. Die delikate Frage ist dann, ob derartige Meta-Erzählungen geschickt genug formuliert werden und ob letztlich nicht doch die blanke Macht bzw. Machterhaltung bei der Führung von Unternehmen eine entscheidende Rolle spielt.

Hierzu beschreibt Foucault als einer der wichtigsten Vertreter der postmodernen Philosophie vor dem Hintergrund politischer Führungssysteme und seiner Analysen der Zentren von Machtausübung und -erhaltung (insbesondere in Frankreich) eindrucksvoll, wie und warum durch (scheinbar) **partizipative und diskursive Formen** der Einbindung von Interessengruppen und (potenziellen) Kritikern **soziale Kontrolle** auf eine subtilere Ebene gehoben wird. Dazu gehört beispielsweise die Kanalisierung des Diskurses und der Kritik in (wohlwollende) Gremien und Diskursarenen, die Besetzung dieser Gremien und Arenen mit „geeigneten" Experten und Gutachtern, die Vorgabe der Diskursarten und -regeln und die Kontrolle über die Ressourcen für die Einrichtung und Aufrechterhaltung des gesamten Diskursbetriebs. Dadurch entsteht eine zivilisierte und rationalisierte sowie zugleich eine subtile und auf gesellschaftliche Diskursverfahren aufbauende Machtorganisation, die das (antizipative) Management von (potenziellen) Konflikten zwischen „unten" und „oben" übernimmt und damit letztlich zur Stabilisierung und zur Reproduktion der existierenden Machtverhältnisse führt. Es ist offensichtlich, dass sich zwischen diesen von

Foucault herausgearbeiteten gesellschaftlichen Diskursverfahren und den in der betrieblichen Praxis eingerichteten Diskursverfahren deutliche Analogien bestehen.

Aus postmoderner Perspektive erhöhen die **Kontingenz von Rationalität und Wahrheit** sowie die auf Einheitsappelle oft geerntete **Indifferenz** (oder gar Abwendung) und das **Dekonstruktionspotenzial von Meta-Erzählungen** im Zusammenspiel mit der **Entlarvung machtkonservierender Diskursverfahren** das **kritische Potenzial auf der Ebene der Geführten**. Dieses Potenzial – insbesondere an der Basis der Willensdurchsetzung – droht damit, sich gegenüber der Menschen-, Personal- und Unternehmensführung aufzubäumen und die Handlungs- bzw. Willensdurchsetzungsfähigkeit des Managements im Unternehmen zu torpedieren (vgl. den Charakter der Postmoderne als „Spaltpilz", oben).

Der Indifferenz, der drohenden Auflösung der Beziehungen zu und der erodierenden Identifikation mit (Arbeitgeber-) Unternehmen und ihren Führern haben sich auch Vertreter des so genannten **„Darwiportunismus"** gewidmet. Vor allem Scholz hat zur Verbreitung dieses Kunstbegriffs und seiner Bedeutungsinhalte beigetragen. Danach unterliegen Unternehmen u.a. aufgrund steigender Konkurrenzintensität einem zunehmenden Ausleseprozess, in dem letztlich nur die stärksten Wettbewerber überleben können (darwinistische Komponente). Gleichzeitig versuchen die Mitarbeiter (offen oder verdeckt), sich selbst zu optimieren. Daher verhalten sie sich gegenüber ihrem Arbeitgeber immer opportunistischer, höhlen das Unternehmen aus und/oder springen ab, wenn sich extern günstigere Karriere- und Einkommensperspektiven eröffnen (opportunistische Komponente).

Aus diesen Überlegungen lässt sich eine so genannte **Darwiportunismus-Matrix** erstellen. In ihr spannen beide Komponenten vereinfacht vier Felder auf, die typische Varianten der Arbeitswelt zum Ausdruck bringen (Bild 5 in Anlehnung an Scholz).

Führung, Controlling, Planung und postmoderne Relativierungen

Bild 5: Darwiportunismus-Matrix

Man muss nicht jedes einzelne Detail der besonders von Scholz vorgestellten Einordnungsheuristik akzeptieren. Kritisch zu sehen ist beispielsweise die Zuweisung der darwinistischen Komponente auf die Unternehmens- bzw. Arbeitgeberseite und der opportunistischen Komponente auf die Seite der Mitarbeiter. Denn auch Mitarbeiter unterliegen einem harten Ausleseprozess auf dem Arbeitsmarkt, während sich Unternehmen (bzw. Arbeitgeber), Unternehmensführer und Top-Manager vermutlich kaum weniger opportunistisch als Mitarbeiter verhalten. Dies zeigen beispielsweise einerseits zahlreiche Hinweise aus der ökonomisch-theoretischen Perspektive der so genannten Property-Rights- und Agency-Theorie und entsprechende empirische Untersuchungen (vgl. z.B. Kaulmann). Andererseits ist dies durch die in jüngerer Vergangenheit vermehrt aufgetretenen Bestechungs-, Korruptions- und Betrugsskandale in deutschen Unternehmen und die sich daran anschließende Diskussion längst in die breite Öffentlichkeit vorgedrungen.

Schließlich lassen sich unschwer **Übereinstimmungen zwischen den Argumentationslinien des Darwiportunismus und der postmodernen Diagnose** erkennen. Im Vergleich zur Postmoderne fehlt es zwar am philosophischen Überbau und an der Vielfalt und Tiefe des herangezogenen (theoretischen und empirischen) soziologischen Materials. Aufgrund der Entstehungswurzeln des Darwiportunismus in der Managementlehre verwundert dies jedoch kaum. Allerdings beschreibt der Darwiportunismus viele Merkmale der postmodernen

(Arbeits-) Welt (z.B. Oberflächlichkeit, Kurzlebigkeit, Indifferenz, Opportunismus) und erarbeitet – im Gegensatz zur postmodernen Diagnose – der betriebswirtschaftlichen Managementpraxis Gestaltungs- und Handlungshilfen (dazu Scholz). Es liegt Vertretern des Darwiportunismus fern, sich über die steigenden darwiportunistischen Tendenzen in der „neuen Arbeitswelt" zu entrüsten. Vielmehr fordern sie (postmodern indifferent) einen unvoreingenommenen und „ehrlichen" Umgang mit der darwiportunistischen Arbeitswelt, eine Akzeptanz der neuartigen Spielregeln und eine „realistische Sicht" der Gegebenheiten. Danach haben Mitarbeiter keine Stammplatzgarantie mehr, während sich Unternehmen damit abfinden müssen, dass sich Loyalität, Engagement und Identifikation auf der Personalseite immer mehr verflüchtigen und womöglich ganz über Bord geworfen werden, sobald sich extern bessere Chancen ergeben.

Sowohl aus der Perspektive der **postmodernen Philosophie** und der **gesellschaftlichen Gegenwarts- und Entwicklungsdiagnose** als auch auf Basis des Darwiportunismus ergeben sich die bereits angesprochenen **Belastungen und Herausforderungen für die Führung von und in Unternehmen** (für Unternehmens- wie für Personalführung). Natürlich entstehen auch nicht unerhebliche Konsequenzen für die Darbietung und Anwendung von Instrumenten und Methoden der Unternehmensführung und des strategischen Controlling. So mögen die typischen und auch in diesem Buch dargestellten Instrumente und Methoden einen noch so mächtigen und ausgefeilten Eindruck machen und (u.a. deshalb) vor allem Studierenden Machbarkeit in voluntaristischer Manier suggerieren. Aber alleine schon die **Kontingenz von Wahrheit und Rationalität** unterstützt die **Zweifel an der umfassenden Plan-, Gestalt- und Kontrollierbarkeit von wirtschaftlichen Prozessen durch „Tools"**, weshalb eher ein **„gemäßigter Voluntarismus"** angezeigt erscheint (dazu v.a. Kirsch (b)). Außerdem verarbeiten sämtliche Managementinstrumente einen mehr oder weniger eingeschränkten Umfang an Informationskategorien. Daher bilden sie lediglich begrenzte Abschnitte eines Netzes ab, mit denen in der Praxis versucht wird, die letztlich nie völlig beschreibbare **Vielfalt und Komplexität der Realität** einzufangen. Mit ihnen wird zwar versucht, realistische Bilder über Unternehmen und Umweltbereiche (z.B. Lieferanten, Kunden, Wettbewerber) zu gewinnen, allerdings können singuläre Methoden und Instrumente immer nur **singuläre Ausschnitte über die Realität** produzieren. Deshalb sind ihre Allgemeinheits-, Geltungs- und Legitimitätsansprüche stets zu hinterfragen. Hinzu kommt, dass sie je spezifische Vor- und Nachteile aufweisen, die bei ihrer Darbietung kritisch zu problematisieren sind – Dekonstruktion und Meta-Erzählungen lassen grüßen. Wie Meta-Erzählungen und ihre Verkünder um Gehör und Geltung rivalisieren, so stehen auch die „Tools" und ihre Promotoren im Auswahl- und Anwendungswettbewerb und neigen nicht selten dazu, mehr zu versprechen als tatsächlich möglich ist. Anstatt nur bestimmte, wenige Instrumente und Methoden anzuwenden, die womöglich nur temporäre Modeerscheinungen mit zeitlich begrenzter Akzeptanz darstellen, ergibt sich daraus ein **Plädoyer für die Heranziehung und Ausschöpfung eines mög-**

lichst breiten und durch Pluralität gekennzeichneten Instrumenten- und Methodenspektrums.

Die Diagnose der Postmoderne und die Argumente des Darwiportunismus weisen schließlich auf die Kurzlebigkeit und Oberflächlichkeit hin, die u.a. in Verbindung mit der immer **kürzeren Verweildauer von Führungskräften und Top-Managern** in Unternehmen auftreten. Wenn nun die Praxis zeigt, dass bestimmte Manager in der Regel eine Präferenz für bestimmte Methoden und Instrumente haben, dann ergibt sich das Problem ihrer immer kurzzyklischeren Nutzung. Das **Karussell der hastigen Einführung, Anwendung und Ablösung von „Tools"** und Managementkonzepten dreht sich dann möglicherweise um so schneller, je mehr und schneller Führungskräfte und Top-Manager ausgetauscht werden. Das Karussell der Führungskräfte und Top-Manager droht den Takt für das Karussell der Managementkonzepte und -tools vorzugeben. Daraus können sich hohe Fehler- und Unsicherheitspotenziale aufbauen und bei den Beteiligten und Betroffenen Frustrationen und Abstumpfungen ergeben (Hü- und Hott- bzw. Vor- und Zurück-Syndrom, not-invented-here-Syndrom, Innovations- und Tool-Resistenzen, Projektstress, Frustration und Indifferenz usw.).

Die in den folgenden Abschnitten und Kapiteln dargebotenen Instrumente, Methoden, Konzepte und Argumente unterliegen damit letztlich stets den hier angedeuteten postmodernen Relativierungen. An verschiedenen Stellen werden sie wieder aufflackern, aber selbst wenn dies in einzelnen Textpassagen nicht mehr explizit geschieht, sollten sich diese Relativierungen bei der Lektüre nie gänzlich aus dem Bewusstsein der LeserInnen verabschieden.

Trotz oder gerade wegen diesen Relativierungen ergibt sich an dieser Stelle ein **Plädoyer für eine instrumentengestützte Unternehmensführung**. Managementinstrumente sind als Entdeckungs- und (trenn-) scharfe Spaltwerkzeuge zu interpretieren. Besonders postmodern interpretiert werden sie um so wichtiger, je problematischer und schwieriger sich die Trennung von Wahrheit und Lüge, Rationalität und Irrationalität usw. gestaltet. Gerade in einer Zeit, in der der äußere Schein bei Präsentationen u.a. durch ein- und antrainierte Präsentationstechniken im Zuge des (sozialen) Auftritts nicht selten über die Inhalte hinwegtäuschen (sollen) und die marktliche Ergebnispromotion häufig über die Prozesspromotion obsiegt, empfiehlt sich der Einsatz von Instrumenten. Natürlich können sie sich als Meta-Erzählungen entpuppen und zu manipulativen Zwecken missbraucht werden. Und selbstverständlich gibt es im Management Inhaltsbereiche, die sich oft nur intuitiv erschließen lassen. Aber bei sorgsamer und reflexiver Anwendung und im Bewusstsein über ihre Schwächen und Kritikpunkte können (Management-) Instrumente maßgeblich dazu beitragen, aufgestellte Fassaden und lodernde Nebelkerzen, die den Blick auf die Realität verstellen und verschleiern, einzureißen und auszulöschen. Wo Verklärung droht, helfen Instrumente, Klarheit und Aufklärung zu schaffen.

Instrumentell-methodisch gestütztes Vorgehen bringt außerdem **Stabilität** und zumindest **relative Sicherheit** in eine als postmodern beschriebene Entwicklung des immer schnelleren Flusses und des Taumelns zwischen Unentscheidbarkeit, Unentschiedenheit und Indifferenz. In diesem Sinne äußerte sich in einem KUBE-Projekt ein Berater auf dem Gebiet des reflexiven Managements, der sich als gebändigter „Toolskeptiker" bis heute der wütenden „Deflexionsmaschinerie" (so könnte man manche Passage bei Jain (a) lesen) noch nicht gebeugt hat. Freilich birgt ein unreflektierter und nach Schema und Schablone abgearbeiteter Stufenplan stets Deflexionsgefahren. Jain (a) hat in seinen Überlegungen zur Politik in der Postmoderne überzeugend und feinfühlig die Gratwanderung zwischen Reflexion und Deflexion beschrieben. Ist man sich allerdings darüber bewusst, kann man um so mehr Managementkapazität auf die konkreten Inhalte lenken, weil sich die Vorgehensstruktur quasi von selbst ergibt. Instrumente und Methoden haben also u.a. den Vorteil, dass die innere **Struktur des Vorgehens** i.d.R. steht und gleichzeitig betriebsspezifisch angepasst und auf die jeweiligen praktischen Inhaltsbereiche (Produkte, Funktionen, Geschäftsfelder, ganze Unternehmen) angepasst werden kann (vgl. dazu beispielsweise die Sufen bei der Umsetzung des Success Ressource Deployment oder die Vorgehensschritte bei der Erstellung von Portfolios in Kapitel III und IV dieses Buches). Nur nebenbei sei bemerkt, dass dies auch StudentInnen bei der Anfertigung von Diplomarbeiten sehr schätzen – „die Gliederung steht".

Daneben kann instrumentell-methodisch gestütztes Vorgehen angesichts des oben beschriebenen schnelleren Positionswechsels von Managern eine positive Seite haben. Auch wenn Manager immer schneller wechseln, was im Unternehmen bleibt, wenn es überzeugt und sich als sinnvoll erwiesen hat, sind „gute", gut eingeführte und integrierte Instrumente und Methoden. Als solche produzieren sie wiederum **Stabilität**. Sie sind die Bollwerke, die sich den möglicherweise wenig überzeugenden und rasch vergänglichen Modepackungen, die neue Manager u.U. mitbringen, in den Weg stellen. Managerwechsel führt daher nicht zwangsläufig zum Instrumentenwechsel. Aber auch für die Job-Hopper im Management sind (gute) Instrumente und Methoden von Vorteil. „Gut" sind diese Job-Hopper und ihre Instrumente und Methoden dann, wenn ihr Einsatz günstigerweise überall – entlang der Dimensionen des in Abschnitt 7 dieses Kapitels skizzierten Controlling-Würfels – möglich und sinnvoll ist. Für die damit aufgeworfene **Qualitätsfrage** ist es entscheidend, ob der **Wettbewerb** und die **Märkte** für Instrumente wie für Manager funktionieren und selektierend wirken. Dass es dabei Wettbewerb und Markt öffnende und fördernde sowie abschottende und unterminierende Interessen gibt, die von Macht, symbolischem Kapital, Medienzugang, Deutungshoheit, sozialer Geltung usw. abhängen, liegt (u.a. postmodern gesehen) auf der Hand.

3 Planung und Regelkreis der Unternehmensführung

Die zielorientierte Planung steht neben der umsetzungsnahen Steuerung und der Kontrolle im Zentrum der meisten Controlling-Ansätze (z.B. Reichmann, Horváth (a)). Dabei ist die zielorientierte Planung der Steuerung und Kontrolle zeitlich vorgelagert, obgleich auch Überlagerungen und Rückkoppelungen denkbar sind (z.B. Plankontrolle, Steuerung von Planungsprozessen). Unbestritten ist auch, dass insbesondere das **strategische Controlling zur Unterstützung der Unternehmensführung** beitragen soll. Aus diesem Grund ist die zielorientierte Planung nicht nur Ausgangspunkt für ein erfolgreiches strategisches Controlling, sondern auch zentrale Bedingung für eine erfolgreiche Unternehmensführung. Begreift man somit **Planung als wesentliches Element des Controlling** und als **Voraussetzung der Unternehmensführung** sowie als systematisch zu nutzendes Instrument des Managements, dann ist Planung als fest integrierter Bestandteil eines strukturierten **Regelkreis-Modells** aufzufassen (Bild 6).

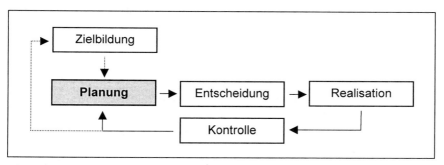

Bild 6: Planung im Rahmen des Regelkreis-Modells der Unternehmensführung

Planung kann folglich zunächst als gedankliche und geistig-abstrahierende Vorbereitung und Vorstrukturierung von zukünftigen Entscheidungsalternativen interpretiert werden. Die einzelnen Entscheidungsalternativen (z.B. Erhöhung des Werbebudgets, Reduzierung der Preise, Ausweitung des Vertriebsnetzes) müssen dabei stets im Hinblick auf ihre Wirkungen für die gefassten Ziele des Unternehmens (z.B. Steigerung der Rendite, Erhöhung der Marktanteile, Ausweitung des Umsatzes) untersucht werden. Der (Unternehmens-) Planung muss daher immer die Bildung der (Unternehmens-) Ziele voraus gehen. Es gilt der Leitsatz „**die Unternehmensplanung folgt den Unternehmenszielen**". Ansonsten droht eine ziellose Planung, die letztlich im Verlust der Wettbewerbsfähigkeit enden kann (Bild 7).

Führung, Controlling, Planung und postmoderne Relativierungen

---

keine/unklare Ziele > ziellose/unklare Planung

ziellose/unklare Planung > ziellose/unklare Unternehmens-/Personalführung

ziellose/unklare Unternehmens-/Personalführung > **Wettbewerbsverluste**

Bild 7: Konsequenzen ziel- und planloser Unternehmensführung

Der in Bild 6 skizzierte Regelkreis der Unternehmensführung sowie die in Bild 7 aufgelisteten Konsequenzen einer ziel- und planlosen Unternehmensführung bilden den Rahmen für die **Strukturierung von zwei Hauptteilen dieses Buches** (vgl. Kapitel II und III):

- Da sowohl die Anzahl und die Ausgestaltung der möglichen **Entscheidungsalternativen** (z.B. Strategien) als auch ihre Konsequenzen in der **Realisierungsphase** u.a. davon abhängen, welche **Umweltsituationen** zukünftig vorliegen, sind **Prognosen** darüber erforderlich. Daher sind neben der inhaltlichen Kenntnis der **Unternehmensziele, ihrer Dimensionen und Beziehungen** (vgl. Punkt II.1) und der Schaffung eines tiefergehenden **Planungsbewusstseins** (vgl. Punkt II.2) in instrumenteller Hinsicht Kenntnisse über **Prognoseverfahren** (vgl. Punkt II.6) unverzichtbare Voraussetzungen für eine erfolgsorientierte und erfolgversprechende Unternehmensführung. Darüber hinaus sind für eine realistische und fundierte Zielbildung, Planung und Prognose vor allem Informationen über die **Stärken und Schwächen des Unternehmens** und die **Gelegenheiten und Gefahren aus der Unternehmensumwelt** erforderlich, was in so genannte SWOT-Analysen mündet (vgl. Punkt II. 3 und 4). Besondere in großen Unternehmen ist es sinnvoll, für einzelne strategische Geschäftseinheiten relativ separat Ziele, Pläne, Strategien usw. zu formulieren. Daher kann die **Bildung strategischer Geschäftseinheiten** im Einzelfall eine wichtige Ergänzung übernehmen (vgl. Punkt II.5).

- Erst auf Basis dieser konzeptionellen Grundlagen erfolgt die Darbietung und intensivere Diskussion expliziter **Controlling-Instrumente für die Unternehmensführung** (vgl. Kapitel III).

4 Unternehmensführung, Planung und Flexibilität

Für eine zielgerichtete Unternehmensführung bildet die Planung eine notwendige Voraussetzung. Planung ist zwar meist nicht unmittelbar sichtbar, schließlich handelt es sich um zukunftsorientiertes Vorausdenken. Dennoch verspricht sie Erfolg, weil damit für das planende Management die Chance verbunden ist, gegenüber Überraschungen der Zukunft – zumindest graduell – gewappnet zu sein (vgl. dazu auch Kapitel V). Dies ist auch eine basale Ursache von planerischen Überlegungen im Rahmen der Unternehmensführung.

Intensität und Ausmaß „unliebsamer Überraschungen" haben in den letzten Jahren stark zugenommen. Dadurch stiegen die Anforderungen an die Unternehmensplanung beträchtlich. Zwei Entwicklungen sind dafür verantwortlich:

- **Komplexität:**
Zum einen ist eine wachsende Anzahl und Vielfalt von Faktoren feststellbar, die für die Unternehmensführung von Bedeutung sind. Man erinnere sich dabei auch an die postmoderne Diagnose (vgl. Punkt 2). Die dadurch steigende Komplexität der Unternehmen und ihrer Umwelten kommt z.B. zum Ausdruck durch anhaltende Re-Organisationsanstrengungen, ständige Make-or-Buy- sowie Übernahme- und Abspaltungsprozesse und den globalen Wettbewerb. Hinzu gesellt sich die Vielschichtigkeit der politischen, sozialen und volkswirtschaftlichen Bedingungen.

- **Dynamik:**
Gleichzeitig mit der Komplexität steigt die Dynamik der Veränderungsprozesse. Zeitgenössische Autoren, die durchaus Affinitäten zur Postmoderne aufweisen, sprechen dabei bilderreich von einem Geschwindigkeitsrausch und einer Beschleunigungsfalle (vgl. z.B. Reheis). Dabei ist z.B. an den zunehmenden technischen Fortschritt und die Geschwindigkeit zu denken, mit der sich heute politische, gesellschaftliche, allgemeine wirtschaftliche und inner- und zwischenbetriebliche Strukturen verändern. Hierzu haben u.a. moderne Informations- und Kommunikationstechnologien und weltumspannende Netze beigetragen, die es erlauben, in Bruchteilen von Sekunden im globalen Weltdorf zu agieren und zu reagieren.

Vor allem mit dem Anstieg von Komplexität und Dynamik wurde bis heute der Ressourceneinsatz für den Aufbau der Unternehmensplanung gerechtfertigt. Die Zunahme der Veränderungsfrequenzen und -intensitäten führt zur latenten Gefahr der Entstehung von Überraschungen, Störungen bzw. so genannten **unternehmerischen Turbulenzen**. Hierdurch erhöht sich der Bedarf der Unternehmen, ihre Reaktionszeiten ständig zu verkürzen. Andererseits steigt aus diesem Grund der Druck, bereits im Vorfeld Änderungstendenzen wahrzunehmen und antizipativ zu agieren, was in der Vergangeheit zum verstärken Aufbau von **strategischen Frühwarnsystemen** (vgl. Kapitel V) geführt hat.

Führung, Controlling, Planung und postmoderne Relativierungen

Eher inhaltliche Begründungen für die steigenden Anforderungen an die Unternehmensführung zeigt Camphausen (b) anhand einer Übersicht über so genannte **„Strategietreiber"** (z.B. Globalisierung, Wettbewerbsintensität, technischer Fortschritt, Faktor Zeit, 11. September 2001). Sie müssen ständig beobachtet, analysiert und im Hinblick auf ihre Veränderungen verarbeitet werden. Die in Bild 8 aufgelistete Sammlung thematisiert derartige „Strategietreiber", denen man nicht selten als **kennzeichnende Komponenten in postmodernen Gesellschaftsdiagnosen** wieder begegnet (z.B. Behrens, Schneider (q)):

- *Globalisierung der Märkte, Kunden und Produkte (u.a. im Verbund mit Glokalisierungsprozessen und der Herausbildung neuer Beschäftigtenklassen wie global ruling class und/oder cadres, globale Elite, migrierende Dienstklassen, neues Prekariat usw., vgl. u.a. Fuchs u. Hofkirchner, Jain (b), Krysmanski), aber auch Triadenbildung (Westeuropa, Japan und USA) und Ausweitung in den chinesischen und südpazifischen Raum (gegebenenfalls unter Inkaufnahme eines Ausschlusses anderer Regionen, z.B. Afrika, Russland östlich des Ural)*
- *Intensität des **Wettbewerbs** und u.a. dadurch induzierte Allianzbildungen sowie Unternehmensübernahmen und -abspaltungen (Make or Buy, vertikale Integrationen und Disintegrationen)*
- *Technischer **Fortschritt** (z.B. auf den Gebieten der IT-, Gen- und Biotechnologie, Nanotechnik, Adaptronik, neue Materialien)*
- *Relevanz des Faktors **Zeit** und zunehmende Beschleunigung von Geschäftsprozessen (u.a. in Verbindung mit der Entrhythmisierung durch 24-stündige Ansprechzeiten, Samstags-, Sonntags- und Feiertagsarbeit, Ausweitung der täglichen Arbeitszeit im Handel)*
- *Entstehung **neuer Geschäfte** (e-commerce, Nischenprodukte, neue Services, neue Geschäfte durch Abspaltungen von Dienstleistungen, durch demografische Veränderung und durch Rückzug des Staates bzw. Privatisierung und Deregulierung)*
- *Ökonomie nach dem **11.09.2001** (Verunsicherung durch Terrorgefahr, Privatisierung der Kriegsführung, steigendes Sicherheitsbedürfnis in der Gesellschaft, Abschottungsprozesse im Zuge von gated communities und bewachten Wohngebieten usw.)*

Bild 8: Herausforderungen für die Unternehmensführung durch „Strategietreiber"

Angesichts dieser Entwicklungen stellt sich nicht nur die Frage nach der Plan-, Steuer- und Kontrollierbarkeit von Unternehmen, sondern vor allem auch die Frage, ob die Unternehmensplanung mit den steigenden Veränderungsfrequenzen und -intensitäten überhaupt noch unter einem vertretbaren Aufwand Schritt halten kann bzw. soll.

Die zentralen Elemente des so genannten **Planungstableaus** (Bild 9) sind unter dieser Entwicklung in immer schnellerer Abfolge zu hinterfragen. Schließ-

Führung, Controlling, Planung und postmoderne Relativierungen

lich sind unter diesen Bedingungen die (1) **Unternehmensziele**, die (2) zu ihrer Erreichung möglichen **Alternativen** bzw. **Strategien**, die (3) zugrundegelegten **Umweltbedingungen** sowie die (4) festgelegten **Pläne** in immer kürzeren Zyklen zu überdenken. Gegebenenfalls sind sie teilweise oder ganz zu revidieren und/oder in einer zunehmenden und irgendwann nicht mehr überschaubaren Anzahl und Vielfalt von Alternativen auszuarbeiten. Dies kann in der Konsequenz in einer „hysterischen Alternativplanung" münden. Daneben entsteht dadurch (5) eine erhöhte Nachfrage nach entsprechenden (strategischen) **Controlling-Instrumenten** und deren zeitgemäßer und „virtuoser" Anwendung sowie der Bedarf an Institutionen, diese Nachfrage zu befriedigen. Dazu gehören Verbände, Unternehmensberatungen sowie institutionalisierte Netzwerke der Wissensakkumulation und -diffusion (wie z.B. das Kompetenzzentrum für Unternehmensentwicklung und -beratung, KUBE e.V.).

Unternehmensziele →	Alternativen zur Zielerreichung \ Umweltbedingungen	U_1	U_2	....	U_m
	A_1	E_{11}	E_{12}	....	E_{1m}
	A_2	E_{21}	E_{22}	....	E_{2m}
	A_3	E_{31}	E_{32}	....	E_{3m}
	.	.	.		.
	.	.	.		.
	.	.	.		.
	A_n	E_{n1}	E_{n2}	....	E_{nm}

E_{ij} .... E_{nm}: Ergebnisse der Alternativen i bei der Umweltsituation j; i = 1 ... n und j = 1 ... m

Bild 9: Elemente eines (vereinfachten) Planungstableaus

Ein anderer Weg der Unternehmensführung könnte darin bestehen, zukünftig drohende Turbulenzen nicht (bzw. weniger) über die **Stärkung des planerischen Elements**, sondern durch den **Aufbau von Flexibilitätspotenzialen** abzufangen. Denn sie ermöglichen eine schnelle Anpassung an neue Gegebenheiten, ohne auf eine aufwändige Generierung von Alternativplänen zurückgreifen zu müssen.

Aus dieser Perspektive kann bezüglich der Abwendbarkeit von unternehmerischen Turbulenzen – **„Turbulenzabsorbtion"** – davon ausgegangen werden, dass **Planung und Flexibilität** zwei Möglichkeiten für das Management darstellen, die sich in einem (wenn auch nur begrenzten) **Substitutionsverhältnis** zueinander befinden (Bild 10). Ein bestimmtes Niveau an „Turbulenzabsorbtion" (TA) ist danach entweder durch eine hohe Planungsintensität und eine niedrige Flexibilität (Fall 1, Bild 10) oder durch eine geringe Planungsintensität und eine entsprechende hohe Flexibilität sicherstellbar (Fall 2, Bild 10).

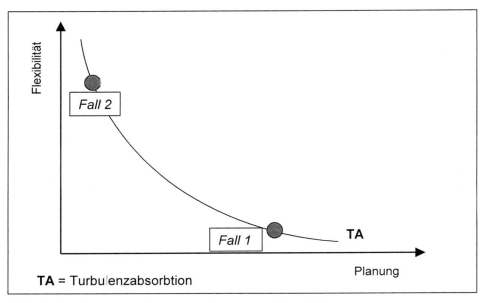

Bild 10: Substituierbarkeit zwischen Planung und Flexibilität

Angesichts dieser Substitutionsbeziehung auf planerische Überlegungen teilweise oder ganz zugunsten des Aufbaus von Flexibilitätspotenzialen zu verzichten, hätte jedoch fatale Folgen und ist der Praxis u.a. aus folgenden Gründen nicht anzuraten:

- begrenzte Substitution:
Zwischen Planung und Flexibilität besteht nur eine begrenzte Substitutionsbeziehung, d.h. ein gewisses Ausmaß an beiden Elementen muss immer vorhanden sein. So können durch Planung nicht alle Probleme ex-ante absorbiert werden. Insofern kompensiert eine hohe Flexibilität die Mängel der Planung. Flexibilität ist das Auffangnetz für zwangsläufig unvollständige Planung. Flexibilität alleine ist aber ebensowenig denkbar, weil beispielsweise auch Unternehmensziele verankert bzw. geplant werden müssen.

- **Flexibilitätsaufbau braucht Planung:**
Der Aufbau zielgerichteter Anpassungspotenziale braucht Planung, weil zunächst festgelegt werden muss, auf welchen Gebieten Flexibilität geschaffen werden soll (z.B. Flexibilität hinsichtlich der quantitativen und/oder qualitativen Personalkapazitäten; Belieferungs-, Maschineneinsatz-, und/oder Marktwechselflexibilität). Daneben ist angesichts meist begrenzter finanzieller Mittel zu planen, wie der Flexibilitätsaufbau stattfinden soll (z.B. simultan für sämtliche Bereiche oder sukzessive; mit oder ohne Beteiligung, Absprache bzw. Partizipation der Belegschaft, Lieferanten, Kunden usw.).

- **Turbulenzen als Chance:**
Schließlich können drohende Turbulenzen auch als Chance aktiv genutzt werden, um seine eigene Stellung am Markt auszubauen, die eigene Wettbewerbsfähigkeit zu steigern, unliebsame Mitwettbewerber auszuschalten und/oder die Belegschaft unter Druck zu halten. Der Flexibilität alleine ist zunächst nur ein defensiver und reaktiver Anpassungscharakter zuzuordnen. Im dynamischen Wettbewerb geht es allerdings vor allem darum, Flexibilitätspotenziale langfristig und gezielt aufzubauen, und sie zu einem möglichst günstigen Zeitpunkt aktiv und strategisch zum Vorteil des eigenen Unternehmens gegenüber den Konkurrenten als Trumpfkarte auszuspielen. Das Flexibilitätspotenzial wird aus dieser Perspektive erst durch die Ergänzung mit entsprechenden Maßnahmen- und Aktionsplänen zur strategischen Waffe. Zudem zeigen oft erst entsprechende Pläne, ob, wann und welche Flexibilitätspotenziale tatsächlich existieren. So zeigt ein Finanz- oder Liquiditätsplan, ob, wann und welche Finanzmittelüberschüsse bestehen, um Preissenkungen am Markt ohne Liquiditätsgefährdung durchzuhalten. Erst auf dieser Basis kann versucht werden, eine die Finanzmittel belastende Niedrigpreisstrategie voranzutreiben, um Konkurrenten oder Imitatoren von den eigenen Kunden- und Marktsegmenten abzuhalten (so genanntes „markteintrittsverhinderndes Preisverhalten"). In diesem Beispielsfall sollten schließlich idealerweise Prognosen über die Finanzsituation der anderen Unternehmen vorhanden sein, um diese wirklich schädigen und/oder vom Markteintritt abhalten zu können. Außerdem sind für die Preisabsenkungen nicht nur die Zeitpunkte, sondern auch die jeweiligen Senkungsstufen – u.a. in Anbetracht der Kundenreaktionen – zu planen.

- **Achtung vor Flexibilitätsfallen und -überschätzungen:**
Ohne gezielte Planung wird das Management in der Praxis häufig mit chronischen (1) Flexibilitätsfallen und (2) Flexibilitätsüberschätzungen konfrontiert. Flexibilitätsfallen treten ein, wenn die vorhandenen Flexibilitätspotenziale zur Bewältigung der auftauchenden Probleme nur bedingt oder überhaupt nicht brauchbar sind. Im Hinblick auf die Flexibilitätsüberschätzung hört man vielfach das Argument „wir können auf Planung verzichten, weil wir so flexibel sind". Dieses Argument muss in der Praxis jedoch oftmals als fadenscheinige Ausrede für mangelnde Planungskompetenz herhalten. Tritt nämlich der Flexibilitätsbedarf tatsächlich ein, erweist sich die so hoch gepriesene Flexibilität

Führung, Controlling, Planung und postmoderne Relativierungen

– inbesondere auch bei Klein- und Mittelstandsunternehmen – nicht selten als wenig fundiertes, aber vollmundig verkündetes Lippenbekenntnis.

Trotz dieser Einschränkungen kann die Kenntnis der Substitutionsbeziehung zwischen Planung und Flexibilität aktiv genutzt werden. Denn sie bringt für das Management interessante strategische Optionen mit sich (Bild 11).

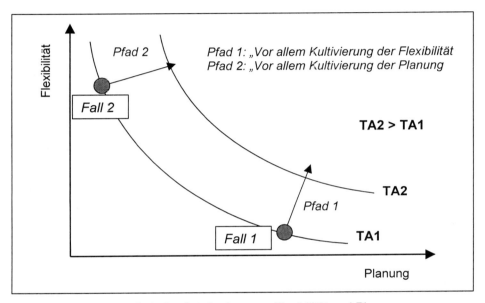

Bild 11: Entwicklungspfade für den Ausbau von Flexibilität und Planung

Existiert beispielsweise in einem Unternehmen ein ausgeprägtes Planungsverhalten bei geringer Flexibilität, sollte eher in den Ausbau von Flexibilitätspotenzialen investiert werden. Denn in diesem Fall (1) dürfte die positive Wirkung für die Turbulenzabsorbtion durch den Ausbau des planerischen Aspekts weit niedriger sein als durch den Ausbau von Flexibilitätspotenzialen. Aufgrund des „sinkenden Grenznutzens der Planung" heißt die Leitlinie in diesem Fall „Kultivierung der Flexibilität".

Im umgekehrten Fall (2) – geringer Ausbau des planerischen Elements, hohe Flexibilität – ist dagegen mit einem „sinkenden Grenznutzen der Flexibilität" zu rechnen. Daher sollte die Leitlinie „Kultivierung der Planung" lauten.

5 Unternehmensführung, Instrumente und Intuition

Angesichts zunehmender **Dynamik und Komplexität** der Unternehmensumwelt und unternehmensinterner Veränderungen steigt der Instrumentenbedarf des Managements ständig. Sieht man Controlling als Führungsunterstützung, dann ist dabei vor allem an **Controlling-Instrumente** zu denken.

Wie bei der Beziehung zwischen Planung und Flexibilität, so ist im Hinblick auf die Beziehung zwischen der **Verwendung von Controlling-Instrumenten** und dem **Einsatz unternehmerischer Intuition** von einer (begrenzten) **Substitutionsfähigkeit** auszugehen. Begrenzt ist die Substitutionsfähigkeit, weil für die strategische Führung eines Unternehmens beide Faktoren – wenn auch nur auf Sparflamme – vorhanden sein müssen (vgl. hierzu auch die Argumentationsführung zur Substitution von Flexibilität und Planung, oben).

Unterstellt man, dass für die erfolgreiche Führung eines Unternehmens ein gewisses Niveau an „Führungsinformationen" vorhanden sein muss, dann kann dies entweder durch einen höheren Einsatz an Controlling-Instrumenten und weniger unternehmerischer Intuitionskraft (Fall 1) oder mehr unternehmerischer Intuitionskraft und geringerem Einsatz an Controlling-Instrumenten (Fall 2) erzielt werden (Bild 12 in Anlehnung an Schneider und Bäumler (a),(b)).

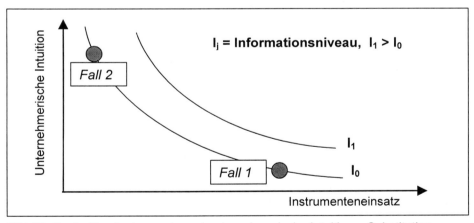

Bild 12: Controlling-Instrumente und unternehmerische Intuition – Substitution

Auf der Basis dieses Substitutionsverhältnisses lassen sich sowohl für das Controlling als auch für die Unternehmensführung und -planung einige Tendenzen veranschaulichen: Wie bei der Beziehung zwischen Planung und Flexibilität, so arbeiten Groß- und Klein- bzw. Mittelstandsunternehmen mit einem unterschiedlichen Einsatzmix beider Faktoren. Während Großunternehmen meist über entsprechende Stäbe verfügen, in denen ein ausgefeiltes Controlling-Instrumentarium zur Anwendung kommt, setzen v.a. Klein- und Mittelstandsunternehmen eher auf unternehmerische Intuition (Bild 13).

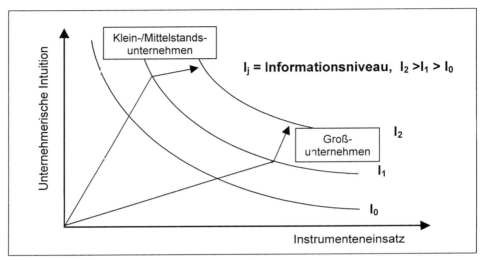

Bild 13: Unternehmensgröße, Einsatzmix und Entwicklungspfade

Außerdem deuten sich heute für beide Unternehmenskategorien Veränderungen bei den Mischungsverhältnissen an (vgl. Pfeile in Bild 13), um das Niveau an Führungsinformationen zu steigern:

(1) **Großunternehmen** verfolgen derzeit besonders die „Kultivierung der unternehmerischen Intuition". Durch entsprechende Aus- und Fortbildungsprogramme versuchen sie, ihre Mitarbeiter zu „Unternehmern im Unternehmen" zu entwickeln („Intrapreneuring"). Die zugrundeliegende Hypothese dieser Vorgehensweise ist vor allem, dass die unternehmerische Intuition eine elementare Voraussetzung für das erfolgreiche Agieren in einer zunehmend variableren und immer komplexeren Welt darstellt.

(2) **Kleine und mittlere Unternehmen** versuchen dagegen, ihre Defizite auf instrumenteller Seite zu kompensieren. Sie betreiben heute eine „Kultivierung der Controlling-Instrumente" und arbeiten an der konzeptionell-qualifikatorischen Stärkung des Top- und mittleren Managements.

In Theorie und Praxis wird in diesem Zusammenhang nicht selten die These vertreten, die zunehmende Verwendung von **Controlling-Instrumenten** könnte zur Einebnung der **unternehmerischen Intuition** führen. Aber ebenso wie die Kultivierung der unternehmerischen Intuition auf keinen Verzicht des Einsatzes von Controlling-Instrumenten hinausläuft, so ist die Kultivierung der

Führung, Controlling, Planung und postmoderne Relativierungen

Controlling-Instrumente nicht zwangsläufig mit einer Einschränkung der unternehmerischen Intuition verbunden. Vielmehr besteht eine komplementäre Beziehung. So muss sich jeder verantwortliche Manager darüber klar sein, dass die Kritik der Motor des objektiven Erkenntnisfortschritts ist (Popper). Daher muss er daran interessiert sein, seine subjektiven Intuitionen von haltlosen Spekulationen und Hoffnungen zu „reinigen", zu fundieren sowie nachvollziehbar zu erläutern, was eine Objektivierung fördert. Trotz des Antagonismus zwischen Postmoderne und kritischem Rationalismus, geht es – postmodern ausgedrückt – um die Konfrontation von Meta-Erzählungen mit kritischem Potenzial. Dies ist besonders durch den Einsatz von Controlling-Instrumenten möglich. Ihr Einsatz ist daher nicht als „Bremsklotz", sondern als „Geburtshelfer" wirtschaftlich tragfähiger, unternehmerischer Intuitionen aufzufassen. Haben die unternehmerischen Intuitionen dem Filter der Instrumente widerstanden, gehen sie gefestigt daraus hervor. Dadurch wird auch die Kapazität des Managements von aufwendigen Kommunikations- und Überzeugungsprozessen hinsichtlich der Verbreitung ihrer „subjektiven Intuitionen" entlastet und unnötiger Ressourceneinsatz vermieden.

Die praktische Anwendung von Instrumenten für Analyse, Planung, Steuerung und Kontrolle ist daher im Interesse „guter" unternehmerischer Intuitionen und deren Hervorbringer. Angst vor ihrem Einsatz müssen nur die Produzenten „schlechter" unternehmerischer Intuitionen haben, weil sie befürchten müssen, schneller enttarnt und selektiert zu werden. Aus diesem Grund wird auch die derzeitige Kultivierung des Instrumenteneinsatzes in Klein- und Mittelstandsunternehmen nicht zum Nachteil, sondern zum Vorteil der unternehmerischen Intuition sein.

Übrigens scheinen die in Bild 13 skizzierten Entwicklungswege für Klein- und Mittelstandsunternehmen weniger steinig als für größere Unternehmen. Denn die Kultivierung des Instrumenteneinsatzes und die damit verbundene Aneignung und Implementierung von Controlling-Instrumenten bei Klein- und Mittelstandsunternehmen trifft heute auf breite Zugriffsmöglichkeiten und vielfältige Angebote (z.B. Literatur, Beratung, Seminare, bessere methodisch-konzeptionelle Ausbildung des Führungsnachwuchses). In (bürokratischen) Großunternehmen kann sich dagegen der Einsatz überalteter und tradierter Instrumente derartig verfestigt haben, dass neuere und den aktuellen Gegebenheiten besser entsprechende Instrumente gar nicht in das Blickfeld kommen bzw. nicht angenommen werden. Daneben erweist sich in der Praxis die Aneignung instrumenteller und methodischer Kompetenz im allgemeinen als weit weniger zeitintensiv als die Entwicklung der Mitarbeiter in Großunternehmen in Richtung „Intrapreneur". Denn dies erfordert neben einer mentalen Neuausrichtung die Ingangsetzung eines zähen Umorientierungsprozesses, dessen Erfolg weniger an das „Erlernen", sondern vielmehr an das „bewusste Erfahren" geknüpft ist.

6 Unternehmensführung und Kundenorientierung

Die Unternehmensführung muss sich heute immer stärker kundenorientiert verhalten. Dies bedeutet nicht nur, die Entwicklung von Produkten an den Werten, Wünschen, Nutzenkategorien usw. von Kunden auszurichten. Vielmehr muss sich das Gesamtunternehmen mit allen seinen Funktionen und damit jedes einzelne Belegschaftsmitglied kundenorientiert verhalten. Dies gilt sowohl hinsichtlich der internen als auch in besonderer Weise hinsichtlich der externen Kunden-Lieferanten-Beziehungen. Letztlich muss entlang aller unternehmensinterner und zwischenbetrieblicher Glieder der gesamten Wertschöpfungspipeline Kundenorientierung „gelebt" werden.

Die Bedeutung der hier im Mittelpunkt stehenden externen bzw. absatzseitigen Kundenorientierung hat vor allem folgende Ursachen:

- Die **„traditionelle Argumentation"** verweist auf den **Übergang vom Verkäufer- zum Käufermarkt**. In den 50er und 60er Jahren herrschten in weiten Bereichen der Wirtschaft Bedingungen eines Verkäufermarktes. Absatzpolitik wurde vor allem im Sinne einer Versorgungs- und Distributionspolitik zur Überwindung bestehender Versorgungsmängel betrieben. Seitdem hat ein Wandel zu Käufermärkten mit Sättigungserscheinungen, Stagnations- und partiell sogar zu ausgeprägten Rezessionstendenzen eingesetzt. Unter solchen Bedingungen besteht ein Zwang zur verstärkten kunden- und marktgerechten Auslegung von Produkten und Unternehmen.

- Die **„praktische Argumentation"** basiert auf der steigenden Wettbewerbsintensität zwischen den Anbietern. Die Rivalität wird heute vor allem durch den **Markteintritt von Unternehmen aus Schwellenländern** in Verbindung mit **Wachstumsgrenzen** angeheizt. Was den Markteintritt so genannter „NICs" (New Industrialized Countries) angeht, so halsen sie den etablierten Anbietern u.a. aufgrund ihrer günstigeren Kostenposition einen steigenden **Kostenwettbewerb** auf. Sie sind ferner in der Lage, Qualitäts- und Innovationsvorsprünge der etablierten Anbieter in immer kürzeren Zyklen einzuholen und mittlerweile selbst Qualitätsstandards zu setzen. Damit gesellt sich zum Kostenwettbewerb ein nachhaltiger **Innovations-, Qualitäts- und Zeitwettbewerb**. Die Wachstumsgrenzen auf vielen Märkten und das Ziel vieler Manager, ihre Unternehmen auf weiteres Wachstum – oder zumindest auf die Überwindung von Stagnation – zu trimmen, kann einerseits im aggressiven Kampf um Marktanteile münden (vgl. hierzu auch die Überlegungen von Gälweiler, Punkt II.3.2). Dies führt häufig zu einem **„absatzseitigen Horizontalkampf"** zwischen den Rivalen und/oder freundlichen bzw. unfreundlichen Unternehmensübernahmen. Droht Stagnation auf der Absatzseite, kann andererseits versucht werden, in der Wertkette vor- und nachgelagerten Unternehmen Wertschöpfungsanteile abzunehmen (vgl. Punkt III.9). In diesem Fall entwickelt sich in der Wertkette ein **„wertschöpfungsorientierter Vertikalkampf"** zwischen Lieferanten- und Kundenunternehmen.

Führung, Controlling, Planung und postmoderne Relativierungen

- Die **„managementphilosophische" Argumentation** stützt sich auf die aktuellen **Managementansätze und -philosophien**, in denen die Kundenorientierung eine zentrale Rolle spielt. So wird der Kunde im so genannten **Lean-Management** an den Anfang der Überlegungen gestellt (Womack u.a.). Danach gilt der Leitsatz, dass es ohne Kunden keine Unternehmen gibt. Ähnliche Überlegungen liegen dem **Re-Business-Engineering** zugrunde.

- Die **„empirie-gestützte" Argumentation** kommt anhand **praktischer Erfahrungen** und **empirischer Studien** zu dem Ergebnis, dass Unternehmen mit einer ausgeprägten Kunden- und Marktorientierung erfolgreicher sind als andere Unternehmen. Beispielsweise zeigen empirische Analysen von Backhaus (a) für „stark marktorientierte Unternehmen" im Vergleich zu „schwach marktorientierten Unternehmen" eine vergleichsweise höhere Gesamtkapitalrendite und ein höheres Umsatzwachstum. Zu ähnlichen Ergebnissen kommen zahlreiche Studien der amerikanischen Unternehmensberatungsgesellschaft McKinsey (a), (b).

Postmodern interpretiert sollten der Managementtheorie und -praxis diese zentralen Bedeutungsaspekte einer **„gelebten Kundenorientierung"** genügen, um sie nicht dem **Verdacht einer beliebig dekonstruierbaren Meta-Erzählung** auszusetzen. Trotzdem gibt es immer wieder Anzeichen dafür, dass nur mit Fassaden und ohne Background und Tiefgang gespielt wird und die Kundenorientierung über das Stadium eines so genannten **Fassadenmanagements** nicht hinaus kommt (Abservieren von Kunden in Call-Centern, Heucheln von persönlicher Beziehung durch telefonische Bandansagen, werbliches Suggerieren von tatsächlich nicht vorhandenen Gebrauchswerten, Werbung auf der Internetseite von Hotels mit konträren Slogans – „individueller und exklusiver Relax-Urlaub" und „enorme Kapazitäten für die Aufnahme von Busurlaubern und Pauschalreisenden").

Für eine methodisch fundierte und tiefgehende Bearbeitung des Themas Kundenorientierung haben Theorie und Praxis mit der Entwicklung neuer sowie der Wiederbelebung bekannter, strategisch ausgelegter **Controlling-Instrumente** reagiert. Sie zielen auf eine stärkere Kunden- und Marktorientierung sowohl bei der Produktentwicklung und -planung als auch bei der allgemeinen Unternehmensführung und -entwicklung. Dazu zählen beispielsweise die verschiedenen Varianten der **Präferenzmethode**, die **Conjoint-Analyse**, das **Target Costing**, das **Quality Function Deployment** sowie das **Success-Resource-Deployment** (vgl. hierzu Kapitel III).

Soll die **kundenorientierte Unternehmensführung** weit mehr sein als ein Lippenbekenntnis der Marketingstrategen, soll sie quasi als **Metatheorie** zum Leitsatz jeden Verhaltens im Unternehmen werden, und sollen die Instrumente zielorientiert und wirksam eingesetzt werden, dann zeigt eine Besinnung auf eine alte Einsicht von Levitt die einzuschlagende Richtung auf. Danach besteht die Aufgabe eines Unternehmens weniger in der Produktion von Gütern,

Führung, Controlling, Planung und postmoderne Relativierungen

sondern vor allem in der **Befriedigung von Kundenbedürfnissen und -wünschen**. Der Bedarf an konkreten Produkten ist meist instabiler und kurzlebiger als die zugrundeliegenden Kundenbedürfnisse (Kuß). Beispielsweise ist der Bedarf an Pferdefuhrwerken vor Jahrzehnten stark zurückgegangen, während das menschliche Bedürfnis nach individuellen Fortbewegungs- und Transportmöglichkeiten blieb – und derzeit durch Autos und Motorräder befriedigt wird.

Für die Unternehmensführung ergibt sich hieraus die zwangsläufige Konsequenz, in Kategorien von Kundenbedürfnissen, -wünschen und -nutzen zu denken und für eine Verinnerlichung einer „echten" Kundenorientierung im gesamten Unternehmen zu sorgen. Um dies zu erreichen, kann es sehr hilfreich sein, (1) den Blick für den Unterschied und die Bedeutung von **Grund- und Zusatznutzenwerten** von Unternehmensleistungen zu schärfen, (2) die informationspolitischen Dimensionen im Sinne des so genannten **„Erstmaligkeits-Bestätigungs-Modells"** zu beachten und (3) das Bewusstsein für die Existenz so genannter **Means-End-Ketten** zu stärken.

(1) Grund- und Zusatznutzen von Unternehmensleistungen:

Die Unterscheidung zwischen Grundnutzen (Zwecknutzen) und Zusatznutzen geht auf Vershofen zurück (Bild 14; ähnlich darauf aufbauend Kano).

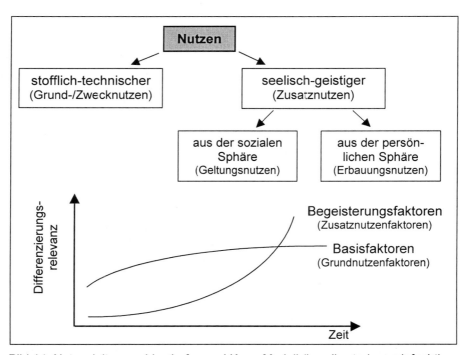

Bild 14: Nutzenleiter von Vershofen und Kano-Modell (jeweils stark vereinfacht)

Führung, Controlling, Planung und postmoderne Relativierungen

Ob die von Vershofen vorgeschlagene Zuordnung von „stofflich-technisch" zum Grundnutzen und „seelisch-geistig" zum Zusatznutzen in jedem denkbaren Fall sinnvoll ist, kann durchaus kritisch gesehen werden. Die Grundnutzenstiftung bei einem Psychiater liegt beispielsweise auf der seelisch-geistigen Seite, während der Zusatznutzen einer psychiatrischen Behandlung durchaus stofflich-technischer Art sein kann (z.B. schmerzfreie Verabreichung einer Serie von Beruhigungsspritzen).

Die Nutzenunterscheidung von Vershofen ist aber trotzdem für eine kundenorientierte Unternehmensführung von enormer Relevanz:

Der **Grundnutzen** des Kunden besteht beispielsweise bei Autos in der individuellen Fortbewegungsmöglichkeit. Der **Zusatznutzen** besteht z.B. darin, dass an einer Straßenkreuzung andere Verkehrsteilnehmer und „Ampelsteher" mit einer ansprechenden Luxuslimousine beeindruckt und persönliche Überlegenheitsgebärden gefördert werden („Geltungsnutzen"). Ferner kann durch eingelegtes Wurzelholz und airbagbestückte Dachholme „Freude am Fahren", „Sorglosigkeit" und „positive Zuversicht" entstehen („Erbauungsnutzen"). Im Zuge der Kommunikationspolitik können hieraus wichtige Hinweise für den Aufbau und die Inhalte von Werbespots und PR-Maßnahmen abgeleitet werden.

(2) Erstmaligkeits-Bestätigungs-Modell (EBM):

Hinsichtlich seiner informatorischen Wirkung für den Kunden verändert sich der Kundennutzen im Zeitablauf (z.B. mit steigender Produktlebensdauer und zunehmender Reife einer Branche). Dies lässt sich anhand des EBM von v. Weizsäcker (sowie E.U. und C. v. Weizsäcker) skizzieren (Bild 15, links). Es spannt die Pragmatik (Aufforderungs- und Handlungscharakter) einer Information in Abhängigkeit von deren Erstmaligkeit und Bestätigung auf. Für die Beschreibung und Erklärung wirtschaftlicher Zusammenhänge hat sich das EBM bereits mehrfach bewährt (dazu z.B. Jantsch, Reichert, Schneider (f, q, r, s), Schneider u. Zieringer, Schneider u. Amann (a), jüngst auch Giehl (b).

Die Darstellung auf der rechten Seite von Bild 15 soll zum Ausdruck bringen, dass die Überführung von Erstmaligkeit in Bestätigung tendenziell immer schnell erfolgt. Bessere Bildung, schnellerer und umfassenderer Zugriff auf Informationen durch moderne Informations- und Kommunikationstechnologien, weltweite Vernetzungen usw. tragen zu dieser Beschleunigung des Informationsdurchsatzes in der Wirtschaft und in der Gesellschaft (aber auch beim einzelnen Menschen) bei. Die laufende Reduzierung von Entwicklungs- und Marktzyklen von Produkten, die schnellere Abnutzung von Differenzierungsvorteilen im globalen Wettbewerb, die kurzfristige Abfolge von Produktrelaunches (facelifting) und die sinkenden Halbwertzeiten von Wissen belegen diesen Trend. Die (wirtschaftlichen) **Nutzungszeiten ehemals erstmaliger Informationen erodieren** daher immer schneller (Schneider u. Zieringer sowie jüngst Giehl (b)). Deshalb gehört die ständige (Neu-) Produktion von Erstmaligkeit zur zentralen Aufgabe des Managements von Unternehmen (Schneider (r)). **Nachlassende Erstmaligkeitsproduktion** kann dagegen zu zunehmender **Bestätigungsnähe** führen und (evolutionstheoretisch ausgedrückt) in **Stagnation und Tod** münden (dazu Jantsch sowie Schneider (f, r) und Schneider u. Amann(a)).

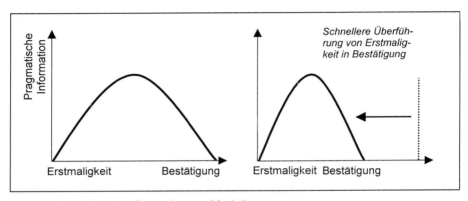

Bild 15: Erstmaligkeits-Bestätigungs-Modell

In reifen Märkten weisen die angebotenen Leistungen oft hohe Substitutions- und Bestätigungsgrade auf. Eine Differenzierung ist häufig nur durch die Mobilisierung von Zusatznutzenkomponenten erreichbar, durch die Erstmaligkeit produziert wird. Werbestrategisch hat dies die Konsequenz, dass die Kunden meist nicht über die Grundnutzenkategorie („Du kannst dich mit einem Auto individuell fortbewegen") angesprochen werden, weil diese für die (potenziellen) Kunden keinen Aufforderungscharakter mehr hat. Informationstheoretisch produziert die Information über den Grundnutzen aufgrund des hohen Bestätigungs- und geringen Erstmaligkeitsgrads keine Pragmatik. Daher muss über Zusatznutzenkategorien (Fahrvergnügen, Autoerlebnis, persönliche Performance usw.) versucht werden, den Kunden anzusprechen. Werbefilme von Automobilherstellern zeigen dies. Wir kennen sie aus der Fernsehwerbung bestens, die 3er-BMW- und A4-Fahrer, mit ihren aus dem elektrisch herunter gelassenen Seitenfenster herausstehenden Ellenbogen, wenn sie liederpfeifend dem aus dem dunklen Dickicht hervorspringenden Rehkitz durch ein gekonntes Ausweichmanöver das Leben retten. Vor hundert Jahren hätte dagegen der (aus heutiger Sicht plumpe) Werbeslogan „Du kannst dich mit einem Auto individuell fortbewegen" ausgereicht, um ungläubiges Interesse – und wahrscheinlich auch Aufsehen – zu erregen. Damals hätte die Information viel Erstmaligkeit und geringe Bestätigung produziert. Eine Focussierung auf Zusatznutzenkategorien hätte demgegenüber weitgehend versagt, weil vermutlich eine Überladung der Kunden mit zu viel erstmaliger Information vorgelegen hätte.

Diese Rückschau kann durch eine Vorschau ergänzt werden. Gäbe es einen Anbieter für den aus „Raumschiff Enterprise" bekannten „Beamer", müsste den Kunden zuerst der Grundnutzen glaubhaft nähergebracht werden. Die Information über den Grundnutzen würde genügen, um ausreichend (vielleicht auch zu viel) Erstmaligkeit zu produzieren und Interesse und Aufsehen zu schaffen. Darüber hinaus wäre der Grundnutzen so fundamental und durchschlagend, weshalb auch negative Belastungen von Zusatznutzenkriterien (man muss sich z.B. nackt in die Beamer-Kabine setzen, es heult sehr laut und die Stahlkabine ist kalt, weshalb unser nackter Beamerkandidat friert) durch den Grundnutzen überkompensiert würden. Gäbe es nach weiteren zwanzig Jahren hunderte Beamer-Anbieter, wäre die Argumentation über den Grundnutzen „ausgelaugt". Informationstheoretisch hätte die Information über den Grundnutzen einen hohen Bestätigungsgrad, aber kaum noch Erstmaligkeit. In diesem Stadium sind daher Kunden über Zusatznutzenfaktoren anzusprechen (die Kleidung muss in der Kabine nicht abgelegt werden, dort gibt es angenehmes Summen statt lautes Heulen, unser Beamerkandidat kommt am Zielort schöner an als er am Absendeort war).

Zwar kann die Trennung in Grund- und Zusatznutzen im Einzelfall erhebliche Probleme bereiten (sind die Bereitstellung internationaler Kontakte oder der Betrieb einer Stellenbörse für die Kunden eines Seminaranbieters eher Grund- oder Zusatznutzenfaktoren?). Trotzdem machen die Beispiele für die Unternehmensführung darauf aufmerksam, dass entlang der Lebensphasen von Branchen, Unternehmen und Produkten eine schrittweise **Verlagerung der Bedeutung von Grund- zu Zusatznutzenfaktoren** eintritt und sich der Zusatznutzen immer mehr in Grundnutzen verwandelt. Dies zeigen auch zahlreiche empirische Studien- und Beratungsprojekte im Kompetenzzentrum für Unternehmensentwicklung und -beratung (KUBE e.V.) – beispielsweise eine Studie zur Qualität des Internet-Auftritts von 40 Beratungsunternehmen (Giehl und Brenner), mehrere SRD-gestützte Studien im deutschen Bankensektor zum Spannungsfeld zwischen kunden- und kostenorientierten Managementansätzen (Schneider und Ullrich), ebenfalls SRD-gestützte Studien zur kundenorientierten Ausrichtung von Airlines (Lehmann und Schneider; Schneider und Zeprzalka) und von Herstellern exklusiver Uhren (Schneider und Steiger) sowie ein Beratungsprojekt in einem mittelständischen deutschen Pharmaunternehmen (Schneider (m)).

Bild 16 beschreibt diese Zusammenhänge auf theoretisch-konzeptioneller Grundlage. Implizit wird dadurch deutlich, wie sich die Schwerpunkte des unternehmerischen Ressourceneinsatzes (z.B. für die Ergänzung der bestehenden Unternehmensleistungen und/oder die Kommunikationspolitik) an diesen Überlegungen ausrichten müssen:

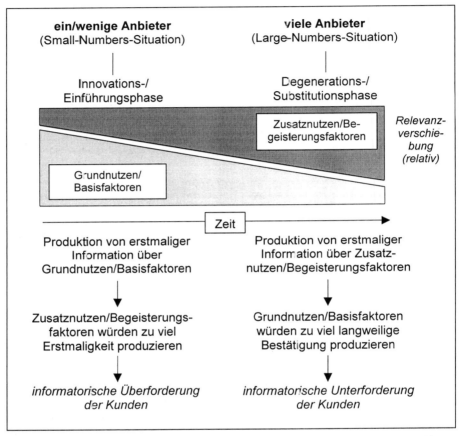

Bild 16: Relevanzverschiebung – Grund- und Zusatznutzen sowie Basis- und Begeisterungsfaktoren

(2) Means-End-Konzept:

Für das Means-End-Konzept bildet die oben beschriebene – scheinbar triviale – Erkenntnis von Levitt einen zentralen Ausgangspunkt. So bedeutet sie letztlich, dass Unternehmen und ihre hervorgebrachten Produkte „nur" Mittel (Means) sind, um auf der Seite der Kunden bestimmte Zwecke, Wünsche und Werte (Ends) zu realisieren bzw. zu befriedigen. Hierzu zeigt Bild 17 in Anlehnung an Kuß, über welche Abstufungen die Beziehung zwischen einem Produkt und seinen physischen Eigenschaften sowie den „terminalen Werten" hergestellt werden kann (zu anderen Beispielen vgl. z.B. Schneider u. Amann (a, b, c)).

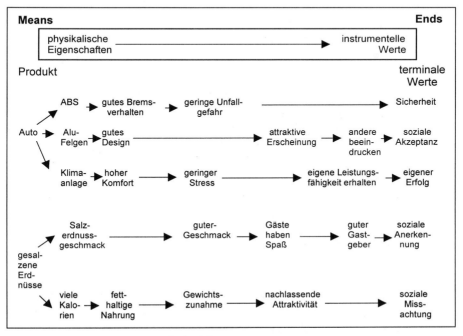

Bild 17: Means-End-Ketten – Beispiele

Means-End-Ketten erlauben es, physische Gestaltungsalternativen von Unternehmensleistungen im Lichte wertgeladener Kundenwünschen zu betrachten. Die zentrale Überlegung dabei ist, dass Vergleiche zwischen Produkten und/oder Dienstleistungen weniger anhand der **physischen Eigenschaften**, sondern auf einer **höheren, wertgeladenen Abstraktions- und Wahrnehmungsstufe** erfolgen. So stehen bei der Wahl von Autos vor allem die durch sie befriedigungsfähigen sozialen und psychologischen Konsequenzen sowie instrumentalen und terminalen Werte im Zentrum. Besonders bei solchen Kunden ist dies der Fall, bei denen das Wissen und/oder das Interesse für tiefgehende physikalische und technisch-funktionale Zusammenhänge fehlt. Wie ein ABS-Bremssystem funktioniert, ist dem Durchschnittsautofahrer weitgehend egal. Gleiches gilt im unternehmensinternen Kunden-Lieferanten-Verhältnis. Welche Gesetze und Regeln das Personalwesen bei Kündigungen einhalten muss, ist für einen Geschäftsgebietsleiter in der Regel unerheblich. In beiden Fällen gilt „wichtig ist, was hinten (bei den Ends) heraus kommt." Daher kann es ein wesentlicher Vorteil sein, Forschungs- und Entwicklungsanstrengungen von den Ends Richtung Means voranzutreiben – nach dem Motto „was will der Kunde an Ends, welche Means brauchen wir dazu?" Eine **meansgebundene** findet so in einer **endsgebundenen F&E- sowie Unternehmens- und Produktentwicklungsstrategie** ihre Ergänzung (Gegenstromprinzip, Bild 18).

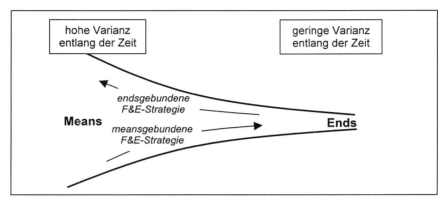

Bild 18: Trichtermodell der Erstmaligkeitsentwicklung

Das Spektrum denkbarer Means wird so stark ausgeweitet. Es kommt zu einer Steigerung der Vielfalt an kreativen Produktideen und -komponenten (Means). Im anderen Fall verringert sich ausgehend von einem bestehenden Produkt und vorhandener Produktkomponenten (Means) der Umfang für die Suche nach kreativen Ideen, weil man dann an den Komponenten „hängt". Beispielsweise werden dann das ABS-Bremssystem oder die Alu-Felgen (Bild 17) kaum in Frage gestellt, sondern bestenfalls fallen Ideen für ihre Fort- und Weiterentwicklung an. Das kritisch-kreative Potenzial und die Freiheitsgrade endsorientierter Forschungs- und Entwicklungsprojekte liegen daher höher – selbstredend unter Inkaufnahme einer geringeren Gerichtetheit und Voreinstellung der F&E- und Ideensuchaktivitäten. Diese Argumente laufen daher nicht auf eine Abschaffung von meansorientierter Forschung und Entwicklung hinaus. Vielmehr handelt es sich um ein Plädoyer dafür, beide Pfade simultan und aktiv zu nutzen.

Das Erdnussbeispiel (Bild 17) zeigt ferner, dass sowohl ressourcenvergeudende Fehlentwicklungen als auch divergierende Eigenschaften („guter Geschmack" und „Gewichtszunahme") mit Means-End-Ketten schon in der Planungsphase erkennbar werden. Daneben bilden sie – implizit oder explizit – die Basis für die Entwicklung kommunikationspolitischer Werbestrategien. Dies ist z.B. dort der Fall, wo komplexe und/oder innovative Produktkomponenten (z.B. elektronische Stabilisierungssysteme für Autos), die der Kunde kaum begreift, hinsichtlich ihrer Wirkung auf lebensnahe Endwerte, mit denen der Kunde bestens vertraut ist, dargestellt werden.

Für die erfolgreiche Anwendung von Instrumenten für die kundenorientierte Entwicklung von Unternehmen sind Means-End-Ketten, die Separierung in Grund- und Zusatznutzen und das Erstmaligkeits-Bestätigungs-Modell unverzichtbare Bausteine (vgl. z.B. die Ausführungen zur Präferenzmethode, dem Conjoint Measurement, dem QFD und SRD, Punkt III. 12 bis 16).

7 Unternehmensführung und virtuoses Controlling

Aus steigender Dynamik und Komplexität unternehmensinterner und -externer Faktoren, der verstärkten Konkurrenzintensität und der zentralen Bedeutung der kundenorientierten Ausrichtung von Unternehmen ergibt sich für die Unternehmensführung ein steigender Bedarf an vielfältigen und tiefgehenden strategischen Informationen, um das Unternehmen im Wettbewerb erfolgreich zu navigieren. Der Controller wird so zum Navigator und Lotsen (Deyhle). Die Unternehmensführung ist hierbei auf ein **virtuoses Controlling** angewiesen.

Natürlich ist „virtuoses Controlling" eine Fiktion und Idealvorstellung. Durch die Beherzigung folgender **Leitsätze** werden aber gute Grundlagen dafür geschaffen, sich diesem Ideal anzunähern (Bild 19). Die folgenden Darstellungen werden zeigen, dass die unten angeführten Argumente vor allem auch aus der in Abschnitt 2 formulierten Konzeption der postmodernen Philosophie Unterstützung finden (z.B. Pluralität, Kritik, Dekonstruktion):

---

(1) Institutionelle Controlling-Determinismen reduzieren – Controllership leben

(2) Instrumentelle Controlling-Determinismen vermeiden – Pluralität erkennen

(3) Perspektivenglobalisierung hinterfragen – Instrumente kritisch beleuchten

(4) Instrumententraditionen brechen – Instrumentenaktualität leben

(5) Den Controlling-Würfel „inhalieren"

Bild 19: Leitsätze für ein virtuoses Controlling

(1) Institutionelle Controlling-Determinismen reduzieren
   – Controllership leben:

Das Controlling leidet nicht selten an institutionellen und instrumentellen Determinismen. Der institutionelle Determinismus besagt, dass die Controlling-Aufgaben von speziell dafür beauftragten Controllern wahrzunehmen sind. Die Controller selbst werden hierarchisch, funktional und divisional unterschiedlichen Organisationseinheiten zugeordnet. Folgerichtig unterscheidet man beispielsweise **strategisches** und **operatives Controlling, Funktions-** und **Sparten-** bzw. **Divisionscontrolling, Zentral-** und **Werkscontrolling**. Die Bedeutung von solchen typischen „Controlling-Einheiten" ist zwar unbestritten, und der Praxis ist durchaus zu empfehlen, von diesen Gebrauch zu machen. Die Gefahr ist jedoch, dass die „Beauftragung" und „Zuordnung" nicht selten zum „Abschieben", „Ab- und Ausgrenzen" der vielfältigen Controlling-Aufgaben degeneriert.

Auch andere betriebliche Bereiche kämpfen mit ähnlichen Determinismen und den daraus resultierenden Problemen. Dazu zählt beispielsweise häufig der F&E-Bereich, an den die Verantwortung für die Innovationsfähigkeit delegiert („abgeschoben"?) wird, wodurch das an anderer Stelle des Unternehmens vorhandene Verbesserungs- und Innovationspotenzial oft kaum zur Entfaltung kommt (Imai). Ähnliches gilt für das Personalwesen, an das sehr gerne die verschiedenen Personalaufgaben und -probleme delegiert werden. Dies führt nicht selten zu einem Sensibilitäts- und Akzeptanzverlust der Führungskräfte gegenüber dem Personalwesen sowie zu einer gefährlichen Vernachlässigung der Personalarbeit vor Ort. Im F&E- und Personalbereich sind daher den institutionellen Determinismen und den damit ausgelösten Problemen die Leitsätze „jeder Mitarbeiter ist innovativer Unternehmer" („Intrapreneurship") und „jeder ist Träger der Personalarbeit" entgegenzusetzen. Für das Controlling ergäbe sich daraus u.a. die Konsequenz, sich aus eigenem Antrieb und in kleinen Schritten Controlling-Know-how anzueignen und in der Praxis möglichst rasch umzusetzen. Die Entwicklung des Mitarbeiters zum Controller („Controllership", Deyhle u.a.) und die weitere Kultivierung des Controllling wären zu fordern.

**(2) Instrumentelle Controlling-Determinismen vermeiden
– Pluralität erkennen:**

Der instrumentelle Determinismus mündet häufig in einer inhaltlichen Perspektivenverengung hinsichtlich der Anwendbarkeit typischer Controlling-Instrumente in bestimmten Einsatzfeldern. Dabei ist u.a. an die Verwendung traditioneller strategischer Controlling-Instrumente zu denken. Portfolio- und Gap-Analyse sowie die bekannte Vier-Felder-Matrix von Ansoff zur Schließung von Gaps – um nur einige zu nennen – werden beispielsweise traditionell als strategische Controlling-Instrumente für die Planungsphase eingeordnet. Dadurch werden sie – bewusst oder unbewusst – auf eine bestimmte Controlling-Ebene (Strategie) und Controlling-Phase (Planung) fixiert (**„Strategie- und planungsseitiger Determinismus"**). Genau betrachtet sind sie aber auch für die taktische und operative Ebene einsetzbar; und neben der Planungsphase können sie auch für die Steuerung und Kontrolle zur Anwendung kommen. Eine andere Variante des instrumentellen Determinismus besteht darin, dass – besonders auch die genannten – strategische Controlling-Instrumente überwiegend im Zusammenhang mit der Analyse absatz-, marketing- und outputseitiger Inhaltsbereiche (Produkte, strategische Geschäftseinheiten, usw.) dargestellt werden (**"outputseitiger Determinismus"**). Der Nachweis ihrer Einsatzmöglichkeit und Leistungsfähigkeit für das Controlling inputseitiger Inhaltsbereiche (z.B. Personal- und Beschaffungs-Portfolio, Gap-Analyse und Produkt-Markt-Matrix im Personal- und Beschaffungsbereich) führt dagegen ein extremes Schattendasein. „Virtuoses Controlling" bedeutet daher, die Pluralität der Anwendungsmöglichkeiten von Controlling-Instrumenten zu erkennen und aktiv für die zahlreichen und vielschichtigen Inhaltsbereiche der Managementpraxis zu nutzen.

(3) Perspektivenglobalisierung hinterfragen
   – Instrumente und abgeleitete Strategien kritisch beleuchten und dekonstruieren:

Aus den klassischen strategischen Controlling-Instrumenten (z.B. Produkt-Lebenszyklus-Konzept, Portfolio-Methode) lassen sich i.d.R. so genannte **Normstrategien** ableiten. Allerdings fallen sie meist sehr global aus und abstrahieren von den bestehenden unternehmensspezifischen Gegebenheiten. Beispielsweise empfiehlt die Portfolio-Methode eine Abschöpfungsstrategie bei den „dogs". Befinden sich die „dogs" jedoch in einer komplementären Beziehung zu den „stars", dann wäre dies eine falsche Strategieempfehlung. Außerdem arbeiten sie mit **Hypothesen** (z.B. „cash cows" bringen einen hohen, „dogs" einen niedrigen Cash Flow), die in der Praxis nicht immer haltbar sind. So zeigte eine PIMS-Untersuchung von Hambrick u.a., dass von 1028 strategischen Geschäftseinheiten 418 als „dogs" einzustufen und in Anlehnung an das Produkt-Markt-Portfolio aufzugeben wären, während der ROI dieser 418 „dogs" sich allerdings nur unwesentlich vom ROI der „Fragezeichen" unterschied und der von den „dogs" erwirtschaftete Cash Flow sogar über dem der „stars" lag. Daher sind nicht nur die angewandten Instrumente, sondern vor allem auch die aus ihnen ableitbaren Folgerungen und Normstrategien („Meta-Erzählungen") stets kritisch zu hinterfragen und zu dekonstruieren.

(4) Instrumententraditionen brechen
   – Instrumentenaktualität leben:

Es ist zu bezweifeln, ob das Management durch die Verwendung der traditionellen strategischen Controlling-Instrumente tatsächlich in die Lage kommt, die nötige Vielfalt, Breite und Tiefe der erforderlichen Informationen zu gewinnen. Dieses Misstrauen besteht insbesondere dann, wenn sich das Instrumentarium in der „toolbox" (Deyhle u.a.) des strategischen Controllers lediglich aus den üblichen Werkzeugen (wie Produkt-Markt-Portfolios und Lebenszyklus-Analysen) zusammensetzt. Darüber hinaus ist fraglich, ob der instrumentell nicht abgedeckte „Informationsrest" durch die Aktivierung der unternehmerischen Intuition kompensierbar ist. Vielmehr sind bestimmte Instrumente nur für die Abdeckung bestimmter Informationskategorien geeignet, weshalb selbst nach intensivster Aktivierung der unternehmerischen Intuition noch „strategische Informationslücken" verbleiben. So gibt es verschiedene Entwicklungen, bei denen klassische Instrumente versagen bzw. mit zusätzlichen Ergänzungen ausgerüstet werden müssen. Derzeit sind beispielsweise zunehmende **Netzwerkbildungen zwischen Unternehmen** und ein Anstieg neuer (pyramidaler) **Aufbaustrukturen von Zulieferbeziehungen** zu beobachten (z.B. Sydow, Giehl (b)). Traditionelle Instrumente vernachlässigen das aufgrund dieser Trends immer wichtigere und strategierelevante Denken in Wertschöpfungsstrukturen und zwischenbetrieblichen Wertketten. Daher wird auch aus der Praxis der Ruf nach neuen strategischen Instrumenten – wie zum Beispiel Wertkettenlandkarten, Wertschöpfungsstrukturanalysen, Vernetzungsanalysen (Punkt III.9 und 10) – immer lauter. Außerdem mangelt es traditionellen Instrumenten häufig am Rückgriff auf Datenmaterial aus dem operativen Zahlenwerk des Rechnungswesens. Zwar werden entlang des Produktlebenszyklus und in den einzelnen Feldern eines typischen Produkt-Markt-Portfolios bestimmte Deckungsbeiträge unterstellt, allerdings handelt es sich dabei lediglich um Hypothesen (vgl. dazu auch das Ergebnis von Hambrick u.a., oben). Dieser Mangel wird z.B. durch das aktuelle und aus der Praxis heraus entwickelte Instrument der Ergebniskennlinie kompensiert, das auf konkretem Zahlenmaterial des Rechnungswesens aufbaut (Punkt III.11).

(5) Den Controlling-Würfel „inhalieren":

Die Konzeption des Controlling-Würfels (Bild 20), die heute auch in Controlling-Seminaren zugrundegelegt wird, geht davon aus, dass sich letztlich jedes Controlling-Phänomen anhand von **drei grundlegenden Dimensionen** systematisieren lässt (Kaufhold-Belwe, Schneider (g)). Dabei handelt es sich um die (1) **Phasen des Führungs- und/oder Entscheidungsprozesses** (Planung, Steuerung und Kontrolle), die (2) **Ebenen der inhaltlichen und zeitlichen Reichweite von Entscheidungen** (strategisch, taktisch und operativ) und die (3) **Controlling-Instrumente** in ihren jeweiligen Ausprägungen (z.B. Portfolio-Methode, Benchmarking, Success Resource Deployment). Ergänzt werden diese drei Grunddimensionen einerseits von der **Sozialkompetenz** des Controllers. Hier bringt der Controller seine Persönlichkeit im Sinne von Kontakt-, Kommunikations-, Moderations- und Konfliktlösungsfähigkeiten usw. ein. Andererseits ist der Controller bei der sachgerechten Erfüllung seiner Aufgaben auf ein umfassendes **Informationsmanagement** angewiesen. Nützlich dabei ist, wenn er über vielfältige intra- und interorganisatorische Kontakte und Verbindungen verfügt, die ihm bei seiner Arbeit helfen können (z.B. um Informationen über Benchmarking-Daten, über neue Controlling-Instrumente und/oder über Führungs- und Nachwuchsführungskräfte auf seinem Arbeitssektor zu akquirie-

Führung, Controlling, Planung und postmoderne Relativierungen

ren). Hierfür ist eine ausgeprägte **Netzwerkkompetenz** erforderlich. Dies war beispielsweise ein zentrales Motiv der Gründung des Kompetenzzentrums für Unternehmensentwicklung und -beratung (KUBE e.V.). Insgesamt laufen die Pflege und Weiterentwicklungen dieser Kompetenzbereiche in Verbindung mit dem Informationsmanagement darauf hinaus, die **Handlungskompetenz** zu stärken.

Aus dem „Allgemeinen Controlling-Würfel" lassen sich systematisch „**Controlling-Sub-Würfel**" erzeugen. Die Beispiele in Bild 21 zeigen, wie aus dem Allgemeinen Controlling-Würfel schrittweise feinere controllingrelevante Betrachtungsobjekte herausgefiltert werden, ohne den allgemeinen Controlling-Systemzusammenhang aus dem Blickfeld zu verlieren.

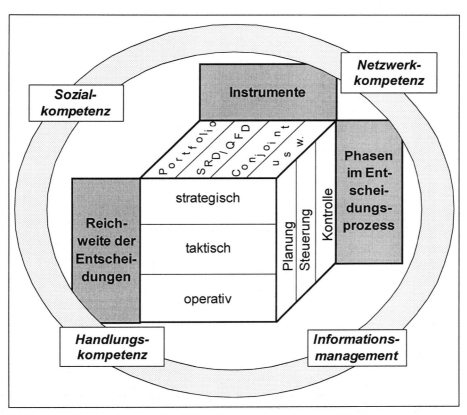

Bild 20: Allgemeiner Controlling-Würfel

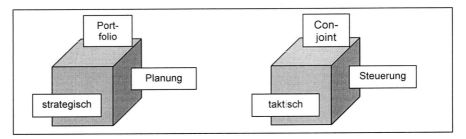

Bild 21: Controlling-Sub-Würfel – Beispiele

Durch den jeweiligen **Funktionsbezug** wird der Controlling-Würfel inhaltlich konkretisiert. Die funktionale Festlegung (z.B. Beschaffung, Forschung und Entwicklung, Marketing) bestimmt die vierte Controlling-Dimension, den jeweiligen **Controlling-Inhalt**. Bild 22 zeigt die durch den Funktionsbezug erreichbare „Controlling-Matrix" anhand beispielhafter Funktionen.

Allgemeine Controlling - Dimensionen			Funktions-dimensionen
Ebene	Phase	Instrumente	
strategisch	Planung	z.B. Portfolios Benchmarking QFD SRD Conjoint Gap-Analyse Wertkette ...	z.B. Beschaffung Produktion Marketing F&E ...
taktisch	Steuerung		
operativ	Kontrolle		

Bild 22: Controlling-Matrix

Der Controlling-Würfel lässt jede Kombination aus Ebene, Phase und Instrument zu. Er kennt keine Fixierung von Controlling-Instrumenten auf bestimmte Phasen oder Ebenen. Daher ist er frei von instrumentellen Determinismen. Er ermöglicht „Controlling-Externen" einen leichten – weil systematischen – Einstieg in die Vielfalt des Controlling. Dadurch wird eine gute Basis für die Überwindung des institutionellen Determinismus gelegt.

Die Bildung von Subwürfeln ermöglicht es, immer spezifischere Controlling-Phänomene zu analysieren. Es besteht Offenheit für die Aufnahme zusätz-

Führung, Controlling, Planung und postmoderne Relativierungen

licher, neuer und moderner Instrumente, wodurch das Prinzip der Instrumentenaktualität gefördert wird. Durch die Aufnahme moderner und neuer Instrumente in den Würfel ist zu erwarten, dass die Controlling-Instrumente und ihre jeweiligen Anhänger (in Theorie und Praxis) gegenseitig immer mehr in Konkurrenz zueinander treten. Damit erhöht sich für die bestehenden Instrumente das Kritikpotenzial. Aus diesen Gründen trägt der Controlling-Würfel auch dazu bei, die Instrumentenglobalisierung zu hinterfragen und die bestehenden Instrumente immer wieder kritisch zu beleuchten.

Der Controller kommt dem Ziel der Entwicklung zum „virtuosen Controller" und der Steigerung seiner Handlungskompetenz um so näher, je mehr „Controlling-Sub-Würfel" er beherrscht, je höher seine Mobilität entlang der drei grundlegenden Controlling-Dimensionen ist, je mehr funktional-inhaltliches Wissen er aufweist, je stärker seine Sozial- und Netzwerkkompetenzen ausgeprägt sind und je kompetenter sein Informationsmanagement ausgebaut ist.

II Voraussetzungen zielorientierter Unternehmensführung

1 Zielbildung

Vor der Inangriffnahme von Planungsaktivitäten (z.B. im Hinblick auf spezielle Strategien und Maßnahmen) muss die **Bildung und Analyse von Zielen** für das Unternehmen stehen. In diesem Zusammenhang wird auch von Zielplanung gesprochen. Dabei geht es u.a. um die Bildung von globalen Zielen und deren weitere Operationalisierung im Zuge der Vertikalisierung globaler Unternehmensziele. Ohne Ziele bleiben Unternehmensplanung und -führung ziellos.

1.1 Zielbildungsprozess

In Anlehnung an Easton kann man den **Prozess der Zielbildung in Organisationen** wie folgt beschreiben (Bild 23). Klar ist, dass es sich dabei stets um mehr oder minder **diskursive Verfahren** handelt, die mit den von Foucault festgestellten Problemen behaftet sind (vgl. Kapitel I, Abschnitt 2):

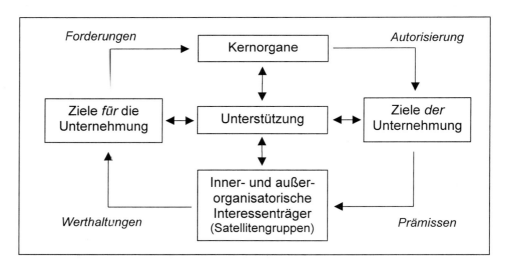

Bild 23: Grundmodell unternehmerischer Zielbildungsprozesse

Im ersten Schritt formulieren die unterschiedlichen internen und externen **Interessenträger** – so genannte Satellitengruppen (z.B. Eigentümer, Mitarbeiter, Kunden, Lieferanten, Verbände) – mit ihren pluralen Werthaltungen **Ziele für die Unternehmung** (z.B. Erhöhung der Qualität, Produktivität, Rentabilität, Arbeitsplatzsicherheit; ökologisch verträgliche Produktion). Aus Sicht der so

Voraussetzungen zielorientierter Unternehmensführung

genannten **Kernorgane** (z.B. Geschäftsführung, Vorstand) handelt es sich dabei um **Forderungen**. Letztlich sind nur diese Kernorgane autorisiert, aus der Vielfalt der Ziele für das Unternehmen konkrete **Ziele *der* Unternehmung** zu formulieren. Allerdings können die Kernorgane die Ziele der Unternehmung nicht unabhängig von den Zielforderungen festlegen, weil sie – wenn auch nur teilweise – auf die **Unterstützung** der Satellitengruppen angewiesen sind. Daher müssen die Kernorgane einerseits für diese Forderungen empfänglich sein. Zum anderen müssen sich die unterschiedlichen Anspruchsgruppen in den Zielen der Unternehmung – zumindest zum Teil – wiederfinden. Je mehr dies nicht der Fall ist, desto weniger Unterstützung ist von ihnen zu erwarten. Die von den Kernorganen im Zuge der Willensbildung geplanten Aktivitäten werden dann u.U. sogar schon im Ansatz torpediert. Unternehmens- und Personalführung sind dann Belastungen ausgesetzt, die zur Einschränkung der Handlungsfähigkeit des Managements führen können (vgl. Punkt I.1 sowie Abschnitt IV.1.1). Trotz signalisierter Berücksichtigung von Interessen der verschiedenen Anspruchsgruppen können Probleme auftreten, wenn es sich beispielsweise bei der Interessenformulierung und -adressierung an die Kernorgane um diskursive Verfahren handelt, die mit den von Foucault (vgl. Kapitel I Abschnitt 2) beschriebenen Unzulänglichkeiten verbunden sind. Und bereits vor Diskursaufnahme entsteht die Frage, wer überhaupt als Interessenträger wahrgenommen und einbezogen bzw. nicht wahrgenommen und/oder (absichtlich) ausgegrenzt wurde.

Dieses allgemeine Zielbildungsmodell eignet sich nicht nur für die Beschreibung von Zielbildungsprozessen in Unternehmen. Auch auf der individuellen Ebene im Zuge der individuellen Lebensplanung des Menschen sowie auf der politischen Ebene (z.B. im Zuge von Gesetzgebungsverfahren) verläuft die Zielbildung nach diesem Muster.

In der Praxis wird dieses Modell mit mehreren Problemen konfrontiert. Dazu gehören z.B. folgende:

- **Zielwandel:**
  Die Ziele **für** die und **der** Unternehmung sind insbesondere unter zunehmender Komplexität und Dynamik einem ständigen Wandel ausgesetzt. Der anhand von Bild 23 dargestellte Kreislauf wird daher ständig durchlaufen und kennt keinen Stillstand.

- **Zielkompromisse:**
  Bei den Ergebnissen solcher Zielbildungsprozesse handelt es sich häufig um Kompromisse, die oft auf diskursive Verfahren aufbauen. Daher unterliegen nicht nur die Zielbildungsprozesse, sondern auch ihre Ergebnisse im Sinne von Zielkompromissen – wie bereits angedeutet – den in Anlehnung an Foucault beschriebenen Einschränkungen (vgl. Kapitel I Abschnitt 2). Diese Zielkompromisse werden durch ihre explizite und implizite Festschreibung (in Plänen, durch Handlungen und Rituale) für allgemein verbindlich erklärt. Hier

entsteht u.a. die Frage nach den Ritualen und Prozeduren der Verkündigung der (durch Kompromiss) herbeigeführten Ziele (haben Interessenträger im Verfahren ihr Gesicht verloren, handelt es sich um einen „faulen" Kompromiss, wer und an wen wird verkündet, usw.).

- Zielbildungsmacht:
Der gesamte Zielbildungsprozess wird durch Machtausübungen und Machtbeziehungen überlagert. Die Macht der Beteiligten kann dabei auf verschiedenen Grundlagen beruhen (z.B. legitimierte Macht, Expertenmacht, Informationsmacht, Charisma; zu einem Überblick Dietel und Müller-Bader). Auch in diesem Zusammenhang sind die von Foucault angeführten Argumente von enormer Bedeutung (z.B. Reproduktion der Machtverhältnisse durch diskursive Verfahren des Zielbildungsprozesses).

- Zielformulierungsungenauigkeit:
Die Art und Weise der Zielformulierung entscheidet oft über das Ausmaß der Unterstützung (bzw. Torpedierung) durch die verschiedenen Interessenträger (z.B. „unser gemeinsamer Feind sitzt im Land X", „je geringer unser Wachstum, desto geringer die Arbeitsplatzsicherheit", „wir sitzen alle in einem Boot, es ist unser Unternehmen"). Häufig wird die Zielformulierung sehr allgemein und global ausfallen („Erwirtschaftung einer angemessenen Rendite unter Beachtung sozialer Ziele"), um die mit einer genauen Formulierung meist verbundene Schärfe zu reduzieren, um die vielfältigen Interessenträger „einzufangen" und um die genaue Kontrollierbarkeit der Ziele zu erschweren (vgl. dazu auch Punkt II.1.2 und 1.3). Außerdem lassen sich Zielformulierungen als Meta-Erzählungen interpretieren und unterliegen stets dem scharfen Schwert der Dekonstruktion.

1.2 Zieldimensionen und Zielvertikalisierung

Eine besondere Bedeutung hat die Formulierung der Ziele für die vertikale Zielbildung und damit unmittelbar für die täglich ablaufenden Führungsprozesse im Unternehmen.

Die auf der obersten Ebene des Managements festgelegten Ziele sind häufig sehr global und deshalb meist auslegungsbedürftig formuliert (z.B. höhere Rentabilität als Konkurrent X, Zufriedenheit der Kunden steigern, Marktanteil ausweiten). Derart globale und „umarmende" Zielformulierungen mögen im Sinne positiv konnotierter „PR- und Klimasignale" an die Außenwelt genügen. Je weiter man jedoch in die eigene Unternehmenshierarchie und dort nach unten steigt, desto abgehobener wirken sie für die Beteiligten und Betroffenen und desto weniger scheinen sie durch das einzelne Belegschaftsmitglied beeinflussbar. Indifferenz der eigenen Belegschaft kann dann eine der Folgen sein. Deshalb müssen die Ziele entlang der Unternehmenshierarchie immer mehr konkretisiert bzw. operationalisiert werden (Bild 24).

Voraussetzungen zielorientierter Unternehmensführung

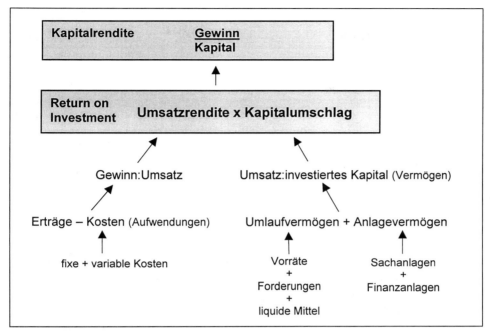

Bild 24: Zielvertikalisierung in Anlehnung an das Du-Pont-Schema

Aufgabe der vertikalen Zielbildung ist es, nachgelagerten Entscheidungsträgern und ausführenden Stellen zu verdeutlichen, in welchem Zusammenhang ihre individuellen Aktivitäten zu den Unternehmenszielen stehen. Dadurch soll der „Transmissionsriemen" zwischen den globalen Unternehmenszielen und dem individuellen Handeln am Arbeitsplatz gestrafft und verkürzt werden. Gelingt dies nicht, bleibt der Transmissionsriemen nicht nur schlüpfrig, sondern droht sogar zu reißen.

Vor diesem Hintergrund kommt den so genannten **Zieldimensionen** für die Zielformulierung, die Zielfestlegung in Unternehmensplänen sowie für die täglich ablaufenden Führungsprozesse im Unternehmen eine enorme praktische Bedeutung zu. Mit ihnen ist es möglich, Ziele konkreter zu operationalisieren. Dies ist auch deshalb wichtig, weil heute in der Praxis häufig von der Führung durch Zielvereinbarung („Management by Objectives") Gebrauch gemacht und oft mit der Gestaltung von Anreizsystemen und Entgeltdifferenzierungen gekoppelt wird.

Voraussetzungen zielorientierter Unternehmensführung

Folgende drei **Zieldimensionen** sind zu unterscheiden (z.B. Heinen (b):

(1) Zielinhalt:
Zunächst muss bestimmt werden, an welchen Zielgrößen überhaupt anzusetzen ist. Geht es zum Beispiel um eher nicht-ökonomische Ziele (z.B. Prestige, Macht, Selbstverwirklichung) und/oder um eher ökonomische Ziele (z.B. Gewinn, Umsatz, Kosten). Außerdem sollte mit zunehmender Vertikalisierung der Zielbildung eine weitere Konkretisierung des Zielinhalts stattfinden. Für den Zielinhalt „Umsatz" könnte dies bedeuten, den Umsatz auf Kundengruppen, Produktgruppen oder einzelne Produkte, regionale Marktsegmente usw. weiter aufzuspalten. Beim Zielinhalt „Kosten" ist z.B. an die Spezifizierung der Kostenarten zu denken (z.B. Instandhaltungs-, Lager-, Personalkosten), die ihrerseits noch weiter unterteilt werden können (z.B. Personalkosten in Lohn, Gehalt, Hilfslöhne, Urlaubs- und Feiertagslöhne, Gratifikationen, Sozialabgaben). Während man sich in der betrieblichen Praxis über den Zielinhalt meist relativ leicht und schnell einig wird (obwohl Definitionsprobleme nicht unterschätzt werden dürfen), entstehen die Probleme vor allem bei den zwei Dimensionen Zielausmaß und zeitlicher Bezug.

(2) Zielausmaß:
Diese Dimension soll festlegen, in welche Richtung und in welcher Intensität der Zielinhalt verändert werden soll. Nur selten geht es dabei um eine unbegrenzte Maximierung oder Minimierung des Zielinhalts. Viel häufiger kommen so genannte „Satisfizierungen" unter Angabe von Ober- oder Untergrenzen, genaue Fixierungen oder Zielerfüllungskorridore zur Anwendung.

(3) Zeitlicher Bezug:
Der zeitliche Bezug des Ziels betrifft die Geltungsdauer des Ziels bzw. den Zeitraum, innerhalb dem das jeweilige Zielausmaß zu erreichen ist (z.B. kurz-, mittel-, langfristig; Monate, Jahre). Daneben sind zeitpunktbezogene Ziele denkbar (z.B. Erreichung eines bestimmten Umsatzes bis zum Zeitpunkt X). Häufig entspricht die Zieldauer dem Planungshorizont auf den verschiedenen Ebenen der Planung bzw. des Unternehmens. Meist ist zu erwarten, dass die Zielausmaße auf der operativen und taktischen Ebene kurz- und mittelfristig genau festgelegt werden (z.B. Erreichung einer Umsatzsteigerung von 20 Prozent in den nächsten zwei Jahren), während langfristig bis zum Horizont der strategischen Planung nur globale oder korridorbezogene Fixierungen erfolgen (z.B. Erreichung einer Umsatzsteigerung um 30-50 Prozent in den nächsten sechs Jahren).

1.3 Zielformulierungspräferenzen

Der Rückgriff auf die Zieldimensionen dient der Operationalisierung im Zuge der Vertikalisierung von Zielen, die Resultat des allgemeinen Zielbildungsprozesses sind und – zwangsläufig – sehr global formuliert werden.

Eine möglichst genaue Zielformulierung hilft, die täglichen Führungsprozesse im Sinne der Unternehmens- und Personalführung besser zu strukturieren. Je genauer z.B. die Zielvereinbarungen und/oder -vorgaben (z.B. im Zuge des Management by Objectives) und die Festschreibung der Ziele in Plänen, desto genauer ist ihre Einhaltung bzw. Erreichung in der Praxis kontrollierbar. Dies erleichtert zum Beispiel die Beurteilung der Leistungsfähigkeit – beginnend bei Unternehmenssparten und -divisionen über einzelne Profit-Center und Abteilungen bis zum einzelnen Belegschaftsmitglied. Zielgenauigkeit korrespondiert mit Kontrollgenauigkeit. Je unklarer dagegen die Ziele, desto ungenauer die Kontrolle und die Mitarbeiterbeurteilung. Damit hat die Zielformulierungsgenauigkeit auch Folgen für die Motivation der Beteiligten und Betroffenen. In diesem Zusammenhang kann von folgenden **Zielformulierungshypothesen** ausgegangen werden (Bild 25):

> **Mitarbeiterhypothesen:**
> H1: *"Leistungsstarke präferieren genaue Zielformulierungen"*
> H2: *"Leistungsschwache präferieren ungenaue Zielformulierungen"*

> **Vorgesetztenhypothesen:**
> H1: *"Führungsstarke präferieren genaue Zielformulierungen"*
> H2: *"Führungsschwache präferieren ungenaue Zielformulierungen"*

Bild 25: Zielformulierungshypothesen im Mitarbeiter-Vorgesetzten-Verhältnis

In Abhängigkeit der möglichen Mitarbeiter-Vorgesetzten-Kombinationen und den jeweiligen Präferenzen ergeben sich für die Beteiligten verschiedene Konsequenzen (Bild 26):

Voraussetzungen zielorientierter Unternehmensführung

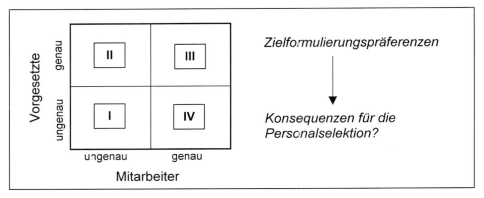

Bild 26: Zielformulierungspräferenzen – Matrix

Führungs- und **Leistungsschwäche** äußern sich oft in einer Präferenz für unklare Zielformulierungen (Quadrant I in Bild 26): **Leistungsschwache** sind wenig daran interessiert, genaue Ziele zu vereinbaren bzw. in Plänen festzuschreiben, weil im Zuge der Kontrolle ihre Leistung genau gemessen werden könnte. Sie müssen befürchten, dass sie die Ziele nicht erreichen können und dadurch ihre Leistungsschwäche „entdeckt" wird. Im Zuge der Zielvereinbarung werden sie daher versuchen, die Ziele ungenau zu formulieren. Ähnlich liegt die Interessenlage bei führungsschwachen Linienmanagern: **Führungsschwäche** äußert sich zum einen durch den Mangel, mit nachgelagerten Ebenen genaue Ziele vereinbaren zu können. Denn je genauer die Zielvereinbarung sein soll, desto intensiver muss die Auseinandersetzung mit der Sachlage und den Personen sein. Außerdem werden dann höhere Anforderungen an die Kommunikations- und Konfliktfähigkeit der Beteiligten gestellt. Darüber hinaus scheuen führungsschwache Instanzen die genaue Kontrolle, weil auch sie hohe persönliche, fachinhaltliche und soziale Anforderungen stellt und stets sehr konfliktträchtig ist. Lassen sich diese (Führungs-) Anforderungen nicht erfüllen, so präferiert auch der Führungsschwache sowohl im Zuge der täglichen Führungsprozesse als auch bei der Festschreibung von Zielen in Plänen unklare Ziele. Im „Team aus Führungs- und Leistungsschwäche" gilt das Prinzip „verwässerte Ziele verwässern die Kontrolle". Führungskonflikte treten in diesen Fällen zwischen den Beteiligten kaum auf. Wenn es in den Hierarchien oberhalb dem „Team aus Führungs- und Leistungsschwäche" Instanzen gibt, die führungsstark sind und in Kenntnis der vorliegenden Situation gelangen, ist von einer „kollektiven Selektion des schwachen Teams" auszugehen. Sollte allerdings diese Situation typisch für weite Teile eines Unternehmens sein, bedroht diese „globale Ziellosigkeit" das Überleben der gesamten Organisation („kollektive Selektion des Gesamtunternehmens durch den Wettbewerb").

Voraussetzungen zielorientierter Unternehmensführung

Liegen dagegen sowohl **Führungsstärke** als auch **Leistungsstärke** vor, besteht ein beidseitiges Interesse an möglichst genauer Zielformulierung (Quadrant III in Bild 26). Aus der Sicht des Führungsstarken ist dies unmittelbar einsichtig. Der Leistungsstarke ist an genauer Zielformulierung interessiert, weil er in diesem Fall u.a. schon in der Phase der Zielvereinbarung seine Leistungsstärke und Kompetenz nach außen signalisieren und beweisen kann. Darüber hinaus kann er in der Kontrollphase relativ sicher sein, dass das Ziel, das er als Leistungsstarker erreicht bzw. übertrifft, kontrolliert und dadurch seine Leistungsstärke „entdeckt" wird. In einem „Team aus Führungs- und Leistungsstärke" gilt das Prinzip „genaue Ziele ermöglichen genaue Kontrolle". Führungskonflikte können sich u.a. aus sachlichen Gründen ergeben, die sich z.B. auf die jeweiligen Zieldimensionen erstrecken. Führungs- und Leistungsstärke werden aber dazu beitragen, Lösungen bzw. Kompromisse im Sinne des Unternehmens zu finden. Auch bei der vorliegenden Konstellation kommt es zu einer Art „Personalselektion". Der Vorgesetzte wird – u.a. zum Wohle des Gesamtunternehmens, aber auch zur Sicherung seiner eigenen Stellung – versuchen, seinen leistungsstarken Mitarbeiter im Unternehmen zu fördern und zu „installieren". Es entwickelt sich eine „Seilschaft der Führungs- und Leistungsstarken" im Unternehmen.

In den anderen Fällen (Quadrant II und IV in Bild 26) sind enorme **Führungskonflikte** vorprogrammiert – v.a. auch im Sinne der Personalführung. Einerseits werden sie darauf hinaus laufen, dass der Leistungsschwache selektiert wird (Quadrant II). Andererseits ist zu erwarten, dass sich aus Gründen der mangelnden Führungsfähigkeit des Vorgesetzten ein Wechsel des leistungsstarken Mitarbeiters innerhalb oder außerhalb des Unternehmens abzeichnet, bei geringen Wechselmöglichkeiten innere Kündigung und Frustrationen (und damit mittelfristig Reduktion der Leistungsstärke) eintreten, eine individuelle Suboptimierung zum Schaden des Unternehmens verfolgt wird und/oder das berüchtigte „Sägen am Stuhl des Vorgesetzten" beginnt (Quadrant IV).

1.4 Zielbeziehungen

Die Problematik der Zielformulierung wird mit zunehmenden Schwierigkeiten konfrontiert, wenn **mehrere Ziele** gleichzeitig zu verfolgen sind. In diesem Fall ist Klarheit darüber zu gewinnen, in welcher Beziehung die einzelnen Ziele zueinander stehen. Üblicherweise werden **vier Typen von Zielbeziehungen** gebildet (Bild 27, Heinen (b)).

Voraussetzungen zielorientierter Unternehmensführung

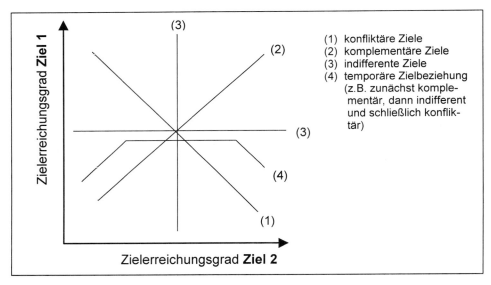

Bild 27: Arten von Zielbeziehungen

(1) Konfliktäre Zielbeziehung:
Wenn die Steigerung des Erreichungsgrades von Ziel 1 die Zielerreichung von Ziel 2 mindert, liegt eine konfliktäre Zielbeziehung vor (konkurrierende Ziele). Klassisch ist dafür die Beziehung zwischen den Zielen „Steigerung der Liquidität" und „Steigerung der Rentabilität". So führt eine Verringerung der liquiden Mittel – z.B. durch langfristige Anlagen – zu einer Steigerung der Rentabilität, während auf der anderen Seite dadurch gleichzeitig die Liquiditätslage angespannt wird. Häufig bestehen auch zwischen betrieblichen Funktionen organisations- und strukturbedingte Zielkonflikte. So liegt die Präferenz der Produktion i.d.R. auf hohen Losgrößen und geringer Variantenvielfalt. Damit kollidieren häufig die (Umsatz-) Ziele des Vertriebs, der meist an der Ausweitung des Sortiments interessiert ist, um jedes Kundensegment bedienen und alle Kundenwünsche befriedigen zu können.

Um konfliktäre Zielbeziehungen zu bewältigen, ist eine Gewichtung in **Neben- und Hauptziele** nötig. Beispielsweise ist die Sicherung der Liquidität eher als einzuhaltendes Nebenziel zu formulieren (Nebenbedingung), während die Steigerung der Rendite zum Hauptziel erklärt wird. Bei Gefährdung der existenznotwendigen Bedingung der Liquidität kann es auch in den Vordergrund des Interesses rücken. Daher ist es in der betrieblichen Praxis durchaus denkbar, dass sich ein Nebenziel aus Sachzwängen heraus temporär zum dominierenden Ziel entwickelt und andere (Haupt-) Ziele in den Hintergrund drängt.

Voraussetzungen zielorientierter Unternehmensführung

(2) Komplementäre Zielbeziehung:
Führt die Steigerung des Erfüllungsgrades von Ziel 1 zugleich zu einer Steigerung des Erfüllungsgrades von Ziel 2, so spricht man von komplementärer Zielbeziehung. Die Senkung der Kosten kann z.B. gleichzeitig zur Steigerung des Gewinns beitragen.

Bestehen zwischen Zielen – zumindest teilweise – komplementäre Beziehungen, so lassen sich durch die Festlegung von Ober- und Unterzielen so genannte **Zielpyramiden** aufbauen. Die Bildung von Ober-Unterziel-Beziehungen dient somit dazu, in Analogie zur Unternehmenshierarchie eine Zielhierarchie zu konstruieren, mit der die verschiedenen Teileinheiten des Unternehmens koordiniert und auf das Oberziel bzw. die globalen Ziele des Unternehmens ausgerichtet werden können. Das oben skizzierte Du-Pont-Schema folgt dieser Logik (Bild 24).

(3) Indifferente Zielbeziehung:
Führt eine Veränderung des Zielerreichungsgrades von Ziel 1 zu keiner Veränderung des Zielerreichungsgrades von Ziel 2, besteht eine indifferente Zielbeziehung. Beispiele dafür sind selten (z.B. Verbesserung der Essensqualität in der Kantine und Steigerung des Umsatzes), weil stets argumentativ andere Beziehungsarten herstellbar sind. So kann die steigende Qualität des Kantinenessens zur höheren Motivation der Vertriebsbeauftragten führen (steigender Umsatz und damit komplementäre Beziehung) oder für das Vertriebspersonal Anlass sein, länger in der Kantine zu verweilen (geringerer Umsatz und damit konfliktäre Beziehung).

(4) Temporäre Zielbeziehungen:
Daneben gibt es Zielbeziehungen temporärer Art. Je nach Ausmaß der Zielerfüllung kann es z.B. zu einer zunächst komplementären, dann indifferenten und anschließend konfliktären Zielbeziehung kommen.

Die Formulierung von Ober- und Unterzielen ist wichtig, um Zielhierarchien planen zu können sowie auf den verschiedenen Planungsebenen zu konkretisieren. Ferner ist die Kenntnis von konfliktären Beziehungen erforderlich, um die Zielverträglichkeit von Handlungsmöglichkeiten zu prüfen und mögliche Konflikte bei der Planung von Zielen und Aktivitäten durch Gewichtungen zu entschärfen.

Häufig ist in der Praxis der Versuch erkennbar, Zielkonflikte durch **„kommunikative und diskursive Umarmungsstrategien"** Komplementarität und/oder Indifferenz vorzuspiegeln („im Ziel sind wir uns doch einig", „wir haben doch alle die gleichen Interessen", „wir wollen, dass Sie als unser Kunde zufrieden sind"), um eigene Interessen, Werte und Überzeugungen durchzusetzen. Insofern sind Komplementaritäten und Indifferenzen – auch in Anbetracht ihres Dekonstruktionspotenzials als Meta-Erzählungen – stets kritisch zu hinterfragen.

2 Planung

Die Unternehmensplanung stand in den 60er Jahren einerseits unter dem Zeichen des **Ausbaus der kurz- und mittelfristigen Planung**. Andererseits lag ein Schwerpunkt auf der konzeptionellen Entwicklung **formaler Langfristplanungen** für die unterschiedlichen – v.a. funktionalen – Teilbereiche des Unternehmens (z.B. Absatz, Produktion, Finanzierung).

Darüber hinaus fanden in dieser Zeit vor allem **trendextrapolierende Prognoseverfahren** eine verstärkte praktische Anwendung. Damit glaubte man lange Zeit, dem Management eine deutliche Verbesserung des planerischen Führungsinstrumentariums bereitgestellt zu haben.

Diese positive Einschätzung hat sich jedoch mit dem Auftreten von Sättigungserscheinungen auf den Märkten, dem Übergang von Verkäufer- zu Käufermärkten, wirtschaftlichen Diskontinuitäten, der beginnenden Internationalisierung und Globalisierung sowie der dadurch steigenden Wettbewerbsintensität ab den 70er und 80er Jahren schrittweise gewandelt.

Zur Sicherung und Anpassung des Unternehmens an die sich ändernden Wettbewerbsbedingungen schien immer mehr der systematische Auf- und Ausbau von Erfolgspotenzialen und von strategischen Wettbewerbsvorteilen sowie die gezielte Ableitung, Formulierung und Durchsetzung von Strategien erforderlich.

Immer mehr setzte sich im Zuge dieser Entwicklungen die Ansicht durch, dass unter diesen Bedingungen eine Erfolg versprechende Unternehmensplanung nur auf der Grundlage fundierter Unternehmensziele (vgl. hierzu Punkt II.1) und vor dem Hintergrund möglichst genauer Stärken- und Schwächen-Analysen des Unternehmens (vgl. Punkt II.4) und seiner Umweltsituation (vgl. Punkt II.3) möglich ist.

Diese – aus der heutigen Sicht scheinbar trivialen – Erkenntnisse waren die zentralen Ausgangspunkte für die **Unternehmensplanung** heutiger Prägung. Trotz der seitdem beobachtbaren Intensivierung der Planungsaktivitäten in Unternehmen muss sich das Management ein realistisches Maß an kritischer Haltung gegenüber der damit suggerierten Machbarkeit und Gestaltbarkeit der Zukunft bewahren (vgl. hierzu auch die Hinweise in Abschnitt 3 zum Zusammenhang zwischen Planung, Flexibilität und Intuition sowie zu den postmodernen Relativierungen und dem begrenzten Voluntarismus in Abschnitt 2). Es sei an dieser Stelle an den oft zitierten Spruch von Albert Einstein („Planung ersetzt den Zufall durch Irrtum") oder an das Konzept des „muddling through" von Lindblom erinnert.

Voraussetzungen zielorientierter Unternehmensführung

2.1 Planungsprozess

Der Planungsprozess lässt sich in einzelne und logisch abgrenzbare Schritte zerlegen. Bild 28 zeigt die einzelnen Phasen:

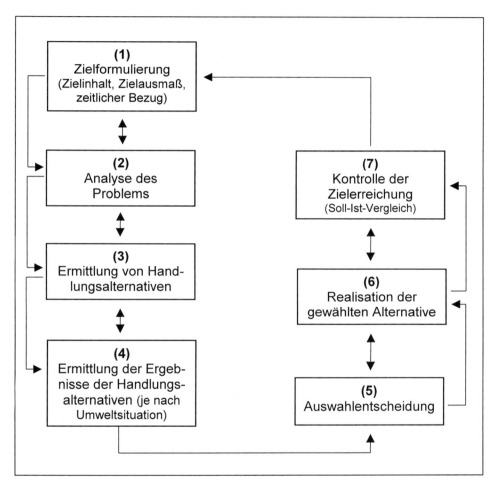

Bild 28: Phasen des Planungsprozesses

Es ist unschwer zu erkennen, dass die Phasen des Planungsprozesses unmittelbar aus dem bereits dargestellten **Regelkreis der Unternehmensführung** (Bild 6, Punkt I.3) und der Grundstruktur des **Planungstableaus** (Bild 9, Punkt I.4) ableitbar sind. Fallweise können die einzelnen Phasen noch weiter unterteilt werden (z.B. (3) die Ermittlung von Handlungsalternativen in verschiedene Such- und Entwicklungszyklen).

Die einzelnen Phasen sind meist auf unterschiedliche Planungsträger verteilt, d.h. entlang des Planungsprozesses erfolgt i.d.R. eine personelle Arbeitsteilung, die sich u.a. an der Unternehmenshierarchie orientiert (z.B. Zielformulierung v.a. durch Kernorgane, Ausführung v.a. durch operative Einheiten). Je intensiver sie ausfällt, desto mehr ist dafür Sorge zu tragen, dass entlang der Phasen entstehende Schnittstellenprobleme begrenzt werden. Typischerweise bestehen sie vor allem am Übergang zwischen der Auswahlentscheidung und der Realisierung, weshalb insbesondere die (strategische) Umsetzung gefährdet sein kann (zur strategischen Umsetzung vgl. Kapitel IV).

2.2 Planungselemente

Zur Strukturierung der Unternehmensplanung ist es neben einer phasenbezogenen Systematisierung hilfreich, Sensibilität für die vielfältigen Elemente der Planung zu schaffen. Die Systematisierung von Planungselementen fällt je nach Zielsetzung und Planungsverständnis unterschiedlich aus. In Anlehnung an die Praxis und verschiedene Autoren zeigt Bild 29 eine Übersicht über ausgewählte Planungselemente:

Planungs-subjekte	Planungs-objekte	Planungs-inhalte	Planungs-instrumente	Planungs-zeit (-perioden)
z.B.:	z.B.:	z.B.:	z.B.:	z.B.:
P.-Verantwortliche P.-Träger P.-Informatoren	Absatz Produktion Finanzen Investitionen Personal	Ziele Maßnahmen Ressourcen	Prognoseverfahren Erfahrungskurve Gap-Analyse Benchmarking Portfolios Ergebniskennlinie	fallweise permanent kurzfristig mittelfristig langfristig

Bild 29: Systematisierung ausgewählter Elemente der Planung

Problematisch bei derartigen Systematisierungen ist, die jeweiligen Elemente überschneidungsfrei und unabhängig voneinander zu formulieren. So kann z.B. die Verantwortlichkeit und Trägerschaft für die Planung nur einer Person zugeordnet sein. Außerdem sind z.B. die Personal- und Investitionsplanung als Teilbereiche der Ressourcenplanung aufzufassen. Trotzdem sind solche Systematisierungsversuche nützlich, weil sie die Vielfalt des Planungsphänomens zeigen und das Problemverständnis erhöhen. Daneben geben sie Hinweise für die modulartige Aufspaltung und Strukturierung der Unternehmensplanung in der Praxis. Durch die Kombination einzelner Planungselemente kann das gesamte Planungsproblem des Unternehmens schrittweise in kleinere und praktisch leichter handhabbare **Planungsmodule** bzw. **Planungswürfel** zerlegt werden (Bild 30):

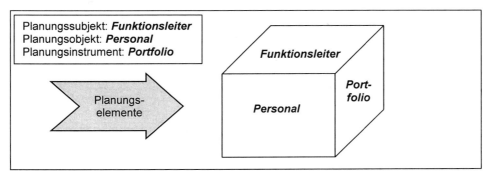

Bild 30: Vereinfachtes Beispiel eines Planungswürfels (Planungsmoduls)

Die so entstehenden Module werden in der **integrierten Unternehmensplanung** zu einem ganzheitlichen Gefüge zusammengefasst und untereinander abgestimmt. Wie bei der Konzeption von Managementinformationssystemen, so existieren auch hier zwei verschiedene **Integrationswege**, die **horizontale** und die **vertikale Integration** (Bild 31):

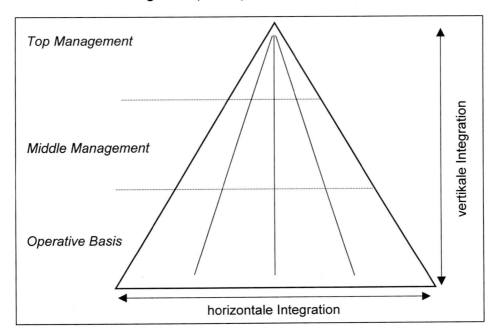

Bild 31: Integrationswege der Unternehmensplanung

Die **vertikale Integration** orientiert sich an den verschiedenen Planungsebenen entlang der Unternehmenshierarchie (wobei Planungsebenen und Unternehmenshierarchie nicht identisch sein müssen). Die **horizontale Integration** betrifft die Abstimmung auf der gleichen Ebene. Letztere gerät im Gegensatz zur vertikalen Integration vor allem aufgrund des häufig mangelnden „Hierarchiedrucks" in der Praxis oft zu kurz, obgleich dies erhebliche Gefahren in sich birgt. Finden z.B. auf der taktischen Ebene keine Planabstimmungen zwischen den Funktionsleitern für Absatz, Fertigung und Personal usw. statt, dann entspricht möglicherweise die Fertigungskapazität in qualitativer und quantitativer Hinsicht nicht der Auftragslage. Die Folgen können Lieferverzögerungen, Auftrags- und Kundenverluste sein. In diesem Fall ist ferner zu befürchten, dass die operative Personaleinsatzplanung auf falschen bzw. alten Absatz- und Fertigungszahlen beruht und/oder die Mitarbeiter in qualifikatorischer Hinsicht nicht in der Lage sind, die im Produktionsbereich neu angeschafften Maschinen zu bedienen, weil die Personalentwicklung keine Kenntnis über die Investitionspläne der Fertigungsleitung hatte.

2.3 Planungsebenen

Im Zusammenhang mit dem vertikalen Integrationsweg der Unternehmensplanung und den allgemeinen Dimensionen des Controlling-Würfels wurde bereits auf verschiedene Planungsebenen hingewiesen (vgl. oben). Dabei sind grundsätzlich drei Planungsebenen zu unterscheiden: die (1) **strategische**, die (2) **taktische** und die (3) **operative Planung** (Bild 32).

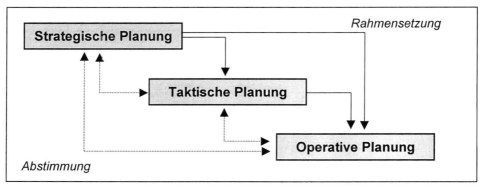

Bild 32: Ebenen der Unternehmensplanung

(1) Strategische Planung:
Die Hauptaufgabe der strategischen Planung besteht in der langfristigen Sicherung bereits existierender sowie der Erschließung neuer Erfolgspotenziale und Wettbewerbsvorteile. Grundsätzliche Voraussetzung dafür ist, dass kombinierte Umwelt- und Unternehmensanalysen erfolgen (vgl. Punkt

Voraussetzungen zielorientierter Unternehmensführung

II.3 und 4). Um sich ergebende Gefahren und Gelegenheiten für das Unternehmen insbesondere in einer Zeit zunehmender Komplexität und Dynamik möglichst frühzeitig zu erkennen, bedienen sich viele Unternehmen einer strategischen Frühwarnung. Sie basiert auf der Wahrnehmung so genannter schwacher Signale (vgl. Kapitel V). Strategische Pläne enthalten neben den langfristigen Zielen vor allem auch die zukünftigen strategischen Handlungsoptionen und Stoßrichtungen eines Unternehmens bzw. Geschäftsbereichs (beispielsweise Wettbewerbs-, Ressourcen- und Integrationsstrategien), um die sich ergebenden Gefahren zu reduzieren und die sich bietenden Gelegenheiten zu nutzen.

(2) Taktische Planung:
Die taktische Planung hat sich an den Rahmen der strategischen Planung zu halten. Die taktische Ebene hat die strategischen Pläne zu konkretisieren und für die zur Umsetzung der Strategien erforderliche Potenzialbereitstellung und Ressourcenmobilisierung zu sorgen (z.B. Organisation, Kapital, Maschinen, Personal). Dazu müssen beispielsweise Maßnahmen- und Ressourcenpläne für die einzelnen betrieblichen Funktionsbereiche erarbeitet werden (z.B. Organisations-, Finanz-, Investitions-, Personalplan). Dies geschieht häufig durch die entsprechenden Funktionsleiter (Verantwortliche für die taktische Planung) oder durch die von ihnen beauftragten Stellen und/oder Stäbe (Planungsträger). Der taktischen Planung kommt somit für die Strategieumsetzung eine hohe Bedeutung zu (vgl. Kapitel IV).

(3) Operative Planung:
Die operative Planung findet insbesondere in den einzelnen nachgeschalteten Unternehmensbereichen oder -funktionen statt. Ihre Aufgabe besteht vor allem darin, in Anbetracht der vorgegebenen Potenziale und Kapazitäten die Ausführungsprozesse zu lenken. Zu den operativen Planungsaufgaben gehört beispielsweise die Erstellung der Personaleinsatz-, Losgrößen- und Materialbedarfspläne.

Die Besonderheiten der Planungsebenen lassen sich in Anlehnung an Pfohl anhand folgender Merkmalsausprägungen weiter differenzieren (Bild 33):

	Detailliertheit	Fristigkeit	Problemstruktur	Unsicherheit	Formalisierbarkeit
Strategische Ebene	gering	Lang	schlecht strukturiert	hoch	gering
Taktische Ebene	↕	↕	↕	↕	↕
Operative Ebene	hoch	Kurz	gut strukturiert	gering	hoch

Bild 33: Merkmalsausprägungen der Planungsebenen

Voraussetzungen zielorientierter Unternehmensführung

Eine besondere Rolle der Abstimmung zwischen den Planungsebenen übernimmt das Konzept der **rollierenden Planung**. Die rollierende Planung kann zwar auch für die strategische Ebene zum Einsatz kommen, meist zieht man sie jedoch auf der taktischen und operativen Ebene heran. Ausgehend von einem mittelfristigen (taktischen) Grobplan werden für die einzelnen Zeitscheiben schrittweise differenziertere Pläne angefertigt (meist Jahres- oder Halbjahrespläne). Nach i.d.R. festgelegten Zeitrhythmen werden dann die Detail- und Grobpläne unter Berücksichtigung der neuesten Planungsprämissen und -informationen immer wieder fortgeschrieben und gegebenenfalls überarbeitet (Bild 34):

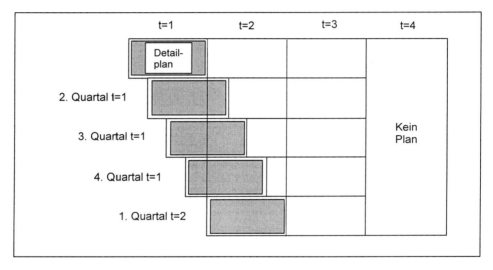

Bild 34: Konzept der rollierenden Planung

2.4 Planungsansätze

In der Planungstheorie werden zahlreiche Grundmodelle über den sinnvollen Ablauf von Planungsprozessen diskutiert. Vereinfacht lassen sich dabei zwei „Gruppierungen" erkennen. Sie sind entweder dem **synoptischen** oder dem **inkrementalen Planungsverständnis** zuzuordnen (z.B. Picot und Lange).

Der **synoptische Ansatz** verfolgt eine ganzheitliche und rationale Planung. Der **inkrementale Ansatz** präferiert dagegen eine schrittweise-stückwerkartige Planung. Bild 35 zeigt eine Gegenüberstellung beider Sichtweisen:

Voraussetzungen zielorientierter Unternehmensführung

		Planungsansätze	
		synoptisch	**inkremental**
Merkmale	Planungs- und Entscheidungsverhalten	*zielorientiert, antizipativ*	*geringer Zielbezug, reaktiv*
	Alternativenanzahl	*viele*	*wenig, nur eine*
	Alternativenbewertung	*umfassend, analytisch*	*intuitiv*
	Planungskontinuität	*hoch*	*gering*
	Planungshorizont	*lang*	*kurz (wenn überhaupt)*

Bild 35: Gegenüberstellung – synoptischer versus inkrementaler Ansatz

Welches Planungsverständnis mehr Erfolg verspricht, ist stark umstritten. Die **Vorteile des synoptischen Verfahrens** werden u.a. in folgenden Punkten gesehen:

- ganzheitliche Betrachtungen führen zu Strategien, die mehr Anforderungen und Bedingungen der jeweiligen Planungssituation berücksichtigen;
- es kommen mehr Alternativen als beim inkrementalen Vorgehen in den Gesichtskreis, wodurch die Alternativen- und Handlungsvielfalt steigt und die Ergebnisse verbessert werden können;
- die Orientierung an und die Offenlegung von Zielen erleichtert die Planung und die Kontrolle.

Die **Vorteile des inkrementalen Vorgehens** werden von den Befürwortern u.a. in folgenden Argumenten gesehen:

- geringerer Planungsaufwand;
- die Begrenzung auf nur wenige Alternativen entspricht der Beschränkung der menschlichen Informationsspeicher- und -verarbeitungskapazitäten und reduziert die Zeitintensität des Auswahlprozesses;
- die Konfliktträchtigkeit im Planungsprozess wird durch „schnelle und reaktive" Planung reduziert.

2.5 Planungstypen

Unter anderem auf der Basis der genannten Planungsansätze haben Theorie und Praxis verschiedene Planungstypen entwickelt. In der Praxis sind die damit verbundenen Planungsgrundhaltungen und -intensitäten in der einen oder anderen Ausprägung sowohl bei den Planungsverantwortlichen als auch bei den Planungsträgern anzutreffen.

Häufig werden **Traditionalist**, **Spezialist** und **Generalist** unterschieden. Der Traditionalist hält wenig von Planung und hat einen kurzfristigen Planungshorizont. Die Planung basiert auf Intuition und Erfahrung, wie dies für Klein- und Mittelstandsunternehmen oft charakteristisch ist. Der Spezialist ist vergleichbar mit dem Leiter von Planungsabteilungen großer Unternehmen. Ziel- und Strategieplanung umfassen einen langen Zeitraum. Besonders in Großunternehmen tritt dieser Typ auf. Der Generalist spezialisiert sich kaum und muss mehreren (funktionalen) Anforderungen zugleich gerecht werden. Er ist in innovativen, dynamischen und diversifizierenden Unternehmen tätig.

Die Typologie von Kirsch u.a. geht anhand der zwei Dimensionen progressiv-konservativ und Generalist-Spezialist von sechs Planungstypen aus (Bild 36).

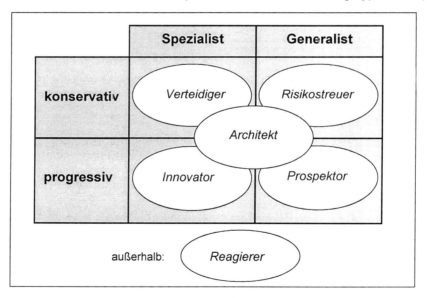

Bild 36: Planungstypen (1)

Szyperski und Winand unterscheiden anhand der zwei Dimensionen „Planung ist eine sinnvolle Aktivität" und „Realität muss gestaltet werden" vier Planungstypen (Bild 37):

		"Realität muss gestaltet werden"	
		nein	ja
"Planung ist sinnvoll"	ja	*programmatischer Phantast*	*Planungs- intellektueller*
	nein	*Planungsasket*	*Antiplaner*

Bild 37: Planungstypen (2)

Gemeinsam ist den Typologien, dass sie von unterschiedlichen **Bewusstseinslagen über Planung** und **Planungsintensitäten** ausgehen (Bild 38 in Anlehnung an Picot (a)).

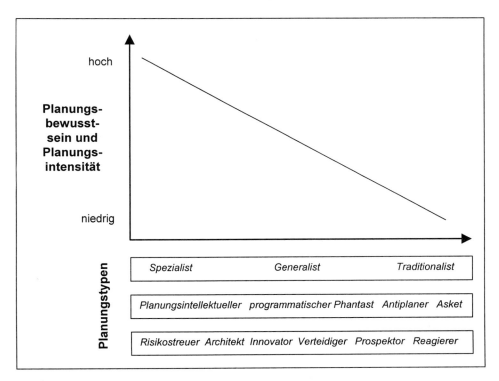

Bild 38: Planungstypen, Planungsbewusstsein und Planungsintensität

2.6 Planungsrelevanz

Konzentriert man sich auf die strategische Unternehmensplanung, so ist sowohl in der Planungstheorie als auch in der Planungspraxis häufig umstritten, welche Aufgaben der strategischen Unternehmensplanung im Einzelfall zugewiesen werden sollen. An dieser Stelle hilft der Blick in die Praxis. Eine umfassende Untersuchung von Rüth in 92 deutschen Industrieunternehmen gibt hinsichtlich der **Planungsaufgaben** und **-funktionen** Aufschluss. In Bild 39 sind die wichtigsten Ergebnisse auszugsweise aufgeführt:

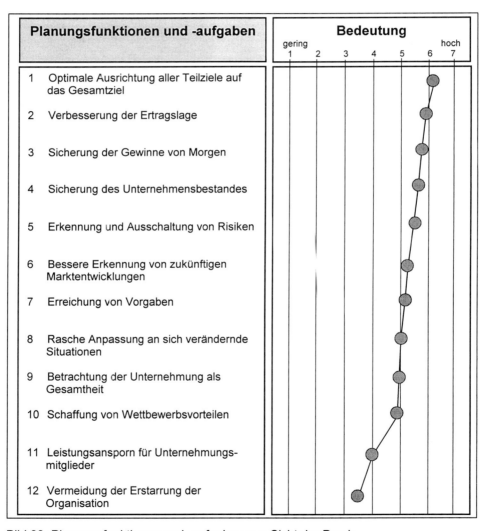

Bild 39: Planungsfunktionen und -aufgaben aus Sicht der Praxis

Voraussetzungen zielorientierter Unternehmensführung

In der Einschätzung der befragten Unternehmensvertreter stellt die optimale Ausrichtung aller Teilziele auf die Gesamtziele eines Unternehmens die wichtigste Funktion der Unternehmensplanung dar. Damit bestätigt auch die Praxis die enorme Relevanz von Zielen als Grundvoraussetzung für die Unternehmensführung. Anschließend folgen die Verbesserung der Ertragslage sowie die Sicherung der Gewinne von Morgen.

Eine empirische Untersuchung von Berchtold in 82 Unternehmen aus sämtlichen Branchen kommt zu dem Ergebnis, dass die praktische Bedeutung der strategischen Planung zwischen „hoch" und „sehr hoch" eingeschätzt wird. Dabei ergibt sich mit zunehmender Unternehmensgröße für die Bedeutungsintensität noch ein tendenzieller Anstieg (Bild 40):

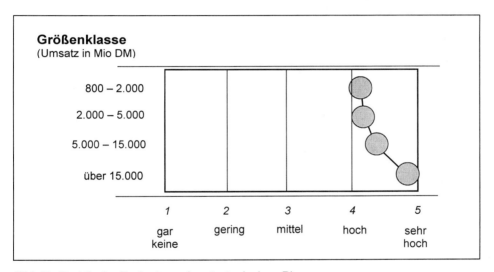

Bild 40: Praktische Bedeutung der strategischen Planung

3 Umweltanalyse

Für die Unternehmensführung und das strategische Controlling nimmt die Umweltanalyse eine zentrale Stellung ein. Der Grund liegt zunächst darin, dass sich aus den Veränderungen der Umweltbedingungen **Gefahren** und **Gelegenheiten** für das Unternehmen anbahnen können.

Je nachdem, ob das Unternehmen hinsichtlich der Gefahren oder Gelegenheiten **Stärken** oder **Schwächen** aufweist, ergeben sich für das Unternehmen entweder **Chancen** oder **Risiken**. Die hier im Vordergrund stehende Umweltanalyse und die noch zu behandelnde Unternehmensanalyse (vgl. Punkt II.4) sind daher stets in einer gegenseitigen Abhängigkeitsbeziehung zu sehen. Sie kommt in der **Chancen-Risiken-Matrix** zum Ausdruck, in welche die gängige SWOT-Analyse typischerweise mündet (Bild 41).

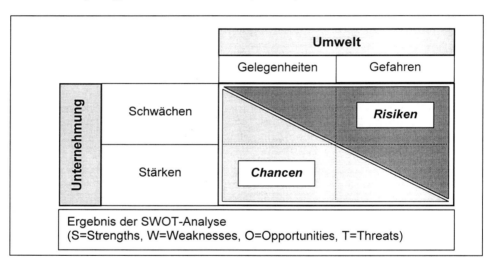

Bild 41: Chancen-Risiken-Matrix

3.1 Analyse der globalen Umwelt

Die Unternehmensführung darf sich aufgrund der vielfältigen Verflechtungsbeziehungen, mit denen ein Unternehmen mit seiner Umwelt verbunden ist, bei der strategischen Analyse nicht nur auf das unternehmensspezifische und direkt beeinflussbare und betroffene Umfeld beschränken. Vielmehr muss das Management auch die **allgemeinen Umweltbedingungen** und **-entwicklungen** im Blickfeld behalten und sich der Stellung des Unternehmens in der globalen Umwelt bewusst sein (Bild 42):

Voraussetzungen zielorientierter Unternehmensführung

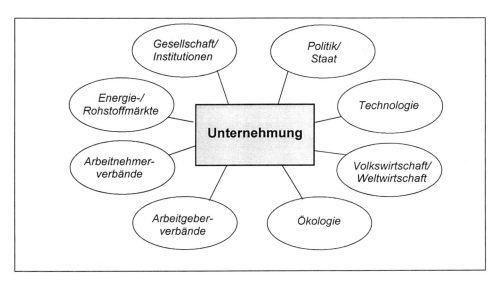

Bild 42: Stellung der Unternehmung in der (globalen) Umwelt

Hinsichtlich globaler Umweltparameter bestehen für das Unternehmen meist nur geringe Beeinflussungsmöglichkeiten. Allerdings können die Auswirkungen dieser Faktoren für das Unternehmen nicht nur langfristig, sondern auch mittel- bis kurzfristig ein beachtliches Ausmaß annehmen.

Die **Untersuchungsbereiche** für eine globale Umweltanalyse können z.B. in (1) politische und rechtliche, (2) gesellschaftliche, (3) gesamtwirtschaftliche und (4) technologische Umweltfaktoren unterteilt werden (z.B. Reinhard und Weidermann):

(1) Politische und rechtliche Umweltfaktoren:
Politische Maßnahmen und Vorgänge können z.B. kurzfristig das wirtschaftliche Klima bei der Anbahnung von Geschäftskontakten mit Ländern beeinflussen, mit denen man in der Vergangenheit schon immer in Kontakt treten wollte (z.B. Staatsbesuch aus einem Land mit hohem Absatzpotenzial bzw. geringer Marktsättigung für Produkte, die das eigene Unternehmen erstellt). Andererseits können z.B. rechtliche Umweltfaktoren auf die Entwicklung, Nutzung und den Absatz von Produkten eines Unternehmens ausstrahlen (z.B. Verordnungen zur ökologiebewussten Schadstoffreduzierung und/oder -vermeidung, EG-Maschinenverordnung, Wegfall von Grenzkontrollen).

(2) Gesellschaftliche Umweltfaktoren:
Nicht zuletzt aufgrund des Wandels der Werte, des zunehmenden ökologischen Bewusstseins sowie der Veränderungen der Einstellung zur Arbeit

müssen sich wirtschaftliche Aktivitäten und Ziele auch an gesellschaftlichen Wertvorstellungen und sozio-kulturellen Entwicklungen ausrichten. Dazu gehört selbstverständlich auch die demografische Entwicklung und ihre Antreiber (v.a. Fertilität, Mortalität, Migration), die sowohl auf wissenschaftlicher Ebene (Pflaumer (a)) als auch in der breiten Öffentlichkeit (vgl. z.B. Schirrmacher) Gegenstände intensiver Diskussionen sind. Daneben kann die bereits skizzierte postmoderne Gesellschaftsdiagnose für die Beschreibung der gesellschaftlichen Situation und Entwicklung nützliche Informationen bereitstellen (vgl. dazu Kapitel I.2).

(3) Gesamtwirtschaftliche Umweltfaktoren:
Ihre Analyse ist erforderlich, weil sie den Rahmen für die einzelnen Wirtschaftsbereiche und Branchen abstecken, denen ein Unternehmen angehört. Wichtige Kategorien sind z.B. die Entwicklung der Produktivität, der Kaufkraft, der Arbeitslosigkeit und des Erwerbspersonenpotenzials, der Konjunktur und des Bruttosozialprodukts. Im Hinblick auf diese Daten sind nicht nur die aktuellen Regionen und Länder, in denen sich das derzeitige Geschäftsgebaren des Unternehmens abspielt, sondern natürlich auch neue Regionen von Interesse, die zukünftig als Märkte und/oder Fertigungsstandorte in Frage kommen.

(4) Technologische Umweltfaktoren:
Allgemeine technologische Entwicklungen nehmen z.B. erheblichen Einfluss auf die Länge der Lebenszyklen von Produkten. Außerdem führen sie zu neuen Produktionsverfahren, wodurch die Kostenintensität von Fertigungsprozessen und damit die Kostenposition des Unternehmens am Markt tangiert wird. Schließlich beeinflusst die Geschwindigkeit des technologischen Fortschritts die Lebensqualität und das Wachstum in einer Volkswirtschaft.

Selbstverständlich bestehen zwischen diesen vier Untersuchungsbereichen vielfältige Beziehungen. Folgt man verschiedenen kritischen Autoren (z.B. Fuchs u. Hofkirchner, Reheis), so entpuppen sich beispielsweise verbesserte Informations- und Kommunikationstechnologien als wichtiger Antreiber der Globalisierung und als zentrale Quelle der enormen Beschleunigung von wirtschaftlichen Geschäftsprozessen. Sie haben ihrerseits wieder Konsequenzen für politische und gesellschaftliche Umweltfaktoren (z.B. Gefährdung der Nationalstaaten und der staatlichen sozialen Sicherungssysteme, Auflösung der gesellschaftlichen Kohäsion und der menschlichen Zeitrhythmen). Unter anderem dadurch ausgelöste Entwicklungen (z.B. Zunahme von Unruhen, steigendes Sicherheitsbedürfnis, Privatisierung der Sicherheit, Abschottung gegenüber Unterklassen) entstehen neue Wohnformen in der Gesellschaft (z.B. überwachte gated communities, dor houses), die für bestimmte Branchen neue Betätigungsfelder entstehen lassen (z.B. für die Bauindustrie, Unternehmen auf dem Gebiet von Sicherheitsdienstleistungen).

3.2 Analyse der aufgabenspezifischen Umwelt

Die Analyse der aufgabenspezifischen Umwelt erstreckt sich auf Faktoren, die für den Wirtschaftszweig des Unternehmens von besonderer Bedeutung sind. Die Faktoren der globalen Umwelt sind für diese Zwecke noch tiefer zu analysieren und den für das Unternehmen charakteristischen Produktgruppen und Märkten zuzuordnen. Obwohl sich im Einzelfall Überschneidungen ergeben können, umfasst die Analyse der aufgabenspezifischen Umwelt i.d.R. die Teilbereiche (1) Branche, (2) Markt und (3) Konkurrenten:

(1) Branchenanalyse:

Besonders die auf der Industrieökonomik aufbauenden Arbeiten von Porter haben den Blick für die Analyse der Branchenstrukturen erheblich geschärft. Als Branchen sind danach Gruppen von Unternehmen aufzufassen, die Produkte erstellen, die sich gegenseitig entweder ganz oder teilweise ersetzen können (Substitutionsprodukte).

Nach Porter kann die Struktur einer Branche durch fünf Strukturelemente („Wettbewerbskräfte") zum Ausdruck gebracht werden. Dabei handelt es sich um Lieferanten, Kunden (Abnehmer), Ersatzprodukte, neue Anbieter („neue Rivalen") sowie die aktuellen Wettbewerber in der Branche („bekannte Rivalen"). Diese fünf Wettbewerbskräfte bestimmen die Wettbewerbssituation und das Gewinnpotenzial in einer Branche (Bild 43).

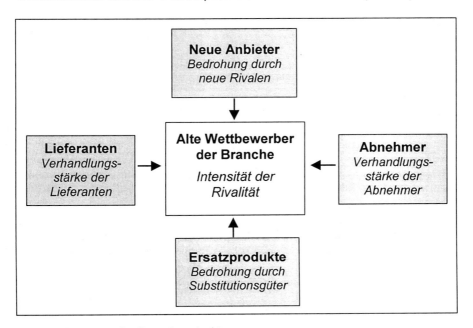

Bild 43: Elemente der Branchenstruktur

Für die Messung der Stärke dieser fünf Wettbewerbskräfte und die daraus resultierenden Wettbewerbsintensitäten und Gewinnpotenziale werden Kriterienkataloge eingesetzt (vgl. u.a. Camphausen (b)). Bild 44 zeigt beispielhaft Determinanten für die Rivalität sowie die Macht und Verhandlungsstärke auf Lieferantenseite:

Determinanten der (alten) Rivalität	Determinanten der Lieferantenmacht
- Branchenwachstum - Überkapazitäten - Produktunterschiede - Markenidentität - Konzentration - Austrittsbarrieren - Wertschöpfung - Fixkosten	- Lieferantenkonzentration - Auftragsvolumen - Finanzstärke - technologisches Know-how - Gefahr der Vorwärtsintegration - Ressourcenmonopolisierung - Differenzierungsmöglichkeit des eigenen Inputs

Bild 44: Determinanten der Rivalität und der Lieferantenmacht

Unternehmen sind letztlich keine „Gefangenen ihrer Branchenstruktur", wie dies zum überwiegenden Teil für den Fall der globalen Umweltfaktoren gilt. Denn einerseits sind sie in der Lage, die Branche und ihre Wettbewerbskräfte durch ihr eigenes Verhalten zu beeinflussen. Andererseits können sie versuchen, ihre Branche schrittweise zu verlassen.

(2) Marktanalyse:

Bei der Analyse der Märkte geht es um die Untersuchung von Eigenschaften der unternehmensspezifisch abgrenzbaren Absatzmärkte (bzw. Teilmärkte oder Marktsegmente). Sie kann sich zum einen auf die aktuellen Märkte beziehen, auf denen das Unternehmen derzeit seine Produkte absetzt. Zum anderen können auch zukünftige Märkte interessante Untersuchungsobjekte sein.

Die Veränderungen des Marktvolumens sowie des eigenen Marktanteils stehen dabei oft im Mittelpunkt, weil sie das Unternehmenswachstum erheblich mitbestimmen.

Gälweiler hat diesen Zusammenhang als „Grundformel der Unternehmensstrategie" bezeichnet (Bild 45):

Voraussetzungen zielorientierter Unternehmensführung

Marktvolumensänderung x Marktanteilsveränderung = Unternehmenswachstum

Es gilt:
MVF = Faktor der Marktvolumensveränderung
MAF = Faktor der Marktanteilsveränderung
UWF = Faktor für das Unternehmenswachstum

Beispiel:
Wachstum des Marktes = 20%
Steigerung des Marktanteils von 8% auf 10% (+25%)

Ergebnis:
MVF = 1,20
MAF = 1,25

$\Rightarrow$ UWF = 1,20 x 1,25 = 1,50

d.h. das Unternehmenswachstum beträgt 50%

Bild 45: Grundformel der Unternehmensstrategie

Ob sich diese Formel wirklich als „Grundformel der Unternehmensstrategie" formulieren und das „Unternehmenswachstum" zum Ausdruck bringen lässt, ist durchaus zu bezweifeln. Die Berechnung von Marktanteilen beruht meist auf Absatzmengen (oder Umsatzzahlen), weshalb es sich „lediglich" um eine mengenorientierte (oder wert- bzw. umsatzorientierte) Betrachtung handelt, bei der qualitative und strukturelle Aspekte nicht eingehen (z.B. Unternehmenswachstum im Sinne von größerer Belegschaft, mehr Gebäuden und Maschinen; Übergang von make zu buy, wodurch trotz Absatz-/Umsatzwachstum ein Schrumpfen der Belegschaft und der technischen Kapazitäten eintritt). Trotz dieser Einschränkungen lenkt die Formel von Gälweiler den Blick des Managements auf die durchschlagende Bedeutung von Marktanteilen und Marktwachstumsraten. Dies schlägt sich in der Praxis u.a. darin nieder, dass Unternehmen versuchen, vor allem in Märkten mit hohen Wachstumsraten Fuß zu fassen und dort möglichst schnell Marktanteile zu gewinnen (z.B. China), um mit dem dortigen Marktwachstum „mitwachsen" zu können. Sie kann ferner als **theoretische Abstützbasis für die zwei Grunddimensionen des Produkt-Markt-Portfolios der Unternehmensberatung Boston Consulting Group** (so genanntes BCG-Portfolio) dienen, das einerseits durch den (relativen) Marktanteil und andererseits durch das Marktwachstum aufgespannt wird (vgl. dazu Kapitel III.7.2).

Neben Marktvolumen und -anteil sind weitere Analysekategorien für die Erfassung der Situation und der Entwicklung von Absatzmärkten notwendig. Hierzu gibt Bild 46 einen Überblick:

Voraussetzungen zielorientierter Unternehmensführung

Analysekriterien	Markt 1	Markt 2	Markt 3
Marktvolumen	hoch	hoch	mittel
Marktanteil	10%	9%	15%
Marktwachstum	+ 7-9%	+ 1-3%	+/- 0
Absatzkanäle	ungünstig	ungünstig	günstig
Sättigungsgrad	ca. 30%	ca. 70%	ca. 80%
Preisniveau	hoch	mittel	mittel
Preisdifferenzierung	hoch	gering	gering
Erwartetes Preisniveau (in 3 Jahren)	mittel	sehr niedrig	sehr niedrig

Bild 46: Beispiele für Kategorien der Marktanalyse

Für die Durchführung von Marktanalysen ist eine erhebliche Anzahl von Methoden entwickelt worden. Dabei handelt es sich entweder um Primärerhebungen (z.B. Interview, Beobachtung, Panelerhebung) oder um Sekundärerhebungen (Auswertung vorhandener Daten z.B. durch Dokumentenanalyse).

(3) Konkurrentenanalyse:

Für die Analyse der Konkurrenten sind grundsätzlich alle Informationen über die Mitwettbewerber interessant, die für die eigenen Entscheidungen im Rahmen der strategischen Unternehmensführung und Geschäftsenwicklung wichtig sein können.

Die Konkurrentenanalyse sollte grundsätzlich alle Kategorien zu erheben versuchen, die auch zur Potenzial- bzw. Stärken-/Schwächen-Analyse des eigenen Unternehmens herangezogen werden (vgl. Punkt 4.2, unten).

Bild 47 zeigt einen Überblick über verschiedene Kategorien der Konkurrentenanalyse:

Voraussetzungen zielorientierter Unternehmensführung

Analysekriterien	Konkurrent 1	Konkurrent 2	Konkurrent 3
Marktanteil	ca. 12%	ca. 9%	ca. 8%
Größe (Mitarbeiter)	ca. 8.000	ca. 3.000	ca. 6.000
Finanzsituation	gut	sehr gut	mittel
F&E-Aufwand (% v. U.)	5	6	4
Leistungskriterien[*)			
- Technik	++	+	+
- Qualität	+	+	+
- Service	+	++	-
- Kosten	+	+	+
- Preis	+	+	++
- Zuverlässigkeit	+-	++	-
*) von +++ (sehr gut) bis --- (sehr schlecht)			

Bild 47: Beispiele für Kategorien der Konkurrentenanalyse

Die in Bild 47 aufgeführten Leistungskriterien werden in der Praxis häufig hinsichtlich ihrer Bedeutung für die Kunden gewichtet. Damit ergeben sich genauere und tiefergehendere Aufschlüsse über den „Wert" der Ratings. Sehr professionelle Konkurrentenanalysen bauen im Zuge von Business Plänen auf Leistungskriterien auf, wie sie auch im Zusammenhang mit dem QFD, SRD oder der Conjoint-Analyse zum Einsatz kommen (dazu Punkt III.13, 15, und 16).

Soweit möglich, sollten daneben auch Informationen über beabsichtigte Ziele und Strategien der Wettbewerber Eingang finden. Besonders in größeren Unternehmen werden dem Management von Zeit zu Zeit „Steckbriefe über Konkurrenten" erarbeitet, in denen über mögliche Ziele, Strategien, Kooperationen, Produkte, Kunden usw. Auskunft gegeben wird. Typisch ist ferner, auf der Basis von Geschäftsberichten der Konkurrenten Bilanzanalysen zu erstellen und die Liquidität und Liquiditätsreserven abzuschätzen. Explizit wird dabei auf Stärken und Schwächen sowie auf Angriffsflächen der Konkurrenten hingewiesen.

4 Unternehmensanalyse

Neben der Analyse der verschiedenen Umweltfaktoren muss sich das Management ein Bild über die eigene Situation des Unternehmens verschaffen, um **Stärken** und **Schwächen** zu erkennen. Als Analyseobjekte kommen einerseits (1) die **Werte und Einstellungen der Führungskräfte** und andererseits in besonderer Weise (2) die **Unternehmenspotenziale** und (3) die **Unternehmensentwicklung** in Betracht.

4.1 Managementanalyse

Die Werte und Einstellungen des Managements haben einen wesentlichen Einfluss auf die **Zielbildung** für das Unternehmen sowie die Entwicklung und Auswahl von **Strategien**. In den seltensten Fällen erfolgen Ziel- und Strategieentwicklung allein auf der Basis der ökonomischen Effizienz und/oder im Sinne des Gesamtunternehmens. Vielmehr ist davon auszugehen, dass das Management von Unternehmen vor allem auch seine individuellen Ziel- und Wertvorstellungen durchzusetzen versucht – unter Umständen sogar zum Schaden bzw. unter „Ausnutzung" des Unternehmens und der Eigentümer (Hinweise in diese Richtung ergaben bereits die Arbeiten von Berle und Means). Besonders aus der Perspektive der so genannten **„Theorie der Property Rights"** wird diese Problematik immer wieder thematisiert (Kaulmann).

Bei managementkontrollierten Unternehmen (Kapitalgesellschaften) sollen solche Analysen vor allem für Kapitalgeber und Eigentümer der Unternehmen („Prinzipale") Aufschluss über die Ziele und das Verhalten des Managements („Agenten") geben. Dies ist auch einer der zentralen Ansatzpunkte des so genannten **„Prinzipal-Agent-Problems",** das in Theorie und Praxis zunehmende Beachtung findet (z.B. Fama). Dabei steht (stark vereinfacht) besonders die Frage im Mittelpunkt, ob und inwieweit Agenten (z.B. Manager) andere Ziele als Auftraggeber bzw. Eigentümer (z.B. Aktionäre, Gesellschafter) verfolgen und welche Mechanismen und Strategien beide Seiten wählen (können), um ihre Ziele (auch zum Schaden der anderen Seite) durchzusetzen. Aus diesen Gründen ist das Management einer strategischen Analyse zu unterziehen. Dafür kommen z.B. die in Bild 48 aufgelisteten Kriterien in Betracht:

- *Risikoneigung und Innovationsneigung*
- *Verhältnis zu öffentlichen Institutionen und Kontakte zu anderen Unternehmen*
- *Berücksichtigung sozialer, gesellschaftlicher und mitarbeiterbezogener Ziele*
- *Führungsstil und Führungsverhalten*
- *Ausschüttungsneigung im Hinblick auf Unternehmensgewinne*
- *Vertretung von Aktionärs- bzw. Eigentümerinteressen*
- *Fristigkeit des persönlichen Engagements für das Unternehmen*

Bild 48: Kriterien der Managementanalyse

Die Kriterienausprägungen erlauben Rückschlüsse auf Ziele, Philosophie, Kultur, Führungsgrundsätze und Leitbilder von Unternehmens und Management.

4.2 Potenzialanalyse

Die Potenzialanalyse soll dem Management einen Überblick über die eigenen **Stärken** und **Schwächen** im Vergleich zu Konkurrenten verschaffen. Hierfür sind viele Analysekonzepte und Kriterienraster entworfen worden. Sehr bekannt ist das Profil von Hinterhuber (Bild 49):

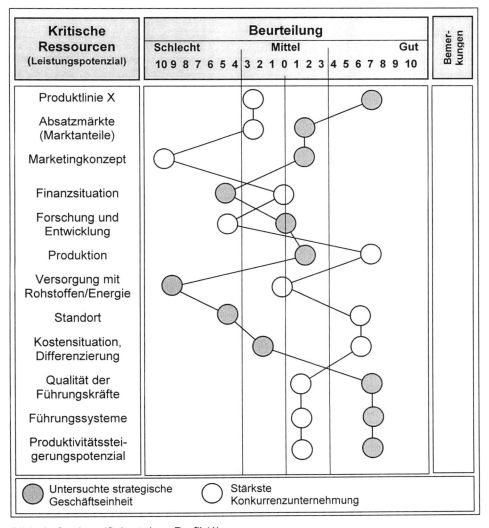

Bild 49: Stärken-/Schwächen-Profil (1)

Voraussetzungen zielorientierter Unternehmensführung

Die Kriterien der Unternehmensanalyse sollten idealerweise mit denen der Konkurrenzanalyse vergleichbar sein. Im Hinblick auf dieses Ziel müsste der Kriterienkatalog der Konkurrentenanalyse (vgl. oben, Bild 47) lediglich um eine Spalte für das eigene Unternehmen erweitert werden (Bild 50):

Analysekriterien	Eigene Position im Vergleich zum besten Konkurrenten *)
Marktanteil	++
Größe (Mitarbeiter)	+
Finanzsituation	-
F&E-Aufwand (% v. U.)	-
Leistungskriterien*)	
- Technik	++
- Qualität	+
- Service	-
- Kosten	-
- Preis	-
- Zuverlässigkeit	+
	*) von +++ (sehr gut) bis --- (sehr schlecht)

Bild 50: Stärken-/Schwächen-Profil (2)

4.3 Entwicklungsanalyse

Die Potenzialanalyse zeigt, wie es um die derzeitige Schlagkraft des Unternehmens bestellt ist und konzentriert sich daher meist nur auf die aktuelle Ausgangssituation. Die Analyse der Unternehmensentwicklung ist dagegen stets zukunftsorientiert und muss sich daher verschiedener Prognoseinstrumente bedienen (vgl. Punkt II.6). Die Potenzialanalyse bildet also eine Vorstufe für die in die Zukunft gerichtete Analyse der Unternehmensentwicklung.

Das typische Instrument der Entwicklungsanalyse ist die **Gap-Analyse** (bzw. Lückenanalyse), die an dieser Stelle nur in ihrer „einfachsten Version" beschrieben wird (vgl. zur „mehrfach ergänzten Gap-Analyse" Punkt III. 6).

Anhand der Ergebnisse der Potenzialuntersuchung verfolgt die Lückenanalyse einerseits den Zweck, die auf Basis der vorhandenen Potenziale **erwartete**

Voraussetzungen zielorientierter Unternehmensführung

Entwicklung von unternehmensrelevanten Größen (z.B. Umsatz) zu prognostizieren. Andererseits wird der erwarteten Entwicklung die **gewünschte Entwicklung** gegenüber gestellt (Bild 51):

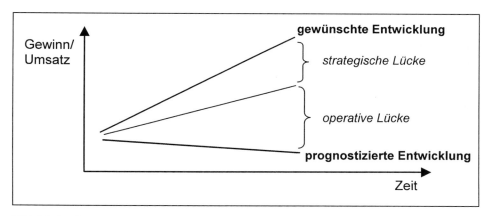

Bild 51: Lückenanalyse

Die Differenz aus gewünschter und prognostizierter Entwicklung ergibt die **operative** und **strategische Lücke**. **Operative Lücken** werden oft über Rationalisierungen und Einsparappelle zu schließen versucht. Das aktuelle Basisgeschäft wird dabei i.d.R. nicht verlassen. **Strategische Lücken** lassen sich häufig nur mit Neugeschäften schließen bzw. reduzieren. Hierfür muss entweder die Erschließung neuer Märkte oder die Entwicklung neuer Produkte gelingen. Bild 52 skizziert in einer **Produkt-Markt-Matrix** vier „Marktstrategien" für die Schließung operativer und strategischer Lücken (Ansoff (a)).

		Produkt	
		alt	neu
Markt	alt	Marktdurch-dringung	Produkt-entwicklung
	neu	Markt-entwicklung	Diversifikation

Bild 52: Produkt-Markt-Matrix zur Ableitung von Marktstrategien

Insgesamt betrachtet handelt es sich bei dieser Form der Lückenanalyse um ein relativ grobes Instrument der Unternehmensanalyse. Daher muss sie in der Praxis durch diverse Ergänzungen erweitert werden (vgl. Punkt III.6).

5 Bildung strategischer Geschäftseinheiten

Je größer das Unternehmen und je breiter das Sortiment, desto komplexer und vielfältiger werden Umwelt- und Unternehmensanalyse. Unter diesen Bedingungen kann den spezifischen Gegebenheiten der einzelnen Bereiche des Unternehmens (Divisionen, Sparten) nur noch auf einer sehr globalen Ebene entsprochen werden. Gleiches gilt für die Ableitung und Realisierung von Strategien. Daher sollten besonders größere Unternehmen so genannte **strategische Geschäftseinheiten** (SGEs) bilden. Vor allem die Ansätze bei General Electric und die dortige Einführung von „Strategic Business Units" (SBUs) waren die Vorbilder für die Entwicklung von SGEs in europäischen Unternehmen.

SGEs sind aufzufassen als durch Produkt- und Marktkriterien sowie durch einzelfallspezifische Faktoren (z.B. Technologie, Kundensegment) abgrenzbare Geschäftsteile eines Unternehmens, für die eigenständige Stärken-/Schwächen-Analysen durchführbar und Strategien formulierbar sind. Vereinfacht handelt es sich um „Unternehmen im Unternehmen". Für die Bildung von SGEs gibt es letztlich keine allgemein gültigen Lösungsansätze (zu einem Beispiel vgl. Bild 53; zu anderen Beispielen vgl. z.B. Camphausen (a)).

Abgrenzungskriterien für strategische Geschäftseinheiten					
		Märkte			
Kunden	**Technologien**	Deutschland	Europa	Asien	USA
Staat	T1 T2 T3	SGE1			
Industrie	T4 T5	SGE2		SGE3	SGE4
Haushalte	T6 T7 T8	SGE5			SGE6

Bild 53: Beispiel für die Bildung von SGEs

Grundsätzlich muss die Aufgliederung des Unternehmens in SGEs nicht mit der Organisationsstruktur des Unternehmens („Primärorganisation") übereinstimmen. So spricht man bei der Bildung von SGEs eher von einer **strategischen „Sekundärorganisation"**.

6 Prognose

Unternehmensführung, die auf Ziele, Planung, Umwelt- und Unternehmensanalyse (u.U. separiert nach SGEs) basiert, hat einen hohen **Zukunftsbezug**. Daher besteht ein Großteil der Unternehmensführung aus dem **Management von Informationen über die Zukunft**. Um „gute Zukunftsbilder" zu gewinnen, sind Prognosen notwendig. Prognosen und die dazu nötigen Prognoseverfahren sind wichtige Hilfsinstrumente der Unternehmensführung, die in der „Toolbag" von Managern und Controllern einen festen Platz haben sollten.

6.1 Prognoseobjekte

Prognosen können sich theoretisch auf alle Planungselemente beziehen. So wären z.B. Prognosen über das Verhalten der Planungsträger, den Eintritt der im Absatzplan festgelegten Ziele usw. denkbar. Ein so weites Prognoseverständnis würde jedoch auf „Totalprognosen" hinauslaufen, für die in der Praxis enorme Ressourcen eingesetzt werden müssten – und trotzdem bliebe aufgrund des Zukunftsbezugs der Unternehmensführung ein bestimmtes Niveau an Unsicherheit. Daher ist stets eine Abwägung zwischen den Prognosekosten und den „Kosten der Unsicherheit" (z.B. Ressourcenverzehr wegen fehlender bzw. schlechter Prognosen) nötig (Bild 54).

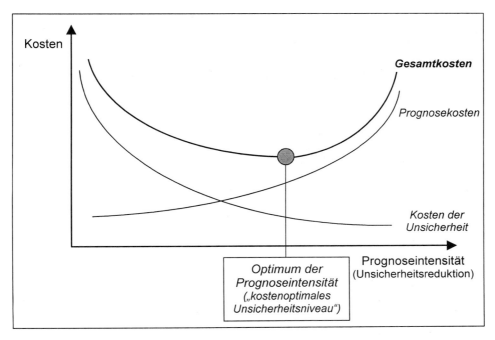

Bild 54: Prognosekosten und Kosten der Unsicherheit

Dazu käme eine kaum zu bewältigende Prognose- und dadurch ausgelöste Planungskomplexität. Daher raten Theorie und Praxis zu einer Konzentration auf wenige wichtige Prognoseobjekte.

Besinnt man sich auf das eingangs beschriebene, vereinfachte Planungstableau (vgl. Punkt I.3 Bild 9) mit den Objekten

(1) Unternehmensziele,
(2) Alternativen,
(3) Umweltbedingungen und
(4) Ergebnisse,

dann ist – u.a. in Anlehnung an Mag – im Rahmen des strategischen Controlling für die Prognose von folgenden Prämissen auszugehen:

(1) Unternehmensziele:
Obwohl der Prozess der Bildung von Unternehmenszielen keinen Stillstand kennt und grundsätzlich auch Zielprognosen möglich sind, wird der Planer diese zum Planungszeitpunkt für seine Planungen als fest gegeben voraussetzen. In Theorie und Praxis gilt: „Planung braucht feste Ziele".

(2) Alternativen:
Obwohl sich Qualität und Quantität der Alternativen (Maßnahmen, Aktionen, Strategien) im Zeitablauf ändern können und auch darüber Prognosen möglich sind, wird der Planer diese zum Planungszeitpunkt für seine Planung fixieren. Hierfür gilt das „Primat stabiler Alternativen".

(3) Umweltbedingungen:
An die Stelle der Setzungen im „Aktionenraum' (Ziele und Alternativen) tritt im Umweltraum die Prognose. Daher scheint es sinnvoll, für die Bedingungen der Umwelt Prognosen durchzuführen. In Planungstheorie und -praxis herrscht darüber weitgehend Einigkeit. Außerdem liegt es dann nahe, auch für den Eintritt der jeweiligen Umweltbedingungen Prognosen abzugeben (z.B. Eintrittswahrscheinlichkeiten für die unterschiedlichen Umweltsituationen).

(4) Ergebnisse:
Während die Alternativen gesetzt werden, sind die Ergebnisse, die mit ihnen in der Zukunft erzielt werden, nicht nur von den jeweils vorliegenden und zukünftigen Umweltbedingungen, sondern z.B. auch von den später geltenden unternehmensinternen Gegebenheiten abhängig (z.B. Ressourceneinsatz für die Umsetzung einer Maßnahme, Ausmaß der Autorisierung einer Strategie durch das Management). Planungstheorie und -praxis gehen daher häufig davon aus, auch Prognosen über die Ergebniswirkungen der verschiedenen Alternativen durchzuführen (u.U. in Verbindung mit der Schätzung von Wirkungs- bzw. Ergebniswahrscheinlichkeiten).

Voraussetzungen zielorientierter Unternehmensführung

Die wichtigsten **Prognoseobjekte** im Zuge des strategischen Controlling sind daher die **Umweltsituationen** und die **Ergebnisse** der alternativen Handlungsmöglichkeiten.

6.2 Prognosearten

Fasst man die Ergebnisse der obigen Diskussion zusammen, dann bieten sich folgende Prognosearten an (z.B. Hüttner):

(1) Entwicklungsprognosen:

Sie sind darauf ausgerichtet, Prognosen über die Entwicklung verschiedener Zielinhalte und/oder anderer Größen (z.B. Umsatz, Sozialprodukt, Kaufkraft) abzugeben, die vor allem auch von externen – bzw. nicht durch das Unternehmen kontrollierbaren – Faktoren beeinflusst werden (z.B. Zeitgeist, Umweltbedingungen wie steuerliche, tarifpolitische und gesellschaftliche Entwicklungen).

Beispiel 1:
Ein Unternehmen möchte zum Zwecke der Kostenplanung für den Zeitpunkt t_{10} die Personalkosten prognostizieren (Bild 55).

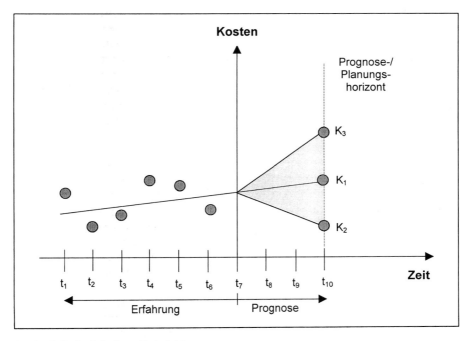

Bild 55: Beispiel einer Entwicklungsprognose

Ausgehend von den existierenden Erfahrungen über die Zeitpunkte t_1 bis t_6 (Erfahrungsbereich) ist die zu prognostizierende Größe „Personalkosten" zum Zeitpunkt t_7 von der Vergangenheit in die Zukunft projezieren. Dabei wird zunächst unterstellt, dass sich der bisherige Trend in die Zukunft fortsetzt, wodurch das Kostenniveau K_1 zu erwarten ist. Da die Unschärfe von Aussagen über die Zukunft mit zunehmendem Planungszeitraum steigt, werden neben der Prognose auf der Basis einer mittleren Tarifentwicklung auch Prognosen für eine günstige und ungünstige Tarifentwicklung durchgeführt. Die Ergebnisse sind dann K_2 bzw. K_3. In diesem Fall handelt es sich folglich sowohl um eine Entwicklungsprognose für eine bestimmte Prognosegröße (Personalkosten) als auch um eine Prognose für mehrere Umweltbedingungen (drei Tarifentwicklungen).

(2) Wirkungsprognosen:

Sie setzen am Zusammenhang zwischen den von der Unternehmung ausgelösten Maßnahmen (Alternativen) und deren Wirkungen auf die Ergebnisse an.

Beispiel 2:
Das bereits oben genannte Unternehmen erachtet die im Zuge der Entwicklungsprognose vorhergesagten Personalkosten als zu hoch. Nachdem das Management längere Zeit verzweifelt nach Alternativen suchte, sollen zwei Alternativen realisiert werden; einerseits kann das Personal bis zum Zeitpunkt t_{10} um 5 Prozent gesenkt werden (Personalfreisetzung), andererseits kann der Belegschaft eine freiwillige Absenkungsmöglichkeit der Arbeitszeit von derzeit 36 Stunden auf 30 Stunden ohne Lohnausgleich angeboten werden (Arbeitszeitreduktion). Bild 56 zeigt die prognostizierten Wirkungen auf die Personalkosten.

	Alternative 1 (Personalfreisetzung)	Alternative 2[*] (Arbeitszeitreduktion)	Summe
Kostenentlastung (in Euro)	-200.000	-250.000	-450.000
	[*] Annahme: 25% der Belegschaft wählen diese Alternative		

Bild 56: Beispiel einer Wirkungsprognose

Obgleich es sich in beiden Fällen um sehr einfache Beispiele handelt, machen sie auf mehrere typische Prognoseprobleme aufmerksam. An dieser Stelle sei nur auf die in der Praxis auftretenden Trennbarkeitsprobleme im

Voraussetzungen zielorientierter Unternehmensführung

Hinblick auf Entwicklungs- und Wirkungsprognosen und das in der Praxis stets vorhandene Problem der Annahmensetzung (bzw. Problem der stufenweisen Auflösung von Annahmen durch weitere Prognosen) eingegangen:

Eine strikte Trennung in Entwicklungs- und Wirkungsprognose ist oft nicht möglich. So liegt letztlich in Beispiel 1 auch eine Art Wirkungsprognose im Hinblick auf die Kostenkonsequenzen einer mittleren, günstigen und ungünstigen Tarifentwicklung vor. In Beispiel 2 wird andererseits eine Wirkungsprognose mit einer Annahme verknüpft (25 Prozent der Belegschaft wählen die Alternative 2), was in der Praxis die Regel ist. An dieser Stelle wäre auch eine Prognose über den Belegschaftsanteil möglich, der diese Alternative wählt. Dabei würde es sich um die Ersetzung einer Annahme durch eine zusätzliche Prognose handeln. Eine solche Prognose könnte z.B. auf einer Mitarbeiterbefragung aufbauen. Gleiches gilt für Alternative 1. In diesem Fall wird angenommen, dass das Personal tatsächlich um 5 Prozent reduziert werden kann. Auch hier ist zu fragen bzw. zu prognostizieren, ob und inwieweit die dafür vorsehbaren Maßnahmen – evtl. bestehen hierzu sogar mehrere (Unter-) Alternativen – wirklich geeignet bzw. wirksam sind (Wirkungsprognose), um dieses Freisetzungsvolumen zu erreichen. Daneben scheint die Wirkungsprognose in Beispiel 2 eine bestimmte (mittlere) Entwicklung der Tarife zu unterstellen. Sicherlich wäre es interessant, durch einen Mix aus Wirkungs- und Entwicklungsprognose die Wirkungen der zwei Alternativen zusätzlich unter einer günstigen und ungünstigen Tarifentwicklung zu prognostizieren (Bild 57).

		Alternative 1 (Personalfreisetzung)	Alternative 2[*] (Arbeitszeitreduktion)	Summe
Kostenentlastung (in Euro)	mittlere Tarifentwicklung	-200.000	-250.000	-450.000
	günstige Tarifentwicklung	-150.000	-220.000	-370.000
	Ungünstige Tarifentwicklung	-230.000	-280.000	-510.000
	*) Annahme: 25% der Belegschaft wählen diese Alternative			

Bild 57: Mix aus Wirkungs- und Entwicklungsprognose – Beispiel

Schließlich machen die Beispiele auf eine dritte Prognoseart aufmerksam, die Wahrscheinlichkeitsprognose.

(3) Wahrscheinlichkeitsprognosen:

Die Durchführbarkeit von Wahrscheinlichkeitsprognosen ist davon abhängig, ob es dem Planer gelingt, Wahrscheinlichkeiten zur näheren Kennzeichnung der Unsicherheit abzugeben. Auf so genannte objektive Wahrscheinlichkeiten kann in der Praxis meist nicht zurückgegriffen werden (fehlende Versuchsreihen und/oder fehlende statistische Modelle). Obgleich die Verwendung so genannter subjektiver Wahrscheinlichkeiten methodologisch umstritten ist, so liegen dennoch häufig aus der Vergangenheit Erfahrungen vor, die zur Ableitung von Wahrscheinlichkeiten heranziehbar sind. Abstrahiert man von den methodologischen Problemen, wären z.B. Wahrscheinlichkeitsverteilungen über den Eintritt von Umweltsituationen denkbar (z.B. im oben aufgeführten Beispiel 0,5 und 0,3 bzw. 0,2 für den Eintritt der mittleren, günstigen bzw. ungünstigen Tarifentwicklung). Außerdem sind oft Wahrscheinlichkeiten für den Eintritt von Wirkungen ableitbar. Soweit in der Praxis tatsächlich mit Wahrscheinlichkeiten operiert wird, lassen sich Prognosen auch mit Risikoanalysen kombinieren (vgl. Punkt II.6.4).

6.3 Prognoseverfahren

Die Kriterien für die Systematisierung von Prognoseverfahren sind sehr vielfältig. Nach dem Kriterium „Prognosezeitraum" sind z.B. Prognoseverfahren unterscheidbar, die eher für kurz-, mittel- und langfristige Prognosen heranzuziehen sind; andererseits kann man quantitative und qualitative Prognoseverfahren unterscheiden (zu einem Überblick vgl. z.B. Bramsemann, Hüttner, Pflaumer u.a., Feldmann u. Ziebach).

Am gebräuchlichsten ist die Trennung in **quantitative** und **qualitative Prognoseverfahren**:

(1) Quantitative („exakte") Verfahren:
Sie basieren auf mathematisch-statistischen Methoden (z.B. Trendextrapolation, Regressionsanalyse). Sie liefern rechnerisch exakt bestimmbare Ergebnisse. Meist konzentrieren sie sich auf die Vorhersage des Verlaufs von so genannten Fortführungsprozessen. Hierbei wird von Vergangenheitsdaten auf zukünftige Verläufe und/oder Zustände geschlossen. Dieser Vergangenheitsbezug ist einer der Hauptkritikpunkte der quantitativen Verfahren. Insofern bezieht sich die Bezeichnung „exakt" lediglich auf die zur Anwendung kommenden mathematischen Methoden und nicht auf die Zuverlässigkeit dieser Verfahren.

(2) Qualitative („inexakte, kreativ-intuitive") Verfahren:
Diese Verfahren bauen auf gemachten Erfahrungen, allgemeinen Erkenntnissen, Fingerspitzengefühl und Expertenwissen auf (z.B. Szenariotechnik, Delphi-Methode). Sie kommen vor allem bei der Prognose so genannter Ausgangsprozesse zum Einsatz, bei denen auf wenig Datenmaterial der Vergangenheit zurückgegriffen werden kann. Allerdings können sie auch für Fortführungsprozesse genutzt werden, wenn zu vermuten ist, dass die quantitativen Verfahren versagen (z.B. mangelnde Datenbasis, zukünftige Umweltsituationen mit Vergangenheit nicht vergleichbar). Qualitative Verfahren beruhen zunächst vor allem auf subjektiven, verbalen Aussagen sowie nonverbalen Gedankenanalysen („gedankliches Durchspielen"). Sie werden anschließend oft durch Diskussionen, statistische Zusammenfassungen und/oder Vergleiche „objektiviert". Die einzelnen Verfahren sind methodisch wenig abgesichert und weniger formalisierbar als dies bei den quantitativen Verfahren der Fall ist.

(3) Kombinationen aus qualitativen und quantitativen Verfahren:
Sie versuchen die Vorteile beider Ansätze zu nutzen und die jeweiligen Nachteile durch die Verfahrensverknüpfung zu kompensieren (z.B. Einsatz der Regressionsanalyse für die Vorhersage einer „stabilen" Variablen im Rahmen der Szenariotechnik).

In den folgenden Ausführungen werden (v.a. in Anlehnung an Pflaumer u.a. sowie Hüttner) einige ausgewählte Beispiele quantitativer und qualitativer Verfahren kurz dargestellt, wie sie auch im Rahmen der strategischen Frühwarnung zum Einsatz kommen können (vgl. Kapitel V):

- Ausgewählte quantitative Prognoseverfahren:

-- Trendextrapolation:
Bei diesem Verfahren erfolgt eine einfache „Vergangenheitsfortschreibung in die Zukunft" (Extrapolation). Es wird davon ausgegangen, dass die zukünftigen Bedingungen mit der Vergangenheit vergleichbar sind. Für die Anwendung muss eine Reihe von Daten aus der Vergangenheit vorliegen. Letztlich ist dieses Verfahren nur für einfache Anwendungsbereiche geeignet, bei denen eine relativ stabile Umwelt bzw. ein stabiler Trend unterstellbar ist. Typisch wäre die Verwendung für die Prognose des Lagerbestands, des Material- oder Energieverbrauchs. Im Gegensatz zu kurzfristigen Prognosen ist die Anwendung für mittel- und langfristige Prognosen nicht anzuraten.

-- Regression:
Im Gegensatz zur Trendextrapolation geht die Regression nicht nur von der Zeit als erklärende Variable aus. Zusätzlich basiert die Regression auf einer (ebenfalls – aber evtl. leichter – zu prognostizierenden) unabhängi-

gen ökonomischen Größe (z.B. Arbeitsvolumen), die in engem Verhältnis zur (prognostizierenden) abhängigen Variablen (z.B. Zahl der Fertigungsstunden) steht bzw. diese stark beeinflusst. Neben der einfachen Regression, bei der nur von einer unabhängigen Größe ausgegangen wird, sind auch multiple Regressionen einsetzbar, die mit mehreren unabhängigen Variablen operieren. Regressionsanalysen setzen allerdings immer voraus, dass eine Reihe von vergangenen Daten über die Ausprägungen der zu prognostizierenden abhängigen Variablen und der beeinflussenden Variablen existiert. Dies kann z.B. der Fall sein bei der Prognose des Umsatzes eines Großunternehmens unter Verwendung volkswirtschaftlicher Daten oder der Prognose der Absatzmöglichkeiten von Erdbewegungsmaschinen unter Verwendung der Entwicklung des Tiefbauvolumens in einer Region. Kurz- bis mittelfristig kann die Regressionsanalyse gute Prognosen liefern. Wie gut die Ergebnisse sind, hängt besonders davon ab, wie eng der Zusammenhang zwischen der(n) unabängigen und abhängigen Variablen ist.

-- **Exponentielle Glättung:**
Das Kernprinzip dieses Verfahren liegt darin, die vorhandenen Daten unterschiedlich zu gewichten. Die Gewichtung erfolgt in Anlehnung an das „Alter" der Daten, wobei ältere Daten geringer als jüngere Daten gewichtet werden. Die durchaus plausible Hypothese ist, dass Ereignisse der jüngeren Vergangenheit einen höheren Einfluss auf die Weiterentwicklung (Fortführungsprozesse) haben als die der älteren Vergangenheit. Die Verwendung eines Glättungsparameters bewirkt in der Rechentechnik eine exponentiell abnehmende Gewichtung älterer Daten. Die Informationserfordernisse sind mit denen der Trendextrapolation vergleichbar. Zusätzlich ist allerdings der Glättungsparameter zu spezifizieren. Insbesondere bei starken Schwankungen bzw. sehr instabilen Umweltbedingungen kann die Verwendung dieses Verfahrens empfohlen werden. Typisch ist die Anwendung der exponentiellen Glättung in der Praxis für Zwecke von kurz- bis (höchstens) mittelfristigen Absatz- und Marktprognosen.

-- **Gleitende Durchschnitte:**
Die Bildung von gleitenden Durchschnitten ist ein weiteres und in der Praxis sehr verbreitetes Verfahren, die größere Aktualität neuerer Werte zu berücksichtigen. Um dies zu erreichen, werden ältere Werte schrittweise durch neuere Werte ersetzt. Lässt sich für jeden Punkt einer Zeitreihe ein arithmetisches Mittel aus dem jeweils aktuellen Zeitreihenwert sowie aus den vorangehenden Zeitreihenwerten ermitteln, ist die Ableitung einer Trendkomponente möglich. Je höher die Anzahl der Zeitreihenwerte, desto stärker werden Krümmungen bzw. Trendwechsel „abgeschliffen", d.h. der Glättungseffekt wird umso stärker und die Berücksichtigung neuer Informationen umso geringer, je mehr Werte einbezogen werden. Umgekehrtes gilt für eine geringe Anzahl von Zeitreihenwerten. Üblich sind oft gleitende 6- oder 12-Monatsdurchschnitte für die Ermittlung von Trendveränderun-

gen für Umsätze, Auftragseingänge und Vorräte. Die Informationserfordernisse gestalten sich wie bei der Trendextrapolation. Zusätzlich muss jedoch eine Auswahl der Anzahl der Zeitreihenwerte erfolgen. Dieses Verfahren ist vor allem für kurzfristige Prognosen, weniger aber für mittel- bis langfristige Prognosen geeignet.

Allen quantitativen Verfahren ist gemeinsam, dass sie ausgehend von den (quantifizierbaren) Entwicklungen der Vergangenheit Prognosen für zukünftige Entwicklungen ableiten. Der „Stützbereich" der Zukunftsprognose ist die quantifizierbare Vergangenheit. Damit ist jedoch die Annahme verbunden, dass die Einflüsse auf das Prognoseobjekt in ihrer Art, Zusammensetzung und Wirkungsweise in der Zukunft die gleichen bleiben und qualitative Elemente vernachlässigbar sind. Für eine Vielzahl wirtschaftlicher Prozesse ist diese Annahme allerdings äußerst problematisch. Diese Probleme sind die Ausgangspunkte des zunehmenden praktischen Einsatzes von „inexakten" qualitativen Prognoseverfahren.

- Ausgewählte qualitative Prognoseverfahren:

-- Delphi-Methode:
Mit der Delphi-Methode können durch Befragungen mehrerer Experten („Expertenpanel") Einschätzungen über zukünftige qualitative und quantitative Entwicklungen erhoben werden (vgl. auch Punkt V.5.3). Meist ist davon auszugehen, dass sich das Wissen der Experten und ihre Meinungen über zukünftige Entwicklungen voneinander unterscheiden. Dies liegt z.B. an den unterschiedlichen Erfahrungshintergründen, den verschiedenen Weltbildern und Ausbildungsrichtungen. Darüber hinaus werden sich auch die Informationsquellen der Experten voneinander unterscheiden. Ziel der Delphi-Methode ist daher zunächst, durch Befragungen der Experten zu einer möglichst umfassenden Einschätzung der Ausgangs- und Zukunftslage zu kommen. Anschließend geht es um die Bildung einer Konvergenz der Einzelprognosen, um die Streubreite der zukünftigen Entwicklungen zu verringern bzw. die Prognoseergebnisse zu verbessern.

-- Historische Analogiebildung:
Die Bildung von historischen Analogien basiert auf einem Vergleich der Gegebenheiten einer aktuellen Situation bzw. Entwicklung mit den Gegebenheiten einer vergangenen Situation bzw. Entwicklung. Eine grundlegende Voraussetzung ist in diesem Zusammenhang, dass sich Situationen und Entwicklungen in ähnlicher Weise wiederholen, um aus der Vergangenheit für die Lösung zukünftiger Probleme zu lernen. Erst dann können z.B. die früher erfolgreichen oder falschen Lösungsmuster wieder erneut angewandt oder verworfen werden. In diesem Anwendungsfall ist aber sicherzustellen, dass eine hohe Vergleichbarkeit besteht, was einen fundierten Informationsgewinnungsprozess des „Analogiebildners" verlangt.

Der Input an Informationen ist besonders auch im Hinblick auf die Historie sehr hoch. Der damit verbundene Aufwand der Informationsgewinnung wird jedoch in der Praxis häufig nicht betrieben, weshalb es sich oft um Ad-hoc-Analogien handelt, die unmittelbar Gegenargumente provozieren. Sowohl gegenüber der historischen Analogiebildung als auch gegenüber der analogiebildenden Person („Analogiebildner") werden u.a. Vorwürfe erhoben, wonach die „Geschichte falsch interpretiert" würde, „das Früher mit dem Jetzt nicht vergleichbar" wäre und/oder „die falschen Lehren aus der Vergangenheit" gezogen würden. Trotz dieser durchaus begründeten Einschränkungen macht die Praxis – bewusst und/oder unbewusst – von dieser Methode Gebrauch. In der Vergangenheit bewährte Handlungsmuster werden wiederholt, Lebenszyklen alter Produkte werden als Maßstäbe für die neuen Produkte herangezogen usw. In diesem Zusammenhang ist auch ein Vorteil dieses Verfahrens zu sehen, weil die Analogiebildung für die Gewinnung von – bereits bewährten – Alternativen nutzbar ist. Besteht daher ein Mangel an Alternativen zur Lösung von Problemen, so erweist sich „das Fragen der Geschichte" als sinnvoller Alternativengenerator.

6.4 Instrumente zur Berücksichtigung der Ungewissheit

Unternehmensführung ist stets in die Zukunft gerichtet. Obwohl mit Prognosen versucht wird, die Planung auf „sichere Beine" zu stellen, bleibt sie immer unsicher und risikobehaftet. **Unsicherheit** liegt vor, wenn z.B. mehrere Wirkungen oder Umweltbedingungen möglich sind, über deren Eintritt aber keine oder nur unvollkommene Informationen existieren. Sind hierüber Eintrittswahrscheinlichkeiten bekannt, dann liegt **Risiko** vor. Unsicherheit und Risiko werden häufig durch den Oberbegriff **Ungewissheit** zusammengefasst.

Für die praktische Handhabung von Unsicherheit und Risiko gibt es verschiedene Möglichkeiten:

(1) Typische praktische Verhaltensmuster:

Die Reduzierung von Ungewissheit wird zunächst durch den Einsatz typischer Praktikermethoden versucht:

- Eine Möglichkeit liegt in der Verbesserung des Informationsstandes. Sie setzt aber voraus, dass die Richtung der Informationssuche bestimmt werden kann und der Aufwand der Informationsgewinnung gerechtfertigt ist. Ob durch dieses Vorgehen die Ungewissheit wirklich gesenkt werden kann, ist nur im Einzelfall entscheidbar.

- Die zeitliche Verzögerung ist eine weitere typische Vorgehensweise. Sie tritt meist gemeinsam mit dem Versuch der Verbesserung des Informationsstandes auf. Auch sie löst Kosten aus. Während bei der zusätzlichen

Informationssuche Kosten der Informationsgewinnung auftreten, entstehen bei der zeitlichen Verzögerung so genannte „Opportunitätskosten des Zögerns" – die Reaktionszeit des Planers bzw. des Prognostikers wird immer weiter reduziert und Handlungsunfähigkeit provoziert. Häufig muss das Argument der Gewinnung eines besseren Informationsstandes als rechtfertigendes Alibi für handlungsunfähiges Management herhalten (vgl. dazu auch Punkt IV.1.1).

- Eine weitere Möglichkeit besteht in der Kenntlichmachung der Ungewissheit. Hierbei wird explizit auf die Beseitigung der Ungewissheit verzichtet. Es wird lediglich versucht, den Einfluss von Unsicherheit und Risiko auf die Planung und Prognose deutlich herauszuarbeiten, um damit mehr Sensibilität für die Entscheidungssituation zu gewinnen. Dies ist auch der Ansatzpunkt von Sensitivitäts- und Risikoanalysen.

(2) Sensitivitätsanalyse:

Mit Hilfe der Sensitivitätsanalyse lassen sich die Auswirkungen von Änderungen u.a. auf Prognoseergebnisse aufzeigen. Sie legen offen, wie empfindlich bzw. sensibel eine abhängige Variable (z.B. Prognoseergebnis, Planungsgröße) auf Datenänderungen reagiert.

In Anlehnung an das Beispiel 2 zur Wirkungsprognose (vgl. oben, Punkt II.6.2) soll dies verdeutlicht werden. Dort wurde bei der Alternative 2 unterstellt, dass eine Quote von 25 Prozent der Belegschaft von einer freiwilligen Reduzierung der individuellen Arbeitszeit von 36 auf 30 Stunden Gebrauch macht. In diesem Zusammenhang ist es z.B. plausibel, dass diese Quote von der steuerlichen Entwicklung abhängt. Je höher der Grenzsteuersatz, desto höher sind die Anreize für die Mitarbeiter, ihre Arbeitszeit zu senken, weil der Nettoanteil der „Grenzarbeitsstunden" immer mehr sinkt. Wird demgegenüber der Grenzsteuersatz immer mehr reduziert, steigt der Anreiz zur Erhöhung der individuellen Arbeitszeit bzw. der Anreiz, weiterhin auf einem Niveau von 36 Stunden (u.U. sogar darüber) zu arbeiten. Die obige Quote reagiert daher sensibel auf den Grenzsteuersatz. Damit kann die Quote als Funktion des Grenzsteuersatzes ausgedrückt werden. Bild 58 skizziert diesen Zusammenhang anhand einer fiktiven „Quotenfunktion":

Voraussetzungen zielorientierter Unternehmensführung

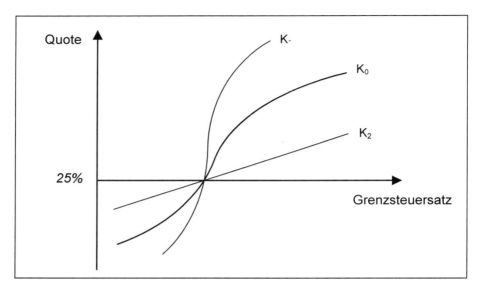

Bild 58: Beispiel eines Sensitivitätsdiagramms

Je steiler die Kurve verläuft (K_1), desto sensibler reagiert die Quote auf eine Veränderung des Grenzsteuersatzes (und umgekehrt, vgl. K_2).

Die Sensitivitätsanalyse liefert vor allem dann einen guten Einblick in die Unsicherheitsstruktur, wenn eine Ergebnisgröße (im Beispiel die Quote) von einem dominanten Einflussfaktor abhängt. Allerdings werden insbesondere Prognoseergebnisse meist von mehreren Größen gleichzeitig beeinflusst (im Beispiel neben dem Grenzsteuersatz auch von den individuellen Verhältnissen, der Preissteigerung, der Möglichkeit einer Zweitbeschäftigung nachgehen zu können usw.). Liegen daher mehrere dominante Einflussgrößen vor, könnten mehrere Sensitivitätsanalysen durchgeführt werden, um eine höhere Sensibilität für die Abhängigkeit des Prognoseergebnisses zu erhalten.

(3) Risikoanalyse:

Aussagen über die Wahrscheinlichkeit, dass ein Prognoseergebnis in der Zukunft tatsächlich eintritt, sind mit der Sensitivitätsanalyse nicht möglich. An diesem Problem setzt die Risikoanalyse an. Sie ist jedoch ein sehr komplexes Verfahren, weil (objektive oder subjektive) Wahrscheinlichkeiten für den Eintritt von Umweltzuständen und die Wirkungen von Einflussfaktoren ermittelt werden müssen, um letztlich eine Eintrittswahrscheinlichkeit für ein Prognoseergebnis zu errechnen. Häufig scheitert der praktische Einsatz der Risikoanalyse an diesem Problem. Das Bild 59 zeigt ein Wahrscheinlichkeitsdiagramm, wie es für eine Risikoanalyse in Anlehnung an das oben ausgeführte Beispiel denkbar wäre:

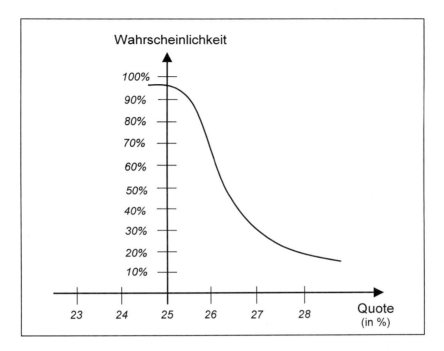

Bild 59: Beispiel eines Wahrscheinlichkeitsdiagramms (Risikoanalyse)

Das Risikodiagramm zeigt, mit welchen Wahrscheinlichkeiten welche Quoten erreicht werden.

III Controlling-Instrumente für die Unternehmensführung

1 Überblick

Bild 60 gibt einen Überblick über die in diesem Kapitel dargestellten (strategischen) Controlling-Instrumente.

```
- klassische Instrumente
    -- empirisch fundierte
        --- Preispolitische Spielräume
        --- PIMS
        --- Erfahrungskurvenkonzept
        --- Produkt-Lebenszyklus-Modell
    -- methodisch-konzeptionelle
        --- Mehrfach ergänzte Gap-Analyse
        --- Portfolio-Methode
        --- Programmanalyse

- neuere („moderne") Instrumente
    -- Wertkettenlandkarte
    -- Wertschöpfungsstrukturanalyse
    -- Ergebniskennlinie
    -- Präferenzmethode
    -- Conjoint-Analyse
    -- Target Costing
    -- Quality Function Deployment
    -- Success Resource Deployment
    -- Benchmarking
    -- Balanced Scorecard
```

Bild 60: Überblick über (strategische) Controlling-Instrumente

Ein Überblick über die heterogene Landschaft der Controlling-Instrumente kann letztlich nie vollständig sein. Insofern sei dem Autor zugestanden, dass er subjektiv gefärbte Präferenzen setzt sowie „nur" eine **überschaubare Zahl** und eine verkürzte Liste an ausgewählten Instrumenten präsentiert. Außerdem könnte intensiv diskutiert werden, welche Instrumente als strategisch und welche „lediglich" als taktisch oder operativ zu bezeichnen sind. An anderer Stelle hat der Autor aber erkennen müssen, dass solche Diskussionen insbesondere auch für die Praxis wenig fruchtbar sind. Eine strikte Zuordnung von Instrumenten auf bestimmte Ebenen würde ferner den beschriebenen **Controlling-Determinismen** (vgl. dazu Punkt I.7) Vorschub leisten.

Daneben ist die eindeutige Zuordnung zu „klassisch" und „neu" bzw. „modern" sicherlich nie möglich – und zwangsläufig vermutlich auch nicht sinnvoll. So sind die klassischen Instrumente durch Ergänzungen aktualisierbar. Außerdem können sie herangezogen werden, um sehr aktuelle Phänomene zu untersuchen (z.B. die Portfolio-Methode zur Ableitung von Make-or-Buy- bzw. In- und Outsourcing-Entscheidungen).

Auch über die Frage, ob die hier als „neu" bezeichneten Instrumente wirklich noch so neu sind, lässt sich sicherlich ausgiebig diskutieren. So wird zwar beispielsweise die Ergebniskennlinie in der einschlägigen Controlling-Literatur kaum aufgeführt, weshalb man sie als neuartig bezeichnen könnte. Auf der anderen Seite kommt dieses Instrument aber zum Beispiel bei der Siemens AG sowohl im zentralen Berichtssystem als auch bei internen Revisionen schon seit vielen Jahren zum Einsatz und gehört zu den typischen Instrumenten der dortigen Controller. In seiner Praxiszeit bei der Siemens AG hat sie der Autor selbst – sowohl im Consulting als auch im Zentralcontrolling – zum Einsatz gebracht.

Unter den „neueren Instrumenten" befinden sich vor allem auch solche, die zur Stärkung der markt- und kundengerechten Auslegung von Produkten beitragen können (Präferenzmethode, Conjoint-Analyse, Target Costing, Quality Function Deployment). Damit soll der steigenden unternehmensstrategischen Bedeutung der **Kunden- und Marktorientierung** entsprochen werden. Sie haben zwar vereinzelt schon eine längere „Tradition" (z.B. Conjoint-Analyse, Target Costing), rücken aber heute aufgrund des Erfordernisses der Stärkung des Markt- und Kundenbezugs von Unternehmen wieder zunehmend in den Mittelpunkt des Managementinteresses.

Durch verschiedene Ergänzungen kann das Target Costing, das letztlich nur im Kostenwettbewerb zum Einsatz kommt, Richtung Quality-Function-Deployment weiterentwickelt werden. Unternehmen können es sowohl im Kosten- als auch im Qualitätswettbewerb einsetzen. Beide Instrumente – und damit auch das Quality Function Deployment – sehen sich jedoch begrenzten Anwendungsbereichen gegenüber. Sie werden derzeit meist „nur" für die Planung und Entwicklung von (industriell gefertigten) Produkten herangezogen und weisen gewisse Anwendungsprobleme auf. Das auf dem Quality Function Deployment aufbauende Success Resource Deployment kann in der Praxis helfen, diese Begrenzungen und Probleme zu überwinden und zu kompensieren. Success Resource Deployment ist ein höchst flexibel und operativ wie strategisch einsetzbares Controlling-Instrument für die Unternehmensführung, -entwicklung und -beratung. Es blickt erst auf eine rund zehnjährige Geschichte zurück und weist bislang in Forschung, Lehre und Praxis – etwa im Vergleich zum Target Costing oder zur Portfolio-Methode – nur eine geringe Diffusion auf. Daher ist es durchaus berechtigt, von einem neuen bzw. modernen Instrument zu sprechen. Die Hintereinanderschaltung von Target Costing, Quality Function Deployment und Success Resource Deployment zeigt dadurch in gewisser Weise nicht nur die **genetische Dimension von Controlling-Instrumenten**, sondern ebenso die Ablösung von „guten" durch „bessere" und von „besseren" durch „überlegene" Controlling-Instrumente für die Führung von Unternehmen.

Bei der Darstellung der Instrumente erfolgt zunächst jeweils meist eine allgemeine und globale **Instrumentencharakterisierung** („allgemeine Kennzeichnung"), bevor differenziertere Beschreibungen und (praktische) **Fallbeispiele** geboten werden. Die Beispiele rekrutieren sich in vielen Fällen aus Praxisprojekten des Kompetenzzentrums für Unternehmensentwicklung und -beratung (KUBE e.V.) und/oder des Autors. Darüber hinaus werden in Kapitel IV, das sich der strategischen Umsetzung widmet, für punktuell ausgewählte Instrumente **Umsetzungshilfen** in Form von projektorientierten Ablaufplänen hinterlegt. Die praktischen Fallbeispiele und Umsetzungshilfen sollen vor allem zur Veranschaulichung der Instrumente beitragen und den **Transfer der Instrumente in die betriebliche Praxis** fördern („von der Praxis für die Praxis"; vgl. dazu auch die verschiedenen Projekt- und Studienberichte unter der KUBE-Internetseite www.kube-ev.de).

Was bei der Darstellung der einzelnen Instrumente nicht mehr explizit herausgestellt wird, betrifft die Tatsache, dass es sich auf der Basis einer übergeordneten Abstraktionsstufe letztlich meist um kombinierte Umwelt- und Unternehmensanalysen, also um **spezielle Ausprägungen von SWOT-Analysen**, handelt (vgl. Kapitel II. 3). Dies sei exemplarisch anhand des später genauer beschriebenen **Produkt-Markt-Portfolios von McKinsey** kurz angedeutet. Das McKinsey-Portfolio basiert für die Positionierung von strategischen Geschäftsbereichen auf den Grunddimensionen (relative) Ressourcenstärke und Marktattraktivität. Die Marktattraktivität ist der Umweltanalyse (OT-Komponente – Opportunities, Threats) zuzuordnen; die (relative) Ressourcenstärke ist Resultat des Vergleichs der eigenen Ressourcen (Unternehmen) mit denen der Wettbewerber (Umwelt), woraus sich Stärken und Schwächen ableiten lassen (SW-Komponente – Strength, Weaknesses). SWOT-analytisch betrachtet werden demnach im McKinsey-Portfolio Geschäftseinheiten anhand ihrer Stärken-Schwächen- und Gelegenheiten-Gefahren-Position sortiert und darauf aufbauend (Norm-) Strategien gewonnen.

Schließlich werden **Probleme, Gefahren und Schwächen der einzelnen Instrumente** diskutiert. Controller, Unternehmens- und Geschäftsentwickler und -berater sollen hierdurch in die Lage kommen, „ihre Werkzeuge" bzw. die Werkzeuge anderer Instrumentenanwender (z.B. externe Unternehmensberater, neu in das Unternehmen wechselnde Manager), von denen sie als Beteiligter und/oder Betroffener bisweilen sowohl negativ als auch positiv tangiert werden können, immer auch aus einer kritischen Perspektive zu beleuchten.

Controlling-Instrumente für die Unternehmensführung

Dies ist auch eine wichtige Voraussetzung für das „virtuose Controlling" (vgl. Punkt I.7). Insofern müssen sie nicht selten sich selbst und ihre Unternehmen vor „falschen" und „weniger tragfähigen" Controlling-Instrumenten bewahren.

An dieser Stelle ergeben sich **zahlreiche Anknüpfungspunkte zur postmodernen Philosophie** (Kapitel I, Abschnitt 2). Die Darbietung von Anwendungsproblemen, Stärken und Schwächen sowie die instrumentenspezifische Kritik führen zur Relativierung und zur **dekonstruktiven Entzauberung** der dargebotenen Instrumente und Methoden – aber auch ihrer Promotoren in Wissenschaft, Lehre und Praxis. Jedes Instrument und jeder Instrumentendarsteller und -anwender erzählt seine Geschichte, und bei der praktischen Anwendung im Unternehmen erzählen sie entlang der Logiken der Instrumente **Geschichten über Produkte, Funktionen, Geschäfte oder ganze Unternehmen, Märkte oder Konkurrenten**. Ob die Geschichten wahr sind, kann um so eher bezweifelt werden, je weniger das Instrument in der Lage ist, die Vielfalt der Realität einzufangen, je geringer das Instrumenten- und Methoden-Know-how des Anwenders ausgeprägt ist, und je opportunistischer der Anwender (z.B. bei der Verfolgung seiner eigenen Ziele) vorgeht. Was die **Mächtigkeit der Instrumente** angeht, die Realität abzubilden, so fußt beispielsweise das BCG-Portfolio auf weit weniger Informationen über die Realität als das McKinsey-Portfolio. Aber auch das McKinsey-Portfolio kann die Realität nur partiell einfangen. Daher ist der Praxis nicht nur anzuraten, von „mächtigen" Instrumenten (z.B Success Resource Deployment), sondern überdies von (vielen) zusätzlichen und sich ergänzenden Instrumenten Gebrauch zu machen (z.B. Wertschöpfungsstrukturanalysen, Ergebniskennlinien).

Ganz im Sinne der postmodernen Philosophie ist vor diesem Hintergrund einer **Instrumenten-Vielfalt** („Heterogenität", „Heterodoxie") gegenüber einer starrhalsigen **Instrumenten-Einfalt** („Orthodoxie") der Vorzug zu gegeben. Natürlich kann dadurch das latente Problem der ständigen **Relativierung** der Aussagen des einen Instruments durch die Aussagen des anderen Instruments entstehen. Durch plurale Instrumentenanwendung sind neben diesen Wahrheitsdivergenzen aber auch Wahrheitskonvergenzen zu erwarten, und dem, was tatsächlich „ist", sein kann und soll, kann sich das Management so in Verbindung mit unternehmerischer Intuition schrittweise annähern – auch wenn sich die Realität in ihrer Vielfalt nie (instrumentell-methodisch) ganz erschließen lässt. Insofern ergibt sich daraus wiederum ein **Plädoyer für einen beschränkten Voluntarismus**, selbst wenn dies im Einzelfall in der Unternehmenspraxis kaum mehr als das von Lindblom gezeichnete Bild des „muddling through" darstellt.

2 Preispolitische Spielräume

Besonders in Käufermärkten beeinflussen nicht nur die Preise, sondern vor allem auch die spezifischen Ausgestaltungen zentraler und peripherer Produkteigenschaften die Kaufentscheidungen von Kunden. Dieser Erkenntnis können sich Anbieter von Produkten bei ihrer Preisgestaltung bedienen. Sie können versuchen, ihre Produkte aus der Sicht potenzieller Käufer durch die gezielte Ausgestaltung von Produkteigenschaften von denen ihrer Konkurrenz abzuheben (Generierung von Differenzierungsvorteilen). Ziel einer derartigen **Differenzierungsstrategie** ist die Erreichung einer (temporären) monopolartigen Stellung am Markt.

Wird der Preis oder eine der Produkteigenschaften innerhalb bestimmter (enger) Grenzen variiert, so lässt sich empirisch nachweisen, dass die Käufer auf der Seite der nachgefragten Menge darauf entweder überhaupt nicht oder nur unwesentlich reagieren. In einem solchen Fall liegt eine **„Unempfindlichkeit der Nachfrage"** vor. Vor allem bei Preisvariationen differenter Produkte sind die Reaktionen der Käufer auf Preisänderungen innerhalb bestimmter Grenzen eher schwach. Die zu erwartenden (Mengen-) Änderungen werden durch die Ausprägungen bei den übrigen Produkteigenschaften „gedämpft". Wird jedoch die Preisänderung über bestimmte Grenzen hinaus vorangetrieben, dann ergibt sich eine starke Mengenfluktuation.

Bild 61 zeigt diesen grundsätzlichen Zusammenhang für einen Anbieter, der in einem Markt mit anderen Anbietern ähnlicher Produkte in Konkurrenz steht (z.B. Meffert). Sukzessive variiert er den Preis:

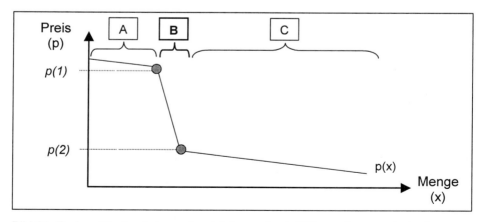

Bild 61: Preispolitische Autonomiespielräume durch Differenzierungsstrategien

Erklärung:

Phase A: Erhöht der betrachtete Anbieter den Preis für sein Produkt geringfügig über den Preis *p(1)*, so wandern selbst Stammkunden teilweise zur Konkurrenz ab oder unterlassen es überhaupt, das Produkt zu kaufen. In welchem Umfang die Kunden abwandern, hängt u.a. von ihrer Marktübersicht ab. Auf jeden Fall verlieren die aufgrund von qualitativen Merkmalen bestehenden Präferenzen der Kunden ihre bindende Wirkung. Eine marginale Preisänderung nach oben bewirkt in diesem Fall eine sehr hohe Mengenwirkung (Mengenreduzierung).

Phase C: Senkt der betrachtete Anbieter den Preis für sein Produkt geringfügig unter den Preis *p(2)*, so wird seine Preisgestaltung so interessant, dass er viele Kunden anderer Anbieter auf sich ziehen und möglicherweise sogar latente Käuferschichten zusätzlich hinzugewinnen kann. Eine marginale Preisänderung nach unten bewirkt in diesem Fall wieder eine sehr hohe Mengenwirkung (Mengenausweitung).

Phase B: Eine Preisvariation zwischen den Preisen *p(1)* und *p(2)* ruft regelmäßig nur eine schwache (Mengen-) Reaktion bei den Käufern hervor. Die Wirkungen der spezifischen Produkteigenschaften sind in diesem Bereich für die Trägheit der Mengenveränderung verantwortlich. Daher werden nur wenige Kunden bei Preiserhöhungen zur Konkurrenz abwandern. In diesem Abschnitt liegt aus der Sicht des Anbieters ein quasi „monopolistisches Intervall" vor. Der Anbieter kann wie ein Monopolist den Preis setzen, ohne größere Mengenveränderungen zu befürchten. In diesem Bereich wird folglich bei einer Preiserhöhung die durch den Mengeneffekt hervorgerufene Umsatzeinbuße durch den Preiseffekt überkompensiert. Für die Preisgestaltung sollte diese Situation offensiv genutzt werden.

Selbst wenn sich in der Praxis solche individuellen Preis-Absatz-Funktionen nur schwer bestimmen lassen, und sie wegen der ständigen Veränderungen der Präferenzen und Käufergewohnheiten im Zeitablauf instabil sind, lassen sie sich empirisch nachweisen und werden faktisch als Autonomiespielräume für eine aktive Preispolitik der Unternehmen genutzt (z.B. Meffert). Instrumentell kommt man durch die Anwendung der Conjoint-Analyse in die Lage, derartige preispolitische Intervalle zu bestimmen (vgl. dazu Punkt III.13).

Allgemein ist der preispolitische Autonomiespielraum um so breiter, je heterogener die Produkte von den Kunden wahrgenommen werden bzw. je geringer die Substitutionsgrade zwischen den Produkten sind und um so unvollständiger die Markttransparenz auf Kundenseite ist.

3 PIMS

3.1 Allgemeine Kennzeichnung

Das PIMS-Konzept (Profit Impact of Market Strategies) wurde bei General Electric in den 70er Jahren entwickelt. Ab Mitte der 80er Jahre führte es das amerikanische **S**trategic **P**lanning **I**nstitute fort (SPI, Sitz in Cambridge, Mass.). Aus Gründen des Mangels an Teilnehmern stellte man das PIMS-Projekt 1999 dort ein. Für das strategische Management handelte es sich um einen Meilenstein, und das gesammelte empirische Material ist als einmalig zu bezeichnen. Seine Wirkungen bis in das Top-Management halten bis heute an. PIMS basierte auf einer branchenübergreifenden Studie über den Erfolg von strategischen Geschäftseinheiten von Unternehmen (Schoeffler, Schoeffler u.a.). In Datenbanken speicherte man hierfür jeweils aktualisierte Daten von über 3.000 Geschäftseinheiten aus bis zu 450 Unternehmen. Pro Geschäftseinheit lagen ca. 200 quantifizierbare Daten vor. Die Daten und Ergebnisse standen unter Wahrung der Anonymität der Mitgliedsfirmen in Form von Reports und individuellen Analysen zur Verfügung. Beim PIMS-Programm handelte es sich um ein breit angelegtes und empirisch fundiertes **Forschungs- und Beratungskonzept** mit dem Ziel, besonders den Mitgliedern (aber auch der Öffentlichkeit) erfolgsbegründende Erkenntnisse bereitzustellen. Inzwischen führt das Managementzentrum St. Gallen PIMS fort.

3.2. Aussagen

Das SPI konnte 37 Faktoren identifizieren, die 70 bis 80 Prozent der Varianz des **Return on Investment** (ROI) erklären (zu Beispielen vgl. Bild 62).

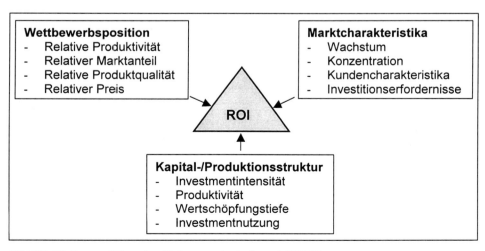

Bild 62: Einflussgrößen des Return on Investment (PIMS)

Controlling-Instrumente für die Unternehmensführung

Von allen Faktoren im PIMS-Programm haben der relative Marktanteil (RMA), die Investmentintensität und die relative Produktqualität einen starken positiven Einfluss auf den ROI. Dabei liegen folgende Definitionen zugrunde:

(1) Relativer Marktanteil (RMA): eigener Marktanteil in Relation zum Marktanteil des Konkurrenten mit dem höchsten Marktanteil (in den für PIMS-Veröffentlichungen typischen Kreuztabellen wird der RMA jedoch meist als Quotient aus dem unternehmensspezifischen SGE-Marktanteil und der Summe der Marktanteile der drei größten Anbieter definiert, vgl. dazu u.a. Schoeffler, Dunst).

(2) Investmentintensität: Anlagevermögen (auf der Grundlage von Buchwerten) zuzüglich „working capital" (Umlaufvermögen minus kurzfristige Verbindlichkeiten) im Verhältnis zum Umsatz.

(3) Relative Produktqualität: Qualität gemessen an der Qualität der Konkurrenten (konkret bei PIMS: Umsatzanteil von Produkten mit eindeutig besserer Qualität im Vergleich zur Konkurrenz minus Umsatzanteil der Produkte mit schlechterer Qualität als die Konkurrenz).

Der relative Marktanteil (RMA) erklärt allein zwischen 12 und 20 Prozent der ROI-Varianz (je nach zugrundeliegender Untersuchung); die Investmentintensität ca. 15 Prozent und die relative Produktqualität ca. 10 Prozent.

Die Ergebnisse der PIMS-Studien werden i.d.R. in so genannten **Kreuztabellen** veröffentlicht. Aus ihnen sind die Wechselwirkungen unterschiedlicher Erklärungsvariablen auf den ROI entnehmbar, wodurch ein (scheinbar) differenzierter Einblick ermöglicht wird. Bild 63 zeigt ein solches Beispiel für den relativen Marktanteil (RMA) und die Unternehmensgröße.

Unternehmensgröße in Mio $ Umsatz		RMA niedrig 25%	RMA mittel 54%	RMA hoch
klein		$12^{*)}$	12	22
	750			
mittel		5	15	23
	1500			
groß		14	17	33

$^{*)}$ ROI jeweils in %

Bild 63: ROI in Abhängigkeit des RMA und der Unternehmensgröße (PIMS)

Die in Bild 64 dargestellte Kreuztabelle zeigt den Zusammenhang zwischen dem Ausmaß der vertikalen Integration, dem Marktwachstum und dem ROI.

	Vertikale Integration (Wertschöpfung in % vom Umsatz)		
	niedrig 52%	mittel 69%	hoch
Marktwachstumsrate niedrig	15*)	8	19
5,8%			
Marktwachstumsrate mittel	13	19	14
8,8%			
Marktwachstumsrate hoch	24	17	20

*) ROI jeweils in %

Bild 64: ROI in Abhängigkeit von Marktwachstum und vertikaler Integration (PIMS)

Das PIMS-Programm ist nicht frei von Mängeln. **Kritik** gibt es z.B. an der unzureichenden Transparenz bzw. der Schwierigkeit der adäquaten Einschätzung der empirischen Ergebnisse, da detaillierte statistische Resultate nicht veröffentlicht werden. Außerdem beziehen sich die Kritikpunkte vor allem auf die empirische Basis und methodische Aspekte. Vielfach wird vermutet, dass in der Datenbank des SPI sowohl große Unternehmen als auch amerikanische Unternehmen überrepräsentiert sind. Die Übertragbarkeit der Ergebnisse auf kleinere und mittlere sowie außeramerikanische Unternehmen ist daher sehr problematisch. Auch die Grenzen der in den Kreuztabellen offerierten Felder (z.B. oben bei den Wachstumsraten von 5,8 und 8,8 Prozent bzw. bei dem Integrationsgrad von 52 und 69 Prozent) werden meist nicht näher erklärt. Gerade Sensibilitätsanalysen, die darüber Aufschluss geben, wie sensibel der ROI auf andere Abgrenzungen reagiert, wären an dieser Stelle interessant. Darüber hinaus stellen empirisch ermittelte und die häufig unterstellten Korrelationen keine gesetzmäßigen Kausalitäten dar. Vielfach wird daneben auf die mangelnde Berücksichtigung von Wechselwirkungen zwischen den verschiedenen Variablen sowie die permanente Durchschnittsbildung aufmerksam gemacht. Schließlich besteht ein weiteres zentrales Defizit in der weitgehenden Beschränkung auf den Return on Investment als Erfolgsindikator. Besonders für junge, innovative und in der Gründungsphase befindliche Unternehmen dürfte der ROI als Maßstab des Unternehmenserfolgs wenig geeignet sein (zu Erfolgsindikatoren für diese Unternehmen z.B. Laub (a), (b) sowie Picot u.a.).

4 Erfahrungskurvenkonzept

4.1 Allgemeine Kennzeichnung

Empirisch belegt ist auch das Erfahrungskurvenkonzept. Auf der Basis des Lernkurveneffekts ist es mit dem Konzept der Erfahrungskurve möglich, die Entwicklung der Stückkosten (bzw. durchschnittlichen Stückkosten) eines Produkts in Abhängigkeit von der kumulierten produzierten Menge zu beschreiben (Henderson, Wacker).

Der **Lernkurveneffekt** wurde erstmals 1925 bei der Montage von Flugzeugen systematisch beobachtet. Danach sinken bei der (Serien-) Fertigung von Produkten die Fertigungszeiten und folglich die Fertigungslöhne pro erstellter Einheit mit zunehmender Ausbringungsmenge. Dieser Effekt beruht auf Übungseffekten bei den beteiligten Mitarbeitern, aufbau- und ablauforganisatorischen Verbesserungen, der zunehmenden Güte von Routineentscheidungen, ausgefeilteren Arbeitsmethoden und der effizienteren Gestaltung von Betriebsmitteln.

Während der Lernkurveneffekt lediglich von der Verringerung eines Teils der variablen Fertigungsstückkosten eines Produkts ausgeht, umfasst das **Erfahrungskurvenkonzept** alle Funktionen des Unternehmens und erstreckt sich auf sämtliche Kostenarten (neben Produktionskosten z.B. auch auf die Forschungs- und Entwicklungskosten, Vertriebs- und Verwaltungskosten). Es wurde von der Boston Consulting Group in den 60er Jahren im Rahmen von Analysen von Preis- und Kostenentwicklungen bei mehreren amerikanischen Unternehmen entwickelt.

Grundsätzlich besagt das Erfahrungskurvenkonzept, dass bei jeder Verdoppelung der kumulierten Ausbringungsmenge die inflationsbereinigten und auf den eigenen Wertschöpfungsanteil bezogenen Kosten eines Unternehmens (also nach Abzug zugelieferter Teile oder Dienstleistungen) potenziell um 20 bis 30 Prozent sinken.

Für den Erfahrungskurveneffekt sind v.a. die in Bild 65 aufgeführten Faktoren ursächlich:

> (1) Lerneffekt (vgl. oben)
> (2) Kostendegressionen (nicht nur in der Fertigung, sondern auch in Vertrieb, Verwaltung, Forschung und Entwicklung, Logistik)
> (3) Spezialisierung
> (4) Technischer Fortschritt und Prozessinnovationen
> (5) Ersatz teurer Ressourcen durch billigere Ressourcen
> (6) Rationalisierungseffekte (in allen Bereichen eines Unternehmens)
> (7) Standardisierung von Produkten, Komponenten und Bauteilen

Bild 65: Ausgewählte Bestimmungsfaktoren des Erfahrungskurveneffekts

Der Zusammenhang zwischen der Verdoppelung der Ausbringungsmenge und der Kostensenkung stellt sich jedoch nicht automatisch ein, sondern bedarf einer sorgfältigen Planung und Umsetzung. Erst unter diesen Voraussetzungen kann sich das Erfahrungskurvenpotenzial in der Praxis tatsächlich entfalten.

Das erforderliche Mengenwachstum setzt wachsende Märkte und/oder entsprechende Erhöhungen der Marktanteile voraus (besonders bei stagnierenden Märkten; vgl. auch die „Grundformel der Unternehmensstrategie" nach Gälweiler Punkt II.3.2). Hierfür sind Anstrengungen auf Marketing- und Vertriebsseite notwendig; in den Fertigungsbereichen und allen anderen Unternehmensfunktionen müssen Rationalisierungsreserven systematisch erschlossen und aus Fehlern gelernt werden (Fehleranalyse, -dokumentation und -bereinigung).

Die Kostenreduktion kann sowohl innerhalb einer ganzen Branche als auch beim einzelnen Anbieter auftreten. In diesem Zusammenhang sollen die nachfolgenden empirischen Fallbeispiele zunächst aufzeigen, dass Erfahrungskurveneffekte nicht nur für Konsum- und Industriegüter, sondern auch für Dienstleistungen eine hohe Bedeutung aufweisen (Punkt III.4.2). Es gibt mehrere Anwendungsbereiche, in denen die praktische Verfolgung des Erfahrungskurvenkonzepts strategische Optionen eröffnet (Punkt III.4.3). Eine besondere praktische Bedeutung kommt Erfahrungskurveneffekten heute vor dem Hintergrund der Senkung von Fertigungstiefen und der intensiveren Nutzung der Lieferanten als „Wertschöpfungs- und Rationalisierungsreserve" auf dem Sektor der Beschaffung zu (Punkt III.4.4). Daneben kann die exzessive Verfolgung von Erfahrungskurveneffekten aber auch Ursache für Probleme und Gefahren eines Unternehmens sein. Dies wird anhand des amerikanischen Automobilkonzerns Ford gezeigt (Punkt III.4.5).

Controlling-Instrumente für die Unternehmensführung

4.2 Empirische Beispiele

Ausgehend von der erstmaligen systematischen Beobachtung eines sinkenden Montageaufwands pro Flugzeug in den Produktionshallen bei der Wright-Patterson Airforce Base um das Jahr 1925 wurden in den 60er und 70er Jahren vor allem in der elektronischen und chemischen Industrie zahlreiche empirische Studien zu diesem Phänomen durchgeführt.

In Anlehnung an mehrere Studien von Hedley zeigt Bild 66 Fallbeispiele von Kosten-Erfahrungskurven für ein industrielles Kunststoffprodukt, einen materialverarbeitenden Geschäftsbereich, ein elektronisches Bauelement und die Lebensversicherungsbranche (das bei typischen Erfahrungskurven-Darstellungen meist doppelt logarithmische Koordinatensystem soll die konstante Beziehung zwischen „Erfahrung" und „Kosten" stärker zum Ausdruck bringen; vgl. dazu z.B. Dunst, ferner Hauke und Opitz).

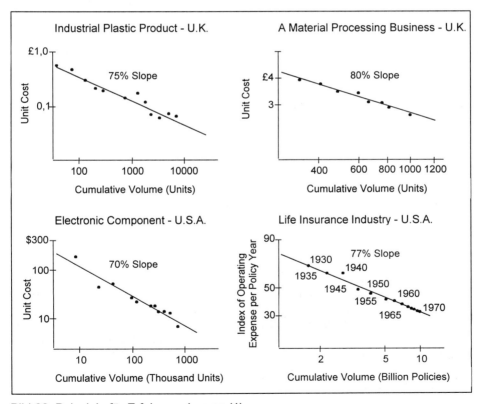

Bild 66: Beispiele für Erfahrungskurven (1)

Bild 67 zeigt auf der Basis der Studien von Hedley weitere empirische Fallbeispiele für elektronische Bauteile, Kalkstein, Silicon-Transistoren (jeweils USA) sowie Schwarz-Weiß-Fernseher (Deutschland), wobei auf der Ordinate statt den Stückkosten die Entwicklung der Preise angegeben ist.

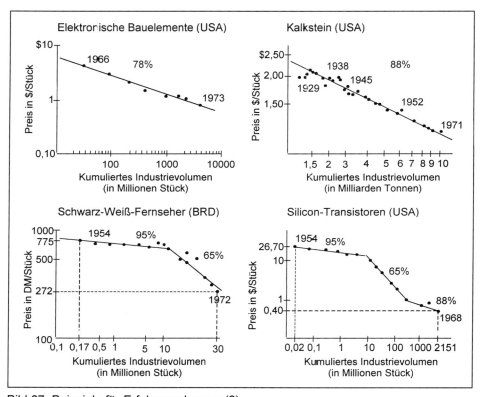

Bild 67: Beispiele für Erfahrungskurven (2)

Aus verständlichen Gründen werden die einzelnen Ergebnisse der empirischen Untersuchungen meist anonymisiert und erst mit einer gewissen zeitlichen Verzögerung an die Öffentlichkeit gebracht. Man muss schließlich bedenken, dass es sich bei den vielfältigen empirischen Mengen- und Preisdaten um wichtige Informationen handelt, die i.d.R. zu den streng gehüteten und strategisch äußerst sensiblen Informationen eines Unternehmens gehören. Aus diesem Grund ist es wenig überraschend, wenn bei den in den Veröffentlichungen dargebotenen Kurven nicht immer die Entwicklung der Stückkosten, sondern die Preisentwicklung pro Stück angegeben wird.

4.3 Erfahrungskurvenkonzept und strategisches Preisverhalten

Eine besondere praktische Bedeutung kommt dem Kosten-Erfahrungskurveneffekt in Verbindung mit der Verfolgung von **Preisstrategien** zu (Henderson, Dunst). Empirische Untersuchungen zeigen in Branchen mit freiem Wettbewerb entlang des kumulierten Produktionsvolumens analog zur Kosten-Erfahrungskurve einen „Preis-Erfahrungskurveneffekt".

Allerdings geben die Preise nicht im gleichen Umfang wie die Kosten nach. Vielmehr unterliegt die Preisgestaltung u.a. den diversen preisstrategischen Manipulationen der beteiligten Konkurrenten. Nach Dunst lassen sich in der Empirie **vier typische Phasen des Preisverhaltens** nachweisen: „Entwicklung", „Preisschirm", „Preiseinbruch" und „Stabilität". Die einzelnen Phasen können von unterschiedlicher Dauer sein; und die Kosten- und Preisveränderungen können unterschiedliche Ausmaße annehmen (Bild 68):

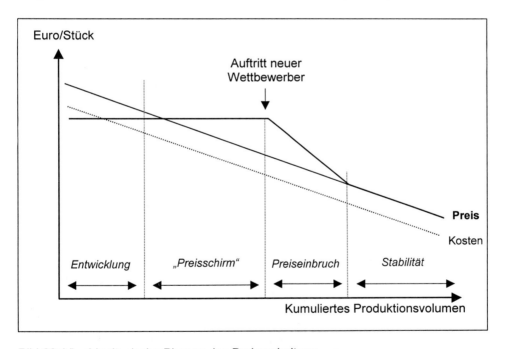

Bild 68: Vier idealtypische Phasen des Preisverhaltens

Erläuterung:

(1) Entwicklung:
Zu Beginn liegen die Stückkosten aufgrund relativ hoher Forschungs- und Entwicklungskosten sowie des Ressourcenaufwands für die Markteinfüh-

rung – so genannte „set-up-costs" – meist höher als der am Markt zu erzielende Preis. Das Unternehmen („first") bietet unter Kosten an (u.U. verfolgt es eine Penetrationsstrategie).

(2) Preisschirm:
Der Preis wird weiterhin auf einem hohen Niveau gehalten. Es wird versucht, die aufgrund der enormen „set-up-costs" entstehenden Anfangsverluste durch eine Hochpreispolitik auszugleichen. Bei ständig fallenden Stückkosten erzielt das Unernehmen dadurch immer höhere Gewinnspannen. Dies lockt jedoch neue Anbieter an („follower"). Sie haben zwar aufgrund des „späteren Startens" höhere Stückkosten, können aber durch den Schutz des bestehenden „Preisschirms" in den Markt eindringen und ihre Marktanteile ausbauen.

(3) Preiseinbruch:
Die laufenden Kapazitätserweiterungen und der verstärkte Wettbewerb in der Branche üben einen Druck auf die Preise aus. Außerdem können die Erstanbieter – die ja aufgrund der bereits erzielten Erfahrungskurveneffekte eine günstigere Ausgangssituation haben – die Preise senken, um die bereits aktiven Folgeanbieter zu schädigen. Gleichzeitig lassen sich hierdurch neue Folgeanbieter vom Marktzutritt abhalten (dies bezeichnet man als so genanntes „markteintrittsverhinderndes Preisverhalten"). Diese Phase kann als Krisenperiode einer Branche interpretiert werden, die von den Marginalproduzenten meist nicht überlebt wird („die follower stehen jetzt außerhalb des Preisschirms im Regen").

(4) Stabilität:
Nach einem Konzentrations- und Reinigungsprozess erreicht die Branche wieder eine stabile Kosten-Preis-Relation. In dieser Phase verlaufen die Preise wieder parallel zu den Kosten.

Das Vier-Phasen-Schema des Preisverhaltens macht auf mehrere aktuelle und praxisrelevante Bedeutungsaspekte aufmerksam. Zunächst ist es vor dem aufgezeigten Hintergrund sehr wichtig, rasch in den Genuss von Erfahrungskurveneffekten zu kommen. Dies erfordert einen möglichst schnellen Markteintritt.

Trotz der damit verbundenen Risiken (hohe F&E-Kosten bei hoher Prozess- und Ergebnisunsicherheit) kommen empirische Studien zu dem Ergebnis, dass „schnelle Starter" (first) meist erfolgreicher sind als die nachfolgenden Unternehmen (follower; zu diesem empirischen Ergebnis vgl. auch Punkt III.5.3). Außerdem sind die gewinnbaren Erfahrungskurveneffekte als strategische Waffe gegen nachfolgende Unternehmen einsetzbar. Sie stellen daher ein nicht zu unterschätzendes strategisches Drohpotenzial dar.

Zu welchem Zeitpunkt der first dieses Potenzial konkret zum Einsatz bringt, bleibt letztlich seinen strategischen Überlegungen vorbehalten. In einem Fall kann es ihm günstiger erscheinen, vom **markteintrittshemmenden Preisverhalten** Gebrauch zu machen. Im anderen Fall kann es günstiger sein, die follower in den Markt eintreten und in Grundstücke, Gebäude und Betriebsmittel investieren zu lassen sowie noch abzuwarten, bis sie Personal eingestellt und die spezifischen und teuren Personalentwicklungsmaßnahmen abgeschlossen haben. Hierdurch wird die **Höhe des Schadens für den follower** bzw. das **Ausmaß der Strafaktion durch den first** nach oben geschraubt. Vielleicht gelingt es dem first dadurch sogar, das vom follower aufgebaute materielle und personelle Investment zu relativ günstigen Konditionen zu übernehmen. Die Brisanz nimmt noch zu, wenn das Investment einen hoch spezifischen Charakter hat und der follower hinsichtlich alternativer Verwendungen ein „Small-Numbers-Problem" aufweist (nur wenige oder keine Käufer für das aufgebaute Equipment). In dieser Situation müsste der follower dem first für die Übernahme des Equipments noch dankbar sein – selbst wenn es sich aus Sicht des followers um sehr ungünstige Übernahmekonditionen und implizite Demütigungen handelt.

Daneben ist zu beachten, dass der first-Anbieter früher als die follower in den Genuss von Rückkoppelungen der Anwender kommt. Dadurch erzielt der first-Anbieter früher als die follower wichtige „Informationsgewinne" für zukünftige Produktverbesserungen und -weiterentwicklungen. Insofern ergeben sich nicht nur durch den früheren Eintritt von Erfahrungskurveneffekten günstige Wirkungen für die Kostenposition, was **Vorteile im Kostenwettbewerb** bringt. Denn neben diesem **quantitativen Erfahrungskurveneffekt** ist **mit qualitativen Erfahrungskurveneffekten** zu rechnen. So werden sich durch den früheren Gewinn von Marktrückkoppelungen (z.B. Anwenderinformationen über Produktweiter- und -fortentwicklungen sowie -komplettierungen) **Vorteile im Qualitäts- und Innovationswettbewerb** einstellen (vgl. dazu auch „customer-active-innovation-effects", Punkt III.5.5).

Mit der zunehmenden Verkürzung von Produktlebenszyklen ist schließlich davon auszugehen, dass die in Bild 68 beschriebenen Phasen immer schneller durchlaufen werden. Damit wird insbesondere die Phase des Preiseinbruchs immer früher erreicht.

Außerdem verkürzen sich die „Restlaufdauern der Produktlebenszyklen". Dadurch bleibt für die follower immer weniger Zeit, die Erfahrungskurveneffekte des first noch einzuholen. In der Praxis läuft dies häufig auf die These hinaus „nur der Erstanbieter macht noch Gewinne, der Zweitanbieter geht leer aus, die Folgeanbieter schreiben bereits Verluste" (so Kaske, ehemals Vorstandsvorsitzender der Siemens AG).

Am Beispiel von Siemens zeigt Schwarzer die Folgen eines verzögerten Markteintritts einer Sparte der Mikroelektronik (Bild 69):

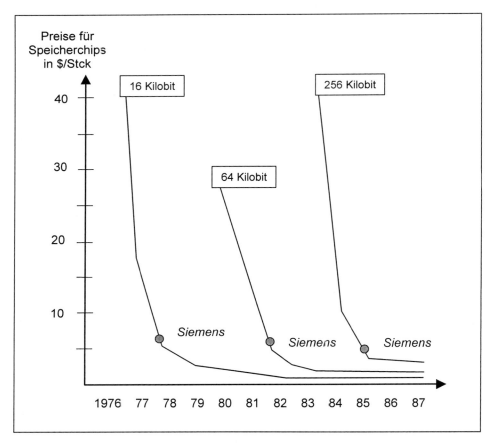

Bild 69: Beispiel für Preisverfälle in Verbindung mit spätem Markteintritt

4.4 Erfahrungskurvenkonzept in der Beschaffung

Erfahrungskurveneffekte sind nicht nur im Einzugsbereich des eigenen Unternehmens, sondern darüber hinaus auch für die **zwischenbetriebliche Organisation** und die **Austauschbeziehungen in der Wertkette** von Bedeutung. Dies gilt insbesondere angesichts des beobachtbaren Übergangs zur Reduzierung von Fertigungstiefen im Zuge von Outsourcing-Aktivitäten und der Nutzung der Lieferanten als Rationalisierungsquelle. Hierdurch ergibt sich eine sehr aktuelle Anwendungsvariante des Erfahrungskurvenkonzepts auf dem Sektor des Beschaffungswesens.

Das Erfahrungskurvenkonzept kann dabei in zweifacher Hinsicht Verwendung finden (Bild 70):

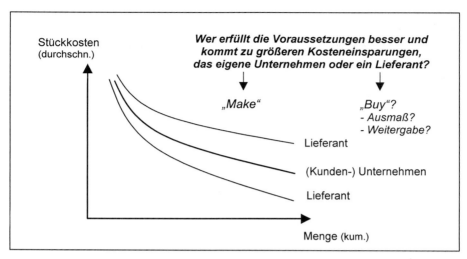

Bild 70: Bedeutung von Erfahrungskurveneffekten für Make-or-Buy-Entscheidungen

(1) Bei der Entscheidung über **Eigenfertigung oder Fremdbezug** bildet der Erfahrungskurveneffekt ein wichtiges Entscheidungskriterium. Unter diesem Aspekt ist zu fragen, wer größere Erfahrungskurveneffekte erzielt; das eigene (Kunden-) Unternehmen oder ein Lieferant. Ergeben sich im Einzugsbereich eines Lieferanten höhere Erfahrungskurveneffekte, so ist weiterhin zu fragen, ob das (Kunden-) Unternehmen ihrer habhaft wird bzw. ob und inwieweit der Lieferant diese Erfahrungskurveneffekte an seinen Kunden weiter gibt.

(2) Fällt die Wahl auf einen Lieferanten (Fremdbezug), dann ist die Kenntnis eines (Kunden-) Unternehmens über die laufenden Erfahrungskurveneffekte bei diesem Zulieferer äußerst bedeutsam, um sich für die sich möglicherweise anschließende **Preisverhandlungen** mit dem Lieferanten eine günstige argumentative Ausgangsposition zu verschaffen.

In Bild 71 sind jeweils beispielhaft verschiedene Erfahrungskurvensituationen für die Kosten des Lieferanten (K(buy)) sowie die Eigenerstellungskosten (K(make)) und die Preisverläufe (P(buy)) für das (Kunden-) Unternehmen bei Fremdbezug vereinfacht dargestellt (Schneider u.a.):

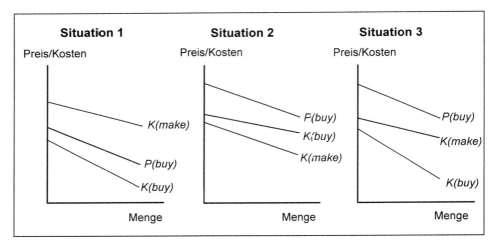

Bild 71: Kosten-Erfahrungskurven und Preisverläufe – Beispiele (1)

Je nach Situation ergeben sich für das Kundenunternehmen im Rahmen von Make-or-Buy-Entscheidungen unterschiedliche Handlungsmöglichkeiten:

Situation 1: Die eigenen Erstellungskosten liegen über dem Preis des Lieferanten und dessen Kosten. In dieser Situation sollte das Kundenunternehmen zu Fremdbezug (buy) übergehen.

Situation 2: Sowohl die Kosten als auch der Preis des Lieferanten liegen über den Eigenerstellungskosten des Kundenunternehmens. Damit liegt die Präferenz auf Eigenfertigung (make).

Situation 3: Der Preis des Lieferanten liegt weit über dessen Kosten, während die Eigenerstellungskosten des Kundenunternehmens zwischen dem Preis und den Kosten des Lieferanten liegen. In dieser Situation sollte das Kundenunternehmen zu verhandeln versuchen, um den Lieferanten zu Preiszugeständnissen in einem Ausmaß zu bewegen, das den buy-Preis unter die make-Kosten drückt. Letztlich ist die Möglichkeit für Preisverhandlungen für den Kunden immer gegeben. In Situation 3 kann jedoch unterstellt werden, dass die Erfolgschancen für den Kunden relativ hoch und die Widerstände des Lieferanten relativ gering sein werden. In Situation 2 müsste der Lieferant beispielsweise weit unter seinen eigenen Erstellungskosten anbieten, um den Kunden zum Fremdbezug zu veranlassen.

Die in Bild 71 beschriebenen Situationen unterstellten, dass sich die Kosten- und Preiskurven nicht kreuzen. In der Praxis kann dies jedoch nicht immer unterstellt werden. Vielmehr sind Fälle denkbar, in denen zwischen den Erfahrungskurven verschiedener Unternehmen enorme Unterschiede bestehen. Die Ursachen können u.a. in der unterschiedlichen Ausbeutung des Erfahrungskurvenpotenzials liegen. Daher sind auch Fälle denkbar, in denen sich die jeweiligen **Preis- und Kostenkurven schneiden**, womit die Komplexität der Make-or-Buy-Entscheidung steigt (Bild 72).

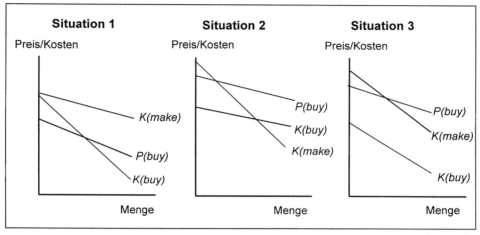

Bild 72: Kosten-Erfahrungskurven und Preisverläufe – Beispiele (2)

Situation 1: Trotz der sich kreuzenden Kurven fällt die Make-or-Buy-Entscheidung eindeutig aus. Zunächst liegt der Preis des Lieferanten unterhalb und dann oberhalb seiner Kosten. Die Absicht des Lieferanten, die sich dahinter verbirgt, könnte im Preisdumping (lock in, Penetrationspreispolitik) und im späteren „Zuschlagen" (Abschöpfungspolitik) liegen.

Situation 2: Die Kurve der Make-Kosten schneidet die Preis- und Kostenkurve des Lieferanten. In dieser Situation kommt es darauf an, auf welchem Mengenniveau der Lieferant arbeitet und welches mengenmäßige Volumen der Auftrag des Kunden hat. Liegt die für den Lieferanten insgesamt erreichbare Menge vor dem Schnittpunkt der Kurven der Make-Kosten und Buy-Preise, dann sollte der Kunde Buy wählen. Liegt die für den Lieferanten insgesamt erreichbare Menge rechts vom Kreuzungspunkt der Kurve für die Make-Kosten des Lieferanten und der Kurve für die Make-Kosten des Kunden, dann sollte der Kunden die Eigenerstellung bevorzugen. Bei einer Menge zwischen diesen Punkten sollte der Kunden mit dem Lieferanten zu verhandeln versuchen. Selbstverständlich kann das Verhandeln immer angeraten werden, allerdings könnte es in dieser Situation besonders sinnvoll sein, weil der Lieferant noch einen vergleichsweise hohen Spielraum für Zugeständnisse hat.

Situation 3: Verhandeln ist auch in dieser Situation anzuraten. Denn die Kurve der Make-Kosten des Kunden schneidet zwar die Kurve der Buy-Preise des Lieferanten. Dieser bietet allerdings weit über seinen eigenen Kosten an. Kennt der Kunde die Erfahrungs- und damit die Kostenkurve des Lieferanten, sollte er auf jeden Fall verhandeln.

Die aufgeführten Beispiele machen deutlich, dass die Erfolge der Wahl zwischen Eigenfertigung und Fremdbezug sowie die Erfolge von Verhandlungen ganz wesentlich von den **Informationsständen über die Erfahrungskurveneffekte** der Beteiligten abhängen. Ebenso wie das Kundenunternehmen über die im Einzugsbereich des Lieferanten gewinnbaren Erfahrungskurveneffekte Kenntnisse haben muss, sollte der Zulieferer Informationen über die Kosten-Erfahrungskurve des Kunden haben. Erst dann ist im Angebots- und Verhandlungsstadium ein kluges Taktieren möglich.

In der Praxis werden Kenntnisse über die Kosten-Erfahrungskurven der Marktpartner häufig nicht oder nur in groben Umrissen vorliegen. Dies bedeutet jedoch nicht, die Konzeption der Erfahrungskurve in diesen Fällen für praktisch untauglich zu erklären. Vielmehr kann z.B. in diesen Situationen ein Kundenunternehmen – ohne tiefgehende Kenntnisse über die Erfahrungskurve des Lieferanten – sowohl im Verhandlungsstadium als auch für die gesamte Belieferungsdauer für den Lieferanten eine Kosten-Erfahrungskurve unterstellen. Diese „Setzung von Erfahrungskurveneffekten" im vorvertraglichen oder durchführenden Stadium kann in der Praxis dazu führen, dass im Zuge der Verhandlungen oder der laufenden Belieferungen eine schrittweise Annäherung an die und letztlich Aufdeckung der „tatsächlichen Erfahrungskurveneffekte" des Lieferanten eintritt.

Die Vorgabe und/oder vertragliche Vereinbarung von Kosten-Erfahrungskurven für die gesamte Belieferungsdauer zwischen den Wertkettenunternehmen ist ebenfalls ein in der Praxis häufig angewandtes Instrument. In zahlreichen Fällen werden gleichzeitig von Kunden- und Lieferantenunternehmen kooperativ bestückte „Kostensenkungsteams" zum Beispiel im Zuge von Target-Costing-Projekten (vgl. dazu Abschnitt 14 in diesem Kapitel) eingesetzt, um gemeinsam die Kosten im Rahmen einer strategischen Wertschöpfungspartnerschaft zu senken (dies ist zum Beispiel aus der Automobilindustrie bekannt). Erzielte Kosteneinsparungen können dabei in einem symmetrischen oder asymmetrischen Profit-Sharing auf Zulieferer und Kundenunternehmen verteilt werden. Dass dabei in der Praxis die Kundenunternehmen oft besser abschneiden als die Lieferanten, ist ein offenes Geheimnis.

4.5 Erfahrungskurvenstrategie am Beispiel von Ford

Ein hervorragendes Beispiel für die **Verfolgung einer ausgeprägten Erfahrungskurvenstrategie** liefern die Untersuchungen von Abernathy und Wayne sowie Wacker über die Entwicklung beim amerikanischen Automobilhersteller Ford in den Jahren 1906 bis 1926.

Obwohl der Erfahrungskurveneffekt zu dieser Zeit noch nicht explizit und systematisch untersucht und fundiert wurde, hat Ford implizit danach gehandelt. An diesem Beispiel lassen sich einerseits die praktischen Vorgehensweisen zur Erzielung von Erfahrungskurveneffekten aufzeigen. Andererseits ergeben sich daraus sowohl Hinweise auf die Chancen als auch auf die Risiken eines solchen Vorgehens. Bild 73 gibt in Anlehnung an Wacker einen vereinfachten Überblick über die Preisentwicklung bei Ford im Zeitraum von 1906 bis 1926:

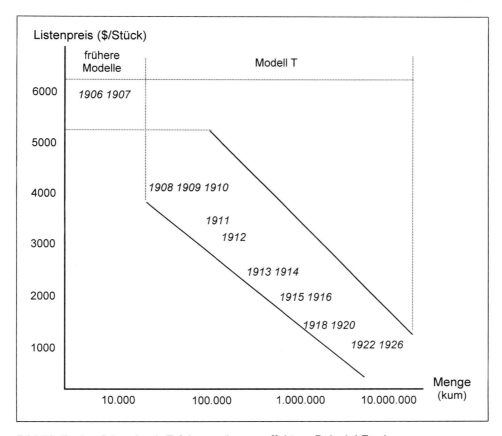

Bild 73: Preiserfolge durch Erfahrungskurveneffekte – Beispiel Ford

Der Preis der Fordmodelle lag in den Jahren 1906/1907 mit ca. 6.000 Dollar sehr hoch. Das Management von Ford forderte ein „günstigeres" Modell („T"), um der breiten Bevölkerung ein preislich „zumutbares" Auto anbieten zu können. Durch die Gewinnung gewaltiger Erfahrungskurveneffekte und ihre (teilweise) Weitergabe an die Kunden konnte schließlich ein Preis von 1.000 Dollar erreicht werden.

Die Erfahrungskurveneffekte konnte Ford nur durch ein ganzes Bündel von Vorgehensweisen erreichen (Bild 74):

- Ausweitung der Marktanteile
- Standardisierung des Modells T
- Standardisierung der Produktion (in Verbindung mit dem Fließprinzip)
- Einstellung ungelernter und „billigerer" Arbeitskräfte
- Integration vorgelagerter Wertschöpfungsstufen (z.B. Glasereien, Webereien, Minen), deren Standardisierung und Ausrichtung auf das Modell T
- Integration nachgelagerter Wertschöpfungsstufen (z.B. Händlernetze, Servicestationen), deren Standardisierung und Ausrichtung auf das Modell T

Bild 74: Vorgehensweise von Ford zur Erzielung von Erfahrungskurveneffekten

Mit den enormen Erfolgen auf der Seite der gewonnenen Erfahrungskurveneffekte stellten sich jedoch im Laufe der Zeit verschiedene und nicht unerhebliche Probleme bei Ford ein. Sie bestanden vor allem in folgenden Punkten (Bild 75):

- starke Spezialisierung und Standardisierung in Verbindung mit hohen Produkt-, Marktaustritts- und -wechselbarrieren
- hohe Fixkosten insbesondere durch die Integration von vor- und nachgelagerten Wertschöpfungsstufen in der Wertkette (wiederum Aufbau von Produkt-, Marktaustritts- und -wechselbarrieren)
- zunehmende Bürokratisierung und organisatorische Inflexibilität
- Einschränkung der Innovationsfähigkeit und Ausbleiben von Innovationen

Bild 75: Gefahren einer exzessiven Verfolgung der Erfahrungskurvenstrategie

Am Ende dieser Entwicklung stand der **Verlust der Marktführerschaft** von Ford an den Konkurrenten General Motors, der auf ein breites und vielfältiges Sortiment setzte.

Das Erfahrungskurvenkonzept kann – insbesondere wenn es exzessiv verfolgt wird – zu den o.g. **Gefahren** führen. Darüber hinaus bestehen mehrere datentechnische **Probleme**. Dazu gehört u.a. die Kostenermittlung und -zurechnung. Sie werden verschärft, wenn die Produktabgrenzung nicht eindeutig vorgenommen werden kann (handelt es sich um Einzelprodukte, Produktklassen, Systeme oder Bauteile?).

Bei der Abschätzung der Kostenposition von Lieferanten und/oder Konkurrenten drängt sich ein weiteres Problem auf. So werden in der Praxis die einzelnen Unternehmen das Potenzial der Erfahrungskurve in unterschiedlicher Intensität ausnutzen (können). Selbst dann, wenn für bestimmte Branchen Erfahrungskurven vorliegen – wie sie oben skizziert wurden –, ist demnach für die jeweiligen Unternehmen in der Praxis mit unterschiedlichen Kostenverläufen zu rechnen.

Schließlich wird zur Abschätzung des Erfahrungskurveneffekts aus Gründen der Praktikabilität häufig auf Preis- und nicht auf Kostendaten aufgebaut. Dies setzt jedoch voraus, dass sich Kosten und Preise entlang der Menge im gleichen Verhältnis verändern, was nicht immer unterstellt werden kann. Bereits die Ausführungen zum strategischen Preisverhalten (Punkt III.4.3) haben gezeigt, dass entlang der kumulierten Ausbringungsmenge oft eine von den Kosten unabhängige Preisstrategie erfolgt. Neben der kostenbestimmten Preisermittlung gibt es viele andere Grundlagen, die besonders im Zuge einer strategisch und marktlich ausgelegten Preisfindung eine Rolle spielen (z.B. Nachfrage- und Konkurrenzverhalten, Kaufkraft der Kunden und Transparenz der Kunden über die Marktverhältnisse). Ferner kennt die Preispolitik im Rahmen des Marketing-Mix von den Kosten weitgehend unabhängige Preisgestaltungsstrategien. Dazu gehören beispielsweise das Penetrations-Pricing, die Prämienpreis-, die Abschöpfungs- und die Promotionspolitik.

5 Produkt-Lebenszyklus-Modell

5.1 Allgemeine Kennzeichnung

Empirische Studien über die Absatz- und Umsatzentwicklung von Produkten zeigen immer wieder ein typisches Verlaufsmuster. Man nennt es den Produkt- oder Markt-Lebenszyklus. Genau betrachtet sollte zwischen **Markt-Lebenszyklus** und **Produkt-Lebenszyklus** unterschieden werden. Denn der Markt-Lebenszyklus erstreckt sich lediglich auf den Zeitraum, in dem das Produkt am Markt angeboten, nachgefragt und abgesetzt wird. Der Produkt-Lebenszyklus beinhaltet dagegen auch den so genannten **Entstehungszyklus** eines Produkts. Er umfasst die einzelnen Phasen, die dem Markt-Zyklus vorgeschaltet sind. Dazu gehören sämtliche Phasen des Forschungs- und Entwicklungsprozesses.

Die Modellen unterstellen meist, dass der Lebenszyklus eines Produktes verschiedene Phasen durchläuft und durch Marktsättigung, Produktveralterung und/oder Substitution durch andere Produkte zeitlich begrenzt ist. Dem idealtypischen Verlauf des Produkt-Lebenszyklus folgen außerdem verschiedene ökonomische Größen (z.B. Umsatz, Cash Flow). Bild 76 zeigt in vereinfachter Form diese Verläufe und die dazugehörigen Phasen.

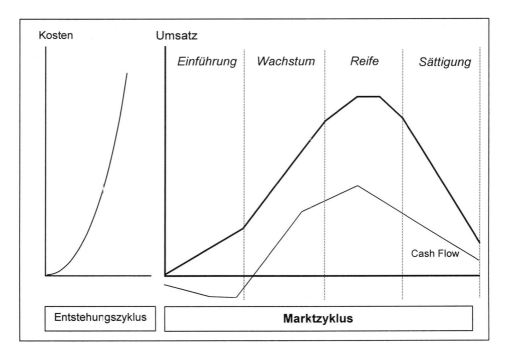

Bild 76: Schematische Darstellung eines Produkt-Lebenszyklus

Controlling-Instrumente für die Unternehmensführung

In der Praxis muss aufgrund der zunehmenden Innovationsdynamik und der damit verbundenen Verkürzung von Markt-Lebenszyklen davon ausgegangen werden, dass der Entstehungszyklus von Produkten u.U. länger als der Markt-Lebenszyklus sein kann.

Darüber hinaus bestimmen die im Entstehungszyklus getroffenen Entscheidungen (z.B. hinsichtlich Design, Konstruktion, Materialvorauswahl, Einbindung der Lieferanten bei der Produktentwicklung) in hohem Umfang den unternehmerischen Spielraum für Aktivitäten im Zuge des nachfolgenden Marktzyklus (z.B. Beschaffung, Marketing-Mix) sowie den Kostenanfall im Produktionsprozess. Daher muss der Entstehungszyklus stets im Blickfeld des Managements bleiben.

Die praktische Verwendung des Lebenszyklus-Konzepts bezieht sich in der Praxis u.a. auf folgende Gebiete (Bild 77):

---

(1) Prognose der Absatzentwicklung eines Produktes
(2) Wahl des absatzpolitischen Instrumentariums
(3) Beurteilung der Erfolgsträchtigkeit eines Produktes
(4) Entscheidung über den Markteintrittszeitpunkt
(5) Planung der finanziellen Ressourcen
(6) Langfristige Produktplanung
(7) Planung der Forschungs- und Entwicklungsaktivitäten
(8) Produktionsprogrammplanung und -gestaltung
(9) Ableitung von Entscheidungen über Make-or-Buy sowie über die Gestaltung von Wertschöpfungsstrukturen
(10) Ableitung der Vertragslaufdauern von Belieferungsverträgen in der Wertkette (z.B. Life-Time-Contracts)

Bild 77: Einsatzgebiete des Lebenszyklus-Konzepts – Beispiele

Die Verläufe von Lebenszyklen stellen keine Gesetzmäßigkeiten, sondern empirisch beobachtbare Erscheinungen dar. Dennoch sollten die für die einzelnen Phasen geltenden Charakterisierungen bei der Formulierung von Strategien beachtet werden, da sie den Erfolg von Strategien wesentlich beeinflussen.

Entlang der Phasen des Markt-Lebenszyklus beschreibt Bild 78 in Anlehnung an Homburg die schrittweise Veränderung und Ausgestaltung von unternehmensstrategisch relevanten Kriterien.

Controlling-Instrumente für die Unternehmensführung

Phasen\Kriterien	Einführung	Wachstum	Reife	Sättigung
Marktwachstum	steigende Wachstumsrate	hohe steigende Wachstumsrate	Stagnation, gegen Ende negative Wachstumsrate	negative bis stark negative Wachstumsrate
Marktpotenzial	nicht überschaubar; Befriedigung eines kleinen Teils der potenziellen Nachfrage	Unsicherheit bei Ermittlung des Marktpotenzials wegen Preissenkungen (Nutzung der Erfahrungskurvenvorteile)	Überschaubarkeit des Marktpotenzials	begrenztes Marktpotenzial, häufig nur Ersatzbedarf
Marktanteile	Entwicklung der Marktanteile nicht abschätzbar	Konzentration der Marktanteile auf wenige Anbieter		verstärkte Konzentration durch Ausscheiden schwacher Konkurrenten
Sortiment	spezialisiertes/flexibles Produktprogramm und hohe Dienstleistungsvielfalt auf Basis hohen technischen Know-hows	Wettbewerbsintensivierung; Erweiterung des Produktspektrums und Dienstleistungsangebotes	Sortimentsbereinigung	weiterer Abbau des Produktspektrums, Segmentierung des Marktes
Anzahl der Wettbewerber	klein	Höchstwert der Anzahl der Wettbewerber	Wettbewerber ohne Wettbewerbsvorteile scheiden aus	weitere Verringerung der Anzahl der Wettbewerber
Stabilität der Marktanteile	hohe Marktanteilsschwankungen, hohe Instabilität	Konsolidierung der Marktanteile durch Erfahrungseffekte	weitgehende Stabilität, Verschiebungen im wesentlichen aufgrund des Ausscheidens von Wettbewerbern	
Stabilität der Abnehmerkreise	kaum Bindung an Anbieter	gewisse Kundentreue, oft unter Beibehaltung alternativer Bezugsquellen	festgelegte Einkaufspolitik der Abnehmer	stabile Abnehmerkreise, sinkende Zahl der Anbieter
Eintrittsbarrieren	im allgemeinen kaum Eintrittsbarrieren; Eintritt hängt von Kapitalkraft, technischem Know-how und Risikobereitschaft ab	schwieriger Marktzugang, wenn führende Unternehmen das Kostensenkungspotenzial der Erfahrungskurven ausschöpfen; in der Regel Eintritt nur durch Schaffung von Marktnischen	mit wachsender Erfahrung der stärksten Konkurrenten steigende Schwierigkeiten bei Markteintritt; wegen geringen Wachstums müssen evtl. etablierten Konkurrenten Marktanteile abgenommen werden	im allgemeinen keine Veranlassung, in einen stagnierenden Markt einzudringen
Technologie	technische Innovationen als Voraussetzung für die Erschließung neuer Märkte	Produkt- und Verfahrensverbesserungen	Verfahrensverfeinerungen, da bekannte Marktanforderungen; Rationalisierung der Produktions- u. Distributionsprozesse	bekannte, verbreitete und stagnierende Technologie

Bild 78: Phasen des Markt-Lebenszyklus und strategische Implikationen

Bei der praktischen Verwendung des Produkt- bzw. Markt-Lebenszyklus-Modells ist stets darauf zu achten, dass es sich um ein idealtypisches und sehr allgemeines Konzept handelt. Sicherlich ist es für Serien- und Massenprodukte sowie Konsumgüter typisch. Die jeweiligen Zykluslängen können sich jedoch z.B. im Hinblick auf die Gesamtdauer sowie die Kurvengestalt sehr stark voneinander unterscheiden.

Durch branchen- sowie unternehmens- und produktspezifische Besonderheiten kann es zu sehr unterschiedlichen Zyklustypen kommen. So ist in der Anlagen-, System- und Investitionsgüterindustrie sowie in Teilbereichen der Massenverkehrstechnik (z.B. Eisenbahnbau) für die einzelnen Größen mit sehr differenten Verläufen zu rechnen. In der Eisenbahnverkehrstechnik, dem Schiffbau und der Flugzeugindustrie ist häufig eine sehr lange Reifephase feststellbar. Gewinne werden in diesen Branchen oft erst zum Ende oder gar erst nach Abschluss des Marktzyklus erzielt, wenn die Anbieter von ihren „Alt"-Kunden erneut konsultiert werden, um entsprechende Wartungen und Reparaturen durchzuführen und/oder Ersatzteile zu liefern. Gleiches gilt für weite Bereiche des Systemgeschäfts (z.B. bei der Büro- und der Gebäudeinstallation mit Kommunikationstechnik).

Die analytische Durchdringung betriebswirtschaftlicher Phänomene, die nach Ablauf des Marktzyklus auftreten, wird in Theorie und Praxis oft vernachlässigt. Neben den Besonderheiten im Ersatzlieferungs- und Reparaturgeschäft ist dabei an die Zyklen zu denken, die dem Markzyklus folgen: **Wiederaufarbeitungs-, Verwertungs- und Entsorgungszyklen**. Erst in der jüngeren Vergangenheit – und vermutlich angeregt durch das steigende ökologische Bewusstsein – findet eine verstärkte systematische Untersuchung der Phasen nach dem Marktzyklus statt. Dies geschieht oft unter den Schlagworten „geschlossene Kreisläufe", „Entsorgungsnetzwerke", „Wertkettenlandkarten" und „Wertkettenzangen" (z.B. Wildemann, Schwarz, Kaluza u. Blecker, Schneider u.a.).

Diesen prinzipiellen Darstellungen folgen einige empirische Beispiele für Produkt-Lebenszyklen (5.2). Außerdem sollen die Verbindungen zwischen dem Markt- und Entstehungszyklus (5.3) und die Relevanz des Lebenszyklus-Modells für die Produkt- und Umsatzstruktur (5.4) noch intensiver diskutiert werden.

Vernachlässigt bleibt häufig der für die Praxis immer wichtigere Zusammenhang zwischen dem Produkt-Lebenszyklus und der schrittweisen Veränderung von Wertschöpfungsquoten und Fertigungstiefen, weshalb hierauf explizit eingegangen wird (5.5).

5.2 Empirische Beispiele

Die Lebenszyklen von Produkten hängen vor allem von der Art der Produkte ab. Bild 79 zeigt Verläufe für verschiedene Produkte (Pfeiffer und Bischoff):

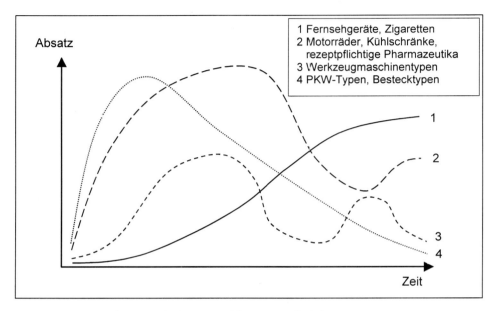

Bild 79: Beispiele für Produkt-Lebenszyklen (vereinfacht)

Erheblichen Einfluss auf den Verlauf des Lebenszyklus hat die Bezugsgröße bzw. die Produktabgrenzung. So können sich Lebenszyklen zum Beispiel auf folgende – schrittweise sich verengende – **Segmentierungen** beziehen:

- ganze Branche (z.B. Elektrobranche)
- Produktgruppe (z.B. Farbfernsehgeräte)
- spezielles Produkt bzw. Marke (z.B. Farbfernsehgerät der Marke „X")

Vielfach gibt es Hinweise dafür, dass sich durch eine enge Abgrenzung die Dauer des Lebenszyklus verkürzt und Abweichungen vom idealtypischen Verlauf eintreten. So sind die Verläufe der einzelnen Produkte oder Marken von Substitutionsprodukten, technologischen Veränderungen, plötzlichen Marktveränderungen usw. stärker abhängig als Produktgruppen oder ganze Branchen. Denn diese Einflüsse lassen sich um so leichter kompensieren, je globaler und umfassender die Bezugsgröße („Produktcluster") ausfällt. Wird daher die Bezugsgröße eher allgemeiner formuliert, so gewinnt das Lebenszykluskonzept meist an Plausibilität und entspricht häufiger dem idealtypischen Verlauf als bei sehr engen Abgrenzungen.

5.3 Marktzyklus und Entwicklungszyklus

In vielen Bereichen sind die Marktzyklen immer kürzer geworden. Die in der Praxis oft beklagte Schrumpfung von Marktzyklen wird durch einschlägige Studien immer wieder eindrucksvoll bestätigt. Danach sind in einem Drittel der deutschen Industrie die Marktzyklen bereits kürzer als drei Jahre. In mehreren Branchen haben sich die Marktzyklen von Produkten in den letzten 30 Jahren auf ein Drittel oder sogar ein Viertel reduziert (Bild 80, Sommerlatte).

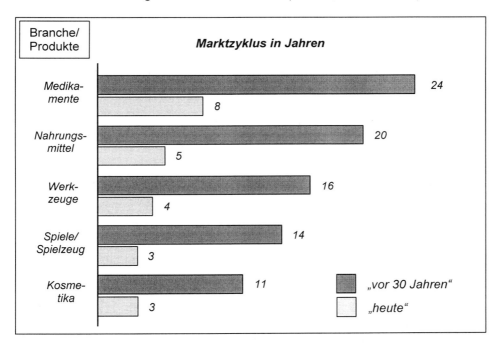

Bild 80: Marktzyklen von Produkten vor 30 Jahren und „heute"

Mit dieser Entwicklung verkürzt sich zwangsläufig der Zeitraum, der für die Amortisation der steigenden Investitionen in Forschung und Entwicklung sowie anderer set-up-costs zur Verfügung steht. Unterstellt man, dass in einer bestimmten Zeitspanne nur eine bestimmte Menge von Produkten absetzbar ist, dann geht mit der schrittweisen Reduzierung des Marktzyklus ein Rückgang der marktlich absetzbaren Stückzahlen einher. Diese „negative Stückzahlentendenz" hat wiederum zur Folge, dass bestehende Fixkosten nur noch auf eine geringere Produktmenge verteilnar sind, wodurch in der Praxis Kostendegressionen ausbleiben bzw. eingeschränkt werden.

Auf der anderen Seite führen erhöhte Qualitätsanforderungen und steigende Komplexität tendenziell zu (relativ) steigenden Entwicklungszeiten (und Entwicklungskosten). In dynamischen zukunfts- und technologieorientierten Branchen kann daher der Entwicklungszyklus länger als der Marktzyklus sein. Diese Schere zwischen Entwicklungszeit und Marktzyklus wird oft als so genanntes **„Entwicklungsdilemma"** bezeichnet (Perillieux). Unter der Voraussetzung sinkender Produktlebenzeiten (Marktzyklus) kann es sowohl bei fallenden als auch bei steigenden Entwicklungszeiten auftreten (Bild 81):

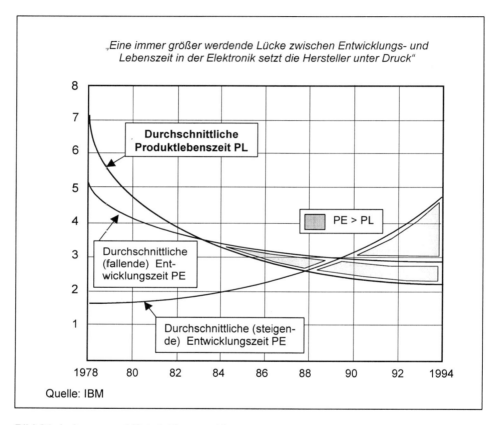

Bild 81: Lebens- und Entwicklungszyklus

Dieser Trend wird vielfach begleitet von einer zunehmenden Erosion der Preise. Die Preisverfälle werden dabei nicht nur von Preisstrategien der Wettbewerber und markteintrittsverhindernden Verhaltensmustern ausgelöst, die auf dem Erfahrungskurvenkonzept aufbauen (vgl. oben, Punkt III.4). Für die Verschärfung des Preisverfalls und die Verkürzung der Lebenszyklen sind oft auch die verstärkten Markteintritte von „NICs" (New Industrialized Countries) sowie die immer schnellere Einebnung von Differenzierungsvorsprüngen verantwortlich. Neben der bereits genannten „negativen Stückzahlentendenz" ist daher auch eine „negative Preistendenz" beobachtbar.

Aus betriebswirtschaftlicher Sicht ist vor diesem Hintergrund ein immer früherer Marktstart zu empfehlen. Während es in der Vergangenheit sinnvoll sein konnte, anderen Unternehmen die Führerschaft zu überlassen und selbst als „follower" mit zeitlichem Abstand in einen bereits vorbereiteten Markt einzusteigen, verengt sich für den „follower" das **Marktfenster** z.T. dramatisch (Bild 82, Sommerlatte):

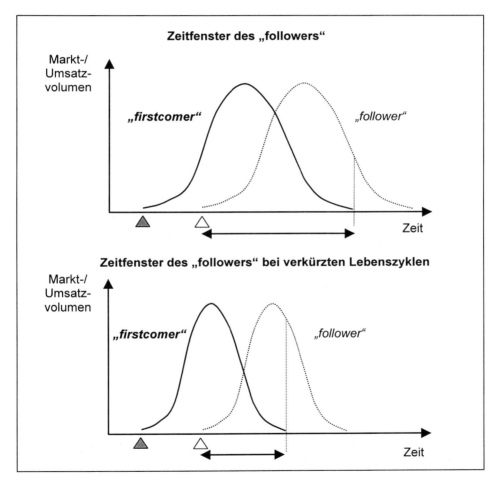

Bild 82: Verengung des Marktfensters für follower

Studien, die auf einer Auswertung der PIMS-Datenbank beruhen, kommen angesichts der dargestellten Entwicklung bereits 1985 zu dem Ergebnis, dass im

Durchschnitt Pionierunternehmen („first") die höchste Kapitalrendite aufweisen, während Unternehmen mit spätem Markteintritt („follower") deutlich hinterher hinken (Bild 83, Sommerlatte).

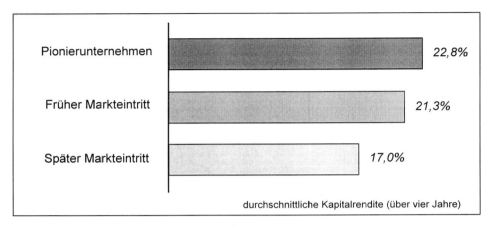

Bild 83: Kapitalrenditen in Abhängigkeit vom „Marktstart"

PIMS-Studien von Robinson und Fornell kommen zu weiteren interessanten Ergebnissen. So erzielen Pionierunternehmen nicht nur eine höhere Kapitalrendite, sondern auch höhere Marktanteile als follower. Dieses empirische Ergebnis leiten sie auf der Basis von über tausend Fällen aus der Investitionsgüterbranche und über fünfhundert Fällen aus dem Konsumgüterbereich ab.

In jüngerer Zeit erheben sich u.a. aufgrund der Leitlinie eines frühen Startens und des damit zwangsläufig verbundenen Anstiegs der Geschwindigkeit von ökonomischen Abläufen zunehmend kritische Stimmen. Während die Kritik bislang auf sozialphilosophischen und gesellschaftskritischen Gedanken basierte (z.B. Reheis), kommen in jüngster Zeit ökonomische Überlegungen dazu (Backhaus (b)). Sie sprechen von einer **„Beschleunigungsfalle"**, die durchaus mit der Diagnose der **Postmoderne** korrespondiert. In Simulationsrechnungen weisen sie nach, dass alle Anbieter (und auch Kunden) in einem ökonomischen System mit zunehmender wirtschaftlicher Dynamik an Profitabilität verlieren – unabhängig von den Entsorgungsproblemen durch die künstliche Veralterung der bestehenden Produkte im Zuge kürzerer Produktentwicklungs- und Marktzyklen, die zusätzlich in Rechnung zu stellen sind. Bei einzelwirtschaftlichen Profitabilitätsbetrachtungen gilt auch in diesen Fällen, dass der first immer noch besser abschneidet als die follower. Die relativen Positionen bleiben daher weitgehend erhalten. Die Beschleunigungsfalle bewirkt allerdings auf der Grundlage dieser Überlegungen für alle Anbieter einen Niveaurutsch nach unten.

5.4 Lebenszyklus, Produkt- und Umsatzstruktur-Mix

Angesichts des Entwicklungsdilemmas, der negativen Stückzahlen- und Preistendenzen sowie der Verengung des Marktfensters ist die Erhaltung und Steigerung der **Innovationsfähigkeit** eine wichtige Herausforderung für die Unternehmensführung. Dies gilt nicht nur für High-Tech-Bereiche wie Elektronik, Pharmazie oder die Luft- und Raumfahrt, sondern betrifft auch weite Teile des Maschinen- und Automobilbaus.

Als typischer und in strategischen Geschäftsentwicklungsanalysen wichtiger Indikator für die Innovationsfähigkeit eines Unternehmens wird in der Praxis häufig die Umsatzverteilung auf die verschiedenen Phasen des Marktzyklus von Produkten herangezogen. Hierzu zeigt Bild 84 die Ergebnisse einer empirischen Untersuchung des Münchner Ifo-Instituts. Danach erfolgte in den 80er Jahren eine schrittweise Veränderung des Umsatzstruktur-Mix im verarbeitenden Gewerbe. So hat sich der Anteil junger Produkte, die sich in den Phasen Markteinführung und Wachstum befinden von 30 Prozent im Jahre 1982 auf über 45 Prozent im Jahre 1989 erhöht. Entsprechend rückläufig verhält sich der Anteil von Produkten, die sich am Ende des Marktzyklus (Stagnations- und Schrumpfungsphase) befinden:

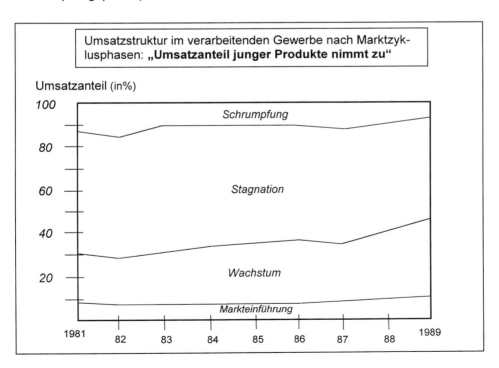

Bild 84: Umsatzstruktur nach Phasen des Marktzyklus

Bezogen auf ein einzelnes Unternehmen zeigt Bild 85 eine Verteilung des Umsatzes auf Produkte nach verschiedenen Altersklassen für die Siemens AG. Beachtenswert ist an dieser Stelle, dass Siemens seit 1995 keine derartigen (Vergleichs-) Bilder mehr veröffentlicht. Darüber, ob dies daran liegt, dass sich diese hervorragende Entwicklung bei einer fünfjährigen Fortschreibung über die Jahre 2000 und 2005 im Vergleich zu 1995 nicht noch einmal verbessern lässt (bzw. ließ), kann nur spekuliert werden.

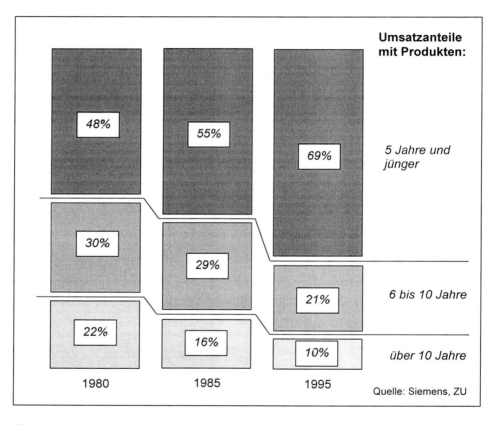

Bild 85: Umsatzstruktur – Siemens

Aus unternehmensstrategischer Sicht ergeben sich aus solchen phasenorientierten Analysen der Umsatzverteilung für die Managementpraxis u.a. folgende Konsequenzen:

(1) Liegt das Schwergewicht des Umsatzes auf den einführenden und wachstumsträchtigen Phasen, dann kann das Unternehmen **„mitwachsen"**.

(2) Liegt das Umsatzschwergewicht dagegen im stagnierenden oder schrumpfenden Bereich, dann besteht die Gefahr, dass das Unternehmen stagnieren oder sogar **„mitschrumpfen"** muss.

Aus diesen Gründen wird häufig die Forderung erhoben, laufend lebenszyklusorientierte Altersstrukturanalysen für Produkte und Leistungen eines Unternehmens durchzuführen. Solche Analysen sind vor allem dort zu empfehlen, wo einerseits die oben beschriebenen Probleme (Entwicklungsdilemma, Preisverfälle usw.) vorliegen und andererseits ein breites und u.U. unübersichtliches Produktprogramm existiert (vgl. dazu auch die Ausführungen zur Programmanalyse, Punkt III.8).

Grundsätzlich zeichnet sich eine „gute Altersstruktur" durch folgende Kriterien aus (u.a. nach Meffert):

(1) der überwiegende Anteil des Produktprogramms setzt sich aus Produkten zusammen, die noch eine relativ hohe Lebenserwartung haben (lange „Produktlebenszeit", lange „Restlaufdauer");
(2) Produkte mit geringer Lebenserwartung haben einen niedrigen Anteil am Produktionsprogramm und sollen rechtzeitig eliminiert werden (können);
(3) die größten Umsatzanteile haben Produkte, die sich am Ende der Wachstums- und in der Reifephase befinden.

In der Praxis ergeben sich bei der Anwendung von lebenszyklusorientierten Altersstrukturanalysen mehrere **Probleme**. Zunächst handelt es sich bei den obigen Beschreibungen einer „guten" Altersstruktur nur um sehr allgemeine Hinweise. Die optimale Verteilung ist immer von den betriebs- und branchenspezifischen Gegebenheiten abhängig. Für ein Unternehmen in einem weitgehend monopolisierten und/oder konzessionierten Markt sowie für grundlegende und existenznotwendige Leistungen (z.B. ein Energieversorgungsunternehmen) ist eine Altersstrukturanalyse wenig relevant. Selbst wenn eine hohe Bedeutung gegeben ist, werden häufig keine Daten über Vergleichsunternehmen oder die Branche vorliegen, die notwendig sind, um das eigene Unternehmen im Vergleich mit der Konkurrenz zu positionieren. Allerdings können bereits Verlaufsanalysen über die Entwicklung der Umsatzstrukturen des eigenen Unternehmens wichtige Hinweise über die Veränderung der Innovationsfähigkeit und der Wachstumsträchtigkeit des Unternehmens erbringen.

5.5 Lebenszyklus und Wertschöpfungsstrukturen

Während die phasenorientierte Analyse des Produkt- und Umsatzstruktur-Mix zu den gängigen Instrumenten des strategischen Controlling gehört, wird die lebenszyklusorientierte Analyse der internen Wertschöpfungsstrukturen eines Unternehmens in der Praxis meist sträflich vernachlässigt – obwohl z.B. nicht der Umsatz, sondern die Entwicklung der eigenen Wertschöpfung (vereinfacht

Umsatz ./. Vorleistungen ./. Gewinn) für die Kapazitätsauslastung und die Beschäftigungslage ausschlaggebend ist (vgl. dazu auch die Abschnitte III. 9 und 10).

Angesichts zunehmender Innovationsdynamik und sich verkürzender Produktlebenszyklen ist ferner davon auszugehen, dass sich die **Wertschöpfungsstrukturen in Unternehmen und zwischen Unternehmen in der Wertkette** immer schneller verändern.

Von enormer strategischer Bedeutung ist in diesem Zusammenhang die Beziehung zwischen der Absolvierung der einzelnen Phasen des Markt-Lebenszyklus und der Veränderung von Wertschöpfungsquoten bzw. Fertigungstiefen von Unternehmen. Diese Beziehung wurde erstmals von Stigler nachgewiesen und anschließend von vielen anderen Autoren bestätigt.

Bild 86 zeigt ausgehend von einem sehr hohen Niveau in der Einführungsphase von Produkten bzw. Innovationsphase von Unternehmen eine schrittweise Reduktion der Wertschöpfungsquote.

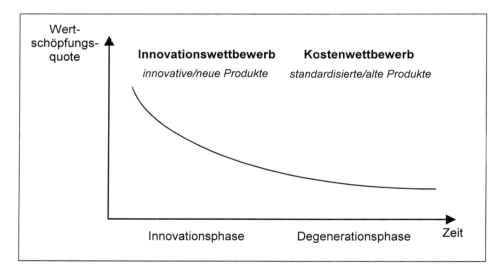

Bild 86: Phasen des Lebenszyklus und Entwicklung der Wertschöpfungsquote

Eine empiriegestützte Untersuchung von McKinsey (b) kommt zu ähnlichen Ergebnissen. Danach nehmen die Anteile der eigenen Fertigung, der „sonstigen" Eigenleistungen (Engineering, Vertrieb, Overhead usw.) sowie der Gewinn entlang der Segmentreife schrittweise ab. Demgegenüber steigt der für die Fremdleistungen repräsentative Materialanteil sukzessive an (Bild 87):

Controlling-Instrumente für die Unternehmensführung

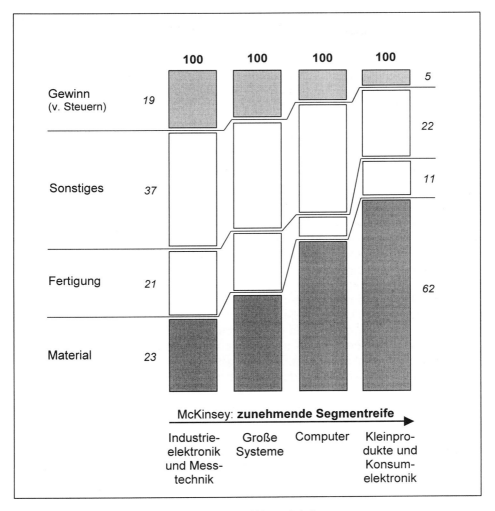

Bild 87: Segmentreife und Entwicklung der Wertschöpfung

Die **Ursachen für die schrittweise Reduzierung der Wertschöpfung** basieren auf folgenden Argumenten (Schneider u.a.):

- In der innovativen Phase der Einführung besteht bei den Produkten meist eine hohe Wachstumsträchtigkeit, Differenzierungs- und Strategierelevanz. Vor allem um sich die dafür notwendigen Know-how-Potenziale zu sichern und nicht an andere Unternehmen zu verlieren, wird zur Eigenfertigung übergegangen. Außerdem „versagt der Beschaffungsmarkt". Denn für die Zulieferung der notwendigen Teile, Komponenten, Baugruppen und Systeme gibt es entweder nur sehr wenige Lieferanten (von denen man in diesem Stadium nicht abhängig werden möchte) oder überhaupt keine Lieferanten. Für das Unternehmen entsteht dadurch ein erhebliches „Small-Numbers-Problem". Ist zu vermuten, dass ein Zulieferer seine „Small-Numbers-Stellung" opportunistisch ausnutzt (z.B. Preisaufschläge, Rüstkostenzuschläge) und bestehen aufgrund des „Small-Numbers-Problems" keine Möglichkeiten für einen Lieferantenwechsel, muss zur Abwendung der damit verbundenen Gefahren zwangsläufig von Eigenfertigung Gebrauch gemacht werden. Im Extremfall müssen sich Innovatoren eine völlig neue Wertkette aufbauen, weil noch keine Wertketteninfrastruktur vorliegt. Dies führt in der Praxis in der Einführungsphase häufig zu einer vollen Integration mit einem Wertschöpfungsanteil in der Wertkette von nahezu 100 Prozent. Vielfach müssen in dieser Phase auch Randleistungen aufgebaut werden, weil sie am Markt nicht vorhanden sind. Außerdem besteht selbst bei bereits vorhandenen Wertkettenstrukturen häufig der Zwang, nach vorne (Richtung Kunden) zu integrieren, um sich den Zugriff zu den Kunden bzw. Endabnehmern zu sichern. Häufig ergeben sich nämlich im Einzugsbereich der Kunden wichtige Anwendererfahrungen und Verbesserungshinweise, die für laufende Fort- und Weiterentwicklungen sowie die marktliche Vervollkommnung der neuen Produkte sehr markt- und profitträchtig sein können (z.B. Foxall und Tierney). Solche „customer-active-innovation-effects", die vor allem bei der Einführung neuer Produkte anfallen, lassen sich durch das Unternehmen nur dann unmittelbar nutzen, wenn ein direkter Kontakt zum oder eine Kooperation mit dem Kunden besteht und kein anderes Unternehmen in der Wertkette zwischengeschaltet ist (z.B. Schneider und Zieringer). Alle diese Ursachen drängen in der Phase der Einführung und Innovation zu einem vergleichsweise hohen Integrationsgrad mit entsprechend hoher Wertschöpfungsquote. Es gilt die These „Innovation schreit nach Integration" (Schneider (a, f)).

- Im Zeitablauf durchläuft das Produkt die einzelnen Phasen in Richtung Reife und Degeneration. Imitatoren treten an den Markt. Das Produkt verliert an Differenzierungs-, Wachstums- und Strategierelevanz sowie an Zukunftsträchtigkeit. Der Anreiz, aus diesen Gründen einen Know-how-Abfluss durch hohe Eigenfertigung zu vermeiden, sinkt. Außerdem „funktionieren" die Märkte für Vorleistungen (Lieferantennetze) bzw. Absatzleistungen (Händlernetze) immer besser; es sind viele funktionsfähige Anbieter von Wertaktivitäten auf der Beschaffungs- und Absatzseite vorhanden (z.B. so genannte Anbieter von Randleistungen). Für das Unternehmen verwandelt sich das ursprüngliche „Small-Numbers-Problem" zu einer „Large-Numbers-Situation". Potenzielles opportunistisches Verhalten der Zulieferer kann durch die Androhung eines – nun leicht möglichen – Lieferantenwechsels unterbunden werden. Schließlich wird das Stadium des Innovationswettbewerbs verlassen. Aufgrund des Aufkommens von Imitatoren und günstigen Anbietern von Randleistungen wird ein zunehmender und disziplinierender Kostenwettbewerb wirksam. Aus Kostengründen ist daher der einstige Innovator gezwungen, die günstigen Anbieter bzw. Zulieferer von Randleistungen zu konsultieren und seine vormals integrierten Randleistungen sukzessive abzuspalten. Insgesamt wird hierdurch eine ständige Reduzierung der Wertschöpfungsquote ausgelöst. Es gilt die These „Degeneration verlangt nach Disintegration" (Schneider (a, f)).

Die aufgezeigten Veränderungen der Wertschöpfung folgen nach Auffassung des Autors einem **„evolutorischen Determinismus"**, dem die Entwicklung eines Unternehmens und sein Management im Zeitablauf zwangsläufig unterliegt. Will das Management vermeiden, dass es entlang der einzelnen Phasen zu Schmälerungen der Wertschöpfungsquoten des Unternehmens kommt, muss es für den Aufbau neuer Produkte sorgen.

Verhält sich ein Unternehmen entgegen dieser empirisch fundierten Entwicklung und baut es seine Wertschöpfungsquote aus, läuft es Gefahr, dass die „Restlaufzeit der Produkte" weit kürzer ist als die „Nutzungszeit des aufgebauten Investments". Dadurch drohen zum Ende des Marktzyklus enorme Leerkapazitäten, unwirtschaftliche Kapitalbindungen und Fehlinvestitionen. Diese Problematik wird um so brisanter,

(1) je spezifischer das Investment auf einzelne Produkte ausgelegt bzw. je geringer die Verwendungsflexibilität des Investments ist (Einzweckaggregate),
(2) je länger an den hohen Fertigungstiefen bzw. Wertschöpfungsquoten festgehalten wird und/oder
(3) je stärker sie zum Ende des Marktzyklus vielleicht sogar noch ausgeweitet werden.

Während der Absolvierung der Phasen des Lebenszyklus sollte neben der laufenden Beobachtung der Wertschöpfungsquote auch die Bindungsdauer zu den Lieferanten für die in das Endprodukt eingehenden Vorleistungen (z.B. Teile, Baugruppen, Systeme) ständig überprüft werden (Baur (b), Schneider u.a.). Vor allem die **Laufdauer von Zulieferverträgen**, die sich auf spezifische Vorleistungen beziehen und nur auf bestimmte Produkte ausgelegt sind, sollten höchstens so lange vereinbart werden wie die jeweiligen Endprodukte produziert und am Markt abzusetzen sind („Life-Time-Contracts"). Werden während der verschiedenen Phasen des Marktzyklus immer wieder neue Belieferungsverträge für Vorleistungen abgeschlossen, so sollte die Laufdauer höchstens der „Restlaufzeit der Marktlebenszyklen" entsprechen („Produkt-Markt-Kontrakt-Synchronisierung"). Haben die Belieferungsverträge dagegen eine längere Laufzeit, so besteht die Gefahr, weiterhin Vorleistungen für ein Produkt abnehmen und weiterhin Kosten tragen zu müssen, obwohl es am Markt nicht mehr abgesetzt werden kann. Aus der „Kontraktremanenz" resultiert dann eine „Kostenremanenz" (sogar für scheinbar variable Materialkosten).

6 Mehrfach ergänzte Gap-Analyse

6.1 Allgemeine Kennzeichnung

Die bisher dargebotenen Instrumente resultieren v.a. aus empirischen Erfahrungen und Untersuchungen. Die mehrfach ergänzte Gap-Analyse sowie die folgenden Instrumente weisen dagegen hauptsächlich eine **methodisch-konzeptionelle Fundierung** auf.

Bereits die einfache Lückenanalyse (vgl. Punkt II.4.3) erlaubt in Verbindung mit der klassischen Produkt-Markt-Matrix von Ansoff (a) eine sehr differenzierte Ableitung typischer Marktstrategien (Punkt III.6.2). Obwohl verschiedene Autoren Verfeinerungen vorgenommen haben (z.B. Welge und Al-Laham), so kann die einfache Produkt-Markt-Matrix von Ansoff immer noch als das Basiskonzept für die Gewinnung von Marktstrategien angesehen werden.

Grundsätzlich erfolgt auch bei der mehrfach ergänzten Version ein Vergleich zwischen der auf der Grundlage der vorhandenen Unternehmenspotenziale erwarteten Entwicklung und einer gewünschten Entwicklung.

Die **erste Ergänzung** besteht jedoch darin, dass eine sehr viel genauere Ableitung von Marktstrategien sowie verschiedene weitere Verfeinerungen der klassischen Produkt-Markt-Matrix erfolgen (Punkt III.6.3 und 6.4).

Im Rahmen der **zweiten Ergänzung** werden nicht nur übliche outputbezogene (z.B. Umsatz, Auftragseingang) und saldoorientierte Größen (z.B. Gewinn, ROI) – wie bei der einfachen Lückenanalyse vorherrschend –, sondern vor allem auch inputorientierte Größen (z.B. Mitarbeiter, Kosten) analysiert (Punkt III.6.5).

Diese Vorgehensweise hat für die klassische Produkt-Markt-Matrix, die ebenso einen Output- und Saldo-Focus aufweist und für die Überwindung von Geschäftslücken herangezogen wird, Konsequenzen:

Die **dritte Ergänzung** muss folgerichtig bei der **Schließung von output-, saldo- und inputorientierten Lücken** auf eine Weiterentwicklung der produktmarktbezogenen Matrix von Ansoff hinauslaufen. Sie mündet in einer Matrix, in der globale **strategische Verhaltensfelder** skizziert werden (Punkt III.6.6).

Da die typischen Überlegungen zur Ableitung von Marktstrategien lediglich auf die Produkt-Markt-Matrix aufbauen, die Produkt-Markt-Matrix aber in Richtung einer **Matrix für globale strategische Verhaltensfelder** weiterentwickelt wird, sind für die Ableitung von Unternehmensstrategien andere Entscheidungsgrundsätze erforderlich. Hierzu werden allgemeine Erfolgsfaktoren für die Strategieumsetzung empfohlen (ebenfalls Punkt III.6.6).

6.2 Marktstrategien zur Schließung von Lücken

Als Hilfsmittel für den Suchprozess nach Marktstrategien, um auftretende Geschäftslücken zu schließen, wird auf die bereits in den Grundzügen beschriebene **Produkt-Markt-Matrix** von Ansoff (vgl. Punkt II.4.3) zurückgegriffen (Bild 88).

		Produkt	
		alt	neu
Markt	alt	1 Marktdurchdringung	3 Produktentwicklung
	neu	2 Marktentwicklung	4 Diversifikation

- vertikal
- horizontal
- diagonal

Bild 88: Produkt-Markt-Matrix zur Ableitung von Marktstrategien

Die einzelnen Marktstrategien lassen sich wie folgt charakterisieren:

(1) Marktdurchdringung:
Die Intensität der Marktdurchdringung gibt Auskunft darüber, inwieweit der geweckte oder latente Bedarf nach einem Produkt am Markt befriedigt ist. Ist der Bedarf bereits geweckt, kann unterstellt werden, dass eine weitere Marktdurchdringung vor allem durch eine verbesserte Distribution zu erhöhen. Dabei ist zum Beispiel an den Ausbau des Belieferungsnetzes, der Absatzwege und/oder der Händler- und Niederlassungsdichte zu denken. Der latente Bedarf ist dagegen durch verstärkte Werbung, besseres Design und/oder neue Verpackungen anregbar. Insbesondere wenn der Grad der Marktdurchdringung sehr hoch ist, dürfte die Wirkung zusätzlicher Marktdurchdringungsaktivitäten jedoch eher gering sein. In diesen Fällen ist zu anderen Strategien überzugehen. Die Ausweitung der Marktdurchdringung sollte jedoch mit Nachdruck betrieben worden sein, bevor das Management Aktivitäten auf den anderen Strategiefeldern aufnimmt. Erst auf der Grundlage eines sorgsam gepflegten und sicheren Basisgeschäfts empfiehlt sich eine risikoreichere Extensivierungsstrategie (z.B. Welge und Al-Laham).

(2) Marktentwicklung:
Wird versucht, neue Absatzgebiete und/oder neue Kundengruppen für bereits bestehende Produkte zu finden, dann liegt eine Marktentwicklungsstrategie vor. Eine besondere Rolle kann in diesem Zusammenhang die Marktsegmentierung einnehmen. Sie hat u.a. die Aufgabe, den Gesamtmarkt nach kaufwirksamen Segmentierungskriterien in relativ homogene Teilmärkte bzw. Kundengruppen aufzuspalten. Zu solchen Kriterien gehören z.B. Kaufkraft, Alter, Geschlecht, Haushaltsgröße und Familienstand. Eine Marktsegmentierung in möglichst homogene Marktgruppen ist notwendig, um einen zielgruppenspezifischen absatzpolitischen Instrumenten-Mix (z.B. bezogen auf Preis, Distribution, Kommunikation) zu entwickeln.

(3) Produktentwicklung:
Bei der Produktentwicklung werden die bestehenden Märkte mit neuen Produkten (bzw. Produktvarianten) versorgt. Produktentwicklungsstrategien setzen u.a. voraus, durch eigene Forschungs- und Entwicklungsanstrengungen neue Produkte hervorzubringen bzw. bei bestehenden Produkten für eine Weiterentwicklung zu sorgen. Eine andere Vorgehensweise läge darin, durch den Erwerb von Lizenzen zu neuen Produkten zu kommen.

(4) Diversifikation:
Bei der Diversifikation werden neue Produkte für neue Märkte entwickelt. Dabei lassen sich verschiedene strategische Stoßrichtungen unterscheiden: die vertikale, horizontale und laterale (bzw. konglomerate, diagonale) Diversifikation. Gedanklich sind sie insbesondere durch den Rückgriff auf das Konzept der Wertkettenlandkarte gut differenzierbar (vgl. Punkt III.9):

(41) vertikale Diversifikation:
Die vertikale Diversifikation orientiert sich am Kriterium der Wertschöpfungsstufe in der bestehenden Wertkette. Die ursprüngliche Wertkette wird hierbei nicht verlassen, sondern das Unternehmen wird lediglich in einer vor- oder nachgelagerten Wertschöpfungsstufe aktiv. Gedanklich entspricht damit die vertikale Diversifikation zunächst der vertikalen Integration. Ist jedoch die vertikale Integration als Maßnahme zur Verbesserung der Qualität der Vorkomponenten oder zur Sicherung der Rohstoffbasis bzw. Händlernetze zu interpretieren, liegt lediglich eine „unechte" vertikale Diversifikation vor. Erst wenn die vertikale Integration zu einer selbständigen und neuen Markttätigkeit des integrierenden Unternehmens führt, kann von „echter" vertikaler Diversifikation gesprochen werden. Dies ist z.B. gegeben, wenn ein Endmontagebetrieb für komplexes Holzspielzeug einen Holzsägebetrieb nicht nur deswegen übernommen hat, um seine Rohstoffzufuhr besser zu kontrollieren, sondern um gleichzeitig andere Abnehmer (z.B. Schreinereien) zu beliefern. Eine strikte Trennung in „echte" und „unechte" vertikale Diversifikation ist jedoch in der Praxis oft nicht möglich.

(42) horizontale Diversifikation:
Bei der horizontalen Diversifikation wird zwar die bestehende Wertkette, nicht aber die Wertschöpfungsstufe verlassen. Konzentriert sich z.B. der Endmontagebetrieb für komplexes Holzspielzeug zukünftig auch auf die Montage von Modelleisenbahnen, dann nimmt es Aktivitäten in einer zusätzlichen Wertkette auf, während die Wertschöpfungsstufe (Montage) beibehalten bleibt. Häufig wählen Unternehmen die horizontale Diversifikation, um die Abhängigkeit von einer Wertkette bzw. einem Endprodukt zu verringern („Flucht vor dem Small-Numbers-Problem"). Dies ist besonders dann nötig, wenn zu vermuten ist, dass die marktliche Tragfähigkeit der aktuellen Wertkette z.B. aufgrund der bevorstehenden Degenerationsphase oder der dramatisch sinkenden „marktlichen Restlaufzeit" des Endproduktes in naher Zukunft gefährdet ist. Ein weiterer Grund kann darin liegen, die bestehenden Kapazitäten durch die Übernahme ähnlicher Aktivitäten besser auszulasten. Inwieweit dies in der Praxis tatsächlich gelingt, ist vor allem davon abhängig, ob und inwieweit das bestehende Investment sehr spezifisch auf die gegenwärtige Wertkette und das Endprodukt ausgelegt ist. Mit steigender Spezifität des Investments ist davon auszugehen, dass für die horizontale Diversifikation um so höhere Barrieren entstehen – Spezifität erhöht bzw. konserviert das Small-Numbers-Problem. Mit zunehmender Spezifität des Investments steigen die Marktübertritts- und Marktaustrittsbarrieren (z.B. typisch für Rüstungsunternehmen, die sich mit der so genannten Rüstungskonversion sehr schwer tun, z.B. Schneider und Zieringer). Eine horizontale Diversifikationsstrategie ist dann nicht durch die Nutzung der eigenen Wertschöpfungsstufen in mehreren Wertketten, sondern nur durch die Kooperation mit oder Akquisition von Wertschöpfungsstufen anderer Unternehmen möglich.

(43) laterale (konglomerate, diagonale) Diversifikation:
Im Vergleich zu den anderen Formen existieren bei dieser Diversifikationsstrategie keine besonderen Zusammenhänge zwischen der aktuellen Wertkette bzw. Wertschöpfungsstufe und dem neuen Leistungsprogramm. Sowohl die Wertkette als auch die Wertschöpfungsstufe wird verlassen. Dieser Fall wäre dann gegeben, wenn der Endmontagebetrieb für komplexes Holzspielzeug einen Fachhandel für den Vertrieb von Modelleisenbahnen übernimmt. Ein sehr häufiges Motiv lateraler Diversifikationsstrategien besteht – wie auch bei den anderen Formen – in der Risikostreuung. Ergebnis sind meist „Mischunternehmen" bzw. „Mischkonzerne".

Diversifikationen können grundsätzlich durch Akquisitionen, Kooperationen oder den Eigenaufbau von Geschäftsaktivitäten („start up") betrieben werden.

Eine strikte Abgrenzung zwischen den vier Feldern der Produkt-Markt-Matrix ist in der Praxis meist nicht möglich. Liegt eine Marktentwicklung vor, indem z.B. ein deutscher Hersteller von Panzern seine bekannten Produkte neuerdings an die Kriegsparteien in einem aktuellen Krisengebiet verkauft, wird es zwangsläufig – wenn auch nur im Detail – zu Produktveränderungen kommen (z.B. andere Aufbauten und Bezeichnungen, Betriebsanleitung in der entsprechenden Sprache). Wird demgegenüber Produktentwicklung betrieben (z.B. neuer Panzer, der seine Farbe je nach Gelände verändert), ergibt sich meist die Erschließung neuer Käuferschichten. Die Verfolgung einer bestimmten Marktstrategie ist daher immer auch mit einer – partiellen und zunächst unbeabsichtigten – Verfolgung der anderen Marktstrategien verbunden. Oder anders ausgedrückt, „ein Häppchen Diversifikation wird immer produziert".

6.3 Überlegungen zur Strategiewahl

Die Produkt-Markt-Matrix gibt lediglich Hinweise über mögliche Vorgehensweisen und Beschreibungen der einzelnen Strategien. Sie liefert jedoch keine genaueren Anhaltspunkte darüber, für welche strategische Stoßrichtung sich ein Unternehmen entscheiden sollte.

Hierzu haben verschiedene Autoren Entscheidungshilfen angeboten (z.B. Welge und Al-Laham). Die Überlegungen von Ansoff (a) zur Strategiewahl basieren auf dem so genannten **„Gesetz der abnehmenden Synergie"**.

Grundsätzlich ist die Synergie in Feld (1) der Produkt-Markt-Matrix (vgl. Bild 88, oben) am stärksten. Allerdings kann der Grad der Marktdurchdringung bereits so hoch sein, dass kein oder nur noch ein geringes Potenzial vorhanden ist, um die bestehende Lücke zu schließen. Auch in der Praxis muss das Management oft die Erfahrung machen, dass das Potenzial der Marktdurchdringung für die Schließung von Lücken schnell ausgeschöpft ist. Die Synergie in Feld (4) ist am niedrigsten. Außerdem ist der „Systemsprung" bei der Diversifikation am höchsten und am risikoreichsten, weil sowohl die Produkte als auch die Märkte neu sind.

Schließlich ist zu fragen, welche Reihenfolge der Strategien für die Felder (2) und (3) zu wählen ist, wenn die Marktdurchdringung (Feld 1) als strategische Option ausscheidet oder nur noch ein ungenügendes Potenzial aufweist. Ausgangspunkt für die Strategiewahl bildet die Analyse der Leistungspotenziale und die dabei erkannten „Stärken" des Unternehmens. Je nachdem, wo die Stärkenpotenziale des Unternehmens liegen und in welchem Ausmaß sie bereits ausgeschöpft wurden, ergeben sich unterschiedliche Argumente. Das **„Gesetz der abnehmenden Synergie"** gibt im Zusammenspiel mit der Entwicklung von **„Grenzkosten- und Grenzertragsargumenten"** für die praktische Strategiewahl folgende Empfehlungen:

- Basiert die Stärke des Unternehmens auf den Produkten (z.B. breites und tiefes Leistungsprogramm, erfolgreiche Produktentwicklung, hohe Qualität, ausgefeilte Produktionsverfahren), verspricht die Strategie der Marktentwicklung (Feld 2) höhere Synergieeffekte. Würden bei ausgeprägter Produktstärke dagegen noch zusätzliche Ressourcen für die Produktentwicklung aufgewendet (z.B. um von einem Ausschöpfungsniveau von 95 auf 97 Prozent zu kommen), würden relativ hohe Grenzkosten entstehen. Daneben wäre mit sinkenden Grenzerträgen dieser Strategie zu rechnen. Die Reihenfolge für die Strategiewahl lautet daher in dieser Situation (1), (2), (3) und (4).

- Besteht dagegen eine Marktstärke (z.B. ausgebaute Absatzkanäle, Präsenz auf vielen Märkten, dichtes Händlernetz), wäre die Strategie der Produktentwicklung zu wählen. Bei ausgeprägter Marktstärke würden sich durch einen zusätzlichen Ressourcenaufwand für die Marktentwicklung wiederum sinkende Grenzerträge ergeben. In diesem Fall lautet die Reihenfolge für die Strategiewahl (1), (3), (2) und (4).

6.4 Beispiel einer verfeinerten Produkt-Markt-Matrix

Die einfache Produkt-Markt-Matrix setzt bei der Entwicklung von strategischen Stoßrichtungen an zwei Dimensionen (Markt und Produkt) mit jeweils lediglich zwei Ausprägungen (alt, neu) an. Hierdurch ergeben sich nur vier strategische Handlungsmöglichkeiten (vgl. Bild 88, oben).

Die Vielfalt möglicher Strategien zur Schließung strategischer Lücken ist in der Praxis jedoch weit höher. Die Märkte lassen sich beispielsweise zusätzlich in (alte und neue) Absatzgebiete bzw. -länder, (alte und neue) Kunden und (alte und neue) Anwendungsmöglichkeiten segmentieren.

Gleiches gilt für die Produktseite. Produkte können in der bisherigen Ausgestaltung angeboten und auf der bestehenden Materialbasis beruhen (z.B. Ausgangs- bzw. Rohmaterial). Neue Produkte können dagegen auf bestehenden, relativ neuen (aber verwandten) und/oder völlig neuartigen Technologien basieren (dazu z.B. Reinhard und Weidermann).

Bild 89 zeigt ein Beispiel einer verfeinerten Produkt-Markt-Matrix, wie sie in der Praxis – z.B. als „Leistungsideen- und Geschäftsfeldgenerator" – eingesetzt werden könnte.

Controlling-Instrumente für die Unternehmensführung

Märkte \ Produkte			bisherige Produkte	neue Produkte		
Absatzgebiet	Kunde	Anwendung		bestehende Technologie	relativ neue (verwandte) Technologie	völlig neue Technologie
alt	alt	alt	**11**	12	13	**14**
alt	alt	neu	21	22	23	24
alt	neu	alt	31	32	33	34
neu	alt	alt	41	42	43	44
neu	alt	neu	51	52	**53**	54
neu	neu	alt	61	62	63	64
alt	neu	neu	71	72	73	74
neu	neu	neu	81	82	83	**84**

Bild 89: Beispiel einer verfeinerten Produkt-Markt-Matrix

Auf der Basis des bereits oben eingeführten Endmontagebetriebs für Holzspielzeug lassen sich ausgehend vom „Stammfeld" (11) andere Felder beispielsweise wie folgt kennzeichnen:

Feld (11): Absatzgebiet: *Süddeutschland*
Kunden: *Kinder im Alter von 3 bis 6 Jahren*
Anwendung: *Bau einfacher Gebäude*
bisheriges Produkt: *bunte Holzklötze aus Fichtenholz (leicht)*

Feld (14): Absatzgebiet: *Süddeutschland*
Kunden: *Kinder im Alter von 3 bis 6 Jahren*
Anwendung: *Bau einfacher Gebäude*
neue Produkte (völlig neue Technologie)*: bunte Metallklötze (schwer)*

Feld (53): Absatzgebiet: *Norddeutschland*
Kunden: *Kinder im Alter von 3 bis 6 Jahren*
Anwendung: *Bau von Zügen*
neue Produkte (verwandte Technologie): *bunte Holzklötze aus Hartholz (mittelschwer)*

Feld (84): Absatzgebiet: *Norddeutschland*
Kunden: *Kinder im Alter von 7 bis 9 Jahren*
Anwendung: *Bau verschiedener mobiler Fahrzeuge (Feuerwehrautos, Lastkraftwagen, Tieflader usw.) aus einem Bausatz*
neue Produkte (völlig neue Technologie): *bunte Metallklötze u.U. mit Steckverbindungen (schwer)*

Synergiewirkungen im Feld (14) werden für das neue Produkt durch die Nutzung bekannter Vertriebskanäle erzielt. Synergien werden jedoch auch bei den bestehenden Kunden erreicht, weil gleiche Anwendungsmöglichkeiten vorliegen. Die Kunden werden dadurch nicht durch allzu große Überraschungen „überfordert".

Das Unternehmen erreicht auch im Feld (53) Synergieeffekte. Die Absatzgebiete und die Anwendungen sind zwar neu, allerdings handelt es sich um das gleiche Kundensegment im Hinblick auf das Segmentierungskriterium Alter. Das Wissen, das dem Unternehmen über die Verhaltensweisen von Kindern in diesem Altersstadium bislang vorliegt, ist auch für das Feld (53) nutzbar. Außerdem wird die Technologie nur geringfügig verändert (zwar relativ neu, aber verwandt).

Vergleichsweise geringe Synergien werden im Fall von Feld (84) erzielt. Sowohl die Markt- als auch die Produktmerkmale sind neu (völlig neue Technologie). Es handelt sich demnach um eine relativ risikoreiche Diversifikation.

Wie bereits erwähnt, eignet sich eine derart „aufgebohrte" Ansoff-Matrix als „Suchmaschine für die Generierung von Geschäftsideen" und die praxisnahe Operationalisierung von strategischen Stoßrichtungen. Daneben ergeben sich konkrete Hinweise für die Ausrichtung der Komponenten des Marketing-Mix (Produkt- und Produktprogrammpolitik, Preis-, Kommunikations- und Distributionspolitik). Kommunikations- und Distributionspolitik können beispielsweise bei den drei- bis sechsjährigen Kindern den Kanal „Kindergarten" nutzen, während bei den sieben- bis neunjährigen Kindern ein „Schulsponsoring" denkbar wäre.

6.5 Varianten der Gap-Analyse

Typischerweise werden Gap-Analysen auf Zielgrößen angewandt, die eine Outputorientierung aufweisen (z.B. Umsatz, Auftragseingang) oder eine positive Saldogröße zum Ausdruck bringen (z.B. Gewinn, Deckungsbeiträge). Dies führt nicht selten zu den bereits erwähnten Determinismen und Traditionen der strategischen Instrumentenanwendung auf den klassischen Produkt-Markt-Bereich (vgl. Punkt I.7).

Die Gap-Analyse kann vom Grundprinzip auch zur Untersuchung der Entwicklung von **Inputgrößen** (z.B. Kosten, Mitarbeiter) eingesetzt werden. Bild 90 zeigt eine solche Anwendung auf die Inputressource Mitarbeiter, wenn Kapazitätsgrenzen zu überwinden sind.

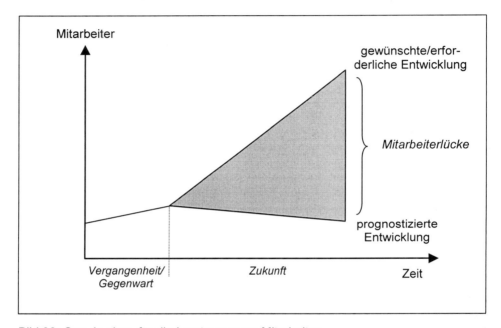

Bild 90: Gap-Analyse für die Inputressource Mitarbeiter

Vorstellbar ist bei dieser Variante ein Unternehmen, das ein starkes Wachstum aufweist. Dabei könnte es sich um den o.g. Holzspielzeughersteller handeln, der aus eigener Kraft vertikale, horizontale und laterale Diversifikationsstrategien verfolgt. Dies löst ein hohes Unternehmenswachstum aus, wodurch ein steigender Personalbedarf entsteht.

Die notwendige Arbeitskräftekapazität ist durch verschiedene Maßnahmen abdeckbar. Bild 91 skizziert eine vereinfachte **Personal-Markt-Matrix**. Sie gibt einen Überblick über verschiedene Personalbeschaffungsstrategien für bestehende und neue Einsatzfelder, die im Zuge der Diversifikationsstrategien neu hinzu kommen.

Controlling-Instrumente für die Unternehmensführung

Personal für Personal- beschaffungsmärkte		bekannte Einsatzfelder	neue Einsatzfelder
bestehende	interne	11	12
	externe (z.B. Region Süd- Deutschland)	21	22
neue	neue Region (z.B. Nord- Deutschland)	31	32
	Ausland	41	42

Bild 91: Personal-Markt-Matrix

Das Unternehmen kann zunächst versuchen (Feld 11), auf dem internen Beschaffungsmarkt das bekannte Personal durch Anreize zu erhöhter Leistung anzuspornen (intensitätsmäßige Anpassung) und/oder sonstige kapazitätserhöhende Maßnahmen einzuleiten (zeitliche Anpassung, z.B. Überstunden). Das Potenzial dieser „internen Quasi-Marktdurchdringung" kann jedoch rasch ausgeschöpft sein.

Daneben kann versucht werden, Teile des bestehenden Personals in die neuen Einsatzfelder umzusetzen (Feld 12). Auch das Potenzial dieser „internen Personalentwicklung" kann eher sehr begrenzt sein. Denn einerseits ist anzunehmen, dass das Personal zunächst weiterhin in den bereits bekannten Einsatzfeldern gebraucht wird. Andererseits ist zu hinterfragen, ob das Personal in jedem Einzelfall die entsprechende Entwicklungsfähigkeit und -willigkeit aufweist.

Ähnliche Restriktionen existieren häufig auf den bereits bestehenden externen Personalbeschaffungsmärkten (Felder 21 und 22), wenn sie bereits in der Vergangenheit durch Personalwerbungen und Stellenanzeigen bearbeitet wurden und es um einen Personalbedarf mit speziellen Qualifikationen geht (im konkreten Fallbeispiel ist z.B. an Spielzeugdesigner und -entwickler zu denken).

Für die Akquisition von Personal kann das Unternehmen schließlich auf neuen Märkten aktiv werden. Für die bereits bekannten Einsatzfelder ist eine Personalbeschaffung in neuen inländischen Regionen oder auf ausländischen Beschaffungsmärkten möglich. Die Personalwerbung kann sich in diesem Fall vor allem auch auf die Abwerbung von Personal von Unternehmen beziehen, mit denen auf den bekannten Einsatzfeldern eine Konkurrenzsituation vorliegt (Felder 31 und 41). Allerdings kann auf den neuen Personalbeschaffungsmärkten auch Personal für die neuen Einsatzfelder gesucht werden (Felder 32 und 42). In diesem Fall steigt jedoch – wie bei der Diversifikation in der Produkt-Markt-Matrix – das Risiko für das Management.

Dieses Beispiel aus dem Personalwesen zeigt, dass sowohl die Gap-Analyse als auch das Grundprinzip der einfachen Produkt-Markt-Matrix auf andere Bereiche der strategischen Analyse und Planung übertragbar ist.

In gleicher Weise ist ein Transfer auf negative Zielgrößen möglich (z.B. Ausschuss, Fehlzeiten, Fluktuation, Kosten sowie auch Mitarbeiter bei Unterbeschäftigung bzw. Personalüberhang). Die einfache grafische Lückendarstellung muss dann nur umgekehrt werden (Bild 92).

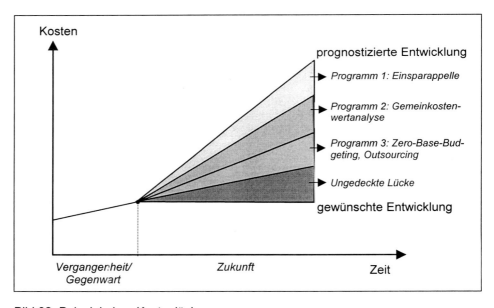

Bild 92: Beispiel einer Kostenlücke

Während bei positiven Größen (z.B. Umsatz, Gewinn) die gewünschte Ziellinie (Entwicklung) oberhalb der erwarteten Zielerreichungslinie (Prognose) verläuft, liegt sie bei negativen Größen unterhalb.

Im angegebenen Beispiel einer Kostenlücke (Bild 92) könnten wiederum verschiedene strategische Stoßrichtungen formuliert werden. Der „Kosten-Systemsprung" wäre z.B. bei allgemeinen und operativ ausgelegten Einsparappellen und Gemeinkostensenkungsverfahren relativ gering. Bei strukturellen Veränderungen, die z.B. zum Übergang auf neue Fertigungstechnologien führen, auf Maßnahmen im Zuge des Zero-Base-Budgeting hinauslaufen und/oder auf ein schrittweises Outsourcing von weniger wichtigen Leistungsstufen abzielen, wäre der „Kosten-Systemsprung" dagegen vergleichsweise hoch.

6.6 Vier-Felder-Matrix der strategischen Verhaltensoptionen

Soll – unter Beibehaltung der Überlegungen von Ansoff – bei der Ableitung von Strategien neben dem klassischen Produkt-Markt-Bereich auch die interne Seite des Unternehmens aufgenommen werden, ergibt sich die **Vier-Felder-Matrix für die Ableitung strategischer Verhaltensoptionen** (Bild 93).

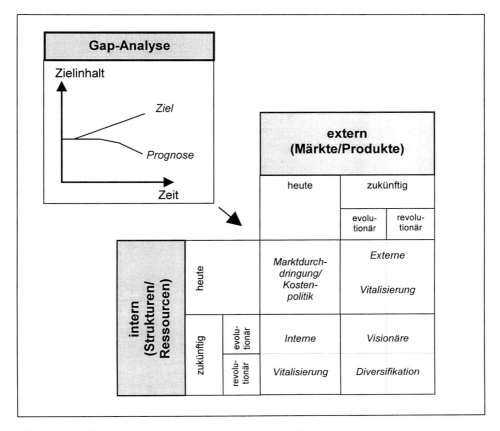

Bild 93: Vier-Felder-Matrix der strategischen Verhaltensoptionen

Der Terminus „neu" aus der klassischen Produkt-Markt-Matrix wird dabei durch „zukünftig" ersetzt, weil hierdurch die Veränderungsdynamik besser zum Ausdruck kommt. Ferner kann die zukünftige Veränderung evolutionären oder revolutionären Charakter haben.

Die vier möglichen Strategieoptionen lauten: (1) **Marktdurchdringung und Kostenpolitik**, (2) **externe Vitalisierung** (Produkt-Markt-Strategien), (3) **interne Vitalisierung** (Ressourcen-Struktur-Strategien) und (4) **visionäre Diversifikation**.

Die **externe Vitalisierung** ist gut vergleichbar mit dem klassischen Charakter eines „aktiven und dynamischen Eroberers". Auf der Basis eines sicheren Kerngeschäfts baut er seine Marktposition aus. Problematisch kann sein, dass er zur Vernachlässigung der internen Ressourcen und Strukturen neigt. Dies ist z.B. bei kleinen und mittelständischen Unternehmen der Fall, die ein rasantes Wachstum aufweisen und/oder intensive Diversifikationsstrategien verfolgen. Häufig geraten sie in der wachstumsträchtigen Unternehmensentwicklung gerade deswegen in die Krise, weil sie intern noch immer die Strukturen von Klein- und Mittelstandsunternehmen haben und Mängel beim Ressourcenmanagement vorliegen (z.B. ungenügende Personalentwicklung, mangelhaftes Lieferantenmanagement, keine Professionalisierung und instrumentenseitige Unterstützung der unternehmerischen Intuition, vgl. Punkt I.5).

Bei der **internen Vitalisierung** liegen umgekehrte Sachverhalte vor. In diesen Unternehmen herrscht meist die Mentalität des „passiven und internen Anpassers". Er sieht in der Sicherung des Status quo das hauptsächliche Unternehmensziel. In Wachstumsphasen ist dieses Ziel nicht gefährdet, da Schwächen auf der Produkt-Markt-Seite durch das Wachstum übertüncht werden. Sobald jedoch Stagnation und Rezession auf der Outputseite drohen, ist im Unternehmen und zwischen den Managern mit steigenden Verteilungs- und Machtkämpfen zu rechnen. Die Organisation und ihre Mitglieder kommen in die Gefahr, sich vor allem mit sich selbst zu beschäftigen. Dadurch werden Ressourcen für die externe Vitalisierung blockiert und der Blick für die externe Kunden-Markt-Sicht verstellt.

Die vier grundsätzlichen strategischen Verhaltensoptionen fallen sehr grob aus, weshalb eine weitere Separierung erforderlich wird. Was die externe Seite anbelangt, so gleicht die Vier-Felder-Matrix der bekannten Produkt-Markt-Matrix von Ansoff. Die interne Seite wird durch die Ressourcen-Struktur-Matrix aufgespannt (Bild 94).

Controlling-Instrumente für die Unternehmensführung

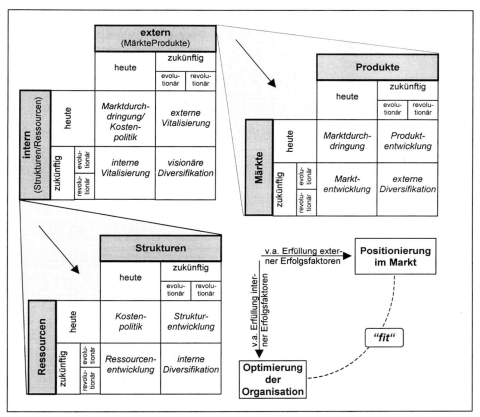

Bild 94: Komponenten der Vier-Felder-Matrix der strategischen Verhaltensoptionen

Während auf der externen Seite die gängigen Marktstrategien von Ansoff stehen, lauten die strategischen Verhaltensoptionen auf der Seite der Ressourcen-Struktur-Matrix je nach Konstellation „Kostenpolitik" (z.B. Einsparungen), „Strukturentwicklung" (z.B. Abflachung der Hierarchie), „Ressourcenentwicklung" (z.B. Personalentwicklung) oder „interne Diversifikation" (z.B. Hierarchieabflachung und Personalentwicklung gleichzeitig). Welche Option im Einzelfall zu wählen ist, hängt von allgemeinen **Erfolgsfaktoren der Strategieumsetzung** ab. In einem Praxisprojekt des Autors wurde die Priorisierung anhand der in Bild 95 dargestellten Faktoren und ihren jeweils organisationsspezifischen Ausprägungen vorangetrieben.

Controlling-Instrumente für die Unternehmensführung

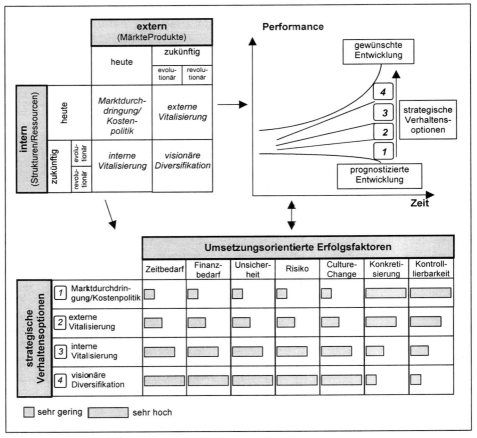

Bild 95: Strategiewahl und Erfolgsfaktoren der Strategieumsetzung

Danach ordnete das Management zunächst im Grundsatz der Kostenpolitik die höchste Priorität zu, der externen und internen Vitalisierung die zweit- und dritthöchste Priorität und schließlich der visionären Diversifikation die geringste Priorität. Allerdings wurde von dieser Priorisierung in Einzelfällen abgewichen und Maßnahmen in mehreren Optionsfeldern gleichzeitig angestoßen und umgesetzt. Trotz „fundierter und verabschiedeter" Priorisierungsreihenfolgen dürfte dies in der Praxis meistens der Fall sein.

7 Portfolio-Methode

7.1 Allgemeine Kennzeichnung

Bei Portfolios handelt es sich – wie auch bei der mehrfach ergänzten Gap-Analyse – einerseits um eher methodisch-abstrakte Instrumente. Andererseits wird mit ihnen eine ganzheitliche Betrachtung des Unternehmens verfolgt (Dunst).

Der Ausdruck „Portfolio" hat seinen Ursprung im finanzwirtschaftlichen Bereich (Wertpapier-Portefeuille). Markowitz legte dafür bereits in den 50er Jahren die theoretische Basis. Danach soll ein Portfolio unter den Kriterien Verzinsung und Risiko eine möglichst optimale Mischung aus mehreren Wertpapierarten ermöglichen.

Ausgangspunkte für die folgende Übertragung des Portfolio-Gedankens auf die güter- und leistungswirtschaftliche Ebene von Unternehmen waren in den 60er Jahren die zunehmenden Diversifikationsstrategien von amerikanischen Großunternehmen. Mit dem Aufkommen multinational agierender und diversifizierender Großunternehmen wurde ein Instrument erforderlich, das einen ganzheitlichen Überblick über die diversen Geschäftsaktivitäten eines Unternehmens zuließ. Für die Abwicklung und Koordination des Tagesgeschäfts wurden vor allem Cost- und Profit-Center-Strukturen gebildet. Für die **Gesamtsteuerung der strategischen Geschäftseinheiten des Unternehmens** verlangte das Management nach einer neuen Methode.

Vor diesem Hintergrund entwickelten amerikanische Beratungsgesellschaften die Portfolio-Methode. Von der Boston Consulting Group (BCG) stammt das **Marktwachstums-Marktanteils-Portfolio**. McKinsey entwickelte das **Marktattraktivitäts-Wettbewerbsvorteils-Portfolio** (vgl. Punkt III.7.2 und 7.3).

Die Grundidee der Portfolio-Methode besteht darin, dem Management einen Überblick über möglichst alle strategischen Geschäftseinheiten zu bieten. Damit sollen die Produkt-Markt-Strategien so aufeinander abgestimmt werden, dass stets genug strategische Geschäftseinheiten (bzw. Produktgruppen oder Produkte) vorhanden sind, aus denen finanzielle Mittel zufließen, um damit andere und zukünftig erfolgversprechende Geschäftseinheiten aufbauen und/oder unterstützen zu können.

Ferner lassen Portfolios eine Analyse und Bewertung der strategischen Gesamtlage eines Unternehmens zu, weisen auf Entwicklungsmöglichkeiten und -notwendigkeiten hin und können dadurch für die Steuerung von Unternehmensressourcen zum Einsatz kommen. Daneben sind Zeitvergleiche denkbar, um mittel- bis langfristige Entwicklungen sichtbar zu machen. Schließlich sind Gegenüberstellungen von Ist- und Soll-Portfolios möglich, um eine „strategische Marschrichtung" vorzugeben.

Die Übertragung des Portfolio-Gedankens auf Anwendungsfelder, die außerhalb des typischen Produkt-Markt-Bereichs liegen, zeigt das enorme Anwendungspotenzial dieses strategischen Controlling-Instruments (vgl. die Punkte III.7.5, 7.6 und 7.7 und die dort zahlreich zitierte Literatur sowie z.B. Antoni und Riekhof).

7.2 Marktwachstums-Marktanteils-Portfolio

Anhand dieser Grundüberlegungen entwickelte die Boston Consulting Group das „klassische" Portfolio in Form des Marktanteils-Marktwachstums-Portfolios. Dort werden strategische Geschäftseinheiten (Geschäftsfelder, Business Units, Produkte usw.) in einem zweidimensionalen Koordinatensystem positioniert.

Eine Dimension bildet der – durch das Unternehmen mehr oder weniger direkt beeinflussbare – **relative Marktanteil** (RMA). Durch ihn wird u.a. ein Bezug zum **Erfahrungskurvenkonzept** und der dadurch verbundenen Kostenposition eines Unternehmens im Vergleich zu den (stärksten) Wettbewerbern hergestellt. Hierdurch wird auch den Ergebnissen des **PIMS-Programms** und den Überlegungen von **Gälweiler** Rechnung getragen, wonach der relative Marktanteil zu den kardinalen Erfolgsfaktoren von Unternehmen zählt (vgl. Punkt III.3 und 4 und Punkt II.3.2).

Die zweite Dimension bildet das – v.a. extern vorgegebene und durch das Unternehmen kaum beeinflussbare – **Marktwachstum**. Es hängt u.a. von der Phase der strategischen Geschäftseinheit im **Lebenszyklus** ab (vgl. Punkt III.5). Damit wird ferner die Bedeutung der **Formel der Unternehmensstrategie** (Gälweiler) fundiert (vgl. Punkt II.3.2).

Für Zwecke der Analyse bestehender Erfolgspotenziale sind die einzelnen strategischen Geschäftseinheiten in das Diagramm (Portfolio) einzutragen. Durch die Größe der Kreise kann man ihre jeweilige Bedeutung (z.B. Umsatzrelationen) kenntlich machen. Im Einzelfall können die Kreise noch zusätzlich ange-reichert werden, um weitere wichtige Informationskategorien abzubilden. Diese schrittweise Integration zusätzlicher Informatonskategorien in die klassische Portfolio-Darstellung nutzt man in der Praxis, um Ressourcenzuweisungen und Strategieableitungen auf eine breitere Informationsbasis zu stellen (man spricht dann häufig vom so genannten „Infokat-Management"). Problematisch kann dabei sein, besonders „unbedarfte" Adressaten mit Zusatzinformationen zu überhäufen, während diese noch mit der gedanklichen Verarbeitung des Portfolio-Grundprinzips beschäftigt sind. In diesem Zusammenhang kann es sinnvoll sein, eine zweite Berichtsebene vorzusehen.

Bild 96 zeigt ein Portfolio auf Basis von Boston Consulting, in dem sechs strategische Geschäftseinheiten positioniert sind.

Controlling-Instrumente für die Unternehmensführung

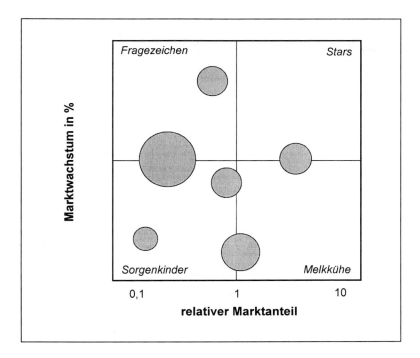

Bild 96: Beispiel eines Ist-Portfolios mit sechs strategischen Geschäftseinheiten

Die Skala der vertikalen Achse ist linear. Die horizontale Achse wird oft logarithmisch skaliert. In beiden Fällen liegen kardinal quantifizierbare Größen vor. Dies ist auch der Grund, weshalb man beim Marktwachstums-Marktanteils-Portfolio häufig von einem „quantitativen Portfolio" spricht. Dies schließt allerdings nicht aus, dass die Achsenabschnitte im Einzelfall geschätzt bzw. in Intervallen angegeben werden.

Die vertikale Trennlinie und die horizontale Trennlinie zerlegen das Portfolio in **vier Felder**. Diese sind mit unterschiedlichen Begriffen belegt. Die einzelnen Feldbezeichnungen (Fragezeichen, Stars, Melkkühe, Sorgenkinder) suggerieren dem Management bereits vorzunehmende Handlungen (Normstrategien).

Strittig ist häufig, ob das Portfolio offen bzw. geschlossen und ob es in gleich großen Quadranten oder ungleich großen Quadranten abgebildet werden sollte:

Die Frage der Schließung des Portfolios ist deswegen nicht trivial, weil meist konstruktive Hinweise fehlen, bei welchem (maximalen) Marktwachstum das Portfolio in vertikaler und bei welchem (maximalen) RMA es in horizontaler Richtung zu schließen ist. Was das Problem der Größe der

Controlling-Instrumente für die Unternehmensführung

Quadranten (und damit die Setzung des Fadenkreuzes) anbelangt, so spricht vieles dafür, die vertikale Trennlinie bei einem RMA von 1 (Patt-Situation zwischen den besten Konkurrenten) und die horizontale Trennlinie bei einem „durchschnittlichen Marktwachstum" (z.B. gewichtetes oder ungewichtetes arithmetisches Mittel aus allen positionierten Geschäftseinheiten) einzutragen. Wird nun aus den Wachstumsraten 1, 1, 1, 1 und 21 Prozent ein einfacher Durchschnitt von 5 Prozent ermittelt, so zeigt sich unmittelbar, dass sich beispielsweise in vertikaler Hinsicht ungleiche Quadranten ergeben. Da man den Kreis für das Geschäftsfeld mit 21 Prozent Wachstum mit seinem gesamten Kreisumfang im Portfolio positionieren möchte, entsteht sofort Frage, ob und gegebenenfalls bei welcher Wachstumsrate das Portfolio zu schließen ist (bei 22, 23, 26 ... Prozent?) – oder der Portfolio-Konstrukteur entschließt sich, das Portfolio gleich offen zu lassen (Bild 97). Prinzipiell könnte dies auch für die Abszisse gelten, auf deren Schließung im Einzelfall auch verzichtet werden könnte.

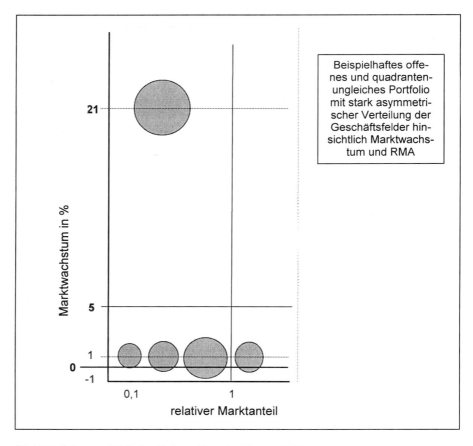

Bild 97: Offenes BCG-Portfolio – Konstruktionseffekte

Controlling-Instrumente für die Unternehmensführung

Die Probleme bei der konkreten Konstruktion von Portfolios nach dem Muster der Boston Consulting Group mögen überdetailliert beschrieben erscheinen, gleichwohl gehören sie zu den „Alltagsproblemen" des Portfolio-Konstrukteurs in der Praxis.

Die Beurteilung von Ist-Portfolios (= bestehende Erfolgspotenziale) und die Ableitung von Soll-Portfolios (= erwünschte Zusammensetzung der zukünftigen Erfolgspotenziale) wird nach standardisierten **Normstrategien** vorgenommen. Sie lassen sich auf der Basis der Felder des Portfolios ableiten.

Die Grundforderung dieser Normstrategien lautet:

Zur Überlebenssicherung ist ein ausgewogenes Portfolio anzustreben; d.h. es muss stets eine Balance zwischen den unterschiedlichen strategischen Positionen der einzelnen Geschäftseinheiten herrschen.

Bild 98 zeigt die finanzwirtschaftlichen Wirkungen der vier Normstrategien und den Soll-Verlauf (entsprechend dem Lebenszyklus) im Soll-Portfolio, um eine finanzwirtschaftlich ausgewogene Gesamtpositionierung zu erreichen.

In der Einführungsphase (Fragezeichen) sind v.a. deshalb hohe Investitionen notwendig, um den Marktanteil auszuweiten (Offensivstrategien). Demgegenüber werden nur geringe Deckungsbeiträge erwirtschaftet. Fragezeichen sind daher auf einen Mittelzufluss von anderen strategischen Geschäftseinheiten angewiesen. Das Verhältnis zwischen Investitionen und Deckungsbeiträgen verbessert sich in der Star-Position (Wachstum, Investitionsstrategien) und kehrt sich bei den Melkkühen (Reife, Defensivstrategien) um. Geschäftseinheiten in der Sorgenkinder-Position erzielen nur noch geringe Deckungsbeiträge. Sie erzeugen jedoch auf der anderen Seite kaum noch Investitionsbedarf, sondern vielmehr ist von einer Desinvestitionsstrategie auszugehen.

Insgesamt handelt es sich dabei um ein vereinfachtes Idealbild und um typische „Meta-Erzählungen" in (kritikentleerten) Lehrbüchern. Ob beispielsweise insbesondere die Feldzuweisungen zu den Phasen des Lebenszyklus immer richtig ist, bedarf noch einer intensiveren Diskussion (vgl. unten). Gleiches gilt für die idealtypischen Annahmen im Hinblick auf die Verhältnisse zwischen Investitionen und Deckungsbeiträgen.

Controlling-Instrumente für die Unternehmensführung

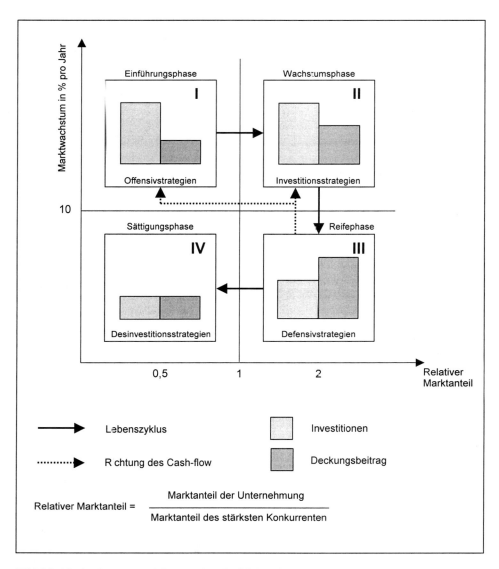

Bild 98: Marktphasen und finanzwirtschaftliche Konsequenzen der vier
Normstrategien (Idealbild)

Die **Problembereiche** und **Kritikpunkte** des Marktanteils-Marktwachstums-Portfolios erstrecken sich zunächst auf die zu seiner Aufstellung benötigten Informationen. Obwohl in einigen Fällen auch die extreme Vereinfachung der zwei Achsen kritisiert wird, so kann sich die **Datengewinnung** hinsichtlich der Wachstumsraten und Marktanteile in der Praxis dennoch als schwierig und problematisch erweisen. Dadurch kann es in der Praxis zu enormen Konstruktionsproblemen und -effekten sowie Manipulationen kommen. Beim Marktwachstum ist zwar offensichtlich, dass von zukunftsorientierten Werten auszugehen ist; welcher Zeithorizont dabei aber zugrundegelegt werden soll, ist umstritten. Beim relativen Marktanteil handelt es sich bei der Erstellung eines Ist-Portfolios dagegen um Vergangenheits- und Gegenwartswerte. Schließlich wird über den relativen Marktanteil die (in der Vergangenheit gemachte) Erfahrung im Sinne der Erfahrungskurve zum Ausdruck gebracht. Insofern werden an Ordinate und Abszisse in den Fällen der Praxis bei der Konstruktion von Ist-Portfolios unterschiedliche **Zeitzonen** abgebildet („Zeitzonenproblem"). Bei Soll- oder Zukunfts-Portfolios ist dagegen von gleichen und in die Zukunft gerichteten Zeitzonen auszugehen.

Auch die **Abgrenzung des „relevanten Marktes"** spielt sowohl für die Berechnung des relativen Marktanteils als auch für die Bestimmung der Wachstumsraten der Märkte eine erhebliche Rolle. Schließlich hat ein Unternehmen mit seinen verschiedenen strategischen Einheiten auf den einzelnen Märkten meist unterschiedliche Marktanteile, und die einzelnen Märkte weisen in aller Regel in der Realität unterschiedliche Wachstumsraten auf. Global agierende „Weltunternehmen" haben damit meist kein Problem („mein Markt ist die Welt, wo ist das Abgrenzungsproblem"?). Bei Klein- und Mittelstandsunternehmen steigt dagegen die Brisanz des Marktabgrenzungsproblems. Oft ist nur ein Rückgriff auf sehr grobe Abgrenzungen möglich. Damit wird aber auch die Positionierung der strategischen Geschäftseinheiten beeinflusst. Dazu kommt, dass immer dann, wenn die Geschäftseinheiten aus mehreren Produkten bestehen, auch die Abgrenzung der Geschäftseinheiten auf die Positionierung im Portfolio Einfluss nimmt. Die Bildung von Geschäftseinheiten muss daher auch vor diesem Hintergrund sehr sorgfältig erfolgen und ist eine wichtige Voraussetzung für eine gewissenhafte Erstellung eines Portfolios (vgl. Punkt II.5).

Bei der Portfolio-Konstruktion ist auch auf den so genannten **„Trend zur Mitte"** zu achten. Er kann dazu führen, dass viele (alle) Geschäftseinheiten in der Mitte des Portfolios landen, womit die Ableitung von Normstrategien erschwert bzw. unmöglich wird. Der „Trend zur Mitte" entsteht durch die Aggregierung von Einzelprodukten über strategische Geschäftsfelder bis hin zu strategischen Geschäftseinheiten. Will man dem entgegenwirken, müssen die strategischen Geschäftseinheiten u.U. bis hinunter zu den einzelnen Produkten dekomponiert werden. Dadurch „wandern" die zu positionierenden Einheiten an die Außenkanten des Portfolios. Auch durch unsichere Informationsgrundlagen (v.a. auch durch die Unsicherheit des Portfolio-Konstrukteurs) kann sich ein „Trend zur Mitte" ergeben.

Wo die **Trennlinien** („Fadenkreuz") zur Abgrenzung der Felder zu setzen sind, ist letztlich nicht allgemeingültig zu entscheiden. Die vertikale Trennlinie liegt häufig bei einem relativen Marktanteil von 1 („Patt-Situation"). Diesen Wert überschreitet jedoch nur der Marktführer. Nimmt ein Unternehmen bei seinen strategischen Geschäftsfeldern im Vergleich zu Wettbewerbern hinsichtlich des Marktanteils immer „nur" den zweiten Platz ein, so befinden sich im Portfolio alle Geschäftsfelder links von dieser Trennlinie, wodurch lediglich „Sorgenkinder" und/oder „Fragezeichen" ausgewiesen werden. In der Praxis empfiehlt es sich daher, mehrere vertikale Hilfslinien einzuzeichnen. So ergibt sich eine Art **internes Benchmarking**, wenn eine zusätzliche vertikale Trennlinie durch die Errechnung eines durchschnittlichen RMA über alle strategischen Geschäftsfelder eines Unternehmens (gewichtet oder ungewichtet) eingetragen wird. Auch der Ansatzpunkt für die horizontale Trennlinie ist (fallweise) unterschiedlich. Mögliche Ansatzpunkte wären ein durchschnittliches Marktwachstum aller betrachteten Geschäftsfelder, ein Wachstum des Bruttosozialprodukts oder ein allgemein vorgegebenes durchschnittliches Wachstumsziel des Unternehmens. Trotz dieser Anleitungen für die Setzung des Fadenkreuzes ist bei der praktischen Konstruktion weiterhin die Frage zu lösen, bei welchem Marktwachstum und relativen Marktanteil das Portfolio geschlossen werden soll (vgl. oben). Es handelt sich also um ein so genanntes **„offenes Portfolio"**.

Manchmal wird der Vorwurf der **„Wachstumseuphorie"** erhoben, weil man in den gängigen Portfolio-Konzepten stets von einem positiven Marktwachstum ausgeht – auch dies ist häufig einer kritikentleerten Meta-Erzählung in Lehrbüchern geschuldet. Im Bedarfsfall ist es in der Praxis durchaus möglich, im Ursprung des Portfolios mit negativen Wachstumsraten zu beginnen bzw. das Portfolio auch nach unten zu öffnen.

Schließlich setzt die Kritik daran an, dass strategische Geschäftsfelder lediglich anhand von zwei – wenn auch strategisch wichtigen – Dimensionen positioniert werden, während andere, wichtige **Informationskategorien** unter den Tisch fallen (z.B. Beziehungen zwischen den Geschäftseinheiten in Form von substitutiven und komplementären Produktverbindungen, Wertschöpfungsanteile, Personalstärke). Kompensierend kann hier wirken, die Kreise, die die jeweiligen Geschäftseinheiten symbolisieren, mit zusätzlichen Informationskategorien anzureichern. Denkbar wäre in diesem Zusammenhang beispielsweise, neben der Kreisgröße, die i.d.R. den Umsatz zum Ausdruck bringt, verschiedene Kreisfelder und/oder Zeiger („Uhrzeiger") für zusätzliche Informationskategorien vorzusehen (z.B. für Marktzyklus-Phasen, Deckungsbeiträge, Renditen, Auftragseingang, Hauptkostentreiber, wichtigste Kunden; vgl. dazu auch Punkt III.8).

Bei erstmaliger Integration zusätzlicher Informationskategorien kann es zur **informatorischen Überforderung des Adressaten** kommen („information overload). Ein derartiges „Infokat-Management" ist aus diesem Grund der Praxis nur in schrittweiser Art zu empfehlen, um die Adressaten langsam mit der damit verbundenen Komplexität vertraut zu machen.

Angesichts der **postmodernen Relativierungen** im einführenden Kapitel dieses Buches (Kapitel I.2) liegt es auf der Hand, dass die Kritikpunkte und die Konstruktionsprobleme den Präsentatoren (und selbstverständlich gleichermaßen den Auftraggebern) von BCG-Portfolios zahlreiche Freiheitsgrade für **manipulative Eingriffe** eröffnen, um eine ihren Interessenlagen und Zielen entsprechende „wahre" **Geschichte** über die strategische Lage des Unternehmens zu produzieren und zu erzählen sowie darauf aufbauend „rationale" **Strategien** abzuleiten. Ein Publikum, das über die u.a. im Zuge der Portfolio-Konstruktion immer wieder auftretenden Problem- und Kritikpunkte informiert ist, dürfte dagegen über reichliches **Dekonstruktionspotenzial** verfügen, um im Bedarfsfall für eine Entlarvung solcher Versuche und eine Enttarnung der Ziele der Präsentatoren und/oder Auftraggeber zu sorgen.

7.3 Marktattraktivitäts-Wettbewerbsvorteils-Portfolio

Nicht zuletzt die oben aufgelisteten Kritikpunkte gegenüber dem BCG-Portfolio gaben Anlass dazu, das Marktwachstums-Marktanteils-Portfolio zu erweitern und zu ergänzen. Einerseits ergab sich dadurch zwar eine Reduzierung bestimmter Nachteile und Kritikpunkte, andererseits bietet das Marktwachstums-Marktanteils-Portfolio ähnliche und zusätzliche offene Flanken, die es für die oben genannten Manipulationsversuche als ebenso geeignet erscheinen lässt, wie das BCG-Portfolio (vgl. hierzu die Ausführungen am Ende dieses Abschnittes).

Das von der amerikanischen Beratungsgesellschaft McKinsey in Zusammenarbeit mit General Electric entwickelte Marktattraktivitäts-Wettbewerbsvorteils-Portfolio hält zwar an der einfachen **zweidimensionalen Darstellung** fest, bei den Dimensionen handelt es sich allerdings um **qualitative und aggregierte Größen**, die sich aus mehreren Unterkriterien (so genannte „operationalisierende Kriterien") zusammensetzen („qualitatives Portfolio").

Dadurch ist eine breitere und vor allem **qualitative Abstützung der Portfolio-Positionierungen** möglich. Außerdem wird eine feinere Einteilung in neun Felder vorgenommen (Bild 99).

Controlling-Instrumente für die Unternehmensführung

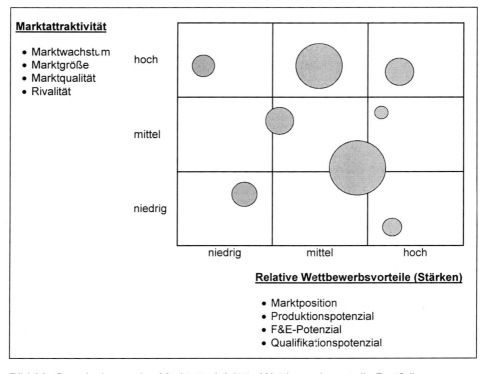

Bild 99: Grundschema des Marktattraktivitäts-Wettbewerbsvorteils-Portfolios

Die Ermittlung der **Marktattraktivität** – als weitgehend extern bestimmte und durch das einzelne Unternehmen relativ wenig beeinflussbare Größe – umfasst beispielsweise folgende (in weiten Teilen nur qualitativ bestimmbare) Unterkriterien:

(1) Marktwachstum und Marktgröße
(2) Marktqualität (z.B. Spielraum für die Preispolitik und die Durchsetzung von Abschöpfungsstrategien, Innovationspotenzial)
(3) Rivalität (sind die Märkte stark umkämpft?)
(4) Substitutionsgefahren (wieviele Ersatzprodukte gibt es auf den Märkten?)
(5) Umweltsituation (z.B Risiko staatlicher Beschränkungen bzw. Eingriffe)

Die Ermittlung der relativen **Wettbewerbsvorteile** – als weitgehend vom Unternehmen und im Vergleich zu den (besten) Mitwettbewerbern bestimmbare Größe – umfasst beispielsweise folgende (letztlich wiederum in weiten Teilen nur qualitativ bestimmbare) Unterkriterien:

(1) Relative Marktposition (z.B. aktueller Marktanteil und seine Entwicklung, Wachstumsrate des Unternehmens)
(2) Relatives Produktionspotenzial (z.B. Kostenvorteile, Umrüstflexibilität sowie -schnelligkeit des Equipments, Lizenzbeziehungen)
(3) Relatives Forschungs- und Entwicklungspotenzial (z.B. eigene Patente, Länge der Entwicklungszeiten im Vergleich zur Konkurrenz)
(4) Relatives Qualifikationspotenzial (z.B. Mitarbeitermotivation, Betriebsklima, Identifikation mit den Unternehmenszielen)
(5) Relatives Vertriebspotenzial (z.B. Dichte des Vertriebsnetzes)

Aus pragmatischen Gründen verzichtet die Praxis häufig auf die Relativbetrachtung. Dies geschieht häufig, weil über die Konkurrenten oft nicht über alle Kriterien hinweg Informationen vorliegen. Außerdem kann pro Kriterium jeweils ein anderer Konkurrent bester Mitbewerber sein, weshalb man sich mit einem „besten Kunstkonkurrenten" vergleichen würde, den es in der Realität tatsächlich nicht gibt.

Die Ausprägungen der einzelnen operationalisierenden Kriterien werden meist über ordinale Ratings (z.B. von 1 = niedrig bis 7 = hoch) erhoben (vgl. dazu auch Bild 100, unten). Im Gegensatz zum Marktwachstums-Marktanteils-Portfolio ist damit klar, dass es sich um ein so genanntes „geschlossenes Portfolio" handelt, bei dem auch die Setzung der horizontalen und vertikalen Trennlinien kein Problem verursacht.

Die einzelnen **Ratingwerte** für die „operationalisierenden Kriterien" werden i.d.R. durch einfache oder gewichtete Durchschnittsbildung zu den Grunddimensionen des Portfolios (Marktattraktivität, relative Wettbewerbsvorteile) zusammengefasst. Dabei ist darauf zu achten, ob bzw. welche operationalisierenden Kriterien auf die Grunddimensionen positiv oder negativ wirken. Konzentriert man sich beispielsweise auf die Operationalisierung der Marktattraktivität (vgl. Bild 100), so besteht z.B. zu den Kriterien Preisspielräume und Produktunterschiede eine positive Beziehung, während die Kriterien Sättigungsgrad und Rivalität negativ zu interpretieren sind. Für die Durchrechnung zum jeweiligen Punktwert für die Marktattraktivität (wie auch im Fall der Ressourcenstärke oder Wettbewerbsvorteile) ist daher je nach Bedarf ein so genannter **Skaliertausch** erforderlich.

Controlling-Instrumente für die Unternehmensführung

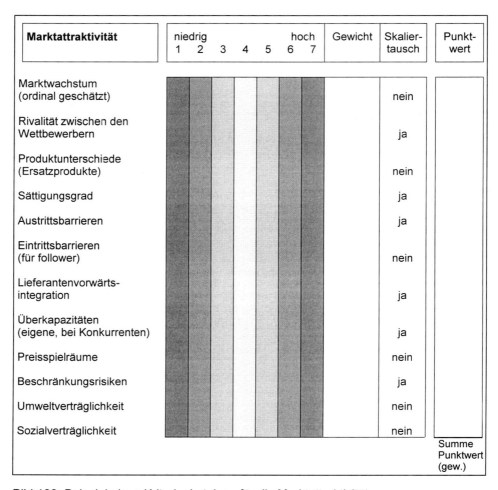

Bild 100: Beispiel eines Kriterienkatalogs für die Marktattraktivität

Um den mit der Erstellung verbundenen Datenverarbeitungsaufwand zu reduzieren, wird meist von einer Software-gestützten Portfolio-Konstruktion Gebrauch gemacht. Bei dem sehr anwenderfreundlichen und für sämtliche Portfolio-Formen einsetzbaren Software-Programm „Portfolio für Excel" reicht die Unterstützung von der Vereinfachung der Datenerhebung bis zur grafischen Aufbereitung der Portfolios (Strey). Im Kompetenzzentrum für Unternehmensentwicklung und -beratung (KUBE e.V.) sowie in verschiedenen Mittelstands-, Groß- und Beratungsunternehmen kommt das Softwarepaket „Portfolio für Excel" seit Jahren zum Einsatz.

Controlling-Instrumente für die Unternehmensführung

Ähnlich wie beim Marktanteils-Marktwachstums-Portfolio werden auch im Neun-Felder-Portfolio bestimmte **Normstrategien** empfohlen (Bild 101; ob in der Praxis ein McKinsey-Portfolio immer neun Felder aufweist, muss klar abgelehnt werden. Häufig bleibt es – in Anlehnung an BCG – bei der Unterteilung in vier Felder mit den typischen Feldbezeichnungen).

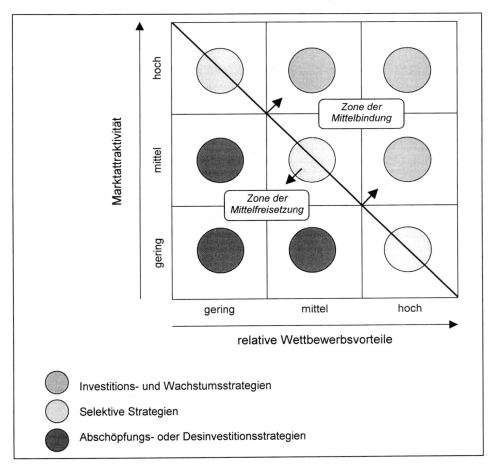

Bild 101: Normstrategien im Marktattraktivitäts-Wettbewerbsvorteils-Portfolio

(1) Abschöpfungs- und Desinvestitionsstrategien:
Sie sollten bei solchen Geschäftseinheiten zur Anwendung kommen, die im Bereich niedriger bis mittlerer Marktattraktivität und niedriger bis mittlerer relativer Wettbewerbsvorteile liegen. Die aus dem möglichen Verkauf von Produktionsanlagen erzielbaren Erlöse sollten für erfolgversprechendere Geschäftseinheiten eingesetzt werden.

(2) Investitions- und Wachstumsstrategien:
Sie sind für Geschäftseinheiten zu empfehlen, die sich in der Zone der Mittelbindung befinden. Dort lohnen sich Investitionen – auch wenn sie von diesen Geschäftseinheiten (noch) nicht getragen werden können –, weil es sich bei ihnen um die zukünftigen Erfolgspotenziale handelt und langfristig einen hohen positiven Netto-Cash-flow erwarten lassen.

(3) Selektive Strategien:
Sie werden für Einheiten auf der Portfolio-Diagonalen vorgeschlagen:
- Für Fälle, in denen die Marktattraktivität hoch und die relative Wettbewerbsposition niedrig ist, liegt die Notwendigkeit der Desinvestition nahe, wenn es nicht gelingt (mittels hoher Investitionen), die Wettbewerbsstärke wesentlich zu steigern bzw. in näherer Zukunft nicht davon auszugehen ist, dass die Wettbewerbsstärke der Konkurrenten nachlässt.
- Liegen Geschäftsfelder im zentralen Feld des Portfolios (mittlere Wettbewerbsstärke und Marktattraktivität), ist eine globale und klare Strategieempfehlung kaum möglich. Durch gezielte Investitionen ist u.U. eine Stärkung der Wettbewerbsposition zu verfolgen, um eine stabilisierte Cash-Flow-Bilanz zu erreichen.
- Bei niedriger Marktattraktivität und hoher Wettbewerbsstärke sind Aktivitäten zur Haltung der Wettbewerbsposition und Maximierung des Cash-Flow nötig, um die Investitions- und Wachstumssektoren zu fördern.

Die **Kritikpunkte** des Neun-(Vier-)Felder-Portfolios gestalten sich zunächst ähnlich wie beim Marktanteils-Marktwachstums-Portfolio, gehen jedoch in Einzelfällen vor allem hinsichtlich der in der Praxis zu erwartenden Konstruktionseffekte noch darüber hinaus. Zwar werden die zwei quantitativen Achsen zugunsten qualitativer Dimensionen aufgegeben, die sich ihrerseits aus vielen unterschiedlichen Unterkriterien zusammensetzen. Ein solches Vorgehen ist einerseits insgesamt weit differenzierter. Andererseits sind damit in der Praxis zahlreiche **Informationsgewinnungs- und Messprobleme** verbunden. Die **Auswahl** und **Vielfalt** der zur Anwendung kommenden **operationalisierenden Kriterien** beeinflusst u.a. die Positionierung der Geschäftseinheiten. Ferner lässt sich nie endgültig behaupten, die Liste der Indikatoren wäre vollständig (**Vollständigkeitsproblem**). Daneben ergeben sich Messprobleme im Hinblick auf die qualitative Erhebung der einzelnen Ausprägungen der Kriterien und das daraus resultierende Problem der **Subjektivität**. Meist geschieht die Messung der Kriterienausprägungen über so genannte **Rating-Skalen**, bei denen „**Experten**" ihre (subjektiven) Einschätzungen abgeben. Anschließend werden die einzelnen Ergebnisse meist anhand von Mittelwertbildungen zusammengefasst. Wenn mehrere Experten befragt werden (und dies ist der Praxis u.a. aus Akzeptanzgründen zu raten), kann es zum „**Trend zur Mitte**" kommen („Teambewertung führt zum Trend zur Mitte"). Er verstärkt sich noch, wenn sich die „Experten" in Wirklichkeit als „Laien" entpuppen. Eine andere Ursache des „Trends zur Mitte" kann darin liegen, dass die „operationalisierenden Kriterien" für die Experten weite **Interpretationsspielräume** lassen

Controlling-Instrumente für die Unternehmensführung

und/oder die Experten diese nicht verstehen. Häufig werden die einzelnen Unterkriterien zudem gewichtet. Auch die **Gewichtung** unterliegt subjektiven Einflüssen. Der insgesamt entstehende Aufwand für die Informationsverarbeitung erfordert ferner eine IT-Unterstützung (zu weiteren Konstruktionseffekten vgl. Punkt III.7.5 und 7.6). Wie beim BCG-Portfolio, so gibt es auch beim MCKinsey-Portfolio folglich zahlreiche Freiheitsgrade, um **interessengesteuerte „Wahrheiten" und „Erzählungen"** zu produzieren. Trotz dieser Einschränkungen zählt auch das McKinsey-Portfolio zu den zentralen Instrumenten des strategischen Controlling. Seine weite Verbreitung basiert nicht zuletzt auf die sehr einfache, kommunikationsfreundliche und unmittelbar ansprechende grafische Darstellung der Gesamtsituation eines Unternehmens.

7.4 ADL-Portfolio-Matrix

Eine besondere Portfolio-Form hat die Beratungsgesellschaft Arthur D. Little (ADL) entwickelt. Die **ADL-Portfolio-Matrix** besteht aus der Achse der relativen Wettbewerbsposition bzw. Ressourcenstärke (sinnvollerweise entnommen aus einem McKinsey-Portfolio) und der Achse der Lebenszyklusphasen (Bild 102, vgl. dazu z.B. Hax u. Majluf oder Camphausen (a, b)):

Wettbewerbs-position		Lebenszyklus			
		Einführung	Wachstum	Reife	Sättigung
Dominant	1	hinzugewinnen	halten	halten	halten
	2	überproportional	proportional	reinvestieren	reinvestieren
	3	Kapitalverbrauch	Kapitalfreisetzung	Kapitalfreisetzung	Kapitalfreisetzung
Stark	1	hinzugewinnen	hinzugewinnen	halten	halten oder abschschöpfen
	2	überproportional	überproportional	reinvestieren	reinvestieren
	3	Kapitalverbrauch	Kapitalverbrauch	Kapitalfreisetzung	Kapitalfreisetzung
Günstig	1	selektiv hinzugewinnen	selektiv hinzugewinnen	halten, Nischensuche	abschöpfen
	2	proportional	selektiv	selektiv	selektiv
	3	Kapitalverbrauch	Kapitalverbrauch	neutral	Kapitalfreisetzung
Mäßig	1	selektiv	Nischensuche	Nischensuche	aufgeben
	2	selektiv	selektiv	selektiv	liquidieren
	3	Kapitalverbrauch	Kapitalverbrauch	neutral	---
Schwach	1	starke Verbessg. oder aussteigen	starke Verbessg. oder aussteigen	aufgeben	aufgeben
	2	selektiv	selektiv	liquidieren	liquidieren
	3	Kapitalverbrauch	neutral	---	---
1 = Marktanteil, 2 = Investitionen, 3 = Cash Flow					

Bild 102: ADL-Portfolio-Matrix

Sieht man von der relativen Wettbewerbssituation „nicht lebensfähig" ab, so ergeben sich zunächst fünf Wettbewerbspositionen (dominant, stark, günstig, mäßig und schwach), die mit vier Phasen des Lebenszyklus kombiniert werden (Einführung, Wachstum, Reife und Sättigung). Dadurch entstehen 20 Felder, in denen die Auswirkungen für die Kriterien Marktanteil, Investitionen und Cash-flow ablesbar sind.

Da es sich letztlich um eine Kombination aus Produkt-Markt-Portfolio und Lebenszyklusmodell handelt, gelten für die ADL-Portfolio-Matrix grundsätzlich die gleichen Vorbehalte und Kritikpunkte, wie sie gegenüber den Portfolios und dem Lebenszyklusmodell geäußert wurden. Ein Vorteil besteht jedoch in der Verknüpfung beider Instrumente.

7.5 Beispiele für Marktattraktivitäts-Wettbewerbsvorteils-Portfolios

Zur praktischen Illustration von Produkt-Markt-Portfolios zeigen die Bilder 103 und 104 die Anwendung und Ergebnisse von Marktattraktivitäts-Wettbewerbsstärken-Portfolios bei der Linde AG (Henzler (a); die Zahlenangaben beziehen sich jeweils auf den Umsatz in Mio DM).

In Bild 103 sind zunächst Geschäfte positioniert, die von Linde schrittweise aufgegeben wurden. Bild 104 zeigt die Positionierungen von Linde-Geschäften auf der Basis von 1970. Außerdem zeigen die eingezeichneten Pfeile die Positionsveränderungen der Geschäfte bis zum Jahr 1987.

Explizit sei an dieser Stelle auf das Problem hingewiesen, dass reale Portfolios – wenn überhaupt – in der Regel mit erheblichem Zeitverzug veröffentlich werden. Sieht man darüber hinweg, so ist zusätzlich fraglich, ob und welches Interesse ein Unternehmen haben könnte, seine Portfolios – wenn auch mit Zeitabstand – zu publizieren. Daher bleibt hier offen, ob es sich bei den von Henzler dargebotenen Portfolios tatsächlich um die Originalportfolios von Linde handelt.

Controlling-Instrumente für die Unternehmensführung

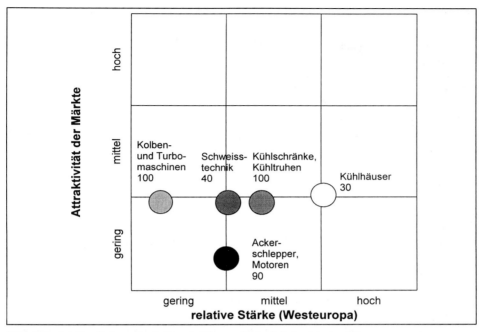

Bild 103: Ist-Portfolio „alter" Geschäfte am Beispiel der Linde AG

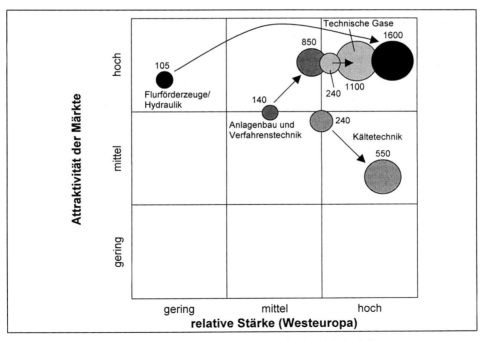

Bild 104: Portfolio-Positionen „geförderter" Geschäfte der Linde AG

In beiden Fallbeispielen wird die konsequente Umsetzung der entsprechenden Normstrategien, die sich aus der allgemeinen Portfolio-Beschreibung ableiten lassen, ersichtlich. Bei den in Bild 103 im Portfolio positionierten Geschäften handelt es sich vor allem um Sorgenkinder („dogs"). Für sie ist i.d.R. eine Abschöpfungs- bzw. Desinvestitionsstrategie zu empfehlen (vgl. oben). Diese Normstrategien hat die Linde AG offensichtlich umgesetzt.

Anders liegt der Fall beispielsweise für die Flurförderzeuge und Hydraulik (Bild 104). Sie konnten im Zuge einer Offensivstrategie von den „Fragezeichen" in das Feld der „Stars" geschoben werden. Für die technischen Gase sowie den Anlagenbau und die Verfahrenstechnik hat Linde offenbar eine Investitionsstrategie vorangetrieben. Die Kältetechnik hat sich vom (schwachen) „Star" Richtung „Melkkuh" entwickelt.

7.6 Technologie- und Forschungs- und Entwicklungs-Portfolios

In Analogie zu Produkt-Markt-Portfolios sind in der Vergangenheit u.a. für die Bewertung und Selektion von neuen Technologien bzw. Forschungs- und Entwicklungsprojekten im Rahmen des Entwicklungszyklus von Produkten Technologie- und Forschungs- und Entwicklungs-Portfolios entwickelt worden (z.B. Saad u.a., Pfeiffer u.a.). Ausgangspunkt für die Bewertung und Selektion von Technologien und Forschungs- und Entwicklungsprojekten bildet oft das Konzept des **„Entwicklungstrichters"** (Bild 105, Wheelwright und Clark).

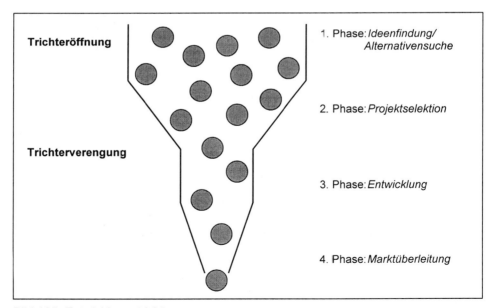

Bild 105: Entwicklungstrichter

Controlling-Instrumente für die Unternehmensführung

Der Entwicklungstrichter lässt sich in verschiedene Stufen unterteilen, die in unmittelbarer Verbindung mit den **Phasen des Innovationsprozesses** stehen. In der Phase der Ideenfindung und Alternativensuche sollte die Trichteröffnung möglichst breit sein, um viele Ideen und Alternativen zu gewinnen. Anschließend ist eine Trichterverengung im Sinne einer Projektauswahl (Selektion) erforderlich, weil i.d.R. nur ein begrenztes Budget für die Verwirklichung zur Verfügung steht und sich einzelne Projekte als wirtschaftlich nicht tragfähig erweisen können. Nur solche Projekte sollten zur Entwicklung freigegeben werden, die die Selektion überstehen. Auch in der Entwicklungsphase sind noch Projekte zu selektieren. Nur wenige Projekte führen zu marktfähigen Produkten und Leistungen und lassen sich am Markt tatsächlich einführen.

Nach Untersuchungen von Commes und Lienert im Hause Siemens sind von 100 begonnenen F&E-Projekten nur 57 technisch erfolgreich, 31 werden am Markt eingeführt, nur 12 sind am Ende auch wirtschaftlich erfolgreich.

Technologie- und Forschungs- und Entwicklungs-Portfolios haben zum Ziel, möglichst erfolgversprechende Projekte auszuwählen. Sie bauen häufig auf den zwei grundlegenden Bewertungsdimensionen „**Projekt- oder Technologieattraktivität**" und (relative) „**Ressourcenstärke**" des Unternehmens auf (Bild 106, Größe der Kreise z.B. Budget):

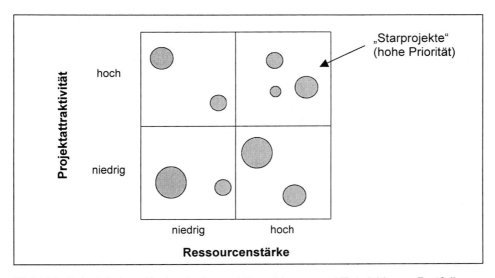

Bild 106: Beispiel eines Technologie- und Forschungs- und Entwicklungs-Portfolios

Operationalisierende Kriterien für die Projektattraktivität sind z.B.:
- Substituierbarkeit der Technologie; ist die neue Technologie durch andere Technologien leicht substituierbar, so ist die Projektattraktivität gering.

- Substitutionsmöglichkeiten durch die Technologie; kann die neue Technologie viele andere ersetzen, so ist die Projektattraktivität hoch.
- Prozess- und Ergebnisunsicherheit; die Prozessunsicherheit bezieht sich v.a. auf die Unsicherheit im Zuge von Forschungs- und Entwicklungsaktivitäten; die Ergebnisunsicherheit betrifft die Verwertungschancen am Markt. Je höher diese Unsicherheiten sind, desto ungünstiger für die Projektbewertung.
- Technology connections; diese Verknüpfungen bestehen v.a. dann, wenn es sich z.B. um eine Nachfolgeentwicklung bereits bekannter Produkte (die u.U. bereits früher selbst erstellt wurden) handelt (vertikale connections), oder die Neuentwicklung auf anderen Gebieten zum Einsatz kommen kann (horizontale connections).
- Vielfalt der Anwendungsgebiete; sie betrifft z.B. die Anzahl der Komplementaritäten und technology connections. Ist diese Anzahl hoch, kann von einer „Large-Numbers-Power" gesprochen werden; ist sie gering, ergibt sich ein „Small-Numbers-Problem".
- Wachstum der wichtigen Einsatzgebiete (-märkte); mit steigendem Wachstum nimmt die Projektattraktivität zu.
- First- und follower-Erhaltung; grundsätzlich ist es positiv zu bewerten, wenn bestehende Positionen erhalten werden können. Allerdings ist die Haltung einer first-Position günstiger einzustufen als die follower-Erhaltung.
- Sozial- und Umweltverträglichkeit; je stärker sie gegeben sind, desto höher die Attraktivität des Projekts.

Operationalisierende Kriterien für die Ressourcenstärke sind z.B.:
- Know-how-Stärke des Personals; hierbei spielen die Qualifikationstiefen und -breiten des Personals in sämtlichen Funktionsbereichen sowie die Motivationshaltung der Belegschaft eine erhebliche Rolle.
- Eigenverwertbarkeit und Fremdverwertbarkeit; die eigene vertriebs- und sortimentorientierte Verwertbarkeit kann z.B. sehr hoch sein, wenn das Sortiment des Unternehmens breit angelegt ist. Gleiches gilt für die Fremdverwertbarkeit, wenn zahlreiche vertikale, horizontale und/oder laterale Kooperationen mit anderen Unternehmen bestehen.
- Stärke der eigenen Vertriebskanäle; sie bestimmt u.a. wesentlich über die Eigenverwertbarkeit.
- Kontrollierbarkeit fremder Vertriebskanäle; sie kann u.a. starken Einfluss auf die Fremdverwertbarkeit ausüben.
- Vorhandene Testgebiete; stehen sie für die technologische Erprobung (z.B. Testgelände) sowie die marktliche Tragfähigkeitsprüfung (z.B. Testmarkt) zur Verfügung, so ist dies positiv zu bewerten.
- Nutzbare Komplementaritäten; sie liegen z.B. vor, wenn ein kleines, junges und innovatives Unternehmen die Absatzkanäle eines Großunternehmens nutzen kann.
- Monopolisierbarkeit; sie betrifft die Frage, ob und wie lange die Gewinne und Erfolge der Neuentwicklung allein durch die hervorbringende Unternehmung vereinnahmt werden können. Außerdem geht es dabei um die Möglichkeit, andere Marktteilnehmer bzw. Konkurrenten vom Marktzugang abzuhalten.

Controlling-Instrumente für die Unternehmensführung

Eine Grundlage für eine systematische Sammlung von Kriterien und die Erhebung der Ausprägungen bilden – wie auch im Fall des Marktattraktivitäts-Wettbewerbsvorteils-Portfolios – Kriterienkataloge bzw. entsprechende Fragebögen. Sie müssen „Experten" zur Beantwortung (Rating) vorgelegt werden. Bild 107 enthält beispielhaft einen solchen Katalog für Kriterien der Projektattraktivität.

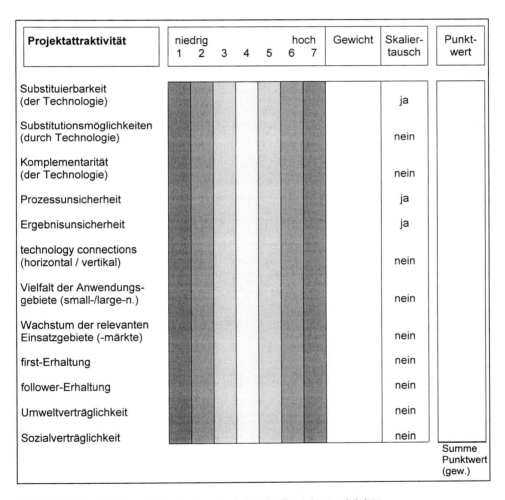

Bild 107: Beispiel eines Kriterienkatalogs für die Projektattraktivität

Die Ausprägungen der einzelnen Indikatoren sind meist nur auf ordinalm Niveau messenbar. Dies geschieht i.d.R. anhand von Rating-Skalen. Hierzu ist zunächst das **Skalierungsproblem** zu lösen. Es betrifft die Frage, wie viele

Stufen das Rating umfassen soll (z.B. 1 bis 5 oder 1 bis 7). Neben der Skalierung werden die einzelnen Kriterien in der Praxis häufig unterschiedlich gewichtet. Damit stellt sich das **Gewichtungsproblem**. Daneben ergibt sich bei der konkreten Portfolio-Konstruktion die Notwendigkeit des so genannten **Skaliertauschs** (vgl. auch oben, Punkt III.7.3). Hohe Ratingwerte bei der Projektattraktivität und Ressourcenstärke bedeuten für die Positionierung eines Projekts im Portfolio eine Tendenz zum Star-Projekt. Wird jedoch z.B. im in Bild 107 dargestellten Katalog für das Kriterium „Substituierbarkeit (der Technologie)" eine hohe Ausprägung festgestellt, so ist dies hinsichtlich der Projektattraktivität negativ zu beurteilen. Ist daher in diesem Fall ein Rating von 5, 6 oder 7 (1, 2 oder 3) erzielt worden, so muss der Skaliertausch zur Anwendung kommen. Die für die Portfolio-Konstruktion „richtigen" Werte sind daher 3, 2 oder 1 (bzw. 7, 6 oder 5).

Die jeweiligen Punktwerte pro Kriterium ergeben sich durch Multiplikation der einzelnen („richtigen") Rating-Werte mit den Kriteriengewichten. Die Summe der Punktwerte für die grundlegenden Bewertungsdimensionen Projektattraktivität und Ressourcenstärke ergeben die Ordinaten- und Abszissenwerte für die Positionierungen der Projekte im Portfolio.

Die Darstellungen zeigen nochmals, dass in der Praxis mit der Konstruktion von Portfolios ein nicht unerheblicher **Datenverarbeitungs-** und **Rechenaufwand** verbunden ist. Eine IT-unterstützte Vorgehensweise ist daher anzuraten. Wie bereits oben erwähnt, kann das Softwareprogramm „Portfolio für Excel" eine solche Unterstützungsfunktion übernehmen. Es ist unabhängig von den jeweiligen Portfolio-Varianten und -Inhalten einsetzbar. Es ist z.B. flexibel hinsichtlich der Anzahl und Art der Kriterien und grundlegenden Bewertungsdimensionen, der Skalierspanne, der Kriteriengewichtungen, des Skaliertauschs, der Anzahl der Experten usw. und schließt auch die Automatisierung der grafischen Aufbereitung ein.

7.7 Beschaffungs-Portfolios

Die seit ca. 1985 behutsam vorangetriebene und seit 1990 unter den Schlagworten Outsourcing, Lean Management und Re-Engineering beschleunigte Reduzierung der Fertigungstiefe hat zu einem ständigen Anstieg des Beschaffungsvolumens von Unternehmen beigetragen. Gleichzeitig erfolgte eine sukzessive Konzentration auf so genannte „Kernlieferanten". Dies hat zu einer enormen Zunahme der strategischen Bedeutung der Beschaffungs- und Einkaufsbereiche von Unternehmen geführt. Neben dem ressourcenseitigen Ausbau dieser Funktionen ging damit ein verstärkter Einsatz strategischer Controlling-Instrumente einher.

Sowohl diese Entwicklungen als auch die insgesamt feststellbare „Kultivierung der Instrumentenebene im Beschaffungsmanagement" waren Ausgangspunkte dafür, dass in den letzten Jahren ein steigender Einsatz der Portfolio-Technik im Beschaffungsbereich beobachtbar ist.

Die praktische Anwendung von **Portfolios in der Beschaffung** erstreckt sich u.a. auf die (1) Identifikation von **Kern- und Randleistungen** zur Unterstützung von **Make-or-Buy-Entscheidungen** sowie die (2) **Analyse und Auswahl von Lieferanten** – z.T. in der Verbindung mit der Erstellung von **Länder-Portfolios**:

(1) Identifikation von Kern- und Randleistungen („Make-or-Buy"):

Die Konstruktion von Portfolios zur Identifikation von Kern- und Randleistungen bzw. „Make-or-Buy-Objekten" entspricht der Vorgehensweise bei der Erstellung von Produkt-Markt-Portfolios. Der Begriff „Make-or-Buy-Objekte" ist sehr allgemein aufzufassen. Je nach praktischer Fragestellung kann es sich z.B. um einfache Teile, Komponenten, Systeme, Funktionen und Dienstleistungen drehen, die für die Erstellung der Unternehmensleistungen (z.B. Produkte, Dienstleistungen) nötig sind.

Anhand von zwei Dimensionen wird ein Diagramm aufgespannt, in dem die Make-or-Buy-Objekte zu positionieren sind. Bei den Dimensionen handelt es sich um zentrale Einflusskriterien der Make-or-Buy-Entscheidung. Meist wird dabei in der Praxis in die Make-or-Buy-Grunddimensionen **„strategische Relevanz"** und **„Auslagerbarrieren"** der Make-or-Buy-Objekte unterschieden (Schneider u.a.; Schneider (a); Baur (a), (b); Plickert).

Kriterien für die strategische Relevanz sind z.B.:
- Wachstums-, Innovations- und Zukunftsträchtigkeit der jeweiligen Make-or-Buy-Objekte; je stärker sie ausgeprägt sind, desto eher handelt es sich um Kernleistungen; daher sollte Eigenfertigung präferiert werden (Make).
- Positionierung der Make-or-Buy-Objekte im Lebenszyklus bzw. „Rest-Lebensdauer"; je kürzer die „Rest-Lebensdauer", desto eher ist Buy zu wählen.
- Positionierung des Endprodukts, für das die Make-or-Buy-Objekte erforderlich sind, im Lebenszyklus bzw. „Rest-Lebensdauer" des Endprodukts; vgl. oben, Positionierung der Make-or-Buy-Objekte.
- Differenzierungs- und Imagerelevanz des Make-or-Buy-Objekts; je höher sie jeweils sind, um so eher sollte zu Make übergegangen werden.

Kriterien für die Auslagerbarrieren sind z.B.:
- Schutzbedürftigkeit des Know hows; je höher sie ausfällt, desto eher ist auf Eigenfertigung überzugehen.
- Ausmaß und Gefahren des „Small-Numbers-Problems"; das „Small-Numbers-Problem" ist um so höher, je weniger Lieferanten für ein Make-or-Buy-Objekt zur Auswahl stehen. Gibt es nur sehr wenige oder im Extremfall nur einen Lieferanten, so wird die Abhängigkeit des Kundenunterneh-

mens sehr hoch (geringe Möglichkeiten für Lieferantenwechsel). Es ergibt sich ein relativ breiter Spielraum für opportunistisches Preis-, Qualitäts- und Serviceverhalten des Lieferanten. Mit Zunahme des „Small-Numbers-Problems" ist daher ein Wechsel zur Eigenfertigung anzuraten.
- Koordinations- und Abstimmungsaufwand der Beteiligten; je höher er ausfällt, desto enger und näher sollten die Beteiligten eingebunden werden, wodurch tendenziell eine Präferenz für Eigenfertigung (bzw. Lieferantenansiedelung) entsteht.

Bild 108 zeigt in der Make-or-Buy-Praxis eingesetzte Portfolio-Beispiele von Baur (a) (Automobilindustrie) und Schneider (a) (Investitionsgüterindustrie). Sie basieren auf den zwei Grunddimensionen „strategische Relevanz" und „Auslagerbarrieren". Beim linken Portfolio handelt es sich um Expertenbewertungen anhand von Kriterienkatalogen, die nur für Hausteile bzw. derzeitige Make-Objekte des betrachteten Automobilunternehmens durchgeführt wurden. Das rechte Portfolio enthält Haus- und Kaufteile.

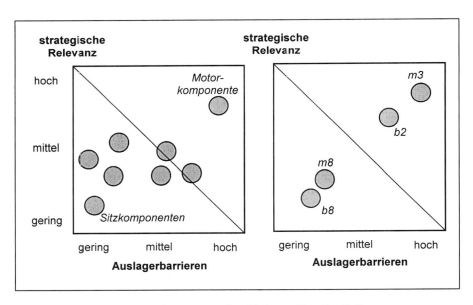

Bild 108: Beispiele praktisch angewandter Make-or-Buy-Portfolios

Die Fertigung von Sitzkomponenten weist für das betrachtete Automobilunternehmen eine geringe strategische Relevanz auf. Gleiches gilt für die Auslagerbarrieren. Es handelt sich um eine falsche Make-or-Buy-Zuordnung. Bei dieser Komponente sollte daher das Unternehmen von Make zu Buy übergehen und vom Outsourcing Gebrauch machen. Die Motorkomponente ist dagegen richtig eingebunden. Sie sollte auch weiterhin selbst erstellt werden. Für die im Portfolio positionierten Hausteile existiert jedoch insgesamt ein klarer Trend zu Buy.

Im rechten Portfolio ergibt sich eine jeweils richtige Zuordnung für die Make-Komponente m3 und die Buy-Komponente b8. Die Buy-Komponente b2 sollte dagegen zukünftig selbst erstellt werden, während die Make-Komponente m8 auszulagern wäre.

Interessante Anwendungsvarianten von Make-or-Buy-Portfolios ergeben sich, wenn einerseits neben „Make" und „Buy" noch zusätzliche **Bereitstellungsarten** in Betracht kommen und andererseits die zeitliche **Veränderungsdynamik** der Positionierungen berücksichtigt wird:

- So steigt die Aussagekraft solcher Portfolios durch die Ergänzung mit kooperativen Einbindungsformen (z.B. Kooperationen, mittel- bis langfristige Verträge, Rahmenverträge; vgl. Punkt III.9.3). Sie kommen für Make-or-Buy-Objekte in Frage, die sich in der Mitte bzw. entlang der Diagonalen des Portfolios positionieren lassen.

- In zeitlicher Hinsicht ist meist davon auszugehen, dass die „Wanderung der Make-or-Buy-Objekte" von rechts oben nach links unten im Portfolio verläuft (Schneider u.a.). Die Ursachen liegen im schrittweisen Nachlassen der Ausprägungen der jeweiligen operationalisierenden Kriterien für die strategische Relevanz und die Auslagerbarrieren. Außerdem unterliegt jedes Make-or-Buy-Objekt einem Lebenszyklus, der im Zuge der Absolvierung der verschiedenen Phasen zwangsläufig zu einer sukzessiven „Geringschätzung" führt. Dies sind auch die Gründe dafür, wieso entlang der Phasen des Lebenszyklus bzw. mit sinkender „Rest-Lebensdauer" eine Reduzierung der Fertigungstiefe und eine geringere Bindungsintensität mit den Lieferanten zu empfehlen ist (Punkt III.5.5 und Punkt III.9 und 10).

(2) Lieferantenanalyse und -auswahl im Verbund mit Länder-Portfolios:

Auch die Analyse und Auswahl von Lieferanten, an die Wertschöpfungsanteile abgegeben werden sollen, kann portfoliogestützt erfolgen. Dazu werden die einzelnen Kriterien, die der Charakterisierung von Lieferanten dienen, wiederum auf zwei zentrale Grunddimensionen reduziert.

Bei der Auswahl von Lieferanten im internationalen Beschaffungsmanagement differenziert beispielsweise Menze in die Portfolio-Grunddimensionen **„generelle Leistungsfähigkeit"** und **„internationale Management-Kompetenz"** (Bild 109).

Controlling-Instrumente für die Unternehmensführung

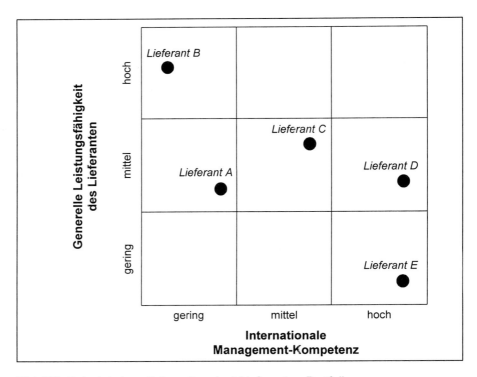

Bild 109: Beispiel eines (internationalen) Lieferanten-Portfolios

Als operationalisierende Kriterien für die generelle **Leistungsfähigkeit** schlägt Menze z.B. die Qualität, Preise, Kapazitäten, Termingerechtigkeit, Flexibilität und das Entwicklungspotenzial des Lieferanten vor. Operationalisierende Kriterien für die internationale **Management-Kompetenz** sind z.B. internationale Erfahrung, Kontakte im Abnehmerland, internationale datentechnische Infrastruktur sowie Sprachkenntnisse des Managements der Lieferanten. Bei dem von Menze skizzierten Portfolio dürfte es sich kaum um ein reales Praxisbeispiel handeln. So spricht sehr viel für eine positive Abhängigkeit der gewählten Grunddimensionen zueinander. Sobald dies bei Grunddimensionen eines Portfolios der Fall ist (auch im Fall der Make-or-Buy-Portfolios), kann unterstellt werden, dass sich die im Portfolio zu positionierenden Elemente (hier Lieferanten) in einer **Punktwolke** befinden, die von links unten nach rechts oben verläuft („Punktwolke mit positiver Steigung"). Das Portfolio in Bild 109 suggeriert demgegenüber eine Punktwolke mit negativer Steigung. Insofern dürfte es sich bei dem Portfolio von Menze nicht nur um ein theoretisches Beispiel, sondern auch um ein Portfolio handeln, das völlig losgelöst von den instrumentenimmanenten Konstruktionseffekten erstellt wurde.

Der Erstellung von Lieferanten-Portfolios zur Lieferantenauswahl bei internationaler Ausrichtung des Beschaffungswesens geht meist eine **Länderauswahl** bzw. eine länderorientierte Beschaffungsmarktbewertung voraus. Auch für diesen Zweck sind Portfolios einsetzbar.

Bild 110 zeigt ein **Länder-Portfolio** für die Positionierung von osteuropäischen Beschaffungsmärkten anhand der Grunddimensionen „Bereitschaft und Fähigkeit zum Wandel" und „Wirtschaftliches Entwicklungspotenzial". Es wurde im Jahre 1990 von Kraljic im Rahmen eines Vortrages über den gesellschaftlichen Umbruch in Osteuropa vorgestellt.

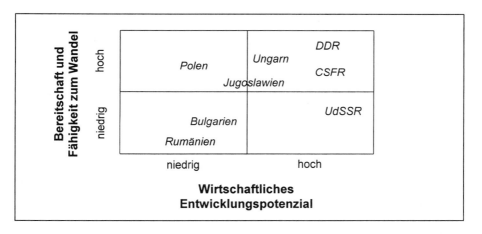

Bild 110: Länder-Portfolios – osteuropäische Beschaffungsmärkte (1990)

Der Leser mag aus seiner aktuellen Sicht heraus für sich selbst die Frage beantworten, inwiefern das damalige Portfolio schrittweise an Bedeutung verloren hat. In diesem Zusammenhang zeigt z.B. die aus heutiger Sicht günstige Positionierung von Jugoslawien, wie dynamisch sich das Umfeld und die Attraktivität von internationalen Beschaffungsmärkten ändern können. Insofern ergibt sich auch hieraus ein klarer Hinweis darauf, Portfolios immer wieder zu hinterfragen, einer Revision zu unterziehen und gegebenenfalls die zu positionierenden Objekte anhand der operationalisierenden Kriterien wieder neu zu bewerten.

Basierend auf internationalen Länderportfolios werden in der Praxis häufig beschaffungsmarktorientierte und **länderspezifische Produkt-Markt-Matrizen** erstellt (Bild 111 nach einem Vorschlag von Menze).

Controlling-Instrumente für die Unternehmensführung

Güter Märkte	Rohstoffe	Standard-teile	Technologie-teile
Inland		●	●
Benachbartes Ausland		●	
EG-Mitglieds-staaten		●	●
Übriges Europa	●	●	
Asien	●		●
Nordamerika			●
Südamerika	●		

Bild 111: Beispiel einer Produkt-Markt-Matrix im Beschaffungswesen

Produkt-Markt-Matrizen geben darüber Auskunft, welche Beschaffungsgüter auf welchen Beschaffungsmärkten bezogen werden sollen (bzw. können).

7.8 Human-Resource-Portfolios

Ähnlich wie im Produkt-Markt-Portfolio strategische Geschäftseinheiten oder Produkte anhand ihres gegenwärtigen Marktanteils und ihres zukünftigen Potenzials (Marktwachstum) positioniert werden, so erfolgt im Personalmanagement häufig eine Klassifikation von Mitarbeitern nach ihrer **Leistung** („heute") und ihrem **Entwicklungspotenzial** („morgen").

Die Befürworter einer Übertragung der Portfolio-Konzeption auf das Personalmanagement betrachten die Kategorisierung von Mitarbeitern und deren Exponierung in einem Diagramm nicht als „unangebracht", sondern als „ehrlich". Mitarbeiter werden als „Aktiva des Unternehmens" gesehen. Nach ihrer Auffassung müssen sie immer wieder bewertet werden und sind wie ein Portfolio von Geschäftseinheiten zu managen (z.B. Investitions- und Desinvestitionsstrategien), um ihren Wert zu steigern.

Diese Grundgedanken waren Ausgangspunkte der Konstruktion von Personal-Portfolios. Die vor allem von Odiorne und im deutschsprachigen Raum von Fopp entwickelten Human-Resource-Portfolios bauen auf den Dimensionen **„Performance"** (gegenwärtige Leistung eines Mitarbeiters in Relation zu den gesetzten Zielen) und **„Potenzial"** (wahrscheinliche zukünftige Beiträge zur Zielerreichung) auf (Bild 112).

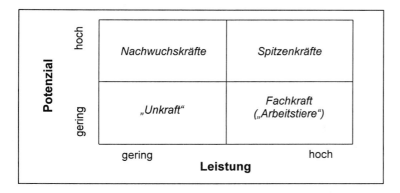

Bild 112: Human-Resource-Portfolio

Nach dem Vorbild des Human-Resource-Portfolios lässt der Autor im Rahmen von Controller-Trainings von den Teilnehmern von Zeit zu Zeit **Politiker-Portfolios** für deutsche Politiker anfertigen. Die Bilder 113 und 114 zeigen Politiker in Leistungs-Potenzial-Portfolios (Stand Winter 1996 bis Frühjahr 1997).

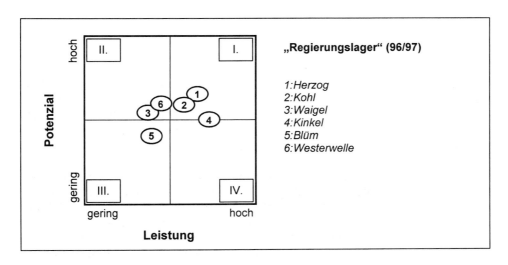

Bild 113: Politiker im Human-Resource-Portfolio (1)

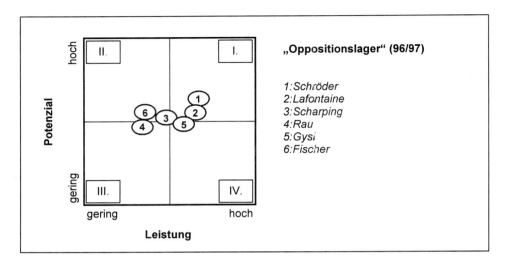

Bild 114: Politiker im Human-Resource-Portfolio (2)

Als operationalisierende Kriterien für die „Politiker-Leistung" zogen die bewertenden Führungskräfte z.B. Basisnähe, Durchsetzungsvermögen und „keine Skandale" heran. Auf der Seite des „Politiker-Potenzials" wurden Kriterien wie Kontakte, Qualifikation und Visionskraft gewählt. Auf eine Diskussion der Ergebnisse und die Ableitung von Normstrategien sei an dieser Stelle verzichtet.

In der betrieblichen Praxis sind auf der Basis von Personal-Portfolios für verschiedene „Mitarbeiterklassen" **personalwirtschaftliche Normstrategien** ableitbar (z.B. im Rahmen der Personalentwicklung). Nach Vorschlägen von Fopp sollten z.B. Nachwuchskräfte systematisch in das Unternehmen eingeführt und durch gezielte Fachschulungen und job enlargement qualifiziert und zu Leistungen befähigt werden. Für Spitzenkräfte wären Karrierepläne auszuarbeiten; sie sind daneben durch job rotation und die Verbreiterung ihrer Erfahrungen zu fördern. Die Leistung vorhandener Fachkräfte ist voll zu nutzen („ernten"). Außerdem sind Entscheidungen darüber nötig, ob und inwieweit Führungskräfteschulungen sinnvoll sind. Für so genannte „Unkräfte" wären Arbeitsplatzwechsel oder Freisetzungen einzuleiten.

Human-Resource-Portfolios geben einen ganzheitlichen Überblick über die Personalqualität im Unternehmen. Dies kann für die Konstruktion spezieller personalwirtschaftlicher Portfolio-Varianten genutzt werden, bei denen der Personalqualität einzelner Funktions- oder Geschäftsbereiche die strategische Bedeutung dieser Bereiche gegenübergestellt wird. Daraus ergibt sich entweder ein **Funktions-** oder ein **Geschäftsbereichsbedeutungs-Personalqualitäts-Portfolio** (Bilder 115 und 116, jeweils in Anlehnung an Witt).

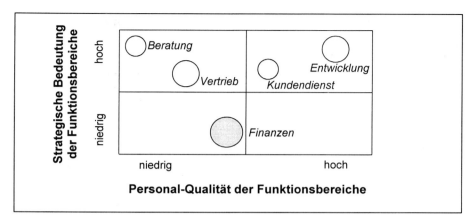

Bild 115: Funktionsbedeutungs-Personalqualitäts-Portfolio

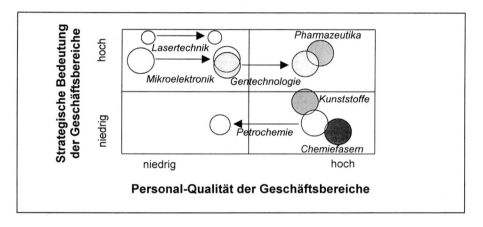

Bild 116: Geschäftsbereichsbedeutungs-Personalqualitäts-Portfolio

Die bereits beschriebenen **Probleme und Konstruktionseffekte** von Portfolios gelten in gleicher Weise für Human-Resource-Portfolios („Trend zur Mitte", „Punktwolke", Informationsprobleme, Subjektivität usw.). Hinzu kommt u.a., dass in der Praxis vor allem die Separierung in Leistungs- und Potenzialkriterien Schwierigkeiten bereitet und die Offenlegung der Positionierungen des Personals sehr problematisch sein kann. Außerdem ist z.B. an das Recht auf Schutz der Persönlichkeit sowie die Rechte des Betriebsrates (z.B. bei der Aufstellung von Beurteilungsgrundsätzen nach dem Betriebsverfassungsgesetz) zu denken. Trotzdem gehören Human-Resource-Portfolios zu den gängigen strategischen Instrumenten im Personal-Controlling (Grubert). Sie kommen beispielsweise bei der BMW AG und der Kaufhof AG zum Einsatz (Hehl u. Hermann).

8 Programmanalyse

8.1 Allgemeine Kennzeichnung

Die in Punkt III.7.2 und 7.3 beschriebenen Produkt-Markt-Portfolios erlauben eine ganzheitliche Betrachtung der Produktlandschaft bzw. der strategischen Geschäftseinheiten eines Unternehmens. Auf einer sehr globalen Ebene können damit unternehmensstrategische Entwicklungsperspektiven und -erfordernisse sowie Anhaltspunkte für die Ressourcensteuerung abgeleitet werden.

Für singuläre und produktbezogene Entscheidungen im Sinne von Produktbereinigungen und Sortimentsstraffungen sowie Programmausweitungen sind die typischen Produkt-Markt-Portfolios in der Praxis jedoch aufgrund ihrer globalen Ausrichtung oft überfordert. Daher erfahren sie in einem nachgelagerten Stadium durch speziellere Instrumente eine Ergänzung. Hier liegt das Einsatzgebiet der verschiedenen Varianten der Produktprogrammanalyse (Programmanalyse).

Die Analyse des Produktprogramms erstreckt sich auf die Untersuchung der **Tiefe** und **Breite des Produktprogramms**. Die Tiefe gibt an, wieviele verschiedene Ausführungen (Typen, Modelle, Größen usw.) einer Produktart in das Programm eingehen; die Breite gibt Auskunft über Produktarten, die das Programm enthält (Marr und Picot). Die Ergebnisse von Programmanalysen können in der Einführung neuer, der Eliminierung alter und/oder der Veränderung bestehender Produkte bzw. Produktarten münden.

Die Produktprogrammanalyse ist damit einerseits als **Konkretisierung und operationalisierte, nachgelagerte Weiterführung des allgemeinen Unternehmens-Portfolios** zu verstehen. Andererseits steht sie im Mittelpunkt der **Produktpolitik**, die neben der Preis- und Konditionenpolitik sowie der Kommunikations- und Distributionspolitik eine wichtige **Komponente des absatzpolitischen Instrumentariums** („Marketing-Mix") darstellt.

Ferner kommt der Programmanalyse heute v.a. vor dem Hintergrund aktueller **Verschlankungsbestrebungen von Unternehmen**, bei denen ein Schwerpunkt auf der Bereinigung von Produkten und strategischen Geschäftseinheiten liegt, eine hohe Bedeutung zu. Dass die Programmanalyse im Zuge von Verschlankungstendenzen derzeit häufig aus der Perspektive der Produktbereinigung erfolgt, liegt u.a. in der Absicht, dadurch die so genannten **„Komplexitätskosten"** zu verringern. Viele Praxisberichte zeigen, dass bei stagnierendem Wachstum, Preiswettbewerb und Überkapazitäten vor allem in der Nischenpolitik ein Heilmittel gesehen wird. Dadurch steigt aber die Produkt- und Variantenvielfalt, wodurch die Komplexitätskosten zunehmen (z.B. Kosten für die Eröffnung und Pflege der Sachnummern, geringe Bestell- und Losgrößen, Ausbleiben von Kostendegressionen). Letzteres kann zu einer Verschlechterung der Kostenposition führen – häufig ohne die gewünschten positiven Wirkungen auf der Absatzseite realisieren zu können (zu diesem „Teufelskreis" vgl. McKinsey (a)). Ferner ergeben sich durch die Ausweitung der Produktvielfalt nicht selten **mengen- und preisorientierte „Kannibalismuseffekte"**, weil sich die Produkte gegenseitig Konkurrenz machen.

Bild 117 versucht – unter Beachtung dieser Strömungen – den Standort der Programmanalyse zu bestimmen.

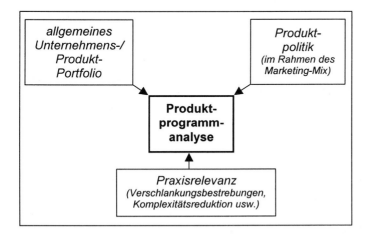

Bild 117: Standortbestimmung der Produktprogrammanalyse

8.2 Produktpositionierung

Die Positionierung von Produkten geschieht i.d.R. in einem Diagramm, das durch zwei für das Produkt wichtige Grunddimensionen aufgespannt wird. Neben diesen (in der Praxis überwiegend genutzten) **zweidimensionalen Positionierungen** sind auch **mehrdimensionale Positionierungsmodelle** möglich (Geisbüsch).

Bild 118 zeigt ein vereinfachtes zweidimensionales Positionierungsmodell für Hochseepassagierschiffe im Zeitvergleich (1985 - 1997). Darin sind sowohl verschiedene Hersteller als auch die relevanten Kunden positioniert.

Controlling-Instrumente für die Unternehmensführung

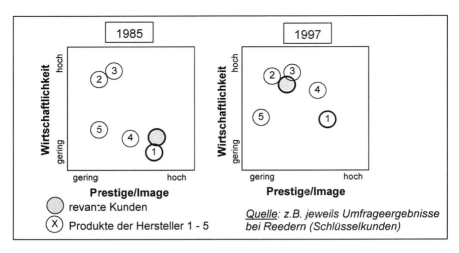

Bild 118: Positionierungsmodell – Hochseepassagierschiffe

Produktpositionierungen zeigen u.a. die **Wettbewerbsintensität** zwischen den Produkten und Herstellern. Je näher die Produkte nebeneinander liegen, desto höher ist der Wettbewerb bzw. die Substitutionskraft zwischen ihnen. Daneben sind mit ihnen **Marktlücken** aufspürbar. Sie befinden sich dort, wo es „weiße Flecken" im Positionierungsdiagramm gibt, und an dieser Stelle Käufer mit Nachfragebedürfnissen, Kaufkraft und freier Kaufkraft vorhanden sind. Insofern lassen sich mit solchen Modellen auch **Käufersegmente** positionieren.

Wie Bild 118 zeigt, können durch vergangenheitsorientierte **Zeitvergleiche** und in die Zukunft reichende **Prognosen** die „Wanderstrecken" von Produkten und Käufern nachgezeichnet bzw. für die Zukunft simuliert werden. Im vorliegenden Fall hat sich die **Abdeckung der Kunden-Kaufkriterien** durch die Produkte des betrachteten Herstellers 1 im Zeitablauf sukzessive verschlechtert. Der Markt hat sich von den Produkten des Herstellers 1 entfernt. Von dieser Wanderung haben insbesondere die Konkurrenten 2 und 3 profitiert. Hieraus ergeben sich für kundenorientierte **Produktentwicklungen** und **-weiterentwicklungen** wichtige Hinweise. Der Hersteller 1 muss versuchen, bei zukünftigen Entwicklungsanstrengungen die Wirtschaftlichkeitskriterien (Treibstoffverbrauch, Reparaturkosten usw.) besser zu befriedigen. Dafür kann auf der Seite von Prestige- und Imagekriterien (z.B. Styling, PS-Zahl) nachgegeben werden.

Dies macht deutlich, dass die Produktpositionierung auch im Rahmen des **Entstehungszyklus** von Produkten – und nicht nur für die Analyse des gegenwärtigen Programms – eine wichtige Rolle übernehmen kann. Oft wird sie genutzt, um vor der Einführung von Produkten am Markt die Positionierungen

Controlling-Instrumente für die Unternehmensführung

der eigenen Produkte (Prototypen) im Vergleich zu Konkurrenzprodukten aufzuzeigen. Hierdurch leistet sie einen wichtigen Beitrag für die Beurteilung der **Marktchancen von Neuprodukten**. Gegebenenfalls kann sie hierfür in der Praxis beispielsweise in Kombination mit der Präferenzmethode (Punkt 12), der Conjoint-Analyse (Punkt 13) und/oder dem Quality Function Deployment (Punkt 15) zum Einsatz kommen.

8.3 Alters-, Umsatz-, Kunden- und Erfolgsstrukturanalyse

Das Produktprogramm wird traditionell nach dem Alter, den Umsatzanteilen sowie den Kunden analysiert. Sowohl das Produktprogramm als auch die Kunden werden daneben nach ihren Erfolgsbeiträgen untersucht:

(1) Die **Altersstrukturanalysen** gehen oft der Verteilung von Absatz und Umsatz auf die verschiedenen Phasen im Lebenszyklus und/oder der Frage der (restlichen) Lebenserwartung nach. In Bild 119 sind für zwei Unternehmen Altersstrukturanalysen dargestellt. Dabei weist Unternehmen 1 eine günstigere Struktur auf als Unternehmen 2.

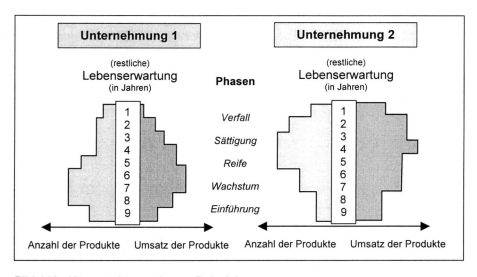

Bild 119: Altersstrukturanalyse – Beispiel

(2) Bei den **Umsatzstrukturanalysen** steht u.a. die Verteilung von Absatz und Umsatz auf die einzelnen Produkte bzw. Produktgruppen im Vordergrund. Typisch dafür sind Konzentrationsmessungen auf der Basis der bekannten ABC-Analyse (Bild 120). Bestehen Eliminierungsabsichten, so treffen diese vor allem die C-Produkte.

Controlling-Instrumente für die Unternehmensführung

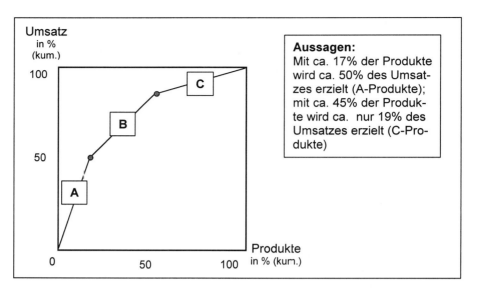

Bild 120: Umsatzstrukturanalyse – Beispiel

(3) **Kundenstrukturanalysen** erstrecken sich z.B. auf die Verteilung von Absatz und Umsatz (oft auch von Auftragseingängen) auf Einzelkunden und/oder Kundengruppen. Auch bei dieser Form kommen oft Konzentrationsmessungen zum Einsatz (Bild 121).

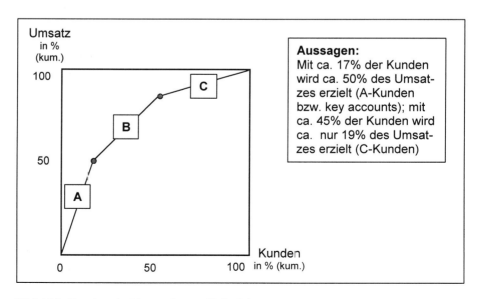

Bild 121: Kundenstrukturanalyse – Beispiel

Derartige Konzentrationsmessungen können u.a. für die Identifikation von „wichtigen" Kunden (key accounts) bzw. „unwichtigen" Kunden herangezogen werden. Nach Studien von McKinsey (a) fragen besonders C-Kunden C-Produkte nach. Die Produkteliminierung ist daher – u.a. vor dem Hintergrund der Reduktion von Komplexitätskosten – in enger Verbindung mit der „Kundenbereinigung" zu sehen (Bild 122, McKinsey (a)):

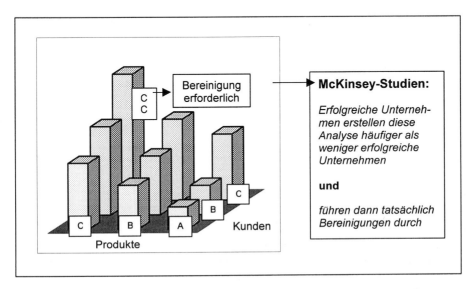

Bild 122: Relevanz der Bereinigung von C-Produkten und C-Kunden

(4) Bei den typischen **Erfolgsstrukturanalysen** werden Produkte (bzw. strategische Geschäftsfelder, Produktgruppen usw.) und Kunden (bzw. Kundensegmente, Absatzländer usw.) nach ihren Beiträgen zur Entstehung von Erfolgsgrößen (z.B. Deckungsbeiträge, Gewinn) untersucht. Bild 123 zeigt Beispiele für produkt- und kundenorientierte Erfolgsanalysen auf der Basis von Portfolios:

Controlling-Instrumente für die Unternehmensführung

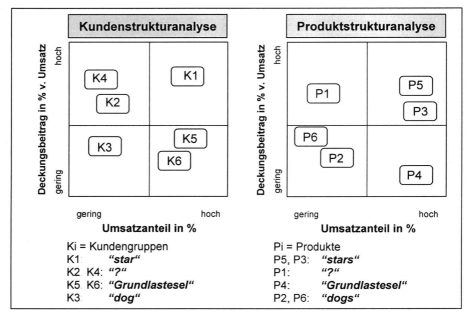

Bild 123: Produkt- und kundenorientierte Erfolgsanalyse – Beispiel

In Bild 124 ist in Anlehnung an ein Praxisbeispiel eine kombinierte Darstellung für die Erfolgsbeiträge verschiedener Kundengruppen und Produkte skizziert. Darüber hinaus erfolgt ein Zeitvergleich:

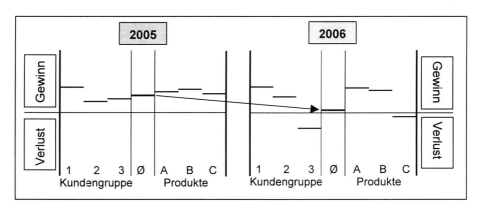

Bild 124: Kombinierte Erfolgsanalyse – Beispiel

Die Erfolgssituation hat sich für das betrachtete Unternehmen verschlechtert. Ursächlich dafür ist auf der Seite der Kunden vor allem die Gruppe 3 und auf der Seite der Produkte vor allem Produkt C.

8.4 Frequentierungsanalyse

Die bislang beschriebenen Instrumente gehören zum gängigen Controlling-Instrumentarium auf dem Gebiet der Produktprogrammanalyse. Neueren Ursprungs sind dagegen Frequentierungsanalysen. Sie weisen – wie beispielsweise auch die ABC- oder die Portfolio-Analyse – ein sehr breites Anwendungsspektrum auf (so beispielsweise für die fundierte Ableitung von Make-or-Buy- und Investitionsentscheidungen sowie Produkt-, Teile- und Lieferantenanalysen).

Grundsätzlich geht es dabei vor allem um die Aufspürung von **„Small-Numbers-Problemen"** (bzw. „Large-Numbers-Stellungen") und die Identifikation der damit verbundenen **Abhängigkeitsprobleme**. Wird zum Beispiel ein Teil, das von einem bestimmten Lieferanten stammt, in allen Produkten eingebaut, dann ist das Teil zwar im Produktprogramm fest verankert (hohe Frequentierung bzw. Large-Numbers-Stellung); befindet sich der Lieferant jedoch in einer monopolistischen Stellung, entsteht für den Kunden ein „Small-Numbers-Problem". Der Kunde könnte versuchen, alternative Lieferanten oder eigene Fertigungen für die Produktion dieses Teils aufzubauen, um die Abhängigkeitsproblematik zu lindern.

Kommen Frequentierungsanalysen im Zuge von Untersuchungen des Produktprogramms zum Einsatz, dann steht u.a. die Frage im Mittelpunkt, wie stark die Produkte (Produktgruppen) durch die einzelen Kunden (Kundengruppen) frequentiert werden und inwieweit die Produkte in der Lage sind, die aufgebauten Wertaktivitäten des Unternehmens (Werkstätten, Funktionen, Arbeitsstationen, Maschinen usw.) auszulasten.

Bild 125 zeigt ein typisches – aber stark vereinfachtes und verallgemeinertes – Ausgangstableau einer Frequentierungsanalyse.

Controlling-Instrumente für die Unternehmensführung

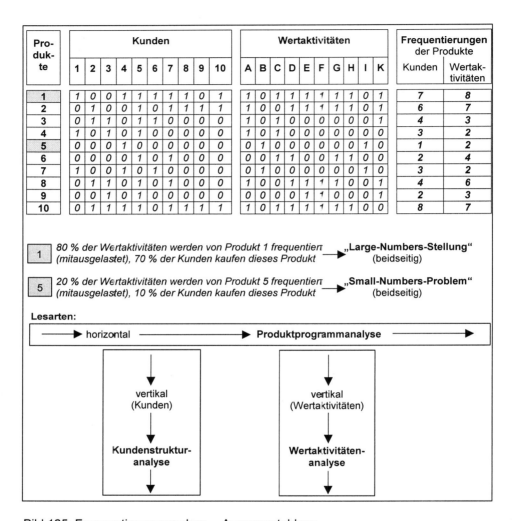

Bild 125: Frequentierungsanalyse – Ausgangstableau

Bild 125 baut lediglich auf einer vereinfachten **Null-Eins-Verteilung** auf (1 = Kunde kauft das Produkt bzw. das Produkt leistet einen Beitrag zur Auslastung der Wertaktivität; 0 jeweils Verneinung). In der Praxis können hierfür Volumensdaten angesetzt werden (z.B. Umsätze, Fertigungsstunden). Allerdings liefert bereits dieses sehr einfache Ausgangstableau für die Praxis interessante Erkenntnisse:

Das Produkt 1 wird im Gegensatz zu Produkt 5 von vielen Kunden nachgefragt (frequentiert). Außerdem hilft es, mehr Wertaktivitäten auszulasten als Produkt 5. Produkt 1 ist demnach sowohl auf der externen Seite der Kunden und Märkte als auch auf der internen Seite der Produkterstellung fest „vernetzt". Dies bestätigen auch die jeweiligen **Kunden-** und **Wertaktivitätenfrequentierungen**. Produkt 1 weist eine beidseitige „Large-Numbers-Stellung" auf. Im Gegensatz dazu lebt und stirbt das Produkt 5 mit dem Kunden 4; scheidet Kunde 4 aus, stirbt Produkt 5. Ferner leistet es nur für die Arbeitsstationen B und I einen Auslastungsbeitrag. Daraus ergibt sich im Gesamtergebnis eine „beidseitige Small-Numbers-Stellung".

Exkurs: Obwohl diese Frage an dieser Stelle nicht im Mittelpunkt des Interesses steht – es geht hier um Produktprogrammanalyse –, so wird dennoch deutlich, dass derartige Frequentierungsanalysen auch für die Beurteilung der Fertigungskapazitäten herangezogen werden können (vgl. auch den einführenden Hinweis auf das breite Anwendungsspektrum):

Liest man die in Bild 125 dargestellte Tabelle nicht von links nach rechts, sondern beispielsweise auf der Seite der Wertaktivitäten vertikal, dann können die Frequentierungen von Wertaktivitäten (Funktionen, Maschinen usw.) ermittelt werden. Danach befänden sich die Wertaktivitäten B und I in einem „Small-Numbers-Problem", während sich z.B. die Wertaktivitäten A und C in einer „Large-Numbers-Stellung" sonnen können, weil beide auf der Produkt- und Kundenseite sehr stark vernetzt sind. Hierdurch können sich wichtige Informationen für zukünftige Make-or-Buy- und Investitionsentscheidungen ergeben.

Liest man die Tabelle in Bild 125 auf der Seite der Kunden vertikal, können nach gleichem Muster Kundenstrukturanalysen betrieben werden (z.B. zur Identifikation von key accounts und/oder C-Kunden).

Für Zwecke der Produktprogrammanalyse ist im Anschluss an das Ausgangstableau eine Positionierung der Produkte anhand ihrer Frequentierungen im **Frequentierungs-Portfolio** möglich. Bild 126 zeigt ein solches Portfolio:

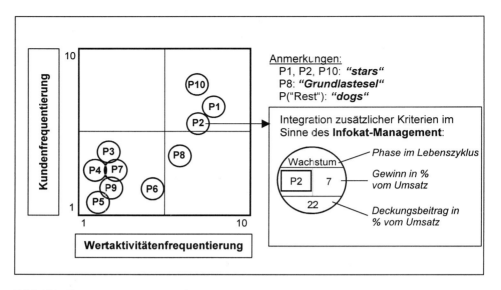

Bild 126: Frequentierungs-Portfolio

Produkte im unteren linken Bereich haben „Small-Numbers-Probleme". Bei vorzunehmenden Eliminierungen wären sie zu präferieren. Produkte im oberen rechten Bereich befinden sich dagegen in einer „Large-Numbers-Stellung".

Die Kreise sind noch mit **zusätzlichen Informationskategorien** im Sinne des Infokat-Management anreicherbar (in Bild 126 rechts). Dabei ist beispielsweise an die – hier aus Darstellungs- und Vereinfachungsgründen nicht betrachteten – Volumenangaben zu denken (z.B. Größe der Kreise für Fertigungsstunden, Umsätze). Ferner könnten sie in Abschnitte zerlegt werden, um weitere Informationen über die Produkte anzubieten (z.B. Phase im Lebenszyklus, Erfolgsbeiträge).

Auf einer nächsten Auswertungsstufe lässt sich das (einfache) Frequentierungs-Portfolio in das **Frequentierungsanteils-Portfolio** überführen. Hierzu werden die Kunden- und Wertaktivitätenfrequentierungen rechnerisch zum so genannten „Frequentierungsanteil" zusammengefasst. Hierdurch wird eine Grunddimension des Portfolios frei. Sie kann nun die Abbildung einer anderen wichtigen Informationskategorie übernehmen – z.B. Deckungsbeiträge.

In Bild 127 ist das dadurch entstandene Frequentierungsanteils-Portfolio dargestellt, das auf der Ordinate den Deckungsbeitrag der Produkte in Prozent vom Umsatz ausweist:

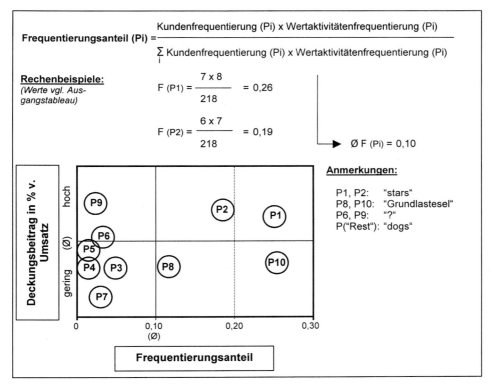

Bild 127: Frequentierungsanteils-Portfolio

Für den „virtuosen Controller" ist dieses Zusammenklappen von Grunddimensionen („Dimensionenklappen"), um eine Dimension für das „Verkaufen" anderer Informationen frei zu machen, immer eine „Versuchung". Dadurch entstehen aber oft sehr komplexe und abstrakte Grunddimensionen. Sie lösen beim Empfänger oft Verständnisprobleme aus. Daher sollte der Empfänger sukzessive mit zusätzlichen Auswertungsstufen vertraut gemacht werden. Gleiches gilt für die Anreicherung der Kreise mit zusätzlichen Informationen. Der Controller muss außerdem oft entscheiden, an welcher Stelle er Informationen „verkauft". So könnten die Deckungsbeiträge im obigen Frequentierungsanteils-Portfolio statt auf der Abszisse auch in den Kreisen abgetragen werden, um die Abszisse für die Informationskategorie „Restlaufdauer der Produkte" zu reservieren. Ob Informationen über die zu positionierenden Objekte (bzw. Produkte) durch die Grunddimensionen oder die Anreicherung der Kreise zum Ausdruck gebracht werden sollen, ist letztlich nicht allgemeingültig beantwortbar. Allerdings entscheidet häufig die Relevanz der Informationen. Danach sollte der Portfolio-Konstrukteur sehr relevante Informationen über die Grunddimensionen und weniger relevante Informationen über die Kreisanreicherung „transportieren".

9 Wertkettenlandkarte

9.1 Allgemeine Kennzeichnung

In der Managementtheorie, -lehre und -praxis wird dem Denken in Wertketten immer mehr Aufmerksamkeit geschenkt. Neben den grundlegenden Arbeiten der Managementstrategen um Porter haben dazu auch verschiedene Entwicklungen in der Praxis beigetragen.

In den letzten Jahren ergaben sich zum Teil dramatische Veränderungen für die wirtschaftlichen Strukturen und zwischenbetrieblichen **Netzwerke**, in denen die verschiedenen Unternehmen vielfach zu „Schicksalsgemeinschaften" zusammengeschlossen sind. Besonders die Zulieferstrukturen und vertikalen Beziehungen zwischen Unternehmen werden heute im Rahmen von **Integrations-, Make-or-Buy- und Fertigungstiefenentscheidungen** ständig reorganisiert (Klebe und Roth, Roth (a), (b), Schneider u.a., Schneider (a, b), Baur und Kluge, Heuskel, Giehl (b)).

Durch diese Entwicklungen ist in letzter Zeit der Bedarf an strategischen Controlling-Instrumenten gestiegen, die sich speziell auf die Veränderungen der Wertschöpfungsketten und -strukturen konzentrieren. Dazu zählen vor allem **Wertschöpfungsstrukturanalysen** und das Konzept der **Wertkettenlandkarte** („chain-map").

Die Grundüberlegung des Wertkettengedankens liegt darin, dass Produkte bis zur Erlangung der Marktreife verschiedene und hintereinander geschaltete **Wertaktivitäten** durchlaufen müssen. Die Summe der Wertaktivitäten – vom Rohstoff bis zum Endprodukt – bildet die **Wertkette** (bzw. „Wertschöpfungskette, Wertschöpfungspipeline, value chain, supply chain").

Wirtschaftliche Wertaktivitäten können entweder primärer, sekundärer oder tertiärer Art sein. **Primäre Wertaktivitäten** verändern ein Produkt in physischer Hinsicht (z.B. durch stanzen, biegen, bohren, lackieren). **Sekundäre Wertaktivitäten** unterstützen die primären Wertaktivitäten (z.B. Logistik, Einkauf, Vertrieb, Planung). So genannte Koordinatorunternehmen und Generalunternehmer konzentrieren sich z.B. besonders auf die Durchführung sekundärer Wertaktivitäten. **Tertiäre Wertaktivitäten** weisen nur eine geringe oder überhaupt keine Beziehung zum eigentlichen Unternehmenszweck auf (z.B. Pförtner- und Verpflegungsdienste).

Aus Vereinfachungsgründen sei für die weiteren Darlegungen unterstellt, dass (1) für jedes Produkt eine Wertkette aufgebaut und durchlaufen werden muss, (2) in der Mehrzahl der Fälle in der Praxis Mehrproduktunternehmen vorliegen und (3) Unternehmen an den einzelnen Wertketten nur eine bestimmte Anzahl von Wertaktivitäten halten.

Controlling-Instrumente für die Unternehmensführung

Wertkettenlandkarten ermöglichen einen umfassenden und ganzheitlichen Überblick über die Wettbewerbssituation und die Positionierung des eigenen Unternehmens in den verschiedenen Wertketten (Bild 128, Schneider u.a., Schneider (b)).

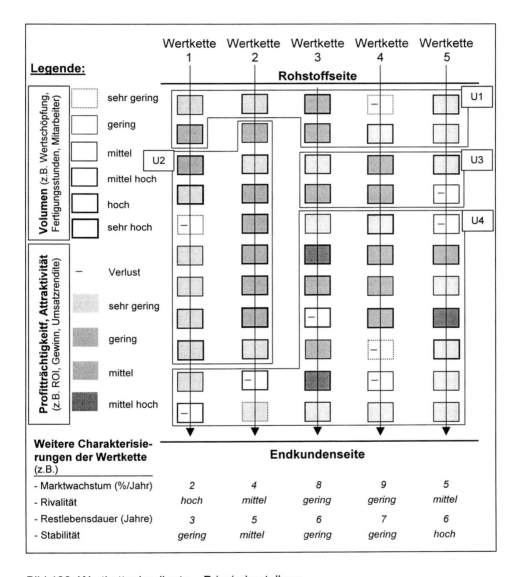

Bild 128: Wertkettenlandkarte – Prinzipdarstellung

Wertkettenlandkarten zeigen schematisch auf, (1) welche Anteile an Wertaktivitäten das eigene Unternehmen hält, (2) welche Anteile von welchen vorgelagerten Unternehmen (Zulieferunternehmen auf der Beschaffungsseite) und welchen nachgelagerten Unternehmen (Kundenunternehmen auf der Absatzseite) gehalten werden und (3) welche Wertaktivitäten an der unmittelbaren Unternehmensgrenze liegen (und aus diesem Grund u.U. schnell integriert bzw. abgespalten werden könnten).

Durch zusätzliche Anreicherungen der **Wertaktivitätensymbole**, die meist in Rechtecken, Quadraten oder Kreisen angegeben werden, lassen sich außerdem wichtige Informationen über die Eigenschaften der Wertaktivitäten zum Ausdruck bringen (z.B. Profitträchtigkeit, Ressourcenbindung, Relevanz für die gesamte Wertkette). Daneben sollten die Wertketten in ihrer Gesamtheit noch intensiver charakterisiert werden (z.B. Marktwachstum und Restlebensdauer der Produkte, für die eine Wertkette aufgebaut wurde, Rivalität zwischen den Wertkettenunternehmen, Stabilität der Wertkette).

Obwohl die Aufstellung von Wertketten sowie die verschiedenen Angaben in der Praxis oft nur sehr grob ausfallen können, schafft eine solche Vorgehensweise eine hohe **Transparenz über die Positionierungen im unternehmensstrategisch relevanten ökonomischen Netzwerk**. In einem sehr erfolgreichen Unternehmen der Gebrauchsgüterindustrie werden jährlich bis zu zwei Sitzungsrunden eines Managementteams für die Aufstellung derartiger Wertkettenlandkarten aufgewandt. Der bei diesen Sitzungen teilnehmende Chefeinkäufer begreift Unternehmen als „Käfer", die auf der Wertkettenlandkarte krabbeln. Je nach Standort und annektiertem Territorium laben sie sich an sehr fruchtbaren oder kargen Böden und gedeihen zwangsläufig sehr unterschiedlich; und da sich die Wertkettenlandschaft in immer kürzeren Abständen verändert, müssen die Käfer immer schneller krabbeln; dass es dabei bisweilen zu Kollisionen und Streit kommt, lässt sich nicht vermeiden.

9.2 Wertkettenstrategien aus Sicht der Wertkettenlandkarte

Derzeit nehmen die Geschwindigkeiten und Ausmaße von **Re-Engineering-Prozessen in der Wertkette** erheblich zu. Die Gründe liegen in diversen Verschlankungsbestrebungen im Zuge des „Lean Managements", Neuverteilungen der Industriewertschöpfung im Rahmen von Globalisierungstendenzen, Markteintritten von Konkurrenten aus Billiglohnländern in Verbindung mit zunehmendem Kosten- und Wettbewerbsdruck sowie in den andauernden Verkürzungen der Entwicklungs- und Marktzyklen von Produkten. Letztere bilden die Ursache dafür, dass heute Wertketten in immer kürzerer Zeit aufgebaut und wieder abgebaut bzw. für neue Produkte und Unternehmensleistungen umgestaltet werden müssen.

Controlling-Instrumente für die Unternehmensführung

Neue Informations- und Kommunikationstechnologien sowie die verschiedenen Erscheinungsformen des Electronic Business heizen diese Entwicklungen zusätzlich an. Sie helfen, völlig neue und allgemein zugängliche Marktplätze zu generieren. So genannte intermediäre Unternehmen, die sich in den traditionellen Wertketten u.a. aufgrund der Übernahme von Informations- und Kommunikationsfunktionen einnisten konnten (z.B. Zwischenhändler, Reisebüros, Versicherungsagenturen), laufen Gefahr, ihre Geschäftsgrundlagen zu verlieren, wenn sie nicht neue Funktionen übernehmen bzw. Werte für die anderen Wertkettenunternehmen erschließen. Auch ineffiziente Glieder in der Wertkette werden durch die damit einhergehende steigende Transparenz viel schneller als früher aufgedeckt.

Zudem rivalisieren die in der Wertkette zusammengeschlossenen Unternehmen häufig um Wertkettenanteile. Sie versuchen, möglichst attraktive Wertaktivitäten zu übernehmen („Integration", „Insourcing") und/oder weniger attraktive Wertaktivitäten abzuspalten („Disintegration", „Outsourcing"). Die Rivalität um Wertschöpfungsanteile in den Wertketten steigt insbesondere in Zeiten stagnierender Wachstumsraten für die Endprodukte bzw. allgemeiner Sättigungstendenzen. Dies betrifft nicht nur vertikale Bewegungen. Daneben finden stets horizontale und diagonale Veränderungen statt, bei denen die ursprüngliche Wertkette verlassen wird.

Auf der Basis von Wertkettenlandkarten lassen sich die derzeit hoch aktuellen **Re-Design-Prozesse in und zwischen Wertketten** sehr übersichtlich aufzeigen. Damit können **vertikale, horizontale und diagonale Integrations- und Disintegrationsstrategien** von Rivalen – z.B. im Zuge von Make-or-Buy-Entscheidungen und/oder globalen Wertkettenstrategien – identifiziert und Bedrohungen frühzeitig erkannt werden. Auf der anderen Seite kann die Planung eigener Strategien darauf aufbauen.

Anhand der in Bild 129 skizzierten Wertkettenlandkarte lassen sich vertikale, horizontale und diagonale Bewegungen sehr übersichtlich darstellen. Sie helfen, die in der Produkt-Markt-Matrix von Ansoff vorgesehenen Diversifikationsrichtungen (vgl. Punkt III.6.2) relativ einfach und bildlich zu systematisieren:

Controlling-Instrumente für die Unternehmensführung

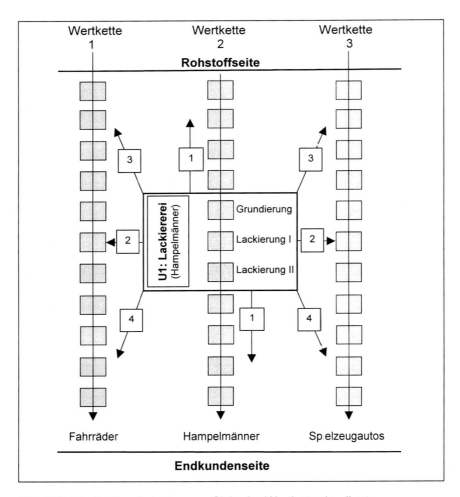

Bild 129: Wertkettenstrategien aus Sicht der Wertkettenlandkarte

(1) Übernimmt (disintegriert) bei **vertikalen Integrationen** (Disintegrationen) ein Unternehmen eine vorgelagerte und rohstoffseitige Wertaktivität aus der eigenen Wertkette, so spricht man von vertikaler Rückwärtsintegration (Rückwärtsdisintegration). Das Unternehmen ist in diesem Fall von „Buy" (Fremdbezug) zu „Make" (Eigenfertigung) übergegangen (und umgekehrt). Dadurch ergibt sich gleichzeitig eine Erhöhung der Fertigungstiefe. Integriert (disintegriert) ein Unternehmen dagegen eine nachgelagerte und endproduktnahe Wertaktivität, ohne die ursprüngliche Wertkette zu verlassen, dann handelt es sich um eine Vorwärtsintegration (Vorwärtsdisintegration). Auch in dieser Situation liegt ein Übergang von „Buy" zu „Make" (nach vorne) und eine Erhöhung der Fertigungstiefe vor (und umgekehrt).

Die Lackiererei könnte beispielsweise zukünftig die Körper der Hampelmänner fertigen (Rückwärtsintegration) oder auch den Besatz der lackierten Hampelmänner mit Haaren und Kleidern übernehmen (Vorwärtsintegration). Die Abhängigkeit von einer bestimmten Wertaktivität wird reduziert und das **„wertaktivitätenseitige Small-Numbers-Problem"** sinkt. Allerdings entsteht ein **„wertkettenseitiges Small-Numbers-Problem"**, weil immer mehr Ressourcen auf nur eine Wertkette bzw. ein Produkt konzentriert werden. Dies kann u.U. dann sinnvoll sein, wenn sicher ist, dass die übernommenen Wertaktivitäten sehr attraktiv sind und die Wertkette in Verbindung mit relativ hohen Wachstumsraten noch lange existiert.

(2) Bei **horizontalen Integrationen** (Disintegrationen) betätigt sich ein Unternehmen zusätzlich in anderen Wertketten (bzw. verabschiedet sich aus diesen). Die Veredelungsstufe wird dabei jedoch nicht verlassen. Die Leitung des Lackierbetriebs könnte sich beispielsweise dazu entschließen, zukünftig auch Fahrräder oder Spielzeugautos zu lackieren (bzw. sich auf die Lackierung von Hampelmännern zu spezialisieren). Hierdurch sinkt die Abhängigkeit vom Output der Wertschöpfungskette (Hampelmänner). Das „wertkettenseitige Small-Numbers-Problem" reduziert sich durch solche Horizontalintegrationen. Jedoch wird die Spezialisierung auf die Lackierung weiterhin beibehalten, wodurch das „wertaktivitätenseitige Small-Numbers-Problem" bestehen bleibt.

(3) Um eine **diagonale, laterale** bzw. **konglomerate Rückwärtsintegration** (-disintegration) handelt es sich, wenn ein Unternehmen in horizontal und gleichzeitig vertikal anderen Wertaktivitäten eindringt (bzw. sich aus diesen Wertaktivitäten verabschiedet). Die betrachtete Lackiererei wird in den anderen Wertketten tätig, übernimmt (gibt ab) dort aber eine näher auf der **Rohstoffseite** liegende Wertaktivität (z.B. Herstellung der Rahmen für Fahrräder). In diesem Fall reduziert (erhöht) sich sowohl das „wertaktivitätenseitige" als auch das „wertkettenseitige Small-Numbers-Problem".

(4) **Diagonale, laterale** bzw. **konglomerate Vorwärtsintegration** (-disintegration) liegt vor, wenn Fall 3 gegeben ist, jedoch eine näher auf der **Endkundenseite** liegende Wertaktivität übernommen (abgespalten) wird.

Wertkettenlandkarten bilden die beschriebenen Integrations- und Disintegrationsstrategien von Unternehmen ab und steigern hierfür die Transparenz für das Management. Auch zukünftige Positionierungen von Unternehmen in der Wertkettenlandkarte können simuliert und hinsichtlich der Konsequenzen für das eigene Unternehmen analysiert werden. Dies ist besonders dann wichtig, wenn in der Wertkette um die Wertaktivitäten eine starke Rivalität besteht, die Unternehmen aus anderen Wertketten aggressive Integrations- und Disintegrationsstrategien verfolgen und/oder die Charakterisierungen der Wertketten und Wertaktivitäten (z.B. Volumen, Profitabilität, Lebensdauer, vgl. die Bilder

128 und 130) z.B. aufgrund von Technologie- und Marktveränderungen starken Schwankungen unterliegen.

Verfügt ein Unternehmen in solchen Situationen über kein entsprechendes strategisches Controlling-Instrument, das hierfür Sensibilität und Transparenz schafft, kann es von Integrationsstrategien anderer Wertkettenunternehmen überrascht werden und/oder erhebliche Wertkettenanteile verlieren (Bild 130).

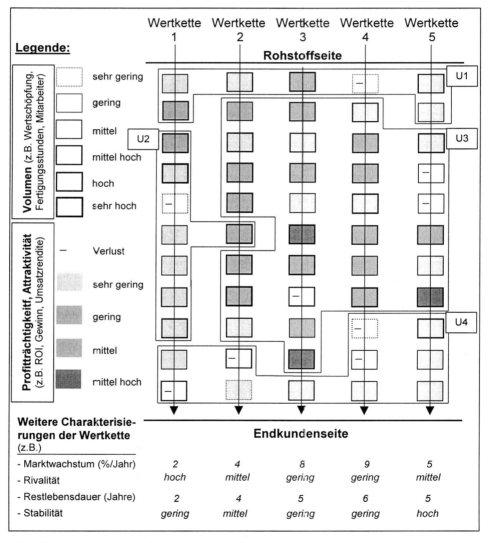

Bild 130: Wertketten-Landkarte nach erfolgten Wertkettenstrategien

Im dargestellten Fall hat Unternehmen 3 durch aggressive vertikale, horizontale und diagonale Integrationsstrategien den anderen Unternehmen Wertaktivitäten abgenommen (u.U. haben die anderen Unternehmen zusätzlich Outsourcing betrieben). Dabei handelte es sich jeweils um relativ attraktive und profitträchtige Wertaktivitäten. Gleichzeitig konnte das Unternehmen 3 sowohl das „wertaktivitätenseitige" als auch das „wertkettenseitige Small-Numbers-Problem" mindern und jeweils eine „Large-Numbers-Stellung" erzielen. Dies geschah zum Nachteil der anderen Unternehmen, bei denen insbesondere das „wertaktivitätenseitige Small-Numbers-Problem" angestiegen ist. In der Wertkette 2 konnte es gegenüber dem Unternehmen 2 eine **„Wertkettenzange"** (Schneider u.a.) aufbauen, weil es für Unternehmen 2 nun gleichzeitig Lieferant und Kunde ist. Würde Unternehmen 3 als Lieferant von Unternehmen 2 zu stark diszipliniert und ausgepresst, könnte es mit der Wertkettenzange zurück schlagen. Außerdem könnte es Unternehmen 2 ständig damit drohen, die verbleibende Wertaktivität selbst zu bewerkstelligen. Hierdurch würde das „wertkettenseitige Small-Numbers-Problem" für Unternehmen 2 noch virulenter – vor allem angesichts des geringen Wachstums und der niedrigen Restlebensdauer von Wertkette 1 (bzw. des entsprechenden Produkts).

Die **unternehmensstrategische Bedeutung von Wertkettenlandkarten** wird bereits anhand dieses einfachen Beispiels offensichtlich. Aus diesem Grund sollten sie fester Bestandteil des strategischen Controlling sein – obwohl ihre Konstruktion zwangsläufig auf unsichere Informationen und grobe Schätzungen zurückgreifen muss. Nach diesem Muster wären nicht nur die aktuellen Wertketten und -aktivitäten, in denen ein Unternehmen derzeit agiert, sondern auch „verwandte" Wertketten und -aktivitäten gezielt zu analysieren und darauf aufbauend Zielpositionierungen für das Unternehmen in der Wertkettenlandkarte zu planen. Dies sollte unter Einschluss der von den anderen Wertkettenunternehmen zu erwartenden Integrations- und Disintegrationsstrategien geschehen, die das Management hierfür simulieren müsste. Wichtige ergänzende Entscheidungsgrundlagen können in diesem Zusammenhang auch die Make-or-Buy-Portfolios bilden (vgl. Punkt III.7.7).

9.3 Analyse der Verkettungsintensität

Wertkettenlandkarten geben u.a. Auskunft über die Verteilung von Wertaktivitäten auf verschiedene Unternehmen. Interessant sind aber auch die Verbindungen zwischen den einzelnen Wertkettenunternehmen, die vertikal verkettet sind, weil derzeit vor allem die Zulieferstrukturen reorganisiert werden. Die Messung der **Beziehungsintensität zwischen den Wertkettenunternehmen** kann für die nähere Beschreibung von Wertkettenlandkarten eine wichtige Bereicherung darstellen. Sie gibt u.a. Auskunft über die **Stabilität der Wertkette** und den **vertikalen Integrationsgrad** der beteiligten Unternehmen.

Die Messung der Verkettungsintensität kann sich z.B. auf logistische, informatorische, betriebszeitorientierte und/oder organisatorisch-vertragliche Aspekte erstrecken:

- **Logistikverkettungen** werden z.B. durch just-in-time-Belieferungen und die kooperative Nutzung logistischer Ressourcen wie Lager, Bestell- und Transporteinrichtungen deutlich (Kleer).

- **Informationsverkettungen** können beispielsweise auf Tele-Konferenzen, die kooperative Nutzung von Rechenzentren und Electronic-Data-Interchange (EDI) basieren (Kilian u.a.).

- **Betriebszeitverkettungen** liegen z.B. dort vor, wo Synchronisationen von Betriebszeiten zwischen den Lieferanten- und Kundenunternehmen angestrebt werden (Schneider (c), (d)).

- **Organisatorisch-vertraglich Verkettungen** legen beispielsweise die Laufdauern und Ausgestaltungsformen der Zulieferkontrakte (z.B. eher kurz- oder langfristige Verträge) sowie die gegenseitigen Beteiligungsverhältnisse fest. Sie bestimmen also darüber, ob und inwieweit ein Wertkettenunternehmen eher einen hierarchischen (z.B. bei Kooperationen mit Beteiligungen) oder eher einen marktlichen (z.B. bei kurzfristigen Bestellungen) Einfluss auf ein anderes Unternehmen hat. In diesem Zusammenhang spricht man auch von so genannter **"Quasi-Integration"**, da zwischen den Extremformen „volle Integration" und „volle Disintegration" ein vielfältiges Spektrum unterschiedlicher Koordinationsformen denkbar ist.

In Verbindung mit derartigen Verkettungen verlangen die Kundenunternehmen häufig einen Durchgriff auf Abteilungen und Funktionen, die bei den Lieferantenunternehmen beispielsweise für planerische, kalkulatorische und fertigungstechnische Aufgaben zuständig sind. Diese „Open-Book-Politik" mündet in Kombination mit ständigen Cost-Cutting- und Qualitätssteigerungsforderungen nicht selten in dem Vorwurf, Kundenunternehmen würden ohne Skrupel die Entwicklung zum „gläsernen" und „unmündigen" Lieferanten in der Wertschöpfungspipeline vorantreiben.

Konzentriert man sich auf **organisatorisch-vertragliche Verkettungen**, so ergeben sich aus der Art des Kontrakts Signale, für wie wichtig und einmalig bzw. unwichtig und austauschbar die anderen Wertkettenunternehmen ein bestimmtes Unternehmen für die Wertkette einschätzen. Ein Zulieferer kann die ihm angebotene Kontraktform durch ein Kundenunternehmen als Hinweis für die **Wertschätzung in der Pipeline** interpretieren. Je höher der Integrationsgrad bzw. die Quasi-Integration, die durch den Kontrakt zum Ausdruck kommt, desto höher ist vermutlich die Relevanz des Unternehmens für die gesamte Wertkette. Werden einem Lieferanten dagegen nur kurzfristig und ad-hoc Belieferungsverträge angeboten, so bedeutet dies oft, dass er sowohl für seine Kunden als auch insgesamt für die anderen Wertkettenunternehmen nur eine untergeordnete Bedeutung hat.

Ein Blick auf die **Integrationsgrade entlang der Lieferantenpyramiden** in der Automobilindustrie offenbart die im Vergleich zu Zweit- und Drittlieferanten (v.a. Komponenten- und Teilelieferanten) viel stärkere Vernetzung der Direktlieferanten (v.a. Systemlieferanten) in diesem industriellen Sektor (Bild 131):

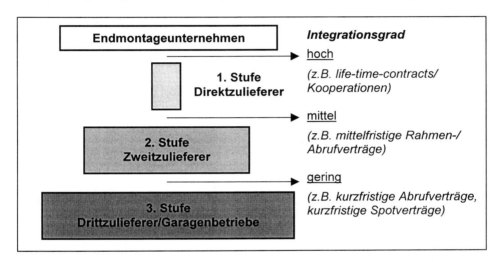

Bild 131: Quasi-Integration entlang der Lieferantenpyramide (Automobilindustrie)

Die jeweiligen vertikalen Quasi-Integrationsgrade produzieren für die in der Wertkette zusammengeschlossenen Unternehmen unterschiedliche „**Sicherheits- und Stabilitätsniveaus**" (Schneider u.a.). Natürlich können hohe Integrationsgrade auch Gefahren in sich bergen (z.B. wenn die Sicherheit in Besitzstandsdenken mündet und/oder damit eine Abkoppelung von neuen Markt- und Technologietrends droht). Lange Laufdauern reduzieren jedoch andererseits beispielsweise die Absatz- und Belieferungsunsicherheit und geben den unternehmerischen Planungen eine stabilere Basis und einen längerfristigen Planungshorizont (z.B. für Investitions-, Produktions- und Personalplanungen). Zudem etabliert sich dadurch nicht selten eine Art „Schicksalsgemeinschaft" zwischen den beteiligten Unternehmen. Sie lässt sich als gegenseitige Versicherung und als eine Form des Risikopooling interpretieren.

In Bild 132 sind für zwei vergleichbare Unternehmen die Kontraktarten auf der Absatzseite dargestellt. Durch die Konzentrationskurve wird die Verkettungsintensität beider Unternehmen gemessen. Danach weist Unternehmen 1 im Vergleich zu Unternehmen 2 in der Wertschöpfungskette eine weit höhere Verkettungsintensität auf. Es wickelt ein vergleichsweise höheres Geschäftsvolumen auf der Absatzseite über Kontraktarten mit höheren vertikalen Quasi-Integrationsgraden ab (v.a. Kooperations- und Rahmenkontrakte sowie längerfristige Kontrakte). Unternehmung 1 hat sich dadurch in der Wertschöpfungskette „festgebissen" – zumindest absatzseitig. In analoger Vorgehensweise könnte die Analyse der Verkettungsintensität auf der Beschaffungsseite vorgenommen werden (Schneider u.a.). Mehrere empirische Untersuchungen kommen zu dem Ergebnis, dass der Ausgestaltung der zwischenbetrieblichen Koordinationsformen – und damit der Verkettungsintensität in der Wertkette – eine zentrale unternehmensstrategische und erfolgswirksame Bedeutung zuzuordnen ist (z.B. Picot u.a., Laub (a) und (b)).

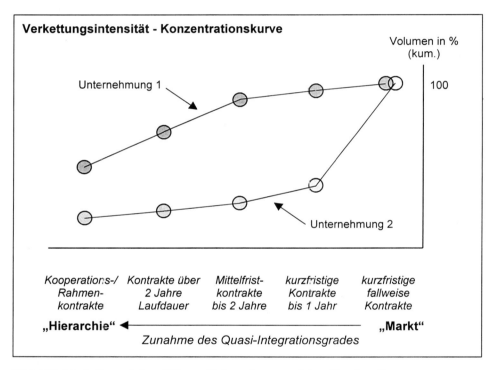

Bild 132: Verkettungsintensität von Unternehmen auf der Absatzseite

Angesichts der Praxisrelevanz vertikaler Re-Design-Anstrengungen und den immer häufigeren Rückgriff auf zwischenbetriebliche, kooperative und partnerschaftliche Organisationsformen könnte man sich zu der Aussage hinreißen lassen „Make-or-Buy ist out, es lebe die Quasi-Integration".

Bild 133 gibt in Anlehnung an verschiedene Autoren im deutschsprachigen Raum einen ausschnitthaften Überblick über Koordinationsformen. Die beiden Extremformen „Hierarchie" und „Markt" bilden dabei die Endpunkte eines Kon-

Controlling-Instrumente für die Unternehmensführung

tinuums „quasi-integrativer" Abwicklungsmuster für Transferbeziehungen zwischen Unternehmen. Ausgangspunkt für derartige Überlegungen waren vor allem die industrieökonomischen und auf der Basis der so genannten Transaktionskostentheorie vorangetriebenen Arbeiten von Coase und Williamson.

in Anlehnung an folgende Autoren:	„make"			„buy"
Picot 1982 (allgemein)	Eigenerstellung	Kapitalbeteiligung	Langfristverträge	Fremdbezug/ spontaner Markt
Siebert 1990 (allgemein bei Vorproduktbeschaffung)	Eigenfertigung	Kapitalbeteiligung	Vertragskooperation	Fremdbezug (mit/ohne Abnahmegarantie)
Benkenstein/ Henke 1993 (allgemein)	Eigenfertigung	Alliance Joint Venture	Franchise Langfristvertrag	kurzfristiger Vertrag
Gerybadze 1991 (allgemein)	volle Integration Fusion	Netzwerk mit/ohne zentralem Koordinator	Verhandlungsmärkte	Spotmärkte
Picot u.a. 1989 (bei innovativen Unternehmensgründungen)	Eigenfertigung	Kooperations-/ Rahmenverträge	langfristige Verträge	kurzfristige Verträge
Menze 1993 (bei global sourcing)	Direktinvestition	Einkaufsvertretung	Auftragsproduktion	Import (direkt/indirekt)
Baur 1991 (allgemein in der Automobilindustrie)	Eigenfertigung	Lieferantenansiedelungen (u.U. mit Beteiligung)	Langfristvereinbarung	Prozentrahmenverträge (lang-/ kurzfristig)
Schneider/Zieringer 1991 (allgemein bei F&E)	interne F&E (zentral/ dezentral)	kooperative Gemeinschafts- F&E	koordinierte Einzel-F&E/ F&E-Austausch	externe F&E (Auftrags-/ Vertrags-F&E/ Lizenznahme)

„Hierarchie" ← Zunahme des Integrationsgrades → „Markt"

„Quasi-Integration"

Bild 133: Beispiele zwischenbetrieblicher Organisationsformen

10 Wertschöpfungsstrukturanalyse

10.1 Allgemeine Kennzeichnung

Sowohl die oben beschriebenen und immer intensiveren Integrations- und Disintegrationsstrategien von Unternehmen als auch die immer dynamischeren und komplexeren Technologie- und Marktveränderungen tragen dazu bei, dass im Laufe der Zeit die Wertschöpfungsstrukturen **in** Unternehmen und **zwischen** Unternehmen in der Wertkette einem ständigen und immer ausgeprägteren Wandel unterliegen.

Das strategische Management muss den damit einhergehenden Herausforderungen hohe Sensibilität entgegenbringen. Denn Veränderungen in den Wertschöpfungsstrukturen haben für sämtliche Bereiche eines Unternehmens Konsequenzen. Absolute Wertschöpfungsreduzierungen (-erhöhungen) auf breiter Front können zu sinkender Auslastung und dramatischen Personalfreisetzungen (-beschaffungen) beitragen. Strukturelle Wertschöpfungsveränderungen können die Ursachen für Leerkapazitäten in unterausgelasteten und Lastspitzen in überausgelasteten Unternehmensbereichen sein. Halten sie dauerhaft an, erfordern die Ressourcen des Unternehmens eine neue Verteilung und Zuordnung.

Will das Management von solchen Überraschungen verschont bleiben, müssen neben Wertkettenlandkarten auch die Wertschöpfungsquoten und -anteile in die Zukunft projiziert werden. Liegen Simulationen über die zukünftige Gestalt von Wertkettenlandkarten vor, dann kann die Planung von Wertschöpfungsanteilen unmittelbar darauf aufbauen.

Die Ermittlung der Wertschöpfungsquote eines Unternehmens kann auf verschiedene Weise erfolgen. Bild 134 zeigt hierzu drei vereinfachte Ermittlungsarten.

Umstritten ist dabei u.a., ob zur Errechnung der Wertschöpfung neben den Vorleistungen auch der Gewinn abzuziehen ist. Geht es jedoch um die Frage, ob und inwieweit bestehende Kapazitäten ausgelastet werden und welches Beschäftigungsvolumen hinter der Wertschöpfung steht, ist der Abzug des Gewinns sinnvoll.

```
+ Umsatz
- Vorleistungen
─────────────────────────────────
= Wertschöpfung I
- Gewinn
─────────────────────────────────
= Wertschöpfung II (beschäftigungswirksam)

Wertschöpfungsquote (I)    =   Wertschöpfung I / Umsatz
Wertschöpfungsquote (II)   =   Wertschöpfung II / Umsatz
Wertschöpfungsquote (III)  =   Wertschöpfung II / (Umsatz – Gewinn)
```

Bild 134: Vereinfachte Ermittlung der Wertschöpfungsquote

Die Wertschöpfungsquoten lassen sich für einzelne Produkte, strategische Geschäftseinheiten und/oder das gesamte Unternehmen bestimmen. Durch eine Integrationsstrategie bzw. den Übergang von „Buy" zu „Make" wird der Vorleistungsanteil reduziert und die Wertschöpfungsquote ausgeweitet. Durch Disintegration bzw. den Übergang von „Make" zu „Buy" (Outsourcing) ergibt sich eine Erhöhung des Vorleistungsanteils und eine Verringerung der Wertschöpfungsquote. Gleiche Zusammenhänge gelten für die Fertigungstiefe.

10.2 Beispiele für Wertschöpfungsstrukturveränderungen

Eine Wertkettenanalyse der McKinsey-Manager Baur und Kluge (2000) thematisierte die Verteilung der Wertschöpfungsanteile „rund um das Auto" (ausgedrückt in Umsatzeinheiten) über einen zehnjährigen Lebenszyklus eines Automobils. Danach halten die Automobilhersteller ca. 43 Prozent (z.B. in Form des Kaufpreises, Garantiezusagen, Transport, Finanzierung für Erstbesitzer), während mit 57 Prozent der größere Teil durch andere Unternehmen erwirtschaftet wird (z.B. in Form der Finanzierung für den zweiten und dritten Besitzer, Händlerwerbung, Instandhaltung und Reparaturen, Versicherung, Parkgebühren, Autopflege). Der pragmatische Charakter besteht nach Baur und Kluge darin, dass solche Wertkettenanalysen beispielsweise Expansionsmöglichkeiten für Branchenunternehmen aufzeigen (in ihrem Fall z.B. den Unternehmen in der Fahrzeugindustrie).

In Anlehnung an empirische Untersuchungen von Baur (a), (b) und Schneider (a), (b) zeigen die Bilder 135 und 136 praktische Fallbeispiele für Strukturveränderung von Wertschöpfungsanteilen für mehrere Fahrzeugkomponenten in der Automobilindustrie (beim Übergang von einem alten auf ein neues Modell) und eine Komponente aus der Eisenbahnverkehrstechnik (beim Übergang von einer alten auf eine neue Technologie).

Controlling-Instrumente für die Unternehmensführung

Fahrzeugkomponenten mit steigenden Wertschöpfungsanteilen	Eigen-erstellungs-anteil in %	Wertschöpfungsanteil	
		Vorgänger	neues Modell
		jeweils in %	
Fahrzeugelektrik	0	4,4	9,4
Motorelektrik	0	2,9	4,4
Instrumente und Messgeräte	0	1,8	2,3
Kupplung	2	0,9	1,5
Karosserie-Ausstattung	17	18,4	20,8
Motor	18	8,3	10
Fahrzeugkomponenten mit fallenden Wertschöpfungsanteilen	Eigen-erstellungs-anteil in %	Wertschöpfungsanteil	
		Vorgänger	neues Modell
		jeweils in %	
Kraftstoffversorgung	0	3	2
Räder mit Bereifung	1	3,8	2,6
Lenkung	8	4,9	3,3
Bremsen	11	9	6
Vorderachse	21	3	2,3
Hinterachse	33	4,8	4,1
Rohkarosserie	95	10,3	7

Bild 135: Veränderung von Wertschöpfungsanteilen bei Komponenten in der Automobilindustrie

Bleiben im Beispiel von Bild 135 die Eigenerstellungsanteile jeweils auf gleichem Niveau, dann ergeben sich für das betrachtete Unternehmen durch den Modellwechsel zwangsläufig – schleichende – Wertschöpfungsverluste. Das Wachstum, das die Fahrzeugkomponenten mit steigenden Wertschöpfungsanteilen auslösen, geht dann am betrachteten Unternehmen vorbei, weil es dort keine oder nur sehr geringe Wertschöpfungsanteile hält. Für die Kapazitätsauslastung und die Beschäftigung kann dies negative Wirkungen haben. Am Wachstum und den damit verbundenen positiven Konsequenzen für Auslastung und Beschäftigung partizipieren in diesem Fall vor allem „nur" die Lieferanten, da sie bei diesen Fahrzeugkomponenten vergleichsweise hohe Wertschöpfungsanteile aufweisen.

Gleiches gilt für das in Bild 136 dargestellte Beispiel einer Wertschöpfungsstrukturanalyse in einem Unternehmen der Eisenbahnverkehrstechnik. Die Wertschöpfungsverluste (-gewinne) für das betrachtete Unternehmen (die Lieferanten) liegen dabei jedoch noch weit höher.

Controlling-Instrumente für die Unternehmensführung

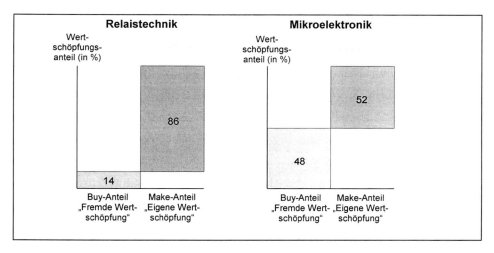

Bild 136: Veränderungen der Wertschöpfungsanteile durch Technologiewandel

Geht man (vereinfacht) davon aus, dass in der Wertschöpfungspipeline für die Herstellung dieser Komponente bislang 1.000 Menschen arbeiten, dann haben bei der alten Technologie die Lieferanten einen Anteil von 140 und das betrachtete Unternehmen einen Anteil von 860 Mitarbeiter. Beim Übergang von der Relaistechnik zur Mikroelektronik würden die Lieferanten einen enormen Beschäftigungsaufbau verzeichnen, während das betrachtete Unternehmen starke Beschäftigungsverluste hinnehmen müsste. Ob die im betrachteten Unternehmen abgebauten Mitarbeiter bei den Lieferanten unterkommen, hängt u.a. von der Mobilität der Mitarbeiter und den Standorten der Lieferanten (evtl. Ausland) sowie den bestehenden Auslastungsverhältnissen ab.

Dieses Beispiel macht einerseits die durchschlagenden Konsequenzen von zwischenbetrieblichen (u.v. auch internationalen) Wertschöpfungsstrukturveränderungen auf die Beschäftigungssituation und die Folgen für die zwischenbetriebliche Mitarbeiterallokation offensichtlich. Ob (und wo) nach den Strukturveränderungen in der Wertkette weiterhin 1.000 Menschen Beschäftigung finden, kann man angesichts von praktischen Erfahrungen bezweifeln.

Andererseits zeigen diese Beispiele sehr deutlich, dass sich die Wertschöpfungsanalyse nicht nur auf vergangenheitsorientierte (Nach-) Untersuchungen erstrecken darf. Vielmehr sind in der Praxis Zukunftsprognosen über die Wertschöpfungsstrukturveränderungen erforderlich.

Die weitere Aufspaltung der internen Wertkette eines Unternehmens ermöglicht darüber hinaus eine Separierung der eigenen Wertschöpfungsquote auf die verschiedenen internen Leistungsträger und Funktionen des Unternehmens (z.B. Werkstätten, Montage, Engineering; Bild 137, Schneider (b)):

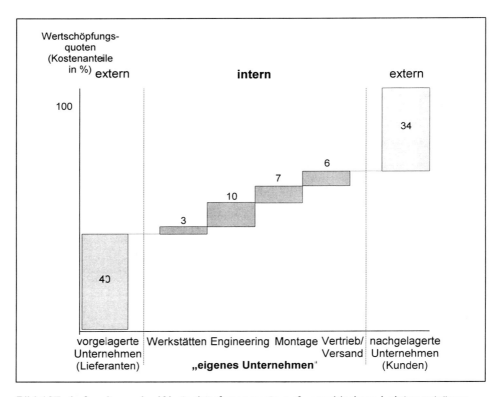

Bild 137: Aufspaltung der Wertschöpfungsquote auf verschiedene Leistungsträger

Dieses Vorgehen macht es möglich, die **Fortpflanzung von Veränderungen der Wertschöpfungsstrukturen** von der globalen zwischenbetrieblichen Ebene von Unternehmen bis in die eigenen Leistungseinheiten zu verfolgen.

Durch eine weitere Aufspaltung der globalen Wertschöpfungsanteile der vor- und nachgelagerten Unternehmen in Verbindung mit **der Wertkettenlandkarte** (vgl. Punkt 9) können überdies **neue Geschäftsideen und -felder** im Sinne **geschäftlicher Expansionsmöglichkeiten** aufgespürt werden. In **professionellen Business-Development-Projekten** folgt dieser Art der instrumentell-methodischen Identifikation von Geschäftspotenzialen die Selektion. Sie kann instrumentell-methodisch anhand des dargestellten Make-or-Buy- und/oder Forschungs- und Entwicklungs-Portfolios (Punkt 7.6 und 7.7) erfolgen. Besonders in der intelligenten Hintereinanderschaltung der verschiedenen Instrumente kommt die „**Virtuosität des Managements**" zum Ausdruck!

11 Ergebniskennlinie

11.1 Allgemeine Kennzeichnung

Die Konstruktion von Ergebniskennlinien greift auf Zahlenmaterial zurück, das i.d.R. im Rechnungswesen verfügbar ist. Dabei handelt es sich um Volumen- und Ergebniszahlen für z.B. Projekte, Produkte, Sparten, strategische Geschäftseinheiten und/oder Tochterunternehmen. Für die Zwecke der Ergebniskennlinie werden sie lediglich neu sortiert und verknüpft sowie in eine Grafik überführt. Wie andere strategische Instrumente, so baut auch die Ergebniskennlinie auf das **grafische Potenzial einer Abbildung**, um bestimmte wirtschaftliche Sachverhalte zum Ausdruck zu bringen.

Nach Darstellungen von Zimmermann ist die Ergebniskennlinie ein fester Bestandteil der Analyse, Planung, Budgetierung und Kontrolle von Bereichen, Geschäftsgebieten und Geschäftsfeldern bei der Siemens AG. Bei einem der Pharmaindustrie zugehörigen Firmenmitglied des Kompetenzzentrums für Unternehmensentwicklung und -beratung (KUBE e.V.) gehört die Ergebniskennlinie zu den Basisinstrumenten des Businessplans.

Das Grundmodell der Ergebniskennlinie sei anhand des in Bild 138 gegebenen Zahlenmaterials erläutert:

Produkte/ Projekte	Umsatz (in Euro)	Ergebnis (in Euro)	Rendite (in %)	Reihenfolge
A	10.000	200	2	4
B	20.000	300	1,5	5
C	15.000	450	3	3
D	15.000	750	5	1
E	25.000	1.000	4	2
F	20.000	- 600	- 3	6
G	10.000	- 400	- 4	7
Summe	(115.000)	(1.700)		

Bild 138: Ausgangstableau für die Konstruktion der Ergebniskennlinie

Auf der Basis der Umsätze und Ergebnisse sind die Renditen der einzelnen Produkte zu errechnen. Sie sind das Kriterium für die Bildung der Produktreihenfolge. Die grafische Darstellung der Ergebniskennlinie, die an ABC-Analysen und die Konstruktion von Lorenzkurven erinnert (vgl. dazu z.B. Pflaumer u.a.), zeigt Bild 139:

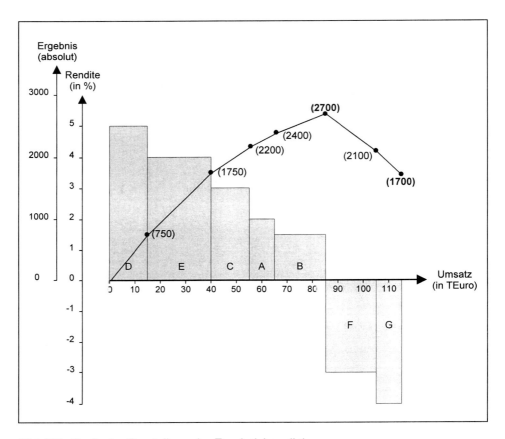

Bild 139: Grafische Darstellung der Ergebniskennlinie

Die einzelnen Produkte werden gemäß der Produktreihenfolge nacheinander in das Diagramm eingetragen, wobei die jeweiligen Umsatzwerte den Abszissenwert und die Renditen den jeweiligen Ordinatenwert für die Produktsäulen bilden. Die **Ergebniskennlinie** wird durch die Kumulation der absoluten Ergebnisse anhand der gleichen Reihenfolge konstruiert.

Die Steigung der Ergebniskennlinie nimmt schrittweise ab. Sie wird ab den Produkten negativ, die ein negatives Ergebnis aufweisen. Der **Sattelpunkt** liegt beim Maximum der Ergebniskennlinie (2.700). Das Lot dieses Punkts auf die Abszisse führt zu einer **Umsatzaufspaltung** in Gewinn- und Verlusteinheiten. Den Endpunkt der Ergebniskennlinie bildet der **Ergebnissaldo** (1.700).

11.2 Normstrategien und Varianten

Aus der konstruierten Ergebniskennlinie kann das Management direkt **Normstrategien** ableiten (Bild 140):

---

(1) Hebung des Sattelpunkts,
(2) Hebung des Ergebnissaldos,
(3) Verschiebung des Sattelpunkts nach rechts, um bei der so genannten Umsatzaufspaltung ein besseres Verhältnis zwischen Gewinn- und Verlustprodukten zu erreichen,
(4) die Bereinigung bzw. Desinvestition von Produkten rechts vom Sattelpunkt,
(5) die Vermeidung von so genannten Small-Numbers-Situationen. Sie liegen dann vor, wenn es – z.B. trotz positivem Ergebnissaldo – nur wenige Produkte im positiven, aber viele Produkte im negativen Bereich gibt. Das Unternehmen „fällt und steht" in diesen Fällen mit der Ergebnisträchtigkeit weniger Produkte bzw. eines einzigen Produkts,
(6) die Vermeidung von Geschäftskonzentrationen. Sie liegen vor, wenn der Ergebnissaldo und/oder der Gesamtumsatz von einem oder wenigen Produkten dominiert wird (hohes Small-Numbers-Problem) und diese Situation sich entlang der Zeit möglicherweise noch verschärft.

Bild 140: Ableitung von Normstrategien aus der Ergebniskennlinie

Insbesondere durch **Zeitvergleiche** ist es möglich, Veränderungen des Small-Numbers-Problems, der Geschäftskonzentration und/oder der Umsatzaufspaltung abzubilden und in ihrer Entwicklung zu erkennen. Da der Auftragseingang dem Umsatz vorgelagert ist, bietet es sich in der Praxis an, die Ergebniskennlinie auf der Basis von Auftragseingängen und prognostizierten Ergebnissen zu erstellen. Dadurch sind relativ stabile Prognosen über die zukünftige „Umsatzergebniskennlinie" erzielbar. Allerdings ist hierfür ein branchen- oder unternehmensspezifischer Abschlag vom Auftragseingang einzurechnen, weil i.d.R. nicht der gesamte Auftragseingang zu Umsatz wird (Auftragsstornierungen, Zahlungsunfähigkeit von Kunden usw.).

Die in Bild 141 für drei aufeinander folgende Jahre eingezeichneten Ergebniskennlinien zeigen eine schrittweise Verschlechterung im Hinblick auf die Kriterien Small-Numbers-Problem, Geschäftskonzentration und Umsatzaufspaltung – trotz einer Niveauverbesserung des Sattelpunkts und eines identischen Ergebnissaldos. Unterstellt man zusätzlich, dass die Lebenszyklen der Produkte mit positiven Ergebnissen langsam ihre Reife- und Degenerationsphase erreichen, verschärft sich die Gefahr noch zusätzlich.

Controlling-Instrumente für die Unternehmensführung

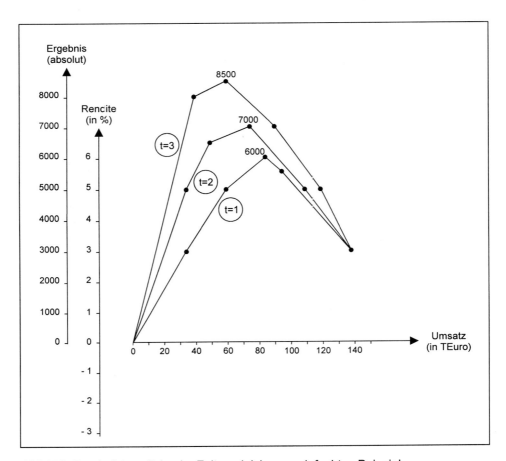

Bild 141: Ergebniskennlinien im Zeitvergleich – vereinfachtes Beispiel

Die Ergebniskennlinie ist auch in **umgekehrter Reihenfolge** konstruierbar. Dann beginnt sie beim schlechtesten Produkt. Vor dem (negativen) Sattelpunkt liegen in diesem Fall alle Produkte mit negativer Rendite, danach alle Produkte mit positiver Rendite. Die Kurve verläuft dann in einer „U"-Form. Im DV-Tool „EKL für Excel" ist die Reihenfolge beliebig bestimmbar (Strey).

Wie bei Portfolios, so gibt es auch bei der Ergebniskennlinie unterschiedliche **Aggregierungsebenen**. Auf einer übergeordneten Ebene könnte zunächst eine Ergebniskennlinie für strategische Geschäftseinheiten, auf einer nachgelagerten Ebene für Geschäftsfelder und auf der niedrigsten Ebene für die einzelnen Produkte erstellt werden. Daneben ist eine Disaggregierung der Ergebniskennlinie entlang der verschiedenen **Ergebnisebenen** von Unternehmen möglich (z.B. Gesamtgewinn, operativer Gewinn, Deckungsbeiträge).

11.3 Anwendungsbeispiele

Bild 142 zeigt für **vier regionale Geschäftsfelder eines Pharmaunternehmens** (osteuropäische Staaten) die Ergebniskennlinien entlang des ebenfalls aufgelisteten **Ergebnisaufbaus**.

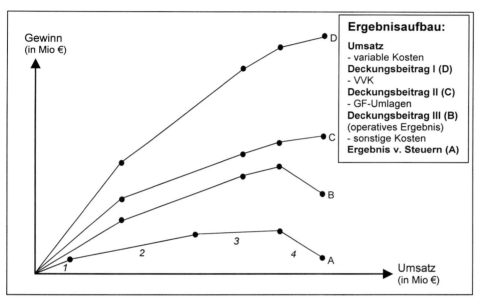

Bild 142: Ergebniskennlinien für Geschäftsfelder eines Pharmaunternehmens

Das Bild mag zunächst sehr komplex und abstrakt erscheinen. Ein im Lesen von Ergebniskennlinien geübter Manager kann daraus jedoch mit einem Blick direkt analytische Schlüsse ziehen, ohne auf das konkrete Zahlenmaterial angewiesen zu sein. Hier zeigt sich das grafische Potenzial der Ergebniskennlinie. Beispielsweise bäumen sich ausgehend von der untersten Linie (A) auf Basis des Ergebnisses vor Steuern die Ergebniskennlinien durch die sukzessive Hinzurechnung der Kostenschichten bis zum Deckungsbeitrag I auf (D). Beim Übergang von der Ergebniskennlinie auf Basis des Ergebnisses vor Steuern (A) zur Ergebniskennlinie auf Basis des operativen Ergebnisses (B, Deckungsbeitrag III) hat sich offensichtlich die anhand der Rendite entstandene Reihenfolge der Geschäftsfelder verändert. Das Geschäftsfeld 4 kann nur seine variablen Kosten und gerade noch seine Verwaltungs- und Vertriebskosten decken; nach Abzug der Geschäftsführungsumlagen (die im Vergleich zu den anderen Geschäftsfeldern relativ hoch sind) dreht die Ergebniskennlinie aber schon in den negativen Bereich. Sonstige Kosten scheinen in Geschäftsfeld 4 nicht zu entstehen, weil die Ergebniskennlinien parallel verlaufen. Gleiches gilt für Geschäftsfeld 2 im Hinblick auf die Geschäftsführungsumlagen.

Controlling-Instrumente für die Unternehmensführung

Die Ergebniskennlinie kann ferner als Instrument der **Branchenanalyse** zum Einsatz kommen. Unten ist ein solches Beispiel aus der **Elektroindustrie** aufgeführt, in dem eine Ergebniskennlinie für ausgewählte Unternehmen dieser Branche mit einem Umsatz von weniger als 300 Mio Euro im Jahr 2003 skizziert ist (Bild 143; von Hartmann liegt eine auf der Ergebniskennlinie basierende Branchenstudie vor, die Vergleiche mehrerer Branchen und zahlreicher Unternehmen über mehrere Jahre hinweg zum Inhalt hatte):

	Umsatz*)	Gewinn*)	Rendite**)	Gewinn kum.
ELMOS Semiconductor AG	121,4	10,2	8,4	10,2
Funkwerk AG	178,7	10,7	6,0	20,9
Silicon Sensor	11,9	0,7	5,9	21,6
ADVA AG	90,4	4,9	5,4	26,5
OHB Technology AG	96,4	4,6	4,8	31,1
Paragon AG	40,7	1,4	3,4	32,5
Data Modul AG	117,8	2,4	2,0	34,9
init innovation in traffic AG	30,0	0,4	1,3	35,3
CeoTronics AG	12,4	-0,6	-4,6	34,7
Kontron AG	229,2	-27,8	-12,1	6,9
Süss Microtec AG	95,5	-14,6	-15,3	-7,7
Aixtron AG	91,3	-19,2	-21,0	-26,9
Dialog Semiconductor plc	92,9	-20,5	-22,1	-47,4
Varetis	17,1	-4,6	-26,9	-52,0
Pandatel	20,1	-5,7	-28,4	-57,7
Summe	**1.245,8**	**-57,7**	**-4,6**	

*) jeweils in Mio Euro, gerundete Werte (Quelle: Hartmann)   **) jeweils in % vom Umsatz

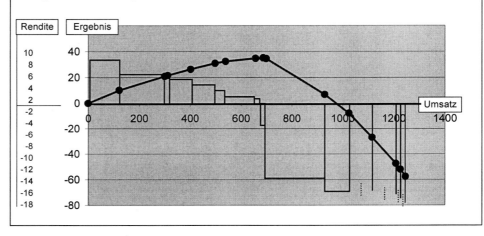

Bild 143: Branchenanalyse in der Elektroindustrie – Klein- und Mittelstandsfirmen

12 Präferenzmethode

12.1 Allgemeine Kennzeichnung

Wie bei allen anderen Controlling-Instrumenten zur Stärkung des Kunden- und Marktbezugs, so liegt auch der Präferenzmethode die Überlegung zugrunde, dass eine hohe **kundenbezogene Qualität** der Absatzleistungen eine Grundvoraussetzung für den unternehmerischen Erfolg darstellt. Die kundenbestimmte Qualität, die sich aus einer Vielzahl von Komponenten und Anforderungskriterien zusammensetzt, spielt eine enorm wichtige Rolle bei der Kaufentscheidung. Insofern sollten die Standards vor allem vom Kunden definiert werden und die Ableitung von Qualitätskriterien anhand von Nutzenkomponenten der Kunden erfolgen.

Außerdem nimmt die Qualität von Produkten einerseits Einfluss auf die Kostenintensität der Entwicklungsaktivitäten und die **Kostensituation des entwickelnden Unternehmens** (z.B. in Form von Kosten für Qualitätssicherung, Garantie- und Kulanzzusicherungen). Andererseits wird der **Kostenanfall im Einzugsbereich des Abnehmers** tangiert (z.B. Inspektions- und Reparaturkosten). Vom Kunden unabhängige Produktentwicklung kann zu „verlorenen" Kosten für den Produzenten führen, wenn einzelnen Produktmerkmalen auf der Absatzseite keine Zahlungsbereitschaft bzw. kein entsprechendes Preis-Premium gegenübersteht. Typischerweise ist das beim so genannten Over-Engineering der Fall. Aus diesem Grund kann im Entwicklungsprozess eine ausgeprägte Markt- und Kundenorientierung sowohl im Einzugsbereich des Produzenten als auch im Einzugsbereich des Konsumenten zur Kostensenkung beitragen.

Das Präferenzkonzept ermöglicht eine Ausrichtung der Neuproduktentwicklung und/oder Produktweiterentwicklung an qualitativen Nutzenkomponenten bzw. Kaufkriterien von (potenziellen) Kunden. Daneben kann es im Rahmen der Neueinführung von Produkten herangezogen werden, um die Markttragfähigkeit im Vergleich zu anderen Produkten zu prüfen. Die Abnehmerschaft wird dabei durch Probanden im Zuge eines **Markttests** simuliert (Homburg).

Die Präferenzmethode kennt verschiedene **Ausgestaltungsformen**:

(1) **einfache** Präferenzmethode (Punkt III.12.2),
(2) **differenzierende** Präferenzmethode Punkt III.12.3) und
(3) **differenzierende und gewichtende** Präferenzmethode (Punkt III.12.4).

Für die folgenden Ausführungen bildet das von Homburg vorgestellte Beispiel einer einfachen Präferenzmethode die Ausgangsbasis.

12.2 Einfache Präferenzmethode

Bei der einfachen Variante findet keine Unterscheidung in spezielle Kaufkriterien statt. Ausgangspunkte bilden Paarvergleiche von Probanden im Zuge eines **Markttests**. Die Probanden vergleichen verschiedene konkurrierende Produkte („Produktganzheiten") sowie ein neu einzuführendes Produkt und vergeben für diese jeweils so genannte **Präferenzpunkte**. Interessant ist besonders, dass auf der Basis der Paarvergleiche einerseits **Kaufwahrscheinlichkeiten** sowie zukünftige **Marktanteile** für die bereits existierenden und neu einzuführenden Produkte prognostizierbar sind.

Die ersten drei Spalten der Bilder 144 und 145 zeigen anhand der Ergebnisse einfacher Paarvergleiche die Ausgangssituation (zehn Probanden, fünf bestehende Produkte sowie Produkt „new", das neu am Markt eingeführt werden soll). Unterstellt ist, dass die Probanden 1, 3, 4, 6, 9 und 10 das Produkt „new" nicht in ihr **„relevant set"** aufnehmen, d.h. sie ziehen bei Kaufentscheidungen das neue Produkt nicht in Erwägung (Bild 144). Die anderen Probanden (2, 5, 7 und 8) nehmen dagegen „new" in ihr „relevant set" auf (Bild 145).

Pro-band	relevant set	Paar-vergleiche			Kaufwahrscheinlichkeiten (Proband)						
					A	B	C	D	E	„new"	Σ
1	A, B, D	A 7 6	B 4 5	D 5 6	0,394	0,273	---	0,333	---	---	1
3	D, E	D 6	E 5		---	---	---	0,545	0,455	---	1
4	A, E	A 4	E 7		0,364	---	---	---	0,636	---	1
6	A, D, E	A 4 4	D 7 4	E 7 7	0,242	---	---	0,333	0,424	---	1
9	B, D	B 5	D 6		---	0,455	---	0,545	---	---	1
10	B, C, E	B 3 6 9	C 8 5 2	E	---	0,273	0,515	---	0,212	---	1
Kaufwahrscheinlichkeiten					0,167	0,167	0,086	0,293	0,288	---	

Bild 144: Ausgangsdaten für das Präferenzmodell – Beispiel (Präferenzpunkte für „new negativ")

Controlling-Instrumente für die Unternehmensführung

Pro-band	Relevant set	Paar-vergleiche	Kaufwahrscheinlichkeiten (Proband)					
			A	B	C	D	E	„new"	Σ

2	B, C, E, new	B C E new
		4 7
		6 5
		6 5
		  7 4
		  7 4
		    5 6
			---	0,242	0,318	---	0,212	0,227	1

5	B, D, new	B D new 7 4 3 8 2 9	---	0,303	---	0,182	---	0,515	1

7	A, C, D, new	A C D new
		5 6
		4 7
		5 6
		  5 6
		  6 5
		    7 4
			0,212	---	0,258	0,303	---	0,227	1

8	C, D, new	C D new 7 4 6 5 5 6	---	---	0,394	0,273	---	0,333	1
	Kaufwahrscheinlichkeiten		0,053	0,136	0,243	0,190	0,053	0,326	

Bild 145: Ausgangsdaten für das Präferenzmodell – Beispiel (Präferenzpunkte für „new positiv")

Auf der Basis der in den ersten drei Spalten gegebenen Informationen aus dem Markttest können zunächst je Proband die Kaufwahrscheinlichkeiten ermittelt werden (vgl. Spalte „Kaufwahrscheinlichkeiten (Proband)"). Das „relevant set" des Probanden 1 (Bild 144) besteht z.B. aus den Produkten A, B und D; maximal sind jeweils 11 Präferenzpunkte zu vergeben; bei den Paarvergleichen erzielt Produkt A in Summe 13, Produkt B 9 und Produkt D 11 Punkte; teilt man diese jeweils durch die Gesamtsumme (33), so ergibt sich je Proband und je Produkt die gesuchte Kaufwahrscheinlichkeit (für Produkt A 0,394, für Produkt B 0,273 und für Produkt D 0,333). Nach diesem Schema sind für alle Probanden und schließlich für die zwei Probandengruppen („new negativ" und „new positiv") die produktspezifischen Kaufwahrscheinlichkeiten zu ermitteln (vgl. jeweils letzte Zeile in den Bildern 144 und 145).

Soweit die Probanden „new" in ihr „relevant set" aufnehmen, schneidet es bei den Paarvergleichen relativ gut ab. Dies kommt auch durch die Kaufwahrscheinlichkeiten zum Ausdruck (0,326, vgl. Bild 145).

Die Quote der Aufnahme in das „relevant set" im **Markttest** wird meist nicht mit der Quote im **realen Markt** übereinstimmen. Letztere ist z.B. von der Intensität des Werbeeinsatzes und der Markttransparenz der Kunden abhängig. Die Quote im Markttest hängt dagegen vom Testdesign ab. Unterstellt man, dass im realen Markt 30 Prozent der (potenziellen) Kunden „new" in Erwägung ziehen, so ist auf der Basis der Kaufwahrscheinlichkeiten eine Schätzung der Marktanteile für „new" und die anderen Produkte möglich (Bild 146):

Annahme:	X % der Zielgruppe nehmen „new" in ihr „relevant set" auf, d.h. (100 – X %) nehmen „new" nicht auf
Marktanteil:	Marktanteil *(Produkt i)* = X x Kaufw. i *(new positiv)* + (100-X) x Kaufw. i *(new negativ)*
Beispiel:	X = 30 ➔ Marktanteile: A = 13,3 % B = 15,8 % C = 13,3 % D = 26,6 % E = 21,8 % new = 9,8 %

Bild 146: Ermittlung der Marktanteile

Produkt „new" wird demnach einen Marktanteil von knapp 10 Prozent erreichen können. Da es bei den Kunden, die es in ihr „relevant set" integrieren, gut abschneidet, sollte man versuchen, den Bekanntheitsgrad von „new" zu steigern, um im Markt die Aufnahmeintensität zu erhöhen (Werbung).

Der mit der Präferenzmethode ermittelte Marktanteil kann z.B. als **Ziel** in die strategische (Marketing-) Planung und **Sollgröße** für den Soll-Ist-Vergleich im Rahmen der strategischen (Marketing-) Kontrolle Eingang finden. Außerdem ist ein Abgleich mit der im **Produkt-Markt-Portfolio** vergebenen waagerechten Positionierung (Marktanteil) von Produkten möglich.

12.3 Differenzierende Präferenzmethode

Bei dieser Variante werden die einzelnen Produkte von Probanden anhand von mehreren qualitativen (u.U. auch quantitativen) Kaufkriterien (z.B. Sicherheit, Styling, Image usw.) beurteilt. Bild 147 zeigt ein Beispiel für Golfplatz-Cars.

Proband	„relevant set"	Kaufkriterienorientierte Paarvergleiche			
			A	B	
1	A, B	Sicherheit	4	7	
		Markenimage	5	6	
		Styling	6	5	
		Lebensdauer	5	6	
		Bedienfreundlichkeit	7	4	
			A	C	
2	A, C	Sicherheit	3	8	
		Markenimage	7	4	
		Styling	5	6	
		Lebensdauer	6	5	
		Bedienfreundlichkeit	4	7	
			A	B	C
3	A, B, C	Sicherheit	5	6	
		Markenimage	5	6	
		Styling	6	5	
		Lebensdauer	4	7	
		Bedienfreundlichkeit	6	5	
		Sicherheit		4	7
		Markenimage		6	5
		Styling		4	7
		Lebensdauer		5	6
		Bedienfreundlichkeit		5	6
		Sicherheit	4		7
		Markenimage	6		5
		Styling	5		6
		Lebensdauer	5		6
		Bedienfreundlichkeit	4		7
			A	C	
4	A, C	Sicherheit	4	7	
		Markenimage	5	6	
		Styling	5	6	
		Lebensdauer	5	6	
		Bedienfreundlichkeit	5	6	

Bild 147: Ergebnisse von Paarvergleichen (differenzierende Präferenzmethode)

Angenommen ist in diesem Beispiel, dass drei der vier Probanden den Prototyp des neuen Golfplatz-Cars C in ihr „relevant set" aufnehmen. Anhand von fünf Kaufkriterien erfolgt ein paarweiser Vergleich der Produkte, wobei jeweils elf Punkte verteilt werden müssen.

Mit den vorliegenden Ergebnissen der differenzierten Paarvergleiche lassen sich Kaufwahrscheinlichkeiten für die bereits bestehenden Produkte und den vorliegenden Prototyp des neuen Golfplatz-Cars C ermitteln (Bild 148).

Proband	Kaufwahrscheinlichkeiten (Proband)			
	A	B	C	Summe
1	0,491	0,509	-	1
Kaufwahrscheinlichkeiten („C-negativ")	0,491	0,509	-	1
2	0,455	-	0,545	1
3	0,303	0,321	0,376	1
4	0,436	-	0,564	1
Kaufwahrscheinlichkeiten („C-positiv")	0,398	0,107	0,495	1

Bild 148: Ermittlung von Kaufwahrscheinlichkeiten (differenzierendes Präferenzmodell)

Soweit die Probanden Produkt C in ihr „relevant set" aufnehmen, schneidet der Prototyp C bei den einzelnen Kaufkriterien vergleichsweise gut ab. Dies schlägt sich auch bei den Kaufwahrscheinlichkeiten nieder. Vor diesem Hintergrund kann man dem neuen Produkt sehr gute Marktchancen zuordnen. Allerdings ist für eine starke Aufnahmequote in das „relevant set" im realen Markt zu sorgen.

Die Ergebnisse der differenzierten Paarvergleiche können u.a. für die **F&E-Steuerung** herangezogen werden, um nach erfolgtem Markttest nochmals in Neu- bzw. Weiterentwicklungen einzusteigen. Insbesondere bei denjenigen Kriterien sollten dann verstärkte Entwicklungsanstrengungen einsetzen, bei denen das Produkt schlecht abschneidet. Dies gilt nicht nur für das neu einzuführende Produkt, sondern vor allem auch für die Weiterentwicklung der bereits am Markt existierenden Produkte (soweit den Herstellern aus ähnlichen Markttests entsprechende Informationen vorliegen). Darauf aufbauend wären in einem erneuten Markttest kaufkriterienorientierte Paarvergleiche vorzunehmen. Daraus könnten die Wirkungen der Entwicklungsmaßnahmen auf die Bewertungen und die daraus resultierenden Kaufwahrscheinlichkeiten ermittelt werden. Daraus ließen sich Beziehungen zwischen der Veränderung der Kaufwahrscheinlichkeit und dem dafür notwendigen Ressourceneinsatz ableiten („was kostet eine x-%ige Steigerung der Kaufwahrscheinlichkeit?"). Auf der Basis von Kaufwahrscheinlichkeiten und Informationen über die Aufnahmeintensität in das „relevant set" im realen Markt sind schließlich auch (zukünftige) Marktanteile für die einzelnen Produkte bestimmbar (vgl. oben, einfache Präferenzmethode).

12.4 Differenzierende und gewichtende Präferenzmethode

Werden die einzelnen **Kauf- und Qualitätskriterien** darüber hinaus einer **Gewichtung** unterzogen, dann handelt es sich um die differenzierende und gewichtende Präferenzmethode.

Dies würde bedeuten, die im obigen Ausgangstableau für die differenzierende Präferenzmethode (Bild 147) eingeführten Kauf- und Qualitätskriterien unterschiedlich zu gewichten. Die Gewichte können durch eine Befragung der Kunden bzw. Key Accounts (z.B. Golfplatzbetreiber) erhoben werden.

Gewichtet man beispielsweise die Sicherheit, das Markenimage und die Bedienfreundlichkeit mit jeweils 0,2 sowie das Styling mit 0,1 und die Lebensdauer mit 0,3, dann ergeben sich für die Kaufwahrscheinlichkeiten zwangsläufig (leicht) veränderte Werte. Auf der Seite von Proband 1 („C-negativ") für A 0,48 und B 0,52. Auf der Seite der anderen Probanden (2, 3 und 4; „C-positiv") für A 0,4, für B 0,11 und für C 0,49. In diesem Beispiel halten sich die Veränderungen der Kaufwahrscheinlichkeiten im Vergleich zum differenzierenden Vorgehen in Grenzen. Dies liegt daran, dass die Gewichte nur wenig schwanken. Bei zunehmender Schiefverteilung der Gewichte ist dagegen mit weit stärkeren Veränderungen zu rechnen, weshalb in diesen Fällen zur gewichtenden Version der Präferenzmethode übergegangen werden sollte.

Die differenzierende und gewichtende Präferenzmethode geht noch tiefer ins Detail und gibt der Neuprodukt- bzw. Produktweiterentwicklung noch genauere Informationen (z.B. welche Kriterien sind wenig bzw. sehr relevant und können deshalb vernachlässigt werden bzw. welche sollen bevorzugt in das Entwicklungskonzept eingehen?). Die Errechnung der Kaufwahrscheinlichkeiten und Marktanteile erfolgt unter Beachtung der Gewichtungen und der Schätzung des „relevant sets" im realen Markt in Analogie zur einfachen Präferenzmethode (vgl. oben, Punkt III.12.2).

Die beschriebenen Präferenzmethoden gehören zu den so genannten **kompositionellen Verfahren der Präferenzermittlung von Produkten**, weil ausgehend von Einzelbewertungen auf Gesamtbewertungen geschlossen wird (z.B. Kaufwahrscheinlichkeiten, Marktanteile für Produktgesamtheiten). Eine umfassende Auflistung weiterer kompositioneller Verfahren (z.B. Rosenberg-Modell, Adequacy-Importance-Modell, Idealpunktmodell) findet sich in der einschlägigen Literatur (z.B. bei Nieschlag u.a.).

13 Conjoint-Analyse

13.1 Allgemeine Kennzeichnung

Im Gegensatz zum Präferenzmodell handelt es sich bei der Conjoint-Analyse um ein **dekompositionelles Verfahren**. Aus globalen Gesamturteilen werden differenzierte Einzelbewertungen abgeleitet (z.B. Bauer u.a., Backhaus u.a.).

Im Zuge eines Markttests werden dazu Probanden aufgefordert, **Produktgesamtheiten** (z.B. Autos), die sich aus verschiedenen **Produktmerkmalen** (z.B. Innenausstattung) und **Merkmalsausprägungen** (z.B. Leder) zusammensetzen, in eine **Rangordnung** zu bringen.

Von dem empirischen Ergebnis einer ordinalen Produktreihenfolge ist dann ein Schluss auf die **Relevanz von Merkmalen** und **Teilnutzenwerte** der einzelnen Merkmalsausprägungen möglich. Dies kann einerseits durch ein (eher mathematisch-statistisch aufwendiges) **Iterationsverfahren**, das bereits als Computerprogramm verfügbar ist, geschehen (Bauer u.a.). Andererseits werden durch den Einsatz einer weniger anspruchsvollen Excel-gestützten „**poor man Methode**" („Conjoint für Excel", Strey) sehr gute und für die Praxis hervorragend verwertbare Ergebnisse erzielt (vgl. dazu Schneider (i), Hagenloch u. Schneider, Hagenloch u. Berneburg) sowie die Fallstudie von Jonen und Lingnau und die darauf zielende Replik von Schneider (p)). Außerdem ist eine Verknüpfung beider Verfahren möglich. Im Kompetenzzentrum für Unternehmensentwicklung und -beratung (KUBE e.V.) und an der Hochschule sind dazu Vergleichsanalysen durchgeführt worden. Sie zeigen die praktische Tragfähigkeit beider Methoden, wobei die Ergebnisse beider Vorgehensweisen hervorragend korrespondieren (Hagenloch u. Berneburg).

13.2 Vorgehensweise der Conjoint-Analyse

Die Leistungsfähigkeit und die Nutzeneffekte des Conjoint-Verfahrens lassen sich am besten anhand eines praktischen **Fallbeispiels** verdeutlichen (vgl. zu diesem Beispiel Bauer u.a.):

Beispiel (1) zur Conjoint-Analyse:
(Teilnutzenwerte für Automobilmerkmale)

Angenommen seien Ergebnisse einer Vorstudie, wonach sechs Merkmale von Autos mit insgesamt 17 Merkmalsausprägungen für die Kaufentscheidung relevant sind (Bild 149):

Controlling-Instrumente für die Unternehmensführung

Eigenschaften	Ausprägungen dieser Eigenschaften
Marke	A, B, C [*]
PS	90, 110, 130
Ausstattung	Stoff, Velour, Leder
Lackierung	normal, metallic, perlmutt
Bremssystem	ohne ABS, mit ABS
Preis	37.000 DM, 40.000 DM, 43.000 DM

[*] Anstelle der Buchstaben A, B und C wurden in der empirischen Untersuchung real existierende Marken vorgegeben. Die Verwendung von Buchstaben wäre sinnlos, da sie keinen Nutzen stiften.

Bild 149: Merkmale und Merkmalsausprägungen (Autos)

Insgesamt lassen sich auf dieser Grundlage 486 (=3x3x3x3x2x3) Automobiltypen generieren. Diese Anzahl ist jedoch für die empirische Rangfolgebildung wenig geeignet, weil sie die für die Durchführung des Markttests ausgewählten Probanden zwangsläufig überfordern würde. Daher wurde im Fallbeispiel von Bauer u.a. die Anzahl der theoretisch möglichen Automobiltypen auf 12 Fahrzeuge (Stimuli) verrringert, die tatsächlich existieren (Bild 150).

Karten-Nr.	Marke	PS	Ausstattung	Lackierung	Bremssystem	Preis
1	B	90	Stoff	normal	ohne ABS	37.000 DM
2	C	110	Stoff	normal	mit ABS	40.000 DM
3	B	130	Velour	normal	ohne ABS	40.000 DM
4	B	130	Leder	metallic	mit ABS	43.000 DM
5	A	90	Stoff	normal	ohne ABS	37.000 DM
6	A	130	Velour	perlmutt	ohne ABS	43.000 DM
7	C	130	Leder	perlmutt	mit ABS	43.000 DM
8	C	90	Velour	metallic	ohne ABS	37.000 DM
9	B	110	Velour	perlmutt	ohne ABS	40.000 DM
10	A	110	Leder	metallic	mit ABS	43.000 DM
11	C	90	Leder	normal	ohne ABS	37.000 DM
12	A	130	Stoff	normal	ohne ABS	40.000 DM

Bild 150: Für die Probanden zur Auswahl stehende Produktvarianten (Stimuli)

Die aufgeführten Produktgesamtheiten (Stimuli) wurden anschließend von den 157 Probanden in eine Rangordnung gebracht. Diese Rangordnung bildet den Input für das mathematisch-statistische Iterationsverfahren. Es sucht so lange nach Teilnutzenwerten für die Merkmalsausprägungen, bis die auf ihrer Basis errechenbaren Gesamtnutzenwerte solche Werte annehmen, dass die so ermittelbare **„modellierte Produktrangfolge"** mit der **„empirischen Rangfolge"** aus dem Markttest möglichst gut übereinstimmt (Hinweis: der aus der multivariaten Statistik bekannte „Stressfaktor" fungiert hierbei als Zielkriterium, vgl. z.B. Backhaus u.a., Nieschlag u.a.; daneben kann man auch auf die Errechnung eines Korrelationsfaktors zurückgreifen; vgl. dazu Pflaumer u.a).

Bild 151 zeigt die mit Hilfe des Iterationsverfahrens ermittelten **Teilpräferenzfunktionen** für die Ausprägungen der sechs Merkmale (Bauer u.a.):

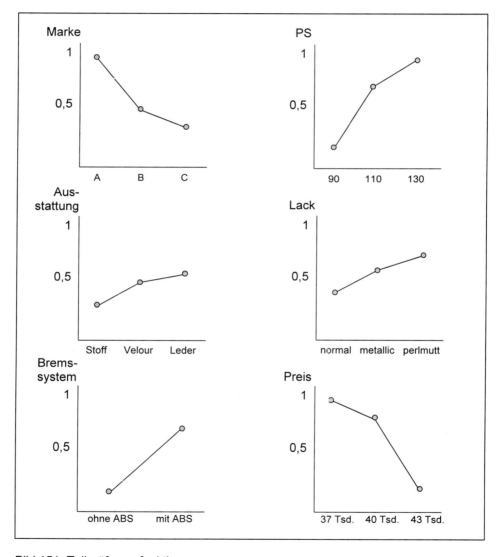

Bild 151: Teilpräferenzfunktionen

Die Nutzenanteile der Merkmale ergibt sich durch die relativen Anteile der Spannweiten der Teilnutzenwerte (Bild 152):

Merkmal	Nutzenbereich	Nutzenanteil in %
Marke	0,91 – 0,27 = 0,64	19,34
PS-Zahl	0,86 – 0,19 = 0,67	20,24
Ausstattung	0,54 – 0,28 = 0,26	7,85
Lackierung	0,72 – 0,35 = 0,37	11,18
Bremssystem	0,63 – 0,12 = 0,51	15,41
Preis	1,00 – 0,14 = 0,86	25,98
	Summe = 3,31	100,00

Bild 152: Merkmalsorientierte Nutzenbereiche und Nutzenanteile

Mit dem höchsten **Nutzenanteil** hat der Preis die größte Differenzierungsrelevanz. Dass der Preis das zentrale Kaufkriterium bildet, ist logisch, da es sich bei der Automobilindustrie um eine reife Branche mit vielen vergleichbaren Produkten handelt. Auch die klassische **Preis-Absatz-Funktion** wird bestätigt.

Für **Engineerung, Produkt-** und **Preisgestaltung** ergeben sich aus dem Conjoint-Ergebnis wichtige Informationen. Wird beispielsweise statt des Stoffbezugs ein Lederbezug angeboten, so kann die so erreichbare Nutzenerhöhung (+0,26) den durch den Preisanstieg von z.B. 37 TDM auf 40 TDM bewirkten Nutzenverlust (-0,23) kompensieren. Bei der Preisgestaltung sollte ein Produzent ferner das Markenimage (kurzfristig allerdings wenig beeinflussbar), die PS-Zahl und das Bremssystem berücksichtigen, weil die Nutzenanteile jeweils relativ hoch ausfallen. Daneben lassen sich anhand einer Produktgegenüberstellung für die Preisgestaltung Handlungsempfehlungen ableiten (Bild 153):

Merkmal	Typ „1"		Typ „11"		Typ „1a"	
	Merkmals-ausprägung	Nutzen-wert	Merkmals-ausprägung	Nutzen-wert	Merkmals-ausprägung	Nutzen-wert
Marke	B	0,43	C	0,27	B	0,43
PS-Zahl	90	0,19	90	0,19	90	0,19
Ausstattung	Stoff	0,28	Leder	0,54	Stoff	0,28
Lackierung	normal	0,35	normal	0,35	normal	0,35
Bremssystem	ohne ABS	0,12	ohne ABS	0,12	mit ABS	0,63
Preis	37.000 DM	1,00	37.000 DM	1,00	40.000 DM	0,77
Summe		2,37		2,47		2,65

Bild 153: Produktvergleich

Typ 1 erreicht einen Gesamtnutzen von 2,37, Typ 11 einen Gesamtnutzen von 2,47. Der Unterschied ergibt sich aus der besseren Ausstattung (Leder statt Stoff), der durch die Nutzendifferenz des Markenimages nicht überkompensiert werden kann. Will der Hersteller von Typ 1 diesen Wettbewerbsnachteil ausgleichen, so könnte er ein ABS einbauen. Steigt dadurch der Preis „nur" auf 40.000 DM, ist ein Gesamtnutzen von 2,65 erreichbar (Typ „1a").

In Verbindung mit Preisveränderungen können somit Austauschbeziehungen zwischen dem Preis und anderen Qualitätsmerkmalen abgeleitet werden (z.B. wie stark darf der Preis maximal steigen, um den durch eine bessere Ausstattung erzielten Gesamtnutzen nicht einzuebnen?). Aus diesem Grund ist mit den Conjoint-Ergebnissen eine **Verknüpfung zur nutzen- und targetorientierten Preisfindung** möglich. Das Conjoint-Verfahren kann daher schon in der Produktentwicklung und -planung mit modernen Methoden des Kosten- und F&E-Managements fruchtbar zusammenwirken (z.B. Target Costing, Quality Function Deployment). Es liefert einen wichtigen Beitrag zur Bestimmung marktorientierter Zielpreise und Zielkosten (z.B. Schneider (i)).

13.3 Anwendungsbeispiele

Die praktische Anwendung der Conjoint-Analyse konzentriert sich meist auf das Gebiet der Planung und Entwicklung von Produkten und Dienstleistungen. Die Einsatzmöglichkeiten bleiben jedoch bei weitem nicht auf diese „angestammten Felder" der Conjoint-Analyse begrenzt. Vielmehr ist sie prinzipiell überall dort einsetzbar, wo es allgemein um die **Ermittlung von Präferenzen** und die **Ableitung von Nutzenwerten** geht. Präferenzen werden beispielsweise gegenüber anderen Menschen und deren Merkmale (z.B. Größe, Haarfarbe), gegenüber Organisationsformen (z.B. zentral, dezentral), gegenüber Anreizsystemen (z.B. Prämien- und Zeitlohnsystem), gegenüber Hoteleinrichtungen (z.B. Fernseher, Radio, Bad in verschiedenen Ausprägungen) oder gegenüber Versicherungsalternativen (z.B. geringe Prämie mit hoher Selbstbeteiligung oder umgekehrt) gebildet (z.B. Aust, Jendritzky, Simon u. Dolan; Schneider, Gschmeidler u. Laub).

Die enorme Einsatzvielfalt der Conjoint-Analyse sei anhand von einigen ausgewählten Conjoint-Projekten des Autors dargestellt, deren Ergebnisse an dieser Stelle nur partiell veröffentlicht werden. Dabei handelt es sich jeweils – bewusst – um eher „ungewöhnliche" Anwendungsbeispiele, um die **Anwendungspluralität** zu verdeutlichen. Die Auswertungen des empirischen Materials erfolgte jeweils mit der Excel-gestützten „poor man Methode" (sie lieferte einen Korrelationsfaktor von jeweils über 0,9 zwischen der „empirischen Rangfolge" und der auf der Basis der errechneten Teil- und Gesamtnutzenwerte sich ergebenden „modellierten Rangfolge"; der Stress lag jeweils unter 0,1).

Beispiel (2) zur Conjoint-Analyse:
(Teilnutzenfunktionen für Arbeitgebermerkmale)

Bild 154 zeigt geschlechterspezifische Funktionen für ausgewählte Arbeitgebermerkmale aus Sicht von Nachwuchsführungskräften (Schneider und Geisenberger, Geisenberger):

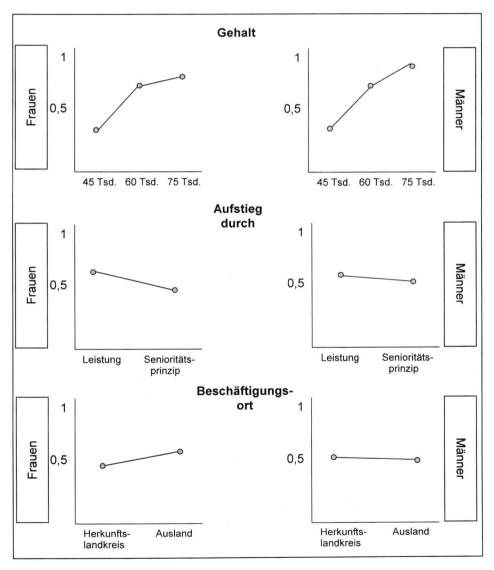

Bild 154: Teilnutzenfunktionen für Arbeitgebermerkmale

Das Gehalt hat für beide Geschlechter den höchsten Nutzenanteil, wobei er bei den Männern noch tendenziell höher liegt. Dem Aufstieg durch Leistung ordnen Frauen (bei höherem Nutzenanteil) im Vergleich zum Aufstieg durch das Sinioritätsprinzip (Betriebszugehörigkeitsdauer) einen höheren Teilnutzenwert zu. Auch die räumliche Mobilität scheint bei den Frauen eher gegeben. Während sie einem ausländischen Beschäftigungsort den Vorzug geben, haben Männer eine Präferenz für einen Beschäftigungsort im Herkunftslandkreis.

Beispiel (3) zur Conjoint-Analyse:
(Teilnutzenfunktionen für Männermerkmale aus der Sicht von Frauen)

In Bild 155 sind die Teilnutzenfunktionen für verschiedene Männermerkmale skizziert. Sie basieren auf ordinalen Rangreihen, die von 76 Frauen im Durchschnittsalter von knapp 25 Jahren gebildet wurden.

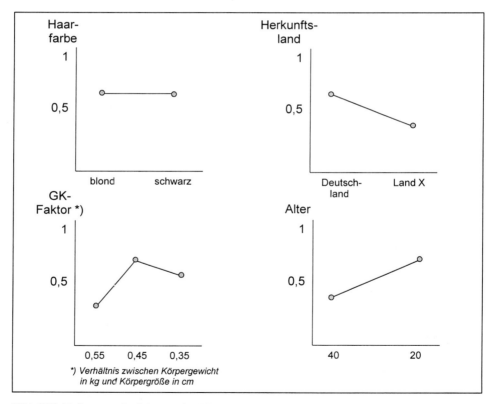

Bild 155: Teilnutzenfunktionen für Männermerkmale

Die Haarfarbe ist wenig differenzierungsrelevant. Die Teilnutzenfunktion für den GK-Faktor weist die Form eines umgekehrten „V" auf. D.h. es gibt aus der

Sicht von Frauen ein optimales Verhältnis zwischen Körpergewicht und -größe von Männern. Es muss nicht genau bei 0,45 liegen, da andere Werte zwischen 0,55 und 0,35 nicht zur Auswahl standen (der optimale Faktor könnte auch 0,5 sein). Im Fall von Produktentwicklungen würde es sich dabei um sehr wichtige, unternehmensstrategische Informationen handeln. In einer folgenden Conjoint-Analyse könnte versucht werden, noch zusätzliche GK-Ausprägungen zwischen den Werten 0,55 und 0,35 zur Auswahl zu stellen, um den optimalen GK-Faktor zu ermitteln. Deutschland wird – und das dürfte deutsche Männer freuen – von den Frauen als Herkunftsland des Mannes bevorzugt. Aufgrund des Durchschnittsalters der weiblichen Bewerter ist die Präferenz für ein geringeres Alter verständlich (Frauen aufgepasst: die Teilnutzenfunktionen für die Frauenmerkmale aus der Sicht von Männern unterschiedlichen Alters können beim Autor gegen eine geringe Gebühr bestellt werden).

Probleme der Conjoint-Analyse liegen in der Praxis oft in der **Konstruktion des Analysedesigns**. Die zu untersuchenden Objekte (Produkte, Dienstleistungen, Menschen usw.) weisen i.d.R. sehr viele Merkmale und Merkmalsausprägungen auf. Dies führt zwangsläufig zu vielen denkbaren Merkmalskombinationen. Damit ist eine Zunahme der **Erhebungszeit** und vor allem auch die Gefahr der **Überforderung der Probanden** gegeben. Aus diesen Gründen ist die Anzahl der Stimuli, die von den Probanden in eine Rangfolge zu bringen sind, zu reduzieren (in den Projekten des Autors waren es bislang höchstens 16). Die Frage ist an dieser Stelle, welche und wieviele Stimuli zur Auswahl gestellt werden, um den **Genauigkeitsansprüchen** noch gerecht zu werden. Hierzu sind mehrere Verfahren entwickelt worden (z.B. Backhaus u.a., Aust). Es liegt auf der Hand, dass durch die zur Auswahl gestellten Merkmalskombinationen auch ein **manipulativer Einfluss** für den Konstrukteur der Untersuchung möglich wird (z.B. Verknüpfung einer Merkmalsausprägung „a" mit negativ belegten anderen Merkmalsausprägungen, um den Teilnutzenwert von „a" zu drücken, oder umgekehrt). Auch durch die **Probandenauswahl** kann manipuliert werden. Ferner ist auf die **Überschneidungsfreiheit**, eine gute **Verständlichkeit** und eine genaue Interpretation der Merkmale und Merkmalsausprägungen zu achten.

Sicher handelt es sich – auch wegen des anspruchsvollen mathematisch-statistischen Verfahrens (allerdings Linderung durch poor man Methode und Softwarenutzung) – um eine eher komplexe und für „außenstehende" Personen (z.B. die Probanden) wenig durchschaubare Methode. Auf der anderen Seite reduziert sich genau dadurch die Manipulationsträchtigkeit durch die „unwissenden" und daher „unvoreingenommenen" Probanden.

Darüber hinaus könnte man der Conjoint-Analyse im **Vergleich zu kompositionellen Verfahren** eine Überlegenheit attestieren, da sie aufgrund der Bewertung von Produktganzheiten („Vollprofilansatz") die reale Kaufsituation besser abbildet als die isolierte Analyse von Einzelmerkmalen („Teilprofilansatz").

13.4 Exkurs: Conjoint-poor-man-Verfahren

Bei der Darstellung der Conjoint-Analyse und von Ergebnissen, die mit ihr erreicht wurden, kommt die genaue Beschreibung der mathematisch-statistischen Vorgehensweise und rechnerischen Zwischenergebnisse oft zu kurz. Auch im Hinblick auf die angewandten Algorithmen und Gütekriterien ist vor allem in der deutschen betriebswirtschaftlichen Literatur zur Conjoint-Analyse und in typischen Ergebnisberichten von Unternehmensberatern eher eine Zurückhaltung zu beobachten. Meist gibt es nur Verweise auf ein (umfassendes und/oder komplexes) Softwareprogramm, das die zentralen Conjoint-Werte (Rangfolgen, Nutzenbereiche und -anteile, Errechnung der Teilpräferenzwerte usw.) quasi „automatisch" produziert.

In diesem Exkurs soll daher anhand eines sehr vereinfachten Beispiels ein pragmatisches und analytisches und (deshalb) so genanntes **„Poor-man-Verfahren"** beschrieben werden, das der Autor seit 1995 im Zuge von Managementtrainings nutzt und 1998 erstmals publizierte (Schneider (i)) und auch in den oben skizzierten Anwendungsbeispielen zum Einsatz kam. Inzwischen gibt es mehrere Publikationen, die sich auf dieses Poor-man-Verfahren stützen (vgl. dazu Hagenloch u. Schneider, Hagenloch u. Berneburg, Jonen u. Lingnau).

Der Vorteil dieses Poor-man-Verfahrens liegt vor allem darin, dass es im Vergleich zu den matemathisch-statistischen Iterations- und Simulationsverfahren weit weniger mathematische Kenntnisse voraussetzt und auf analytischem Wege zu den Conjoint-Ergebnissen kommt.

Dieses Verfahren lässt sich in **sieben Schritte** zerlegen, die anhand eines theoretischen und sehr vereinfachten Beispiels erläutert werden:

Schritt 1:
Festlegung von Produktmerkmalen und Merkmalsausprägungen

Angenommen sei, dass auf dem Automobilsektor für Kaufentscheidungen die in Bild 156 aufgelisteten **Merkmale und Merkmalsausprägungen** relevant seien.

1.1 Merkmale und Merkmalsausprägungen	
Merkmale	Ausprägungen
Motor	Super, Diesel, Benzin
Karosserie	standard, alu-leicht
Ausstattung	style, eleganz

Bild 156: Poor-man-Verfahren – Ausgangstableau

Schritt 2:
Reduktion der Kombinationsvielfalt (reduziertes Design)

Auf der Grundlage der Merkmale und Merkmalsausprägungen lassen sich 12 (3 x 2 x 2) Automobiltypen (Stimuli) generieren. Da in der Praxis die kaufrelevanten Merkmale und deren Ausprägungen weit höher liegen (im Beispiel von Bauer u.a. 486 Stimuli, vgl. oben), ist in der Praxis in aller Regel eine Reduktion der Kombinationsvielfalt erforderlich. Obwohl die Reduktion im dargebotenen Beispiel aufgrund der relativ niedrigen Typenzahl nicht notwendig wäre, ist sie aus Vereinfachungsgründen dennoch durchgeführt worden (Bild 157).

1.2 Produktvarianten/Merkmalskombinationen P1...P4

Merkmale	P1	P2	P3	P4
Motor	Super	Benzin	Benzin	Diesel
Karosserie	alu-leicht	standard	alu-leicht	alu-leicht
Ausstattung	style	eleganz	eleganz	style

Bild 157: Poor-man-Verfahren – Stimulifeld (reduziertes Design)

Schritt 3:
Bewertung durch Probanden

Die in Bild 157 aufgeführten Produktgesamtheiten sind von Probanden in eine **Rangfolge** zu bringen. Dies kann durch eine einfache Rangfolgenbildung aller Stimuli, durch paarweise Vergleiche, Dreiervergleiche, durch die Vergabe von quantitativ skalierten Wertzahlen (Dollarmetrik) usw. geschehen. Das Ergebnis einer einfachen ordinalen Rangfolgenbildung zeigt Bild 158.

1.3 Produktränge der Probanden (N1...N5)

Rang	N1	N2	N3	N4	N5
1	P1	P1	P1	P1	P1
2	P4	P4	P4	P3	P4
3	P3	P3	P2	P4	P3
4	P2	P2	P3	P2	P2
emp. Rang	1. Stelle	2. Stelle	3. Stelle	4. Stelle	
Produkt	P1	P4	P3	P2	

Bild 158: Poor-man-Verfahren – Rangfolge der Stimuli

Schritt 4:
Bestimmung der Nutzenwerte

Die **Errechnung der (Teil-) Nutzenwerte** bildet den rechnerischen Kern der Conjoint-Analyse. Hier kommt das Poor-man-Verfahren zur Anwendung. Anhand der in den Bildern 157 und 158 gegebenen Informationen erfolgt in Bild 159 die Vergabe von Platzierungen für die einzelnen Merkmalsausprägungen.

1.4 Ermittlung der Nutzenwerte (poor man Verfahren)								
Merkmale	Auspra-gungen	Plazierungen (Punkte)				Ist-Punkte	Max-Punkte	Ist Max
		1. (4)	2. (3)	3. (2)	4. (1)			
Motor	Super	5	0	0	0	20	20	1,00
	Diesel	0	4	1	0	14	20	0,70
	Benzin	0	1	4	5	16	35	0,46
Karosserie	standard	0	0	1	4	6	20	0,30
	alu-leicht	5	5	4	1	44	45	0,98
Ausstattung	style	5	4	1	0	34	35	0,97
	eleganz	0	1	4	5	16	35	0,46

Bild 159: Poor-man-Verfahren – „Kern des Algorithmus"

Zwei Beispiele sollen das Vorgehen zur Vergabe der Punktwerte, die schließlich in den Teilnutzenwerten für die Merkmalsausprägungen münden, verdeutlichen:

Beispiel 1: Bild 157 zeigt, dass der Super-Motor nur in Produkt P1 enthalten ist; Produkt P1 steht im Markttest fünfmal an erster Stelle (Bild 158); bei fünf Probanden kann er maximal fünfmal an erster und ansonsten an keiner weiteren Stelle stehen; damit ergibt sich die Platzierungsreihenfolge 5, 0, 0 und 0.

Beispiel 2: Bild 157 zeigt, dass der Benzin-Motor in den Produkten P2 und P3 eingebaut ist; zusammen liegen P2 und P3 einmal an zweiter, viermal an dritter, fünfmal an vierter und nie an erster Stelle (Bild 158). Somit lautet die Platzierungsreihenfolge für den Benzin-Motor 0, 1, 4 und 5 (Bild 15).

Analog zu diesen Beispielen sind die Platzierungen für die anderen Merkmalsausprägungen zu ermitteln.

Den einzelnen Platzierungen sind Punkte zugewiesen. Für den ersten Platz gibt es vier, für den zweiten Platz drei Punkte usw. (Hinweis: auch eine andere Punktvergabe ist denkbar; im hier offerierten Fall wird sogar für den letzten Rang noch ein Punkt vergeben, weshalb nie Teilnutzenwerte von 0 erreicht

Controlling-Instrumente für die Unternehmensführung

werden; insofern könnten für den ersten Platz 3 Punkte, für den zweiten Platz 2, für den dritten Platz 1 und für den vierten Platz kein Punkt vergeben werden; daneben sind merkmalsspezifische Platzierungspunkte vergebbar sowie Wertzahlen je Platzierung denkbar, die sich anhand der (kardinalen) Abstände aus der empirischen Rangfolge ergeben). Multipliziert man die Platzierungen mit den zugewiesenen Punkten, ergeben sich die Ist-Punkte (beim Super-Motor 4 x 5 = 20; beim Benzin-Motor 3 x 1 + 2 x 4 + 1 x 5 = 16). Für jede Merkmalsausprägung sind die **Ist-Punkte** in Beziehung zu den maximal denkbaren Punkten zu setzen. Die **Max-Punkte** für die Ausprägungen Super-Motor und Benzin-Botor ergeben sich aus den Bildern 157 und 158. Der Super-Motor wird nur in P1 eingebaut; bei fünf Probanden kann er nur fünfmal an erster Stelle stehen (4 x 5 = 20). Der Benzin-Motor wird in P2 und P3 (also zehnmal) eingebaut; bei fünf Probanden kann er maximal fünfmal an erster und fünfmal an zweiter Stelle stehen (4 x 5 + 3 x 5 = 35). Das **Verhältnis aus Ist- zu Max-Punkte** ergibt die gesuchten **Teilnutzenwerte je Merkmalsausprägung** (letzte Spalte in Bild 159). Sie sind die Basis für die Erstellung der Teilpräferenzfunktionen, wie sie in den Anwendungsbeispielen skizziert wurden (vgl. oben, Punkt 13.3).

Schritt 5:
Ermittlung der Nutzenbereiche und -anteile

Die Nutzenbereiche errechnen sich über die Differenz zwischen dem höchsten und geringsten Teilnutzenwert der jeweiligen Merkmalsausprägungen bei den einzelnen Merkmalen. Die Karosserie hat danach den höchsten Nutzenbereich und -anteil. Sie ist das differenzierungsrelevanteste Produktmerkmal. Danach folgen der Motor und die Ausstattung (Bild 160).

1.5 Nutzenbereiche und Nutzenanteile in %		
Merkmale	Nutzenbereich	Nutzenanteil
Motor	1,00 - 0,46 = 0,54	31
Karosserie	0,98 - 0,30 = 0,68	39
Ausstattung	0,97 - 0,46 = 0,51	30
	Summe = 1,73	100

Bild 160: Poor-man-Verfahren – Differenzierungsrelevanz der Merkmale

Schritt 6:
Ermittlung der Produktgesamtnutzenwerte.

Bild 161 zeigt die **Gesamtnutzenwerte** der Produkte. Sie ergeben sich aus der **Addition der merkmalsspezifischen Teilnutzenwerte**. P1 hat aus Sicht der Kunden den höchsten, P4 den zweithöchsten, P3 den dritthöchsten und

P2 den geringsten Nutzenwert. Auf der Basis der Gesamtnutzenwerte lässt sich die so genannte „errechnete Rangfolge" der Stimuli ableiten.

1.6 Gesamtnutzenwerte				
Merkmale	P1	P2	P3	P4
Motor	1,00	0,46	0,46	0,70
Karosserie	0,98	0,30	0,98	0,98
Ausstattung	0,97	0,46	0,46	0,97
Summe	2,95	1,22	1,90	2,65
err. Rang	1	4	3	2

Bild 161: Poor-man-Verfahren – Gesamtnutzenwerte und (errechnete) Rangfolge

Schritt 7:
Prüfung der Güte des Verfahrens und der Teilnutzenwerte

Die Güte des angewandten Poor-man-Verfahrens und der damit gewonnenen Teilnutzenwerte für die Merkmalsausprägungen kann auf der Basis eines Korrelationskoeffizienten zwischen der so genannten empirischen und der errechneten Rangfolge überprüft werden. Die hierfür grundlegende Überlegung ist, dass das eingesetzte Verfahren in der Lage sein soll, die Empirie bzw. die empirische Rangfolge möglichst gut zu reproduzieren. Der Korrelationskoeffizient sollte in Conjoint-Projekten möglichst hoch ausfallen (zwischen 0,9 und 1). Wie sich unschwer erkennen lässt, hat der Korrelationskoeffizient im hier verwandten Beispiel den Wert 1.

Das von Strey vorliegende Softwareprogramm „Conjoint für Excel" orientiert sich an den hier skizzierten Abbildungen und Vorgehensschritten (vgl. dazu auch die Hinweise im Anhang).

14 Target Costing

14.1 Allgemeine Kennzeichnung

Beim **Zielkostenmanagement** oder **Target Costing** handelt es sich um ein aus Japan stammendes Instrument (Hiromoto, Sakurai, Tanaka, in Deutschland vor allem Horváth (b), Seidenschwarz). Nach seiner Entwicklung und seinem Einsatz in den 70er Jahren in der japanischen **Autoindustrie** (Toyota) trug der praktische Einsatz des Target Costing in der Folgezeit dazu bei, dass die japanischen Autohersteller ihre europäischen und nordarmerikanischen Konkurrenten auf dem Gebiet der **Fahrzeugkosten** und damit der **Fahrzeugpreise** immer mehr in Bedrängnis brachten. Das Target Costing war (und ist) also ein geeignetes Werkzeug, um im Kosten- und Preiswettbewerb zu agieren. Publikationen japanischer Autoren, Übernahmeanstrengungen europäischer und nordarmerikanischer Hersteller und die dabei erzielten Anwendungserfolge haben schließlich zu einer internationalen Diffusion und zu einem intensiven praktischen Einsatz weit über die Automobilbranche hinaus gesorgt.

Die Philosophie des Zielkostenmanagements besteht in der markt- und kundenorientierten Ausrichtung des Unternehmens und seiner Produkte („market into company"), und das konkrete Vorgehen des Target Costing bietet hierfür die instrumentelle Plattform. Target Costing ist weitgehend unabhängig von bestehenden Kostenrechnungssystemen anwendbar und richtet den Controllingfocus im Gegensatz zur klassischen **Kostenverteilung und -zuordnung** auf die **Kostengestaltung und -senkung** aus. Da der größte Kostenumfang von Produkten in der Regel durch die Bestimmung von Qualität, Funktionalität, Formgebung usw. bereits in deren Forschungs- und Entwicklungsphase festgeschrieben wird, setzt Target Costing nicht erst im Stadium der **Markt- und Produktionsphase** von Produkten, sondern schon im vorgelagerten Stadium der Entwicklung bzw. im **Entstehungszyklus** von Produkten an (Bild 162). Schon dort stellt sich die für das Target Costing typische Frage, **„was darf ein Produkt kosten"**, und nicht, **„was kostet ein Produkt"**, wie sie zum Beispiel für die klassische Zuschlagskalkulation kennzeichnend ist.

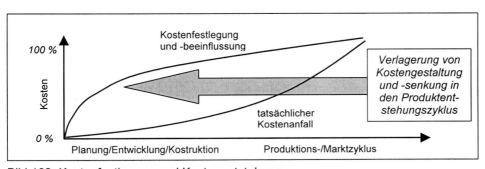

Bild 162: Kostenfestlegung und Kostenentstehung

14.2 Neun-Stufen-Programm des Target Costing

Die Vorgehensweise des Target Costing soll anhand eines vereinfachten und durchgängigen Anwendungsbeispiels – der **Allgäuer Mobilitäts- und Innovationsgesellschaft mbH**, Kempten, einem Hersteller u.a. von **Kleinlastkraftfahrzeugen** – dargestellt werden. Dafür sind die in Bild 163 aufgelisteten neun Vorgehensschritte zu durchlaufen. Besonders die Anfangsschritte können in einem Projekt auch in einer anderer Reihenfolge absolviert werden (z.B. (1), (4), (2), (3); vgl. zu ähnlichen und ausführlicheren Beschreibungen z.B. Horváth (b), Seidenschwarz, Kerksieck, REFA-Lehrunterlage-Modul 6130038, Burger).

---

(1) Erhebung von Produktfunktionen/Kaufkriterien

(2) Gewichung der Produktfunktionen/Kaufkriterien

(3) Ermittlung des Zielpreises und der Target Costs

(4) Definition der Produktkomponenten

(5) Istkosten-Bewertung der Produktkomponenten

(6) Erstellung der Funktionskostenmatrix I und II

(7) Ermittung der Zielkostenindices

(8) Erstellung des Zielkostenkontrolldiagramms

(9) „Kostengestaltung"

Bild 163: Neun Vorgehensschritte des Target Costing – vereinfacht und idealtypisch

14.3 Anwendungsbeispiel

Die Allgäuer Mobilitäts- und Innovationsgesellschaft mbH (AMI GmbH) agiert mit einem ihrer Geschäftsfelder in einem Segment, in dem starker Kosten- und Preiswettbewerb herrscht. Bei der Planung der nächsten Serie von **Kleinlastfahrzeugen**, die sich durch eine höhere Nutzlast und modernere Auf- und Abladevorrichtungen auszeichnen soll, will daher das Management das **Target Costing** zum Einsatz bringen. Damit verbunden ist die Absicht, den auf dem Unternehmen und dem Produkt lastenden **Kosten- und Preiswettbewerb** in das Unternehmen hinein und bis auf die Ebene der einzelnen Fertigungssegmente und Produktkomponenten zu kanalisieren („market into company"). Hierfür setzt das Management eine **interdisziplinäre und über verschiedene Funktionsbereiche gestreute und operativ tätige Projektgruppe** mit sieben Personen ein, die von einem externen **Methoden- und Prozessberater** und einem ständigen **internen Ansprechpartner** aus dem

Controlling-Instrumente für die Unternehmensführung

Controlling ergänzt sowie vom **Geschäftsfeldverantwortlichen** geleitet wird. Die Projektleitung besteht außerdem aus einem **Mentor aus der Geschäftsführung**.

(1) + (2) Erhebung von Produktfunktionen/Kaufkriterien und ihre Gewichtung

Unter Berücksichtigung der in Kapitel I eingeführten **Means-End-Ketten** zeigt sich, dass es sich bei den Produktfunktionen/Kaufkriterien aus der Perspektive dieses übergeordneten und abstrakten Meta-Konzepts letztlich um **Ends** handelt. Weil sich der Rekurs auf Means-End-Ketten sowohl für die folgenden Schritte als auch für die spätere Beschreibung des Quality Function Deployment, des Success Resource Deployment und des Conjoint Measurement als äußerst tragfähig erweist, soll an diesen Begriffen weiter festgehalten werden. Für die Erhebung der Ends kann es sinnvoll sein, so genannte **Lead User** zu befragen oder sogar temporär in das Projektteam aufzunehmen. In der Praxis ist dafür Sorge zu tragen, dass der Umfang der Ends größer ausfällt als die in Bild 164 aufgeführte Liste. Außerdem ist eine Trennung zwischen „harten" und „weichen" **Ends** anzuraten. Während sich „harte" Ends auf mechanische Eigenschaften zur Erfüllung technischer Anforderungen beziehen (z.B. Geschwindigkeit, Kaftstoffverbrauch), erstrecken sich die „weichen" Ends auf Prestigewerte und Komforteigenschaften (z.B. Bedienungsfreundlichkeit, Image). Für die Ermittlung der Gewichtungen der Ends empfiehlt sich eine Kundenbefragung – eventuell ergänzt um eine interne Befragung (z.B. im Projektteam und/oder im Außendienst, Vertrieb, Marketing), um die Ergebnisse im Sinne einer **Spiegelbildbetrachtung** zu nutzen.

Ends	Gewichtung
E1: Einsatzvielfalt	0,17
E2: Qualität	0,28
E3: Belastbarkeit	0,23
E4: Bedienungsfreundlichkeit	0,11
E5: Beladungsfreundlichkeit	0,11
E6: Image	0,04
E7: Wendigkeit	0,04
E8: Schnelligkeit	0,02
Summe	**1,00**

Bild 164: Ends und ihre Gewichte – AMI GmbH

(3) Ermittlung des Zielpreises und der Target Costs

Für die Ableitung der **Zielpreise** gibt es verschiedene Möglichkeiten, die auch kombinierbar sind. Eine **nachfrageorientierte Zielpreisfindung** kann auf die Preis- und Zahlungsbereitschaft sowie dem (freien) Budget und gegebenenfalls dem Ansparverhalten von Kunden aufbauen. „Preis-Zumutbarkeitsüberlegungen" (welche Preise sind Kunden in Schwellenländern mit einem jährlichen Durchschnittseinkommen von 1.000€ für einen Kleinwagen u.a. angesichts ihres Ansparverhaltens zumutbar?) sind ebenso denkbar wie Einsparungskalküle, die sich an so genannten Äquivalenzmethoden anlehnen (welche Kosteneinsparungen ergeben sich im Einzugsbereich eines Kunden entlang der Nutzungsdauer durch den Einbau eines Filters?). Gelten die Preise der Konkurrenten als Richtgrößen, so spricht man von **konkurrenz- oder wettbewerbsorientierter Preisfindung**. Sind dabei qualitative Nutzenunterschiede bepreisbar, so dass gegenüber Preisen der Konkurrenten Preisabschläge und -zuschläge aufgrund von Produktunterschieden möglich sind, handelt es sich um Anwendungsformen so genannter **(Nutz-) Wertmodelle** des Preises. Eine besondere Methode stellt das **Punktbewertungsverfahren** dar, das auch unabhängig vom Target Costing zum Einsatz kommen kann (vgl. das Beispiel in Bild 165, REFA-Lehrunterlage-Modul1130040). Das in Bild 165 skizzierte Punktbewertungsverfahren kann beispielsweise derart genutzt werden, dass für die neuen Produkte W und Z Preise aus den am Markt akzeptierten Preis-Nutzen-Verhältnissen der existierenden Produkte X und Y abzuleiten sind, wodurch sich für W ein Preis von 218 und für Z ein Preis von 168 ergibt. Denkbar ist aber auch, dass aus einem allgemeingültigen (durchschnittlichen) Marktpreis für weit mehr existente Produkte die Preise für nur ein neues Produkt und/oder für mehrere Produktalternativen abgeleitet werden. Neben der hier beschriebenen proportionalen sind – je nach Vorwissen – unter- oder überproportionale Preisbildungen möglich.

Ends	Gewichtung der Ends	Produkte/Marken (Means)			
		W	X	Y	Z
a	0,35	30	15	40	15
b	0,15	20	20	30	30
c	0,25	30	15	35	20
d	0,25	25	25	25	25
wahrgenommener Wert		27,25	18,25	33,50	21,00
proportionaler Preis zum wahrgenommenen Wert		**218**	**146**	**268**	**168**

Bild 165: Punktbewertungsverfahren mit proportionaler Preisbildung

Controlling-Instrumente für die Unternehmensführung

Bestehen **Preisschwellen** bzw. sind **preispolitische Spielräume** bekannt (vgl. Abschnitt 2 in diesem Kapitel) und/oder ist die Ableitung einer **Preis-Absatzfunktion** beispielsweise auf der Grundlage eines **Conjoint Measurement** möglich (vgl. Abschnitt 13 in diesem Kapitel), so handelt es sich letztlich um eine Mischung aus nachfrage- und konkurrenz- bzw. wettbewerbsorientierter Preisfindung.

Bei der AMI GmbH sei angenommen, dass der abgeleitete Zielpreis für das neue Kleinlastfahrzeug bei 60.000€ pro Stück liegt. Plant man mit einem Gewinn von 18.000€ pro Stück (30%, z.B. auf Basis von Renditeüberlegungen und/oder Branchenvergleichen), der auch die Verwaltungs- und Vertriebskosten decken soll, so ergeben sich Zielkosten für das neue Produkt in Höhe von 42.000€ (so genannte „Allowable Costs"). Sie entsprechen den Herstellkosten, wie sie aus der bekannten Zuschlagskalkulation bekannt sind (vgl. rechte Seite in Bild 166). Sie sind anschließend auf die einzelnen Produktkomponenten nach dem Motto „was darf ein Produkt und was dürfen seine Komponenten kosten" (marktorientiert) zu verteilen (Bild 166).

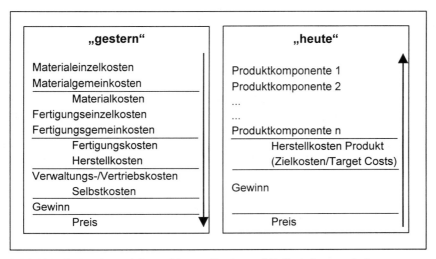

Bild 166: Zielpreisermittlung, Target Costs und Kalkulationsumkehrung

(4) Definition der Produktkomponenten

Dieser Schritt erfordert die Auflösung (Dekonstruktion) des Produkts in seine einzelnen Komponenten (Systeme, Baugruppen Teile). Als Hilfsmittel können dabei **Stücklisten** fungieren, die i.d.R eine Dekomposition ausgehend von der ersten Ebene der Stücklistenauflösung (z.B. Systeme) bis hinunter auf die letzte Ebene (z.B. Teile) zulassen. Existieren für das neue

Produkt noch keine Stücklisten, ist eine Orientierung am Vorläufermodell möglich (Komponentenmethode). Auf der Basis des **Means-End-Konzepts** handelt es sich dabei um **Means**. Bild 167 zeigt die Means des Kleinastfahrzeugs der AMI GmbH und gibt Beispiele für ihre weitere Aufgliederung.

Means	weitere Aufgliederung
K1: Rahmen	Fahrgestell, Aufhängung ...
K2: Achsen	Achsschenkel, Lenkanschluss ...
K3: Hydraulik	Rohre, Pumpe, Zylinder ...
K4: Bremssystem	Pedal, Ventile, Zylinder ...
K5: Elektrik	Kabel, Motorelektrik ...
K6: Ladevorrichtung	Rampe, Reling ...
K7: Innenausstattung	Sitze, Ablagen, Verkleidungen ...

Bild 167: Means – AMI GmbH

(5) Ist-Kosten-Bewertung der Produktkomponenten

Lediglich für diesen Schritt muss das Target Costing auf andere **Kostenrechnungssysteme** zurückgreifen (z.B. Zuschlagskalkulation). Gibt es ein solches nicht, müssen die **Ist-Kosten** für das Produkt und seine Komponenten („Drifting Costs") ohne diese Kalkulationsbasis neu ermittelt werden. An dieser Stelle ist eine Orientierung am Vorgängermodell und/oder an einem bereits erstellten Prototyp möglich. Für die Berechnung der Ist-Kosten ist es günstig, wenn eine bis auf die Ebene der Produktkomponenten reichende segmentierte Fertigungsorganisation vorliegt (Objekt- bzw. Produktprinzip wie i.d.R. bei der Reihen- und Fließfertigung), um den Produktkomponenten einen sehr hoher Kostenblock direkt verursachungsgerecht zuordnen zu können. Ist dagegen ein Funktionalprinzip realisiert (z.B. Werkstättenfertigung), so sind umständliche und oft umstrittene Gemeinkostenverteilungsrechnungen nötig. In Bild 168 sind die Ist-Kosten ausgewiesen. Zwischen den Zielkosten (42.000€) und den Istkosten (48.500€) liegt der Kostenreduktionsbetrag (6.500€), der auf dem Gesamtfahrzeug lastet und später auf die einzelnen Means herunterzubrechen ist.

Controlling-Instrumente für die Unternehmensführung

Means	Istkostenanteile	
	absolut	in %
K1: Rahmen	10.670	22
K2: Achsen	11.640	24
K3: Hydraulik	7.760	16
K4: Bremssystem	6.305	13
K5: Elektrik	2.425	5
K6: Ladevorrichtung	5.335	11
K7: Innenausstattung	4.365	9
Summe:	**48.500**	**100**

Bild 168: Ist-Kosten – AMI GmbH

(6) Erstellung der Funktionskostenmatrix I und II

Das Target Costing soll eine **kunden- und marktorientierte Verteilung der Kosten** eines Produktes auf seine Komponenten erreichen und damit den **Marktdruck an die internen Leistungsträger** (und Lieferanten) kanalisieren („market into company"). Die Verteilung der Target Costs folgt nach dem Prinzip, dass Means mit stärkerem Einfluss auf die marktlich vorgegebenen Ends höhere Kostenbudgets zustehen (und umgekehrt). Die **Funktionskostenmatrix I** beurteilt folglich jedes Mean danach, **wie hoch sein prozentualer Anteil an der Realisierung der Ends** ist (Bild 169). Diese Bewertung erfolgt i.d.R. durch das gebildete Projektteam (u.U. unter Hinzunahme weiterer Experten und eventuell von Lead Usern).

Ends	Means							Summe
	K1	K2	K3	K4	K5	K6	K7	
E1	22	24	12	22	1	12	7	100
E2	22	21	13	20	2	12	10	100
E3	11	48	18	9	5	6	3	100
E4	0	2	18	15	40	12	13	100
E5	17	1	42	0	7	30	3	100
E6	12	17	19	15	10	18	9	100
E7	22	23	20	15	3	8	9	100
E8	7	34	0	44	15	0	0	100

Bild 169: Funktionskostenmatrix I – AMI GmbH

Die Funktionskostenmatrix II verknüpft die Gewichtungen der Ends (vgl. Schritt 2) mit den Werten aus der Funktionskostenmatrix I, wodurch sich die Soll-Kostenanteile der einzelnen Means ergeben (Bild 170)

Ends	Gewicht	Means						
		K1	K2	K3	K4	K5	K6	K7
E1	0,17	22	24	12	22	1	12	7
E2	0,28	22	21	13	20	2	12	10
E3	0,23	11	48	18	9	5	6	3
E4	0,11	0	2	18	15	40	12	13
E5	0,11	17	1	42	0	7	30	3
E6	0,04	12	17	19	15	10	18	9
E7	0,04	22	23	20	15	3	8	9
E8	0,02	7	34	0	44	15	0	0
Soll-Kostenanteil		**16**	**24**	**18**	**15**	**8**	**12**	**7**

Bild 170: Funktionskostenmatrix II – AMI GmbH

(7) Ermittlung der Zielkostenindices

Die einschlägige Literatur ermittelt die Zielkostenindices aus dem Verhältnis zwischen den anhand der Funktionskostenmatrix II ermittelten prozentualen Soll-Kostenanteilen und den Ist-Kostenanteilen:

$$\text{Zielkostenindex} = \frac{\text{Soll-Kostenanteil in \%}}{\text{Ist-Kostenanteil in \%}}$$

Gilt Zielkostenindex < 1, so wird die jeweilige Komponente zu teuer hergestellt. Bei Zielkostenindex > 1 stünde der jeweiligen Komponente ein höheres Budget zu. Liegt der Zielkostenindex bei 1, so entsprechen die Ist-Kosten den Soll-Kosten („Punktlandung").

Dieser Vorgehensweise wird an dieser Stelle sowohl aus konzeptionellen als auch aus praktischen Gründen explizit nicht gefolgt! In der vom Target Costing unabhängigen betriebswirtschaftlichen Literatur und in der betrieblichen Praxis liegt das „Soll" dem „Ist" in aller Regel als Bemessungsbasis zugrunde, die stets im Nenner zum Ausdruck kommt, während das tatsächliche „Ist" im Zähler platziert wird. Ergibt sich dann ein Index von >1, zeigt dies dann folgerichtig das „Überschießen" des „Solls" durch das „Ist" an. Faktoriell und prozentual ist in diesem Fall sofort erkennbar, um welchen Umfang es sich dabei handelt – und umgekehrt, um welchen Anteil das „Ist" unter dem „Soll" bleibt. In Praxisprojekten, in denen der Autor vor allem auch auf Basis des Quality Function Deployment und des Success Resource Deployment Soll-Kostenbudgets ermittelt hat, sind Zielkostenindices stets durch den Bezug des „Ist" auf das „Soll" (und nie umgekehrt) ermittelt worden. Außerdem scheint die Verwendung der prozentualen Werte nicht akzeptabel. Zieht man nämlich die prozentualen Werte heran, so würde sich für die Komponente K2 (Achsen) ein Zielkostenindex von 1 ergeben – obgleich in absoluten Werten die Ist-kosten um 1.560€ (dies entspricht 15 Prozent!) über den Soll-Kosten liegen –, der (fälschlicherweise) „alles in Ordnung" bzw. „die Ist-Kosten entsprechen den Soll-Kosten" signalisieren würde (wie dies in zahlreichen Beispielen zum Target Costing leider stillschweigend und unreflektiert hingenommen wird). Genau dies ist nicht der Fall, weil die gesamten Ist- und Soll-Kosten des Produktes meist von verschiedenen Wertmaßstäben bzw. Bemessungsgrundlagen ausgehen (im Beispiel der AMI GmbH: Ist-Kosten = 48.500€, Soll-Kosten = 42.000€). In der Praxis ist außerdem die Erfahrung zu machen, dass das Management bei Kostenabweichungen sofort nach den absoluten Werten fragt. Insgesamt ergibt sich daraus ein Plädoyer für die Umkehrung der Berechnung der spezifisch auf das Target Costing bezogenen Zielkostenindices in Anlehnung an die in der Betriebswirtschaftslehre gängige Form (also „Ist" zu „Soll") und die Verwendung von absoluten Werten! Zumindest in diesem Buch wird diesem Plädoyer gefolgt.

Die Tabelle in Bild 171 zeigt die auf dieser Basis errechneten Zielkosten für die einzelnen Produktkomponenten mir ihren jeweiligen Zielkostenindices.

Means	Ist-Kostenanteile absolut	in %	Soll-Kostenanteile absolut	in%	Zielkosten-indices (abs.)
K1: Rahmen	10.670	22	6.720	16	1,59
K2: Achsen	11.640	24	10.080	24	1,15
K3: Hydraulik	7.760	16	7.560	18	1,03
K4: Bremssystem	6.305	13	6.300	15	1,00
K5: Elektrik	2.425	5	3.360	8	0,72
K6: Ladevorrichtung	5.335	11	5.040	12	1,06
K7: Innenausstattung	4.365	9	2.940	7	1,48
Summe:	48.500	100	42.000	100	1,15

Bild 171: Zielkosten und Zielkostenindices – AMI GmbH

(8) Erstellung des Zielkostenkontrolldiagramms

Im Zielkostenkontrolldiagramm lassen sich die einzelnen Komponenten anhand ihrer Soll- und Ist-Kosten positionieren. Obgleich die Erstellung des Zielkostenkontrolldiagramms in der einschlägigen Literatur zum Target Costing auf Basis von prozentualen Werten geschieht (und sich folglich die oben genannten Fehler in den weiteren Schritten durchziehen), soll an dieser Stelle wiederum dem oben ausgeführten Plädoyer gefolgt werden (Bild 172).

Der im Zielkostenkontrolldiagramm eingezeichnete **Zielkorridor** (oberhalb und unterhalb der Winkelhalbierenden y = x) zeigt einen „Toleranzbereich", der mit steigendem (sinkendem) **Kosten- und Preiswettbewerb** immer kleiner (größer) ausfällt. Für die praktische Erstellung ist es dabei problematisch, dass sich die für die Konstruktion der äußeren Begrenzungslinien erforderliche Größe q in keiner direkten mathematisch-funktionalen Beziehung zur Wettbewerbsintensität ausdrücken lässt. Insofern übernimmt der Zielkorridor nur eine heuristische Funktion (je größer der Wettbewerb, desto kleiner q und umgekehrt). Auf ihn wird daher in der Praxis nicht selten verzichtet. Trotz dieser Einschränkung kann er Sinn machen, weil durch ihn eine Art **ABC-Analyse** erfolgt: Komponenten mit niedrigen Kostenumfängen dürfen höhere Abweichungen zwischen den Ist- und Soll-Kosten aufweisen (unten links) als Komponenten mit höheren Kostenumfängen (oben rechts).

Die Ist-Kosten für den Rahmen (K1) und die Achsen (K2) liegen weit über den Sollkosten und auch außerhalb des Zielkorridors. Auf ihnen lastet der größte **Kosten- und Rationalisierungsdruck**. Günstig liegt die Elektrik (K5). Allerding hat sie nur einen geringen Kostenumfang, weshalb sich die Unterschreitung der Soll-Kosten nur wenig auf die Produktgesamtkosten auswirkt und die Kostenüberschreitungen bei den anderen Komponenten bei weitem nicht kompensiert werden können. Bei der Elektrik ist darauf zu achten, dass es aufgrund des scheinbar freien Budgets und der dadurch womöglich ausgelösten Selbstzufriedenheit in Verbindung mit Nachlässigkeiten – wie auch bei den anderen Komponenten im Zielkorridor – zukünftig nicht zu Kostensteigerungen kommt.

Controlling-Instrumente für die Unternehmensführung

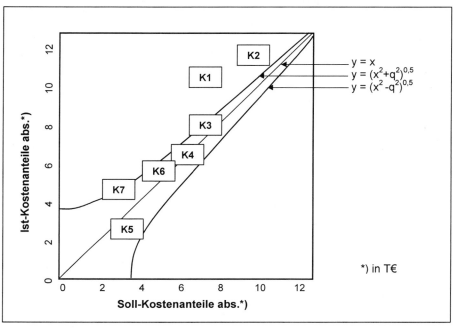

Bild 172: Zielkostenkontrolldiagramm – AMI GmbH

(9) „Kostengestaltung"

In der Praxis folgt im nächsten Schritt (euphorisch ausgedrückt) die „Kostengestaltung", die (realistisch ausgedrückt) in **Kostensenkung** – insbesondere bei den negativ exponierten Produktkomponenten – mündet. Das Zielkostenkontrolldiagramm kann hierbei im Zusammenspiel mit dem Zielkorridor als Priorisierungsinstrument dienen. Soweit die Komponenten intern gefertigt werden, sind die **internen Leistungsträger** betroffen. Auch an dieser Stelle wirkt sich eine objekt- bzw. komponentenorientierte Fertigungssegmentierung positiv aus, weil dann direkt Verantwortliche ausfindig zu machen sind. Handelt es sich um im Rahmen des **Fremdbezugs von Lieferanten** beschaffte Komponenten, so sind diese aufgefordert, Kostensenkungsmöglichkeiten vorzuschlagen und in Abstimmung mit dem Kundenunternehmen umzusetzen. In Bild 173 sind verschiedene **Maßnahmenalternativen für die Kostengestaltung und -senkung** aufgelistet, wobei der Rahmen (K1) und die Achsen (K2) höchste Priorität haben.

	Make or Buy	Lieferantenprogramm	Variantenmanagement	Mehrfachverwendung	Materialwechsel	usw.
K1: Rahmen						
K2: Achsen						
K3: Hydraulik						
K4: Bremssystem						
K5: Elektrik						
K6: Ladevorrichtung						
K7: Innenausstattung						

Bild 173: Kostengestaltungs- und Kostensenkungsmöglichkeiten – AMI GmbH

Das Target Costing erlaubt einen Transfer des Kosten- und Preisdrucks, dem ein Produkt am Markt unterliegt, in das Unternehmen hinein. Reicht das Target Costing bei einer **kaskadenförmigen Anwendung** vom Gesamtprodukt über die Systeme, Hauptbaugruppen bis hinunter auf die Teileebene und besteht entlang dieser Ebenen eine weitgehend **segmentierte Organisationsstruktur**, so ist das Leitprinzip des „market into company" in der Wertkette bis auf den einzelnen Arbeitsplatz (auch im Einzugsbereich des Lieferanten) hinunter realisierbar. Managementphilosophisch betrachtet kann der dadurch entstehende, sicht- und spürbare marktliche Kosten- und Wettbewerbsdruck für den einzelnen Betroffenen sehr viel härter und sachobjektiver ausfallen als die Anwendung personenbezogener Führungs- und Disziplinierungsmechanismen durch übergeordnete Instanzen. Target Costing lässt sich – überspitzt formuliert – als Managementphilosophie interpretieren, bei der jeder einzelne Mitarbeiter auf seinem individuellen Arbeitsplatz zum „selbstlaufenden" und wettbewerblich gesteuerten Unternehmer mutiert und **marktlicher Fremdzwang** in **verinnerlichten Selbstzwang** mündet – mit allen Vor- und Nachteilen (vgl. dazu auch die Ausführungen zum Benchmarking in Abschnitt 17 dieses Kapitels). Und Vertreter übergeordneter Instanzen können durch das Target Costing eine plausible und nachvollziehbare **marktliche Legitimation für Kostensenkungs-, Verlagerungs- und Personalfreisetzungsaktivitäten** usw. erhalten.

Selbstverständlich ist das Target Costing nicht frei von **Mängeln und Anwendungsproblemen**, auf die im Zusammenhang mit den methodischen Problemen der Bestimmung von **Zielindices** und **Zielkorridoren** schon hingewiesen wurde. Ferner bleibt stets offen, ob die **Liste der Ends** vollständig ist und welche Veränderungen sich ergäben, wenn das Projektteam zusätzliche Ends aufnimmt und/oder andere unterschlägt. Dieses Problem unterliegt ebenso subjektiven und opportunistischen Zugriffen der Beteiligten wie die **Bewertung des Einflusses der Means auf die Ends in der Funktionskostenmatrix I**.

Controlling-Instrumente für die Unternehmensführung

Überdies handelt es sich bei den – wie auch immer – abgeleiteten Zielpreisen und der Gewinnspanne und damit letztlich der Target Costs für das Gesamtprodukt um **Eingangsinformationen**, die ebenso wie die zu ihrer Ableitung herangezogenen Instrumente stets **hinterfragungswürdig** sind. Gleiches gilt für die **Besetzung des Projektteams**. Nicht selten versuchen die Verantwortlichen von Komponenten, die im Zielkostenkontrolldiagramm negativ exponiert sind, immer wieder **technische und qualitative Rechtfertigungsargumente** für überschießende Ist-Kosten nachzuschieben und/oder drohen damit, dass die Absenkung des Budgets auf das Soll-Kostenniveau zu enormen Konsequenzen führen könnte (z.B. im Falle des Beispiels der AMI GmbH zu Rahmen- und Achsbruch). Eine zusätzliche Brisanz entsteht, wenn Komponentenverantwortliche argumentieren, „ihre" Komponente sei **marktlich überhaupt nicht zu bewerten**, sondern die Kosten seien rein technisch bedingt und damit letztlich nicht disponibel. Je offener und empfänglicher das Management für derlei Rechtfertigungsargumente ist, desto mehr stellt sich für ein **Target-Costing-Projekt und das Projektteam die Sinn- und Existenzfrage**, weil dem Zielkostenmanagement dadurch immer höhere **Kostenumfänge entzogen** werden. Diese Beispiele machen deutlich, dass sowohl vor als auch während des gesamten Zielkostenbestimmungsprozesses zahlreiche Hürden lauern. Selbst wenn man sie überwindet, ist damit die Ziellinie eines Target-Costing-Projekts noch nicht überschritten, sondern genau betrachtet steht das Management wieder an einem Neuanfang. So mag mit der Erstellung des Zielkostenkontrolldiagramms der analytisch-instrumentelle Drang des methodeninteressierten und geschulten Controllers und Methodenspezialisten (insbesondere in der Lehre und in entsprechenden Kongressen und Seminaren) befriedigt sein. In der Praxis entfaltet sich die ganze **Härte und latente Konflikträchtigkeit des Target Costing** (Überzeugungs- und Durchsetzungsprobleme, Ergebnisunterminierung, Widerstände in der eigenen Belegschaft und/oder auf der Seite von Lieferanten) jedoch vor allem erst im Zuge der Kostengestaltung und -senkung (Schritt 9). Der Autor erinnert sich an den – sicherlich überzogenen – Seufzer eines Leiters eines Target-Costing-Projekts: „Die Methode hat eine gewisse Ästhetik und Schönheit, aber sie hebt sich ihre Grausamkeiten bis zum Schluss auf, wenn die Methodengurus und Berater bereits das Feld verlassen haben." Sicherlich gilt dieser Vorwurf für viele Instrumente. Aber für das Zielkostenmanagement ist er signifikant, weil das Target Costing seinen **Hauptansatzpunkt im Preis- und Kostenwettbewerb** sieht. Daher ist die praktische Anwendung dieses Instruments zwangsläufig auf Kosteneinsparungen, auf den Verzicht liebgewonnener und bislang unausgenutzter Rationalisierungsreserven (u.U. Arbeitsverdichtung, Wegfall von Pausen), auf den Abbau von (Leer-) Kapazitäten und nicht selten auf die Um- und Freisetzung von Personal gepolt. Mit dem in Abschnitt 15 dargebotenen Quality Function Deployment wird diese einseitige Kosten-, Rationalisierungs- und Einsparungszentrierung dagegen reduziert, weil es vor allem auch für den Kampf im Qualitätswettbewerb einsetzbar ist.

15 Quality Function Deployment

15.1 Allgemeine Kennzeichnung

Das Quality Function Deployment (QFD) gehört – wie auch die Präferenzmethode, die Conjoint-Analyse und das Target Costing – zu den Instrumenten, mit denen eine **kunden-** und **marktgerechte Planung** und **Entwicklung von Produkten** ermöglicht werden soll (z.B. Ehrlenspiel). Nach Überzeugung des Autors handelt es sich beim QFD (ähnlich wie beim Conjoint Measurement und dem Success Resource Deployment) um ein „überlegenes" Instrument, das eine **seriöse und tiefgehende Kunden- und Marktorientierung** erlaubt und diese positiv konnotierten Begriffe nicht der jederzeitigen Dekonstruktion opfert.

Mittlerweile kann das QFD auf eine 25-jährige Geschichte zurückblicken (z.B. Hauser und Clausing, Brunner, Saatweber). Akao und Kogure entwickelten QFD an der japanischen Tamagawa-Universität. Anfang der 70er Jahre wandten es die japanischen Unternehmen Toyota und Mitsubishi erstmalig in der betrieblichen Praxis an. Nachdem die japanischen Automobilhersteller gegenüber den europäischen und nordamerikanischen Konkurrenten zunächst mit **Target Costing** auftraten, um diese im **Preis- und Kostenwettbewerb** anzugreifen, setzten sie nun auf QFD, um im **Qualitätswettbewerb** aufzuholen – was ihnen in den Folgejahren mehr und mehr gelang. Das QFD basiert daher sowohl genetisch als auch – wie sich zeigen wird – methodisch auf dem Target Costing. Clausing nahm am Massachusetts Institute of Technology den QFD-Gedanken 1984 aktiv auf. Zwei Jahre später transferierte Sullivan QFD in die Praxis amerikanischer Unternehmen. Der Lincoln Continental des amerikanischen Autoherstellers Ford war vermutlich das erste US-amerikanische Produkt, das mit diesem Instrument entwickelt wurde.

Europäische Tochterunternehmen amerikanischer Konzerne haben in Europa für eine praktische Diffusion dieses Istruments gesorgt. Vor allem in der europäischen **Automobilindustrie** – bei Zuliefer- und insbesondere bei Endmontageunternehmen – sowie in zunehmender Anzahl auch in mittelständischen Industrieunternehmen gehört QFD heute zu den gängigen Instrumenten der Produktplanung und -entwicklung. In der deutschen Automobilindustrie wird es von Endmontageunternehmen – z.B. von BMW seit 1991, von Mercedes seit 1988 und VW seit 1990 – angewandt; auf der Seite der Zulieferer kommt QFD bei der ehemaligen VDO (seit 1991) und der ZF (seit 1990) zum Einsatz (Leist und Kühlmeyer). Neben den Vorreitern aus Automobilindustrie und Großunternehmen erfreut sich das QFD inzwischen auch in Klein- und Mittelstandsunternehmen einer verstärkten Anwendung (Curtius u. Ertürk, Egner u. Hoffmann, Egner u.a). Das QFD ist Gegenstand zahlreicher Kongresse und Managementzirkel sowie Inhalt vieler inner- und überbetrieblicher Fortbildungsveranstaltungen. Schließlich gehört QFD zu den Lehrzielen an Hochschulen und zum Methodenspektrum vieler Beratungsunternehmen. Dies gilt auch für das Kompetenzzentrum für Unternehmensentwicklung und -beratung (KUBE e.V.).

Vereinfacht erfolgt beim QFD eine systematische Gegenüberstellung von (gewichteten) **Kundenanforderungen** (bzw. Qualitäts- und Kunden-Kaufkriterien) und **Produktmerkmalen** (bzw. Produktfunktionen und -komponenten). Aus Sicht des beschriebenen **Means-End-Konzepts** (Punkt I.6) stehen die Produktmerkmale (wie die Produktkomponenten im Target Costing) eher auf der Seite der konkreten (physikalischen) Eigenschaften (Means), während es sich bei den Kundenanforderungen um (funktionale oder psychosoziale) Konsequenzen und instrumentelle sowie terminale (End-) Werte handelt (Ends, wie beim Target Costing). Letztlich sollte sich jede QFD-Analyse bei der Aufstellung der Kundenanforderungen und Produktmerkmale am Means-End-Konzept orientieren. In der Praxis und in der Literatur zum QFD gibt es jedoch mehrere Beispiele, bei denen die Kundenanforderungen und Produktmerkmale vermengt werden. Dass darunter der Wert des QFD leidet und trivial-tautologische Ergebnisse entstehen, liegt auf der Hand (zu diesem Vorwurf auch Giehl (a)). Bild 174 zeigt den Aufbau des QFD in einer Prinzipdarstellung:

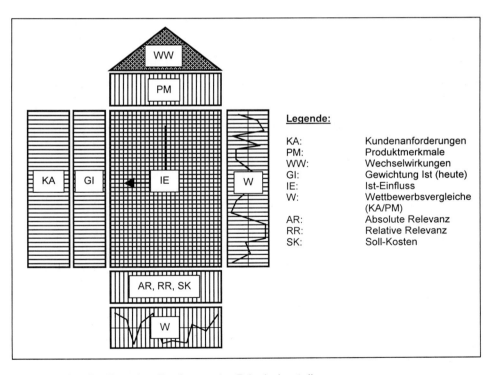

Bild 174: Quality Function Deployment – Prinzipdarstellung

Die Verknüpfung zwischen Produktmerkmalen und Kundenanforderungen (bzw. Means und Ends) erfolgt durch die Messung von **Einflussintensitäten** bzw. **Ralisierungsgraden** (wie stark helfen die Means, um die Ends zu realisieren?). Die Einflussintensität der Produktmerkmale auf die Kundenanforderungen kann – **analog zur Funktionskostenmatrix I im Target Costing** – durch Symbole für starke, mittlere und schwache Beziehungen zum Ausdruck gebracht werden. Alternativ ist die Verwendung einer Rating-Skala möglich (z.B. von 0 = keine Einflussintensität bis 7 = hohe Einflussintensität). Ein **Detailunterschied zum Target Costing** besteht insofern darin, dass in der Funktionskostenmatrix I für die Realisierungsgrade Prozentwerte vergeben werden, die sich entlang der Means auf 100 addieren. Man könnte über dieses Detail hinwegsehen, allerdings zeigt sich schon hierin ein durchaus bemerkenswerter **Methodenunterschied**. Während die sich auf den Summenwert 100 addierenden Prozentwerte entlang der Means beim Target Costing suggerieren, dass der derzeitige Umfang und die derzeitige Qualität der Means ausreicht, die Ends ausreichend zu befriedigen, zeigt die QFD-orientierte Funktionskostenmatrix durch abweichende Summenwerte, ob und gegebenenfalls bei welchen Means noch **Potenziale** bestehen, die im Hinblick auf eine **stärkere Einflussnahme auf die Ends** noch mobilisiert werden könnten. Alleine dadurch ergibt sich bereits ein erheblicher Fortschritt im Vergleich zum Target Costing, der dem QFD eine wichtige qualitative Perspektive eröffnet.

Zusätzlich erfolgt für die Kundenanforderungen ein **kundenorientierter Wettbewerbsvergleich**, oft in der Form einfacher Stärken-Schwächen-Zuweisungen. Die Produktmerkmale unterzieht man dagegen vor allem einem **technischen Wettbewerbsvergleich** (bzw. Stärken-Schwächen-Zuweisung). Insofern bestehen zwischen dem QFD und dem Benchmarking (vgl. Punkt III.17) enge Verbindungen. Zu erwarten ist in der QFD-Praxis, dass besonders bei denjenigen Ends Schwächen zu beklagen sind, die durch die qualitative und quantitative Ausstattung der Means zu wenig beeinflusst werden, was aus der QFD-orientierten Funktionskostenmatrix I ersichtlich ist – dies ist ein zusätzlicher Methodenschritt, der besonders qualitative Fragen stellt, die beim Target Costing i.d.R. außerhalb der Betrachtung bleiben. Bei diesen Wettbewerbsvergleichen, die für die Entwicklung von Produkten im **Qualitätswettbewerb** unerlässlich sind, handelt es sich um die zentralen Ergänzungen, die das QFD gegenüber dem Target Costing auszeichnen. Die grundlegende Vorgehensweise im Sinne der Gegenüberstellung von Means und Ends sowie deren Verknüpfung bleibt jedoch auch für das QFD charakteristisch und bildet den methodischen Kern beider Instrumente. Aus diesen Einflussintensitäten der Produktmerkmale auf die gewichteten Kundenanforderungen lässt sich schließlich die **absolute und die relative Relevanz** der Produktmerkmale für das Gesamtprodukt sowie eine **Soll-Kostenverteilung** – wie beim Target Costing – ableiten (quasi eine QFD-orientierte Funktionskostenmatrix I und II, vgl. oben). Im so genannten „Dachstuhl" des „Quality-Hauses" werden die Wechselwirkungen zwischen den Produktmerkmalen dokumentiert.

Controlling-Instrumente für die Unternehmensführung

QFD kann für die unterschiedlichen Phasen des F&E-Prozesses eine interdisziplinäre **Klammerfunktion und Kommunikationsplattform** für die bei der Produktplanung und -entwicklung beteiligten Einheiten eines Unternehmens übernehmen (z.B. F&E, Marketing, Beschaffung, Produktion sowie Kunden und Lieferanten). Auch für die Verbesserung der Schnittstellen zwischen Marketing und Produktentwicklung erweist sich der QFD-Ansatz als sehr erfolgreich (z.B. Plenzig u.a., Zimmermann (a) (b)). QFD fördert die Transparenz über die Kundenanforderungen und liefert eine nachvollziehbare Dokumentation. Dies erleichtert die Übersetzung der Kundenanforderungen in (technische) Funktionen und Komponenten und die Darstellung von Interdependenzen. Das „Quality-Haus" kann helfen, die Kundenanforderungen an das Produkt von der Planung und Entwicklung bis zur Fertigungsüberleitung und die Folgen möglicher Veränderungen zu beachten und zu verfolgen.

Dies ist über die verschiedenen **Aggregierungsstufen eines Produkts** möglich (z.B. vom Gesamtprodukt über Systeme, Baugruppen und Komponenten bis hinunter zu den einzelnen Teilen) und kann sogar von der Produktplanung bis zur Prozess- und Produktionsplanung (dazu z.B. Zimmermann (a), (b)) reichen. Bild 175 skizziert eine produktorientierte **QFD-Untersuchungskaskade**:

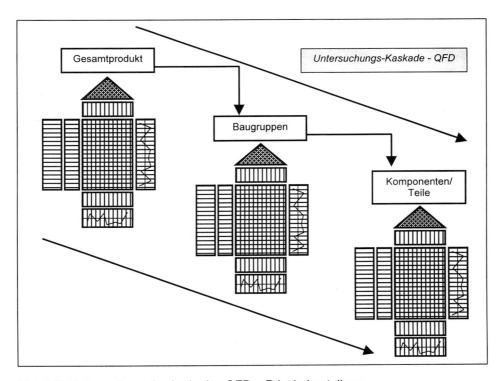

Bild 175: Untersuchungskaskade des QFD – Prinzipdarstellung

15.2 Beispielhafte Analyseergebnisse

Bild 176 gibt einen ausschnittweisen Überblick über das Zahlenwerk einer durchgerechneten QFD-Matrix am Beispiel eines „Golfplatz-Cars":

Kunden-anforderungen	Gewichtungen	Grobbaugruppen					
		Innen-aus-stattung	Motor	Gehäuse	Armatu-ren und Schalter	sonstige	
Sicherheit	0,2	6	1	6	2	2	
Markenimage	0,1	6	3	7	3	1	
Styling	0,1	3	2	7	4	1	
Lebensdauer	0,3	2	5	7	6	1	
Bedienfreundlichkeit	0,3	4	2	2	7	1	Summe
	absolute Relevanz	3,9	2,8	5,3	5,0	1,2	18,2
	relative Relevanz	0,21	0,15	0,29	0,28	0,07	1
	Sollkosten absolut (in €)	3.570,-	2.550,-	4.930,-	4.760,-	1.190,-	17.000,-
	Istkosten absolut (in €)	4.900,-	2.650,-	6.800,-	5.400,-	1.250,-	21.000,-
	Istkosten relativ	0,23	0,13	0,32	0,26	0,06	1
	Ist-/Sollkosten (absolut)	1,37	1,04	1,38	1,13	1,05	(1,24)

Wettbewerbs-vergleich	besser als Wettbewerb	3					
		2					
		1		○		○	
		-1	○				
		-2			○	○	
	schlechter als Wettbewerb	-3					

Werte für portfoliobezogene Priorisierungsreihenfolge	K1	K2	K3	K4	K5	Summe
Istkosten/Sollkosten (vgl. oben)	1,37	1,04	1,38	1,13	1,05	(1,24)
relevanter Benchmarking-Abstand	-0,21	0,15	-0,58	-0,56	0,07	-1,35 *)

*) nur negative Werte

Bild 176: Durchgerechnete QFD-Matrix – Golfplatz-Car (Beispiel)

Ausgehend von den gewichteten Kundenanforderungen und den jeweiligen Einflussintensitäten (0 = keine, 7 = hohe) wurden zunächst die absoluten und relativen Relevanzen der Grobbaugruppen errechnet. Auf Basis eines nachfra-

Controlling-Instrumente für die Unternehmensführung

ge- und konkurrenzbezogenen Kostenziels („Target-Costs") von 17.000 Euro wurden mit den Relevanzen die Soll-Kosten der Grobbaugruppen ermittelt und den aktuellen Ist-Kosten gegenübergestellt. Vor allem bei der Innenausstattung und dem Gehäuse liegen die Ist-Kosten weit über den Soll-Kosten.

Grundsätzlich gilt, dass mit steigender negativer Differenz zwischen Ist- und Soll-Kosten (Zielkosten) bei den einzelnen Komponenten ein zunehmender Maßnahmendruck für das Management und eine ansteigende Herausforderung für die F&E-Bereiche entsteht, nach „Lösungen" zu suchen. Das gilt besonders dann, wenn den Soll-Kosten für das Gesamtprodukt ausufernde Ist-Kosten bei den Komponenten gegenüber stehen. Diese Überlegungen entsprechen dem aus dem Target Costing bekannten Vorgehen, wonach besonders auf denjenigen Produktkomponenten ein Maßnahmendruck lastet, bei denen das Ist-Soll-Kosten-Verhältnis aus dem **Zielkorridor** (nach oben) ausbricht. In der Praxis läuft diese Situation häufig auf eine Budgeterhöhung für die F&E- und sonstigen Rationalisierungsprojekte bzw. eine erhöhte Maßnahmenpriorisierung hinaus. Bild 177 zeigt das auf der Basis des QFD erstellte **Zielkostenkontrolldiagramm**, bei dem das Zahlenwerk des o.g. Golplatz-Cars eingearbeitet wurde (mit vereinfachtem Zielkorridor):

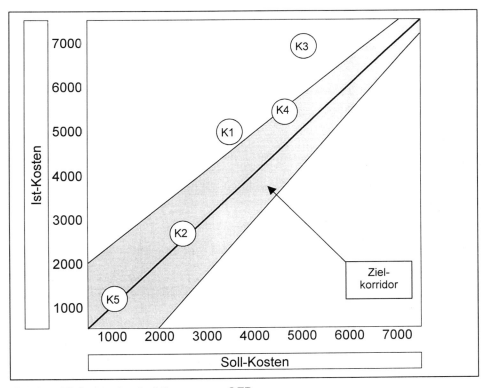

Bild 177: Zielkostenkontrolldiagramm – QFD

Für die Budgetierung und Priorisierung von F&E- und allgemeinen Verbesserungsprojekten ergeben sich aus diesen Informationen genau betrachtet allerdings nur sehr schwache Handlungsanweisungen. Zwar wird durch den Einbezug der Bewertungen von Kunden die kundenseitige Sichtweise gestärkt und kostenmäßig abgebildet sowie auf der Ebene des Gesamtprodukts targetorientiert eine Ziellinie gesetzt. Außerhalb dieser klassischen Target-Betrachtung bleiben aber die immer wichtigeren Wettbewerbsvergleiche auf der Ebene der einzelnen Produktkomponenten. Im Gegensatz zum Target-Costing nehmen diese Wettbewerbsvergleiche jedoch beim QFD eine zentrale Stellung ein, und auf sie kann bei der Maßnahmenpriorisierung zusätzlich aufgebaut werden. Aus dieser Perspektive muss man argumentieren, dass das **QFD dem typischen Target-Costing klar überlegen** ist. So können im vorliegenden QFD-Beispiel anhand der relativen Relevanzen und den Werten aus dem Wettbewerbsvergleich die „**relevanten Benchmarking-Abstände**" abgeleitet werden. Letzteres wäre mit den Informationen aus dem Zielkostenkontrolldiagramm des Target-Costing nicht möglich. Zusammen mit dem „**Verhältnis zwischen Ist- und Soll-Kosten**" bilden die mit dem QFD abgeleiteten „relevanten Benchmarking-Abstände" die Richtschnur für eine Priorisierung von Maßnahmen (Bild 178):

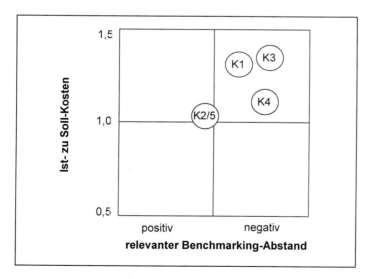

Bild 178: Maßnahmen-Priorisierungs-Portfolio auf QFD-Basis

Die Baugruppe Motor und der Sammelposten „Sonstige" sind für den „Golfplatz-Car" kaum relevant bzw. hinsichtlich der Kostenverhältnisse und relevanten Benchmarking-Abstände eher als günstig einzustufen. Vor allem das Gehäuse und die Innenausstattung sowie die Armaturen und Schalter weisen dagegen schlechte Positionierungen auf. Für sie entsteht ein enormer Bedarf an Verbesserungs- und Kostensenkungsmaßnahmen (z.B. Materialwechsel, Variantenreduktion, Lieferantendisziplinierung).

Ferner sind diese Ergebnisse für die Zuordnung von F&E-Budgets und/oder allgemeine Rationalisierungsbudgets nutzbar. Je höher die Benchmarking-Abstände und Soll-Kosten-Überschreitungen, desto höher könnte der Budgetanteil sein. Problematisch ist dabei, dass die Kostenintensität der F&E- und Rationalisierungsaktivitäten auf den einzelnen Gebieten nicht berücksichtigt wird. Außerdem erhalten womöglich diejenigen Verantwortlichen für die Grobbaugruppen zusätzliche Budgets, die in der Vergangenheit „versagt" haben.

In ähnlicher Weise könnten auch die anforderungsorientierten bzw. marktlichen Wettbewerbsvergleiche (die jedoch in diesem Beispiel nicht angegeben wurden) in eine Maßnahmenpriorisierung eingehen.

Bei dem beschriebenen Vorgehen handelt es sich um ein **anforderungs- und komponentenorientiertes Benchmarking**, das – neben dem typischen targetorientierten Ist- und Soll-Kosten-Bezug – aus mehreren Gründen in Budgetierungs- und Priorisierungsüberlegungen für F&E-Projekte, Weiterentwicklungen und allgemeine Verbesserungsmaßnahmen einbezogen werden sollte:

- **Wettbewerbsvergleiche bei den Produktkomponenten** zeigen, ob und inwieweit Konkurrenten auf produktfunktionaler Seite wirklich besser sind. Sind sie besser, so steigt mit der relativen Relevanz und dem Benchmarking-Abstand auch die komponentenorientierte Maßnahmen-Priorität. In Anlehnung an diese Vorgehensweise ergibt sich die **komponentenorientierte Maßnahmen-Priorität** aus der Verknüpfung zwischen relativer Relevanz der Komponenten, der Abweichung zwischen Ist- und Zielkosten und den komponentenorientierten Benchmarking-Abständen. Hilfsmittel für die „Suche nach kostengünstigen Lösungen" können neben der Verwendung von Normteilen (Vorzugsteilelisten) zur Einschränkung der Sachnummernvielfalt vor allem Relativkostenkataloge zur Transparenzsteigerung der Kostenwirkungen bei der Materialauswahl bilden (z.B. Ehrlenspiel). Hinweise für die Suche nach qualitätssteigernden Lösungen ergeben sich direkt aus der QFD-Matrix. Um die für die einzelnen Komponenten Verantwortlichen noch genauer zu identifizieren, reicht oft ein Blick auf das F&E-Organigramm, wenn die F&E-Einheiten objektbezogen organisiert sind. Dies ist z.B. in weiten Bereichen der Autoindustrie der Fall. Andernfalls ist der Rückgriff auf das Success Resource Deployment (SRD) möglich (vgl. III.16), das ohnehin eine überlegene Produktentwicklung jenseits von QFD erlaubt. Das SRD gibt daneben u.a. Aufschluss über die Einwirkungsmöglichkeiten von Funktionen, Organisationseinheiten und/oder Mitarbeitern auf Leistungskriterien und Erfolgsfaktoren.

- Erweisen sich die komponentenorientierten Maßnahmen als wenig tragfähig, kann versucht werden, über **anforderungsorientierte Maßnahmen-Priorisierungen** den Erfolg zu suchen. Die hierzu erforderlichen Wettbewerbsvergleiche für die Kundenanforderungen zeigen zunächst, ob und inwieweit die Mitwettbewerber bei den einzelnen Kriterien wirklich besser sind. Sind sie besser, so steigt mit dem Kriteriengewicht und dem Benchmarking-Abstand die anforderungsorientierte Maßnahmen-Priorität.

Ein schlechtes Benchmarking bei den Kundenanforderung kann auch darin liegen, dass es keine Produktkomponente gibt, die auf sie einen (hohen) Einfluss ausübt. Entwicklungsseitig müsste dann überlegt werden, ob das Produkt durch zusätzliche Komponenten („Produkt-Add-Ons") ergänzt werden sollte, um die schwächenbehaftete Kundenanforderung positiv zu beeinflussen. Solche Überlegungen unterbleiben beim Target-Costing meist. Die Ursache liegt in dem bereits angesprochenen Mangel, dass in der Funktionskostenmatrix I des Target-Costing volle 100 Prozentpunkte für den Einfluss der Produktkomponenten auf die einzelnen Kundenanforderungen vergeben werden. Dies unterstellt, die Kundenanforderungen würden genau eingehalten bzw. durch den Einsatz der bestehenden Produktkomponenten voll befriedigt. Durch die Ermittlung von Stärken-Schwächen-Positionen (z.B. im Rahmen eines Benchmarking) und die Vergabe von Ratings unterliegt das QFD diesen Einschränkungen nicht. Dies macht die Überlegenheit des QFD gegenüber dem Target-Costing offensichtlich.

Bei der anforderungsorientierten Maßnahmen-Priorisierung kann daneben an die (kommunikationspolitische) Einwirkung auf die Kunden zurückgegriffen werden – vor allem dann, wenn durch die Veränderungen und/oder die Hinzunahme zusätzlicher Produktkomponenten kaum Verbesserungen für die Erfüllung der Kundenanforderungen zu erreichen sind und/oder unternehmens- bzw. managementseitig keine entsprechenden Fähigkeiten bestehen. In diesem Zusammenhang ist beispielsweise an Manipulationen des Käuferverhaltens, an die Verschiebung der Kaufkriteriengewichtungen, die Re-Positionierung von Produkten und Anbietern sowie die Setzung neuer Trends und Werte durch Werbung und Imagepflege zu denken. Kritisch ließe sich dann allerdings die Frage stellen, ob und inwieweit es sich dabei um den kommunikationspolitischen Versuch (Meta-Erzählung) der Kompensierung von Unfähigkeiten auf der Produktentwicklungsseite geht, der zwangsläufig **Dekonstruktionsrisiken** birgt.

Insgesamt können **Benchmarks** Hinweise darauf geben, ob und inwieweit hinsichtlich der einzelnen Anforderungen und Komponenten bei den Mitwettbewerbern schon „Beweise und Vorbilder" für den Erfolg von Verbesserungsmaßnahmen vorliegen. F&E- und sonstige Maßnahmen-Priorisierungen und -Budgets sollten daher aus Gründen der F&E- und allgemeinen Maßnahmeneffizienz nicht einfach dort ansetzen, wo die Ist-Kosten weit über den Soll-Kosten liegen (typisch für Target-Costing). Vielmehr sollten auch die Informationen aus den Wettbewerbsvergleichen eingehen, um aus dem Spektrum denkbarer Ansatzpunkte für Verbesserungsmaßnahmen nach dem „Prinzip der besseren Vorbilder" möglichst erfolgversprechende herauszufiltern.

16 Success Resource Deployment

16.1 Allgemeine Kennzeichnung

Der klassische Anwendungsbereich des QFD liegt in der kundenorientierten Planung, Entwicklung und Gestaltung von Produkten. Dabei stehen häufig industriell gefertigte Güter im Vordergrund. Allerdings kommt das QFD mittlerweile zunehmend im Dienstleistungssektor zum Einsatz. Trotz dieser behutsamen und schrittweisen Ausweitung beschränkt sich der QFD-Ansatz traditionell auf das Engineering von (meist technischen) Produkten. Diese „Perspektivenverengung" ist vor allem aus drei Gründen erstaunlich:

- In der Beratungspraxis gibt es Instrumente der Analyse betrieblicher Funktionen mit ähnlicher Untersuchungsstruktur. Bei der **„Methode zur Ermittlung funktionaler Anspannung"** (MEFA, Schneider (e)) verbindet man z.B. wirtschaftliche Erfolgskriterien mit betrieblichen Funktionen. Neben der Gewichtung der Erfolgskriterien und der Ermittlung ihrer Erfüllung werden dabei die Einflüsse der Funktionen auf die Erfolgsfaktoren gemessen und Funktionsbudgets festgelegt. Während beim QFD Kundenanforderungen und Produktmerkmale verknüpft werden, handelt es sich bei MEFA um das Zusammenspiel von betrieblichen Funktionen (z.B. Marketing) und funktionalen Erfolgsfaktoren (z.B. Marktdurchdringung). Bild 179 zeigt die MEFA-Struktur:

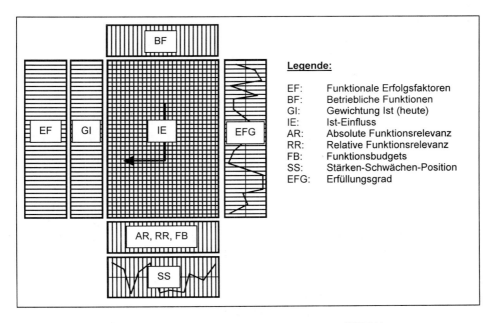

Bild 179: Methode zur Ermittlung funktionaler Anspannung (MEFA)
– Prinzipdarstellung

- Praxisberichte aus den Bereichen **Forschung und Entwicklung** zeigen, wie durch die Messung des Einflusses von F&E-Funktionen auf so genannte kritische Erfolgsfaktoren von Unternehmen Hinweise für die Relevanz- und Engpassbestimmung dieser F&E-Funktionen sowie die Organisationsgestaltung ableitbar sind (Schmelzer). Auch in diesem Fall liegt eine matrixartige Einwirkungsanalyse betrieblicher Funktionen auf unternehmerische Erfolgsfaktoren vor.

- Schließlich erlaubt die originäre QFD-Methode durch verschiedene **Ergänzungen der QFD-Matrix** und in Verbindung mit einer **Perspektivenerweiterung hinsichtlich der Kundenanforderungen und Produktmerkmale** die Entwicklung des QFD zu einem allgemeinen unternehmensanalytischen Managementinstrument. Dazu sind die engen und auf Produkte (und bestenfalls noch Dienstleistungen umfassende) focussierten Begriffe „Kundenanforderungen" und „Produktmerkmale" durch die viel umfassenderen Termini „**Erfolgsfaktoren**" (success) und „**Ressourcenkomponenten**" (resource) zu ersetzen. Diese Erweiterung trägt der Tatsache Rechnung, dass es im **Kern beliebiger Managementphänomene** in beliebigen Institutionen und Unternehmen sowie auf beliebiger Ebene stets darum geht, mit meist vorgegebenen (internen) Ressourcen bestimmte, marktliche bzw. kundenbezogene (externe) Erfolgsfaktoren bzw. Erfolgskriterien bestmöglich zu befriedigen.

Derartige **Weiterentwicklungen des QFD** münden heute in Instrumenten wie dem **Success Resource Deployment** (SRD). Letztlich waren es verschiedene Anwendungsprobleme mit dem QFD im Zuge von Praxisprojekten sowie die Einsatzbegrenzung auf die Produktplanung und -entwicklung, die zu einem „**Weiterentwicklungsdruck**" in der praktischen Arbeit Richtung SRD führten (Schneider (h, k, l), Pfohl u.a.).

Die bisherigen Erfahrungen mit diesen Weiterentwicklungen und Ergänzungen scheinen in der Praxis zwischenzeitlich so tragfähig und fruchtbar, dass das SRD als ein **multifunktional einsetzbares Instrument für das Management, das Controlling und das Consulting** und im Sinne einer umfassenden **Methode der Unternehmensplanung und -entwicklung** genutzt werden kann.

Ebenso wie QFD dringt das SRD immer mehr als **Lehrinhalt an Hochschulen und Universitäten** vor und bildet den **Gegenstand von betrieblichen und überbetrieblichen Schulungen und Trainings**. Einen Überblick über **praktische Anwendungsbeispiele** in verschiedenen Branchen und Unternehmen wird in Abschnitt 16.3 (unten) geboten.

Die oben bereits erwähnte **Grundüberlegung des SRD** geht davon aus, dass letztlich jedes Managementproblem in sämtlichen Wirtschaftszweigen und auf beliebigen Abstraktions- und Hierarchieebenen darauf hinausläuft, mit dem **Einsatz von Ressourcen** bestimmte vom Markt, dem Kunden, der Gesell-

Controlling-Instrumente für die Unternehmensführung

schaft und/oder intern geforderte **Erfolgsfaktoren** möglichst positiv zu beeinflussen, um das Überleben bzw. die Profitabilität zu sichern bzw. zu steigern. Im Sinne des **Means-End-Konzepts** geht es folglich um eine möglichst virtuose Verbindung zwischen **Means** (Ressourcen) und **Ends** (Erfolgsfaktoren).

Im Vergleich zum QFD handelt es sich beim SRD folglich um Weiterentwicklungsschwerpunkte, die sich vor allem auf die Interpretation der (1) **Ressourcenkomponenten** und (2) **Erfolgsfaktoren** sowie die Ergänzung der (3) **Beziehungsmatrix** erstrecken. Bild 180 gibt einen Überblick über das SRD sowie die Erweiterungen im Vergleich zum QFD-Ansatz:

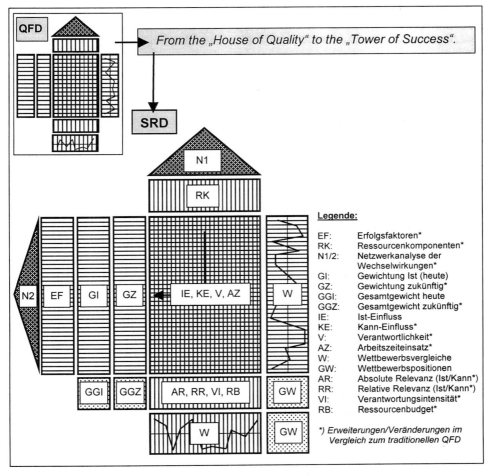

Bild 180: Success Resource Deployment – Prinzipdarstellung

(1) Ressourcenkomponenten im SRD (Means):

Mit SRD sind alle denkbaren Objekte analysier-, plan- und entwickelbar. Dabei kann es sich selbstverständlich – wie beim QFD – weiterhin um beliebige Konsum-, Gebrauchs-, Industrie- und/oder Dienstleistungsprodukte handeln (bei einem Projekt des Autors handelte es sich beispielsweise um Seminare eines Bildungsinstituts). Wird das SRD für Produkte angewandt, dann entsprechen die Ressourcenkomponenten („aus welchen Ressourcen bzw. Merkmalen besteht das Produkt") inhaltlich den Produktmerkmalen im QFD.

Wird das SRD jedoch für **Unternehmen** bzw. allgemein für **Institutionen** bzw. **Organisationen** angewandt, dann ist der Begriff „Ressourcenkomponente" mit einem sehr weiten Vorstellungsinhalt zu füllen. Dabei kann es sich um strategische Geschäftseinheiten, betriebliche Funktionen, Prozesse, Abteilungen, einzelne Arbeitsplätze und/oder um ein Gesamtunternehmen handeln. Bild 181 gibt auf der Basis praktischer SRD-Projekte einen Einblick in einige Ressourcenkomponenten verschiedener Geschäftstypen.

Filiale eines Kreditinstituts	Operativer Betrieb einer Fluggesellschaft
... - Geschäftsführung - Geschäftskundenberater - Privatkundenberater - Broschüren/Prospekte - Räumlichkeiten - Kreditkarten/EC-Karten - Selbstbedienungsterminal ...	... - Check-In - Bodenpersonal - Bordpersonal (ohne Pilot) - Pilot - Gepäckservice - Gate/Lounge - Passagiersitze ...
Sanatorium/Krankenhaus	**Versicherungsunternehmen**
... - Verwaltungsleitung - Psychologische Abteilung - Verpflegungsdienst - Reinigungsdienst - Pädagogische Abteilung - Ärzteteam - Pflegedienst ...	... - Geschäftsleitung - Außendienstpersonal - Innendienstmitarbeiter - Büros/Gebäude - Call-Center - Prospekte/Info-Material - Marketing ....

Bild 181: Praktische Beispiele für Ressourcenkomponenten

Controlling-Instrumente für die Unternehmensführung

Bei einer kaskadenförmigen Anwendung des SRD sind – wie beim QFD – mehrere logisch hintereinandergeschaltete Aggregierungsebenen möglich (vom Gesamtunternehmen über strategische Geschäftseinheiten, Funktionen, Dienste, Arbeitsplätze bis hinunter zu einzelnen Tätigkeitsinhalten).

In Bild 182 ist eine solche **Kaskadenstruktur des SRD** am Beispiel des Personalwesens skizziert. Auf einer übergeordneten Ebene werden zunächst die personalwirtschaftlichen Hauptfunktionen bzw. Ressourcenkomponenten analysiert. Danach wird eine der personalwirtschaftlichen Hauptfunktionen (Personalbeschaffung) in nachgeordnete Teilbereiche disaggregiert.

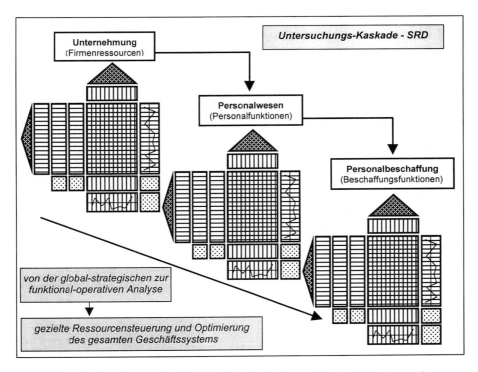

Bild 182: Kaskadenstruktur des SRD – Prinzipdarstellung (Personalwesen)

Der Einsatz des SRD ist völlig unabhängig von bestimmten Wirtschaftszweigen und Betriebsgrößen (vgl. auch die Aufzählungen in Abschnitt 16.3, unten). Die Anwendungspalette reicht vom Industrieunternehmen und Bildungsinstitut über Bankfilialen, DV- und Reiseunternehmen und kann sich z.B. auch auf Verlage, Krankenhäuser, Hochschulen, Gewerkschaften sowie Ministerien, Verwaltungen und politische Parteien erstrecken (vgl. dazu ausführlich Abschnitt 16.3, unten). Alle diese Institutionen setzen letztlich auf ihren unterschiedlichen Aggregierungsebenen Ressourcen ein, die für die positive Beeinflussung marktlich und/oder gesellschaftlich bedeutsamer Erfolgsfaktoren sorgen sollen, um das Überleben und/oder die Profitabilität zu sichern und/oder zu verbessern bzw. die kunden- und marktorientierte Vitalisierung des jeweiligen SRD-Objekts zu steigern.

Was die Aufnahme der Wechselwirkungen zwischen den einzelnen Produktmerkmalen im „Dachstuhl" des „Quality-Hauses" anbelangt, so geht es beim SRD folgerichtig um die Wechselwirkungen zwischen den jeweils eingesetzten Ressourcenkomponenten. Für die tiefergehende Analyse der Wechselwirkungen empfiehlt sich häufig die Verwendung der so genannten **Netzwerkanalyse** (Probst und Gomez). Mit ihr können u.a. träge, passive, aktive und kritische Ressourcenkomponenten identifiziert werden (vgl. unten).

(2) Erfolgsfaktoren im SRD (Ends):

Während beim QFD der Einfluss von Produktmerkmalen auf (gewichtete) Kundenanforderungen ermittelt wird, geht es beim SRD um den Einfluss von Ressourcenkomponenten auf Erfolgsfaktoren.

Die Erfolgsfaktoren ergeben sich u.a. aus den Hierarchieebenen der Untersuchungskaskade des SRD (vgl. oben). Bei der SRD-geleiteten Analyse von Unternehmen wären bei der obersten Ebene beispielsweise vor allem **strategisch kritische Erfolgsfaktoren** relevant (z.B. günstige Kostenposition, Flexibilität, Schnelligkeit, Produktivität, Image). Konzentriert man sich demgegenüber auf eine bestimmte betriebliche Funktion auf einer niedrigeren Ebene (z.B. Beschaffung), so stehen v.a. **funktionsorientierte Erfolgsfaktoren** im Mittelpunkt (z.B. günstige Beschaffungspreise, hohe Materialqualität, Rabatte, gute Lieferanten, kurze Bestellzeiten).

Die Anzahl der Erfolgsfaktoren sollte in SRD-Projekten mindestens 30 umfassen, um das vielfältige markt- und kundenorientierte sowie gesellschaftliche Möglichkeitsspektrum mit einem möglichst engmaschigen Netz an Ends einfangen zu können. Eine Verdichtung auf eine geringere Zahl, um den Überblick nicht zu verlieren, ist im nachhinein immer noch möglich. In einem Projekt des Autors in der Pharmaindustrie wurden die 60 Erfolgsfaktoren auf 12 aggregierte Faktoren reduziert. Diese Reduzierung kann mittels pragmatischer „Sichtkontrolle" oder mittels professioneller Anwendung einer **Faktorenanalyse** geschehen.

Bild 183 zeigt ausschnitthaft einige Erfolgsfaktoren für die in Bild 181 aufgeführten Geschäftssysteme.

Bild 183: Praktische Beispiele für Erfolgsfaktoren

Bei den Erfolgsfaktoren wird neben der aktuellen Gewichtung (wie beim QFD) auch die **zukünftige Gewichtung** (bzw. Bedeutung) ermittelt. Dies erfolgt anhand einer Kundenbefragung. Erst hierdurch ist die für eine strategische Entwicklung eines Unternehmens im Wettbewerb wichtige zeitliche Dynamik abtastbar. Beim schrittweisen Übergang in die Reifephase von Branchen ist damit zu rechnen, dass die Wettbewerbsintensität und dadurch die funktionale Anspannung der einzelnen Unternehmensbereiche steigt. Aus diesem Grund wird sich im Durchschnitt für die zukünftige Gewichtung ein höherer Wert ergeben. Projekte des Autors zeigen, dass dies vor allem für die Zusatznutzenkriterien und Begeisterungsfaktoren gilt. Insofern bestätigt die Empirie der SRD-Projekte die Überlegungen von Vershofen und Kano (vgl. dazu Abschnitt 6 in Kapitel I).

Schließlich sind – wie bei den Ressourcenkomponenten – mittels **Netzwerkanalyse** träge, passive, aktive und kritische Erfolgsfaktoren identifizierbar.

(3) Beziehungsmatrix im SRD:

Mit der Beziehungsmatrix wird im QFD die Einflussintensität der Produktmerkmale auf die Kundenanforderungen abgebildet. Gleiches gilt für die **Ressourcenkomponenten** und **Erfolgsfaktoren** im SRD. Auch die Möglichkeit eines negativen Einflusses ist – wie vereinzelt auch im QFD – im SRD explizit vorgesehen. Von größerer Bedeutung ist jedoch, dass im Unterschied zum QFD in der Beziehungsmatrix des SRD nicht nur der **derzeitige Ist-Einfluss**, sondern zusätzlich der grundsätzlich mögliche **Kann-Einfluss** erhoben wird.

Die **Differenz zwischen Kann- und Ist-Einfluss** signalisiert für die Ressourcenkomponente einen Gestaltungsspielraum bzw. eine **Potenzialreserve**. SRD-Projekte zeigen, dass dadurch zusätzliche, bisher latent vorhandene und/oder völlig neue Einwirkungsmöglichkeiten von Ressourcenkomponenten auf Erfolgsfaktoren erschlossen werden können. Der Vergleich zwischen Ist- und Kann-Einfluss „hilft der Kreativität vielfach auf die Sprünge" und hebt in Teamsitzungen das im Unternehmen vorhandene **Verbesserungs-** und **Innovationspotenzial**.

Auch an dieser Stelle wird deutlich, dass es sich beim SRD letztlich um ein **Instrument der dynamischen und vernetzten Organisations- und Unternehmensentwicklung** handelt. Zwischen Kann- und Ist-Einflussintensität liegt übrigens nicht selten ein Faktor von über zwei. Dies ist ein klarer Hinweis auf den enormen Umfang an latentem Verbesserungspotenzial in Unternehmen, das mit SRD identifizierbar und mobilisierbar ist.

Daneben kann es in Einzelfällen sinnvoll sein, neben dem Kann-Einfluss zusätzliche Ergänzungen vorzunehmen. Insbesondere bei Funktionsanalysen erweist sich die Ermittlung der **Verantwortlichkeit** der in die SRD-Matrix einbezogenen Ressourcenkomponenten (bzw. Funktionen) für die einzelnen Erfolgsfaktoren häufig als sinnvoll. Außerdem kann der **Zeiteinsatz der Ressourcenkomponenten für die Ausübung des Einflusses** ermittelt werden. Angesichts der Vielfalt der in die SRD-Überlegungen aufnehmbaren Informationskategorien scheint der in Anlehnung an das QFD gebildete Begriff „Qualitäts-Haus" (bzw. „House of Quality") kaum angemessen. Vielmehr könnte von einem flexiblen „Success-Tower" oder „Erfolgs-Wolkenkratzer" gesprochen werden.

Akzeptiert man die Metapher des Wolkenkratzers, so sind die einzelnen Felder der SRD-Prinzipdarstellung als Wohnungen von Informationskategorien zu interpretieren, die fast beliebig kombinierbar sind. Aus der Kombination von Erfolgsfaktoren, deren zukünftiger Relevanz und des erfolgsfaktororientierten Stärken-Schwächen-Vergleichs ist beispielsweise der relevante Benchmarking-Abstand produzierbar. Aus den Differenzen zwischen Kann- und Ist-Einflüssen einer einzelnen Ressource über sämtliche

Controlling-Instrumente für die Unternehmensführung

Erfolgsfaktoren hinweg ergibt sich die Potenzialreserve der Ressource. Multipliziert man diese mit der Relevanz der Ressource, kann die relevante Potenzialreserve der Ressource abgeleitet werden (vgl. hierzu und zu den dadurch gewinnbaren Auswertungen auch unten).

In Bild 184 ist für die personalwirtschaftliche Hauptfunktion „Personalbeschaffung" die Analysestruktur sowie die Beziehungsmatrix des SRD nochmals dargestellt. Die Positionierung dieses personalwirtschaftlichen „Success-Towers" in der SRD-Untersuchungs-Kaskade macht Bild 182 (oben) deutlich.

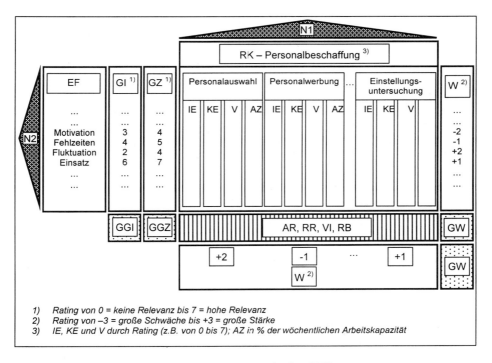

Bild 184: Analysestruktur und Beziehungsmatrix des SRD
– Beispiel Personalbeschaffung

16.2 Vorgehensweise und beispielhafte Analyseergebnisse

Anhand der betrieblichen Funktion „Materialwirtschaft" sollen die grundsätzlichen Vorgehensschritte und einige ausgewählte, beispielhafte Analyseergebnisse des SRD noch genauer verdeutlicht werden. Der Einsatz des SRD auf anderen Gebieten und Aggregierungsebenen müsste in Analogie zu den folgenden Ausführungen geschehen. Grundsätzlich ist die Anwendung des SRD (in der Materialwirtschaft) an **sechs Voraussetzungen** gebunden:

(1) Zunächst wäre ein **SRD-Managementteam** zu institutionalisieren, das sich nicht nur aus Vertretern der Materialwirtschaft zusammensetzt, sondern auch Mitglieder aus tangierten Funktionen und internen (evtl. auch externen) Kunden aufweist (z.B. F&E, Produktion, Vertrieb). Außerdem sollte das Team Mitglieder aus übergeordneten Hierarchieebenen und Funktionen (z.B. Geschäftsführung) umfassen, um das SRD-Projekt – besonders auch nach außen – mit der notwendigen Autorität zu versehen.

(2) Im zweiten Schritt muss das SRD-Team die Materialwirtschaft gedanklich in abgrenzbare **„Ressourcenkomponenten"** bzw. Funktionen aufspalten („RK"). Letztlich muss dies in der Praxis immer anhand der betriebsspezifischen Gegebenheiten erfolgen. Idealtypisch könnte das SRD auf einer relativ hohen Aggregierungsebene zum Einsatz kommen, wenn z.B. sehr globale materialwirtschaftliche Funktionen zu analysieren sind. Dabei könnte es sich beispielhaft um die Funktionen Beschaffungsmarketing, Einkauf, Lagerung, Transport usw. handeln (Bild 185).

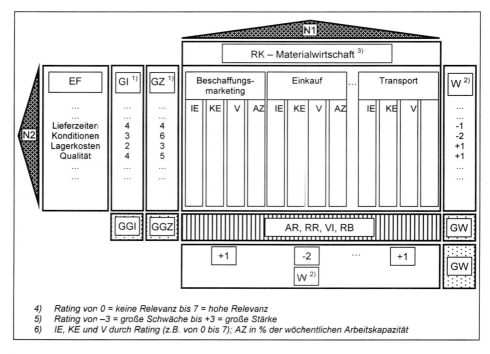

Bild 185: Analysestruktur und Beziehungsmatrix des SRD
– Beispiel Materialwirtschaft

Auf einer niedrigeren Aggregierungsebene sind die globalen Funktionen weiter in speziellere materialwirtschaftliche Funktionen zu differenzieren.

So könnte das Beschaffungsmarketing in die Komponenten Beschaffungsmarktforschung, Kommunikationspolitik, Lieferantenbetreuung usw. zerlegt werden. Ob und inwieweit eine weitere Aufspaltung sinnvoll ist, hängt u.a. von der Größe des Unternehmens sowie den funktionalen Bereichen ab.

(3) Im dritten Schritt wären typische materialwirtschaftliche **Erfolgsfaktoren** zu formulieren (z.B. günstige Beschaffungskonditionen, geringe Lagerkosten, „EF"). Soweit sie für das Unternehmen von unterschiedlicher Bedeutung sind, wären Gewichtungen vorzunehmen. Dabei sollte die gegenwärtige und zukünftige Bedeutung aufgenommen werden („GI" und „GZ"), weil sich vermutlich die Relevanzen der materialwirtschaftlichen Erfolgsfaktoren im Zeitablauf verändern. Unter anderem vor dem Hintergrund zunehmender Outsourcing-Aktivitäten und dem damit verbundenen Anstieg des Vorleistungs- und Buy-Anteils von Unternehmen ist davon auszugehen, dass der Materialwirtschaft zukünftig eine insgesamt höhere Bedeutung zukommt. Aus diesem Grund dürfte auch die Gesamtgewichtung materialwirtschaftlicher Erfolgsfaktoren zukünftig steigen („GGI" im Vergleich zu „GGZ").

(4) Im vierten Schritt wäre das **„Herzstück des SRD"** zu konstruieren. Es besteht aus den Faktoren **Ist-Einfluss, Kann-Einfluss, Verantwortlichkeit** und gegebenenfalls dem **Arbeitszeitaufwand** („IE", „KE", „V" und „AZ"). Zunächst sind die Ist- und Kann-Einflüsse der identifizierten materialwirtschaftlichen Ressourcenkomponenten auf die Erfolgsfaktoren zu ermitteln. Ferner wäre zu erheben, ob und inwieweit die Ressourcenkomponenten für die positive Beeinflussung bzw. Erfüllung der Erfolgsfaktoren Verantwortung tragen. In der Regel erfolgt dies jeweils durch die Vergabe von Ratings durch das Managementteam unter Einschluss der jeweiligen Funktionsverantwortlichen. Zusätzlich wird der Frage nachgegangen, welchen Zeiteinsatz die Ressourcenkomponenten für die Beeinflussung der Erfolgsfaktoren aufwenden. Für die praktische Entwicklung des SRD-Herzstücks ist nach Erfahrungen des Autors eine ein- bis zweitägige Sitzung des SRD-Teams nötig (bei ca. 30 Erfolgsfaktoren und 12 Ressourcenkomponenten). Die netzwerkorientierte Analyse der Erfolgsfaktoren und Funktionen („N1", „N2") kann gegebenenfalls separat im Anschluss daran erfolgen.

(5) Im fünften Schritt sind sowohl die Erfolgsfaktoren als auch die Funktionen einer **Stärken-Schwächen-Analyse** („Wettbewerbsvergleich") zu unterziehen („W"). Soweit verlässliche Informationen vorliegen, können sie auf einem zwischenbetrieblichen Benchmarking aufbauen. Diese Idealsituation liegt allerdings in der Praxis nur selten vor. Häufig wird man sich daher auf die Einschätzungen des Managementteams stützen müssen (in den meisten SRD-Projekten des Autors wurden Kunden befragt).

(6) Der sechste Schritt reicht von der **Datenauswertung** und **-aufbereitung** bis zur Ableitung von konkreten **Verbesserungsmaßnahmen**. Ob dabei sämtliche Informationskategorien des SRD-Towers erhoben und ausge-

wertet werden, ist von den jeweiligen Zielen des SRD-Teams bzw. dem Auftraggeber abhängig. Meist wird in der Praxis nicht vom **SRD-Volldesign**, sondern von einem **SRD-Partialdesign** Gebrauch gemacht, bei dem nur einige „Informationswohnungen und -kategorien sowie SRD-Standardauswertungen angeklickt" werden.

In Anlehnung an verschiedene Projekte seien an dieser Stelle lediglich drei ausgewählte SRD-typische Auswertungsmöglichkeiten vorgestellt:

(1) Analyse der Entwicklung der „materialwirtschaftlichen Herausforderung und Verantwortlichkeit"

Durch den Vergleich der derzeitigen und zukünftigen Gewichtungen der Erfolgsfaktoren („GI" und „GZ") sowie der jeweiligen Durchschnittswerte („GGI" und „GGZ") lässt sich die **„materialwirtschaftliche Herausforderung"** ermitteln. Im vorliegenden Fall zeigt das so genannte **„Relevanz-Portfolio"** für die meisten Erfolgsfaktoren eine steigende Gewichtung und den Relevanzschwerpunkt im Bereich der Relevanzzunahme. Dadurch steigt zukünftig die materialwirtschaftliche Herausforderung (Bild 186, linke Seite).

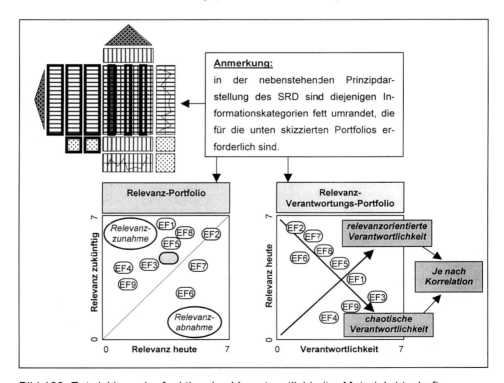

Bild 186: Entwicklung der funktionalen Verantwortlichkeit – Materialwirtschaft

Controlling-Instrumente für die Unternehmensführung

Das in Bild 186 zusätzlich dargestellte **„Relevanz-Verantwortungs-Portfolio"** macht darüber hinaus deutlich, dass die Verantwortlichkeit der Materialwirtschaft mit Zunahme der Relevanz der Erfolgsfaktoren sinkt (rechte Seite). Es liegt der klassische Fall der so genannten „chaotischen Verantwortlichkeit" vor – d.h. Unterverantwortung für sehr relevante und Überverantwortung für weniger relevante Erfolgsfaktoren. Idealerweise sollte zwischen der Relevanz der Erfolgsfaktoren und der Verantwortungsintensität eine positive Beziehung bestehen (so genannte „gezielte bzw. relevanzorientierte Verantwortlichkeit"). Im vorliegenden Unternehmen wird jedoch in der Materialwirtschaft in krasser Weise dagegen verstoßen.

Ein Vergleich beider Portfolios zeigt ferner, dass besonders für diejenigen Erfolgsfaktoren eine vergleichsweise geringe Verantwortung übernommen wird, deren Relevanzen in der Zukunft noch steigen (und umgekehrt). Die Situation der „chaotischen Verantwortlichkeit" dürfte sich daher zukünftig noch verschärfen, und der Verstoß gegen den Idealfall der „gezielten bzw. relevanzorientierten Verantwortlichkeit" gewinnt noch zusätzlich an Dramatik.

(2) Stärken/Schwächen-Potenzialreserven-Portfolio

Im SRD werden – wie im QFD – die eingesetzten Ressourcen und vorgegebenen Erfolgsfaktoren einem **Stärken-Schwächen-Vergleich** unterzogen („W"). Dadurch sind „absolute Stärken-Schwächen-Positionen" identifizierbar.

Für die Ableitung gezielter Maßnahmen ist jedoch zu beachten, inwieweit die einzelnen Ressourcen und Erfolgsfaktoren für die Materialwirtschaft überhaupt relevant sind. Besteht beispielsweise eine Schwächen-Position, ist jedoch die Ressource bzw. der Erfolgsfaktor nicht relevant, so ergibt sich für das Management nur ein geringer Handlungsdruck. Trifft eine Schwächen-Position dagegen auf relativ hohe Relevanzen, dann entsteht ein enormer Handlungsdruck. Insofern ist nicht die absolute, sondern die **„relevante Stärken-Schwächen-Position"** entscheidend.

Gleiche Überlegungen sind auf der Seite der ermittelten **Potenzialreserven** anzustellen. Sie ergeben sich aus den Differenzen zwischen Kann- und Ist-Einflüssen. Durch die Gewichtungen der Erfolgsfaktoren und den relativen Relevanzen der Ressourcenkomponenten („GI" und „RR") sind sowohl für die Erfolgsfaktoren als auch für die eingesetzten Ressourcen **„relevante Potenzialreserven"** ermittelbar.

Die **„relevante Stärken-Schwächen-Position"** und die **„relevante Potenzialreserve"** bilden die Grunddimensionen für das **„Stärken/Schwächen-Potenzialreserven-Portfolio"** (Bild 187). Dieses Portfolio ist sowohl für die materialwirtschaftlichen Erfolgsfaktoren als auch für die Ressourcenkomponenten erstellbar.

Controlling-Instrumente für die Unternehmensführung

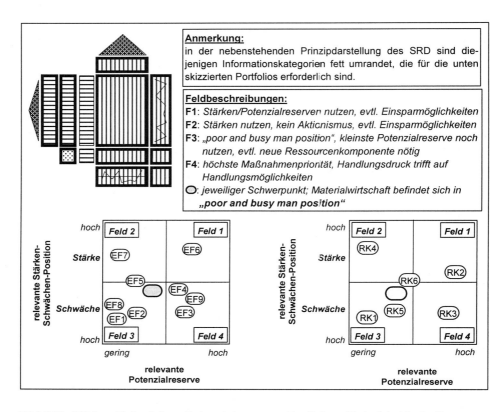

Bild 187: Stärken/Schwächen-Potenzialreserven-Portfolio – Materialwirtschaft

Aus den vier Feldern des „Stärken/Schwächen-Potenzialreserven-Portfolios" lassen sich **Normstrategien** für das Management der Materialwirtschaft ableiten (Bild 187). Im vorliegenden Fall ergibt sich jeweils eine so genannte **„poor and busy man position"**, weil die Gesamtschwerpunkte für die Erfolgsfaktoren und Ressourcenkomponenten in Feld 3 liegen.

Der negative Gesamteindruck für das betrachtete Unternehmen verschärft sich noch zusätzlich, wenn man die Bilder 186 und 187 kombiniert betrachtet. So zeigt sich, dass insbesondere diejenigen Erfolgsfaktoren schwächebehaftet und mit geringen Potenzialreserven ausgestattet sind, bei denen die Relevanz noch steigen wird (EF1, EF8). Andererseits laufen verschiedene Stärkenpositionen und Potenzialreserven des Unternehmens ins Leere, weil die Relevanz der entsprechenden Erfolgsfaktoren entweder gering ist und/oder zukünftig noch weiter sinkt (EF6, EF7).

(3) Netzwerkanalyse der Wechselwirkungen zwischen den Ressourcen

Sowohl die Ist- und Kann-Einflüsse der Ressourcen als auch die dafür aufgewandten Arbeitszeiten und Verantwortlichkeiten können durch die Interdependenzen zwischen den Ressourcen beeinträchtigt, gefördert und/oder neutralisiert werden.

Im vorliegenden Beispiel der Materialwirtschaft wäre es beispielsweise denkbar, dass sich die Leiter der materialwirtschaftlichen Funktionen Einkauf und Beschaffungsmarketing aufgrund divergierender Ziele, persönlicher Konflikte usw. paralysieren und dadurch die positive Beeinflussung der materialwirtschaftlichen Erfolgsfaktoren leidet, weil viel „Kraft" (Arbeitszeit, Engagement, Nerven usw.) für die Konfliktaustragung und -bereinigung eingesetzt wird. Auf einer übergeordneten Ebene könnte dies auch zwischen Vorstand und Aufsichtsrat oder anderen Entscheidungsträgern und Mitbestimmungsgremien eines Unternehmens der Fall sein.

Die Untersuchung solcher **Wechselwirkungen**, die im „Success-Tower" durch den „Dachstuhl" symbolisiert werden, unterstützt die **Netzwerkanalyse** (vgl. auch Punkt V. 5.3) . Hierzu ist eine so genannte „Einflussmatrix" für die im SRD aufgenommenen Ressourcenkomponenten zu konstruieren. Die erforderlichen Informationen werden i.d.R. durch eine Befragung der Betroffenen, des Managements und u.U. weiterer tangierter Einheiten (z.B. interne Kunden, Personalabteilung) erhoben.

Die sich für das Fallbeispiel aus der Materialwirtschaft ergebende **Einflussmatrix** ist in Bild 188 dargestellt (die Wechselbeziehungen wurden über eine Rating-Skala ermittelt; -3 = hoher negativer Einfluss, +3 = hoher positiver Einfluss). Darauf aufbauend ist ein so genanntes **Einflussgrößen-Portfolio** erstellbar (Bild 189).

Controlling-Instrumente für die Unternehmensführung

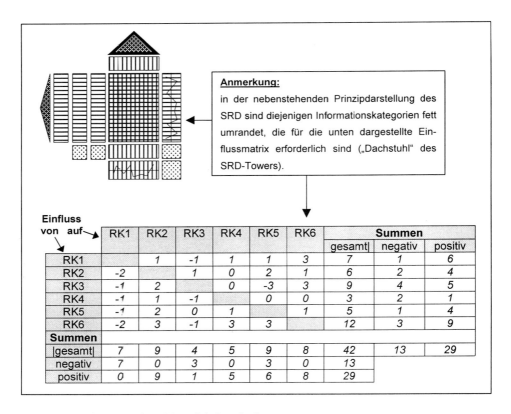

Bild 188: Einflussmatrix – Materialwirtschaft

In Bild 189 ist das auf der Grundlage der Einflussmatrix erstellte **Einflussgrößen-Portfolio** skizziert. Es separiert die materialwirtschaftlichen Funktionen in die für die Netzwerkanalyse typischen Elementkategorien – kritische (RK6), träge (RK1/4), aktive (RK3) und passive Elemente (RK2/5).

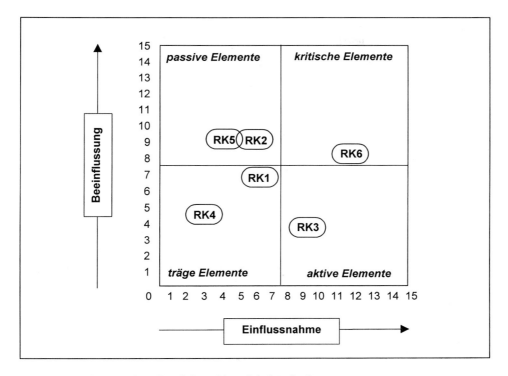

Bild 189: Einflussgrößen-Portfolio – Materialwirtschaft

Das Einflussgrößen-Portfolio in Bild 189 ist auf der Basis der Gesamteinflüsse und -beeinflussung konstruiert worden. Es unterscheidet nicht in negative und positive Einflüsse. Die Frage, inwieweit die einzelnen Funktionen negativ bzw. positiv beeinflussen und beeinflusst werden, spielt aber für die Maßnahmengenerierung und -priorisierung sowie die gezielte Einleitung von Verbesserungsmaßnahmen eine enorm wichtige Rolle.

Auf der Grundlage der in Bild 190 netzwerkanalytisch erstellten **Negativ- und Positiv-Portfolios** lassen sich sehr differenzierte Aussagen über die vorliegenden Einflussbeziehungen und Wirkungszusammenhänge gewinnen:

Controlling-Instrumente für die Unternehmensführung

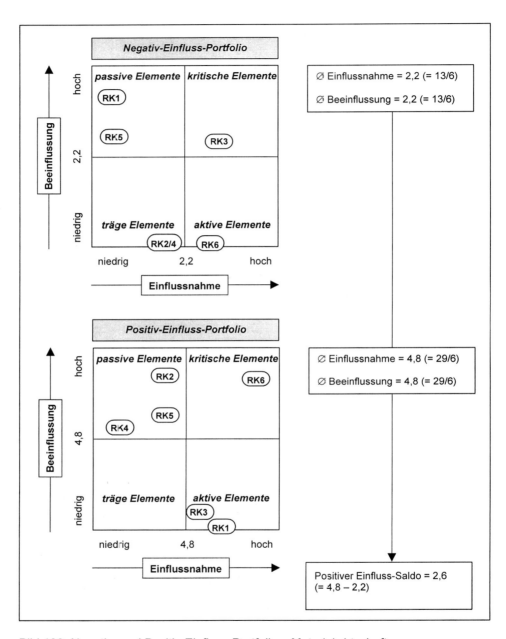

Bild 190: Negativ- und Positiv-Einfluss-Portfolio – Materialwirtschaft

RK1, RK5 und RK3 werden überdurchschnittlich negativ beeinflusst. Möglicherweise sind dies (teilweise) die Gründe, wieso sie im Stärken/Schwächen-Potenzialreserven-Portfolio (Bild 187, oben) in den Schwächen-Feldern zu finden sind. Bei RK1 kommt hinzu, dass sie die anderen Funktionen zwar positiv beeinflusst, jedoch andererseits von den anderen Funktionen keinerlei Unterstützung erhält. RK1 übernimmt im vorliegenden System die Rolle eines „Nettozahlers". Vermutlich stellt RK1 für die „Subventionierung" der anderen RKs so viel Potenzial zur Verfügung, dass für die eigene Funktionserfüllung kaum noch Potenziale eingesetzt werden können. Umgekehrtes könnte für RK6, RK4 und besonders für RK2 gelten. RK2 wird nicht negativ beeinflusst, ist aber Empfänger hoher positiver Einflüsse („Nettoempfänger"). Dies könnte der Grund sein, wieso es im Stärken/Schwächen-Potenzialreserven-Portfolio im positiven Bereich liegt und die höchsten (relevanten) Potenzialreserven aufweist.

Die an dieser Stelle beispielhaft für die Ressourcenkomponenten aufgezeigte netzwerkanalytische Untersuchung kann analog für die Erfolgsfaktoren durchgeführt werden. Besonders anhand der Negativ- und Positiv-Einfluss-Portfolios könnten auch in diesem Fall „Subventionsgeber und -nehmer", „Nettozahler und -empfänger", „Verhinderer bzw. Bremser und Förderer" usw. ermittelt werden.

16.3 Praktische Anwendungsbeispiele

Praktische Beispiele für SRD-Anwendungen liegen u.a. aus den in Bild 191 aufgelisteten Bereichen vor (z.B. KUBE-Autorenkollektiv, Buck u. Schneider, Schneider u. Ullrich, Lehmann u. Schneider, Schneider u. Zeprzalka, Pfohl u.a., Lemke, Schneider u. Philipp, Schneider (m, n), Schneider u. Amann (a, b, c, d, e, f), Pachner u.a.). Unter den Rubriken „Projekte", „News" und „Publikationen" finden sich auf den **Internetseiten www.kube-ev.de des Kompetenzzentrums für Unternehmensentwicklung und -beratung (KUBE e.V)** sowie des Autors unter **www.dietram-schneider.de** umfangreiche und aktualisierte SRD-Projekt- und SRD-Studienbeschreibungen, die teilweise auch zum Download freigegeben sind und zahlreiches empirisches Material über Unternehmen und Branchen bieten.

Im KUBE legen wir ständig neue SRD-Projekte für Unternehmen unterschiedlichster Branchen und Größen auf und bieten SRD-Intensiv-Trainings und -beratungen an. Empirische Studien, in denen besonders das (marktliche) **Kunden-Lieferanten-Verhältnis im Sinne von b2b-Geschäften** im Mittelpunkt stand, erstreckten sich u.a. auf die in Bild 192 genannten Unternehmen:

- Kreditinstitute, Bankfilialen und Versicherungsunternehmen
- KMU aus dem DV-Sektor, der Gebrauchsgüter- und Beschlägeindustrie
- Pharmaunternehmen
- Industrielle Konzernunternehmen und Handelsunternehmen
- Flug- und Luftfrachtgesellschaften
- Automobilindustrie und -handel
- Elektroindustrie
- Uhrenindustrie
- Logistikdienstleistungen
- Kulturelle Institutionen (Musical, Theater, Museum)
- Baustoff-, Bau- und Immobilienunternehmen
- Gewerkschaft
- Sanatorien
- Kosmetikindustrie
- Beratungsbranche
- Bildungsunternehmen und Studiengänge von Hochschulen
- Messegesellschaft
- Organisationseinheit der Katholischen Kirche

Bild 191: Praktische Beispiele für SRD-Anwendungen

Pharma:
- Ratiopharm, Hexal, Azupharma, Biochemie, TEVA, Merckdura, Stada, Hermes

Auto:
- Mercedes, BMW, Audi, Maserati, Ferrari

Sport:
- Adidas, Asics, Puma, New Balance, Nike, Reebok

Airlines:
- British Airways, LOT, Lufthansa, Deutsche BA, Ryanair, LTU, Hapag Lloyd

Kosmetik:
- L`Oréal, Goldwell, Schwarzkopf, Paul Mitchell, Alcina, Wella

Beratung:
- Accenture, Boston Consulting, McKinsey, Mummert, IBM Consulting, R. Berger

Exklusive Uhren:
- Glashütte, Lange & Söhne, Jaeger le Coultre, Rolex, Zenith, Patek Philippe, Audemars Piguet

Embedded Systems:
- Advantech, GE Fanuc, Kontron, Motorola, Siemens Business Services

Bild 192: SRD-Studien zum Kunden-Lieferanten-Verhältnis von Unternehmen

Als Ergänzung zu den in Abschnitt 16.2 niedergelegten Analysebeispielen zeigen die folgenden Ausführungen einige typische SRD-Darstellungen aus dem **KUBE-Projekt „SRD-Bench-Consult**. In diesem Projekt stand die **Be-**

Controlling-Instrumente für die Unternehmensführung

ziehung zwischen **Klientenunternehmen** und **Consultinggesellschaften** im Mittelpunkt des Interesses. Für das Projektdesign und weitere Detailergebnisse sei auf die bislang über dieses Projekt vorliegenden Publikationen verwiesen (Schneider u. Amann (a, b, c, d, e, f)).

Bild 193 zeigt ausschnitthaft eine für das SRD typische und für die Ableitung von gezielten Verbesserungsmaßnahmen sehr wichtige Darstellung, die so genannte **SRD-Aktionsmatrix** für den Branchenprimus McKinsey.

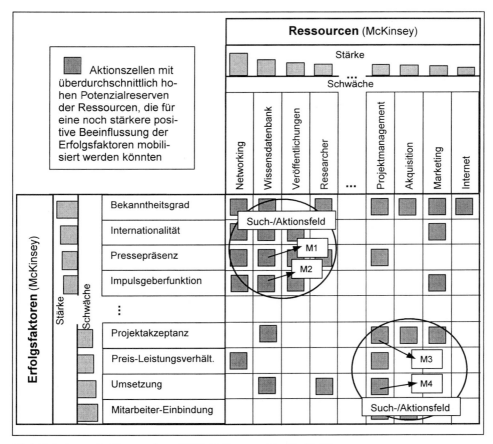

Bild 193: Ausschnitt aus einer SRD-Aktionsmatrix für McKinsey

In der SRD-Aktionsmatrix sind sowohl die Erfolgsfaktoren (im konkreten Fall 43) als auch die Ressourcen (im konkreten Fall 13) nach ihrer jeweiligen **relevanten Stärken-Schwächen-Position** sortiert. Die Beziehung zwischen Klienten- und Beratungsunternehmen wurde demnach in 559 **priorisierte Aktions-**

zellen zerlegt (43 x 13 = 559). Aus Platzgründen zeigt der Matrixausschnitt in Bild 193 lediglich 100 Zellen und konzentriert sich auf die extremen Außenkanten. Oben links ist das Such- und Aktionsfeld skizziert, in dem sich für McKinsey die stärkenbehafteten Erfolgsfaktoren-Ressourcen-Kombinationen befinden. Hervorgehoben sind dort diejenigen Zellen, in denen überdurchschnittliche Reserven bestehen, um auf die Erfolgsfaktoren noch stärker Einfluss zu nehmen. Unten rechts befindet sich dagegen das Feld der schwächenbehafteten Erfolgsfaktoren-Ressourcen-Kombinationen mit den jeweiligen Zellen, in denen wiederum überdurchschnittliche Reserven bestehen. Gewonnene Maßnahmen in den **"Stärken-Zellen"** können zu einer **"Überholstrategie"** und Maßnahmen, die aus den **"Schwächen-Zellen"** heraus ableitbar sind, können zu einer **"Vitalisierungsstrategie"** gebündelt werden.

Die SRD-Aktionsmatrix macht außerdem deutlich, ob – insbesondere bei fehlenden Reserven bei den aktuellen Ressourcen – **zusätzliche Ressourcen** aufzubauen sind, um vor allem auf solche Erfolgsfaktoren stärkeren Einfluss zu nehmen, die im marktlichen Benchmarking überdurchschnittlich schlecht abschneiden.

Inhaltlich kommt in der skizzierten SRD-Aktionsmatrix u.a. die **Überlegenheit von McKinsey bei den Ressourcen** (Means) zum Ausdruck, weil sich alle Ressourcen im positiven (Stärken-) Bereich befinden. Dies ist bei den Erfolgsfaktoren lediglich bei Kriterien der Fall, die der öffentlichen Geltung und Autorität zuzuweisen sind. In der Studie ergaben sich zahlreiche empirische Belege dafür, dass McKinsey die direkt projektbezogenen und verhaltensorientierten Faktoren eher schlecht befriedigt, während McKinsey bei Faktoren der sozialen Geltung hervorragend abschneidet (Schneider u. Amann (e)).

Anhand eines Vergleichs der Benchmarkingergebnisse bei den Ressourcen und Erfolgsfaktoren lassen sich mit SRD grundsätzliche und unternehmensstrategisch bedeutsame Einsichten über ein Geschäftsfeld entwickeln. Die auf der **Means-End-Kette** basierende Separierung kann beispielsweise zeigen, ob und inwieweit das Management in der Lage ist (bzw. war), die internen Ressourcen (-stärken) markt- und kundeneffizient zum Vorteil und zur Zufriedenheit des Klienten einzusetzen.

Die Ergebnisse im Projekt „SRD-Bench-Consult" (aber auch in anderen Projekten) zeigen, dass die Stärken-Schwächen-Positionen der Ends stark von denen der Means abweichen können. Wie bei einigen anderen Projekten, lag bei diesem Projekt die **Ermittlung eines Ressourcenausschöpfungsgrades** nahe. Er kann entweder mittels **„Differenzmethode"** aus dem Unterschied zwischen der durchschnittlichen Benchmarkingposition der Ressourcen und Erfolgsfaktoren oder mittels **„Quotientenmehtode"** als Quotient beider Werte errechnet werden. Im Projekt „SRD-Bench-Consult" erfolgte diese Berechnung nicht nur für McKinsey, sondern für alle Beratungsgesellschaften, für die empirisches Material vorlag. Einen Überblick hierzu gibt Bild 194. Danach lassen

Controlling-Instrumente für die Unternehmensführung

sich IBM Business Consulting und Mummert Consulting als hervorragende Ressourcenausschöpfer identifizieren. Das Management beider Unternehmen mag sich vermutlich eine bessere Beurteilung der Ressourcen wünschen, andererseits kann man im Vergleich zu McKinsey oder Accenture mit der Ressourcenausschöpfung sehr zufrieden sein.

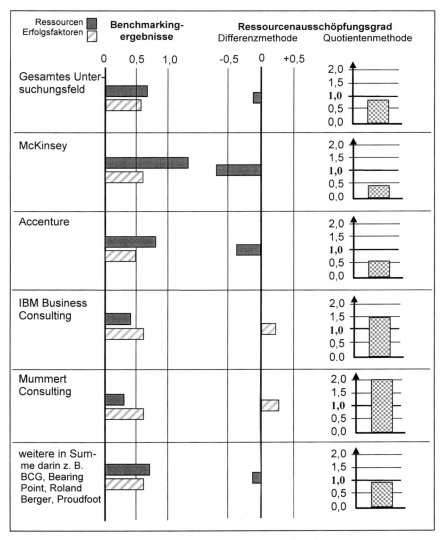

Bild 194: SRD-Benchmarking der Ressourcenausschöpfung

Es lässt sich lediglich darüber spekulieren, ob die Beratungsgesellschaften mit schlechtem Ressourcenausschöpfungsgrad intern Probleme haben, ihre von den Klienten zugewiesenen Ressourcenstärken in entsprechende Beratungserfolge und Kundenzufriedenheit umzumünzen, oder ob sich die Klienten womöglich durch Reputation und Geltung bzw. die **Fassade der Means** blenden lassen (Schneider u. Amann (a)). Fest steht, dass sich die Ermittlung der Ressourcenausschöpfung im Zusammenspiel mit der SRD-Aktionsmatrix hervorragend dafür eignet, Unternehmen bzw. die jeweiligen SRD-Objekte einer betriebswirtschaftlichen Form der **Dekonstruktion** zu unterwerfen. Dies gilt nicht nur deshalb, weil die Zerspaltung mittels SRD-Aktionsmatrix in derart viele Aktionszellen (bzw. Means-End-Kombinationen) – ohne die Übersicht zu verlieren und quasi auf einen Blick – die Vielfalt und strategische wie operative Positionierung eines Geschäftssystems aufzeigt. Überdies gibt es ein Instrumentarium an die Hand, um die **„Meta-Erzählungen" der Fassaden** schonungslos zu entlarven.

16.4 SRD als überlegenes Managementinstrument

Diese ausgewählten Analyseergebnisse zeigen, dass aufgrund der basalen Verbindung aus

- **Erfolgsfaktoren und Ressourcen,**
- **Potenzialanalysen,**
- **Relevanzbetrachtungen,**
- **Stärken-Schwächen-Analysen,**
- **SRD-Aktionsmatrix** und
- **Ressourcenausschöpfungsanalysen**

dem Management, dem Controlling und dem Consulting mit dem SRD eine viel gezieltere und differenziertere Analyse, Maßnahmenableitung und Ressourcensteuerung ermöglicht wird, als dies mit gängigen Managementinstrumenten der Fall ist.

Das SRD ist nicht nur auf die Optimierung von Produkten ausgelegt, sondern sein Anwendungsbereich erstreckt sich auf **beliebige Untersuchungsobjekte**, Institutionen, Funktionen, Dienste, Prozesse usw. auf sämtlichen Aggregierungsebenen. Dadurch wird ein äußerst flexibler und multifunktionaler Einsatz ermöglicht.

Bild 195 beschreibt zusammenfassend die Denkhaltung des SRD-Konzepts und bringt die kunden- und marktgetriebene Philosophie zum Ausdruck.

Controlling-Instrumente für die Unternehmensführung

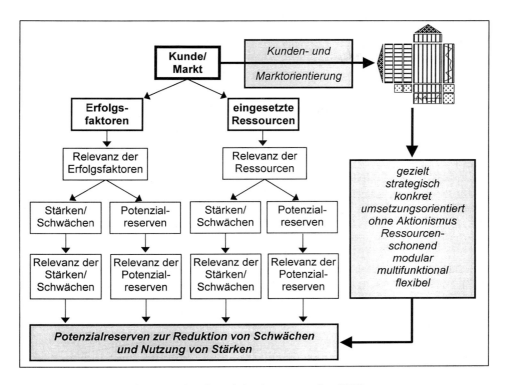

Bild 195: Zusammenfassung der Grundüberlegungen des SRD

SRD weist eine hohe **Kombinationsfähigkeit** mit anderen Managementinstrumenten auf. Zum einen sind im SRD verschiedene Überlegungen aus anderen Instrumenten integriert (z.B. Benchmarking, Portfolio, Stärken-Schwächen-Analyse, Target Costing, Quality Function Deployment). Ähnlich wie beim QFD, so kann auch beim SRD die Besinnung auf das Means-End-Konzept zur besseren Strukturierung des Untersuchungsdesigns und die Generierung und Separierung von Ressourcenkomponenten („links im Means-End-Konzept") und Erfolgsfaktoren („rechts im Means-End-Konzept") beitragen. Zum anderen übernimmt SRD für andere Instrumente eine ergänzende Funktion (z.B. genauere Analyse und anschließende Vitalisierung einer strategischen Geschäftseinheit, die im Produkt-Markt-Portfolio positioniert wurde; Ermittlung von Potenzialreserven für ein „Fragezeichen", um die Möglichkeit zur Ausweitung des Marktanteils zu prüfen; Verbesserung von Produkten, die in der Präferenzmethode schlecht abschneiden, usw.).

Ferner sind die **„positive Voreinstellung"** und die **ressourcenschonenden Wirkungen** des SRD vor allem vor dem Hintergrund einer praktischen Perspektive nicht zu unterschätzen. Jedem Manger ist heute klar, dass die Umsetzungschancen teurer und zeitintensiver Vitalisierungs- und Verbesserungsprogramme in Anbetracht enger Finanzbudgets und steigender Geschäftsdynamik immer geringer werden. Ein SRD-Projekt ist dagegen in sieben bis neun Projekttagen (verteilt auf sechs Wochen) abschließbar (KUBE-Autorenkollektiv, vgl. auch Abschnitt 5 in Kapitel IV). Daneben haben sich gegenüber traditionellen – aber auch „modernen" Management- und Beratungsmethoden zwischenzeitlich – sowohl in den Belegschaften als auch im Management unübersehbare Antipathien aufgebaut. Die Gründe liegen oft darin, dass sie an der Disziplinierung, Rationalisierung und Einsparung auf der Input- bzw. Ressourcenseite ansetzen, was in der Belegschaft, bei den Beteiligten und Betroffenen zwangsläufig negative Voreinstellungen provoziert (z.B. Target Costing). Da sich das SRD vor allem auch auf die **kunden- und marktorientierte Geschäftsvitalisierung** konzentriert, werden dagegen positive Voreinstellungen und optimistische Perspektiven produziert. Dies erleichtert die Projektumsetzung, weil sie von impliziten Widerständen befreit wird, und fördert die Projektergebnisse, weil SRD eine Aufbruch- und Wachstumsstimmung erzeugt.

Auf der anderen Seite ist der mit SRD verbundene **Datenerhebungs- und Auswertungsaufwand** nicht zu unterschätzen. In den SRD-Praxisprojekten des Autors wurden durch Kundenbefragungen und Teamsitzungen zwischen 6.000 und knapp 70.000 (!) Daten erhoben und aufbereitet. Allerdings zeigen die Praxisprojekte, dass die erforderlichen Informationen entweder in den „Köpfen des Managementteams" latent vorliegen und/oder vom Management explizit gefordert wird, die vielfältigen Informationen in die Analyse zu integrieren. Jeder, der zunächst – auch für Produkte – „nur" QFD in der Praxis anwenden wollte, wird ähnliche Erfahrungen schon gemacht haben. In besonderer Weise gilt dies jedoch für das SRD, weil der Anwendungsbereich nicht auf die Produktentwicklung begrenzt ist, sondern entlang der Untersuchungs-Kaskade in jeder Managementfunktion eingesetzt werden kann. Was den Datenverarbeitungs- und Auswertungsaufwand betrifft, so existiert bereits eine speziell dafür entwickelte Software („SRD für Excel", Strey), die auch für das QFD eingesetzt werden kann. Sie erlaubt eine Teilautomatisierung des gesamten SRD-Prozesses, der von der Datenerhebung über verschiedene grafikunterstützte Auswertungen bis zur gezielten Maßnahmengenerierung reicht. Die mit **SRD für Excel** generierbaren Charts geben beispielsweise Auskunft über

- Relevanzen der Erfolgsfaktoren und Ressourcen,
- zentrale geschäftliche Stellhebel,
- Ist- und Zukunftsbudgets für Ressourcen (Target Costing für Funktionen),
- Geschäftspotenziale und -reserven,
- Benchmarks für Erfolgsfaktoren und Ressourcen,
- Stärken/Schwächen-Portfolios für Erfolgsfaktoren und Ressourcen,
- Stärken/Schwächen- und Aktionsmatrix für das betrachtete SRD-Objekt,

einschließlich einer Suchfeldmatrix für die Ableitung konkreter Maßnahmen für die **Vitalisierung des Geschäfts** und das **Überholen von Wettbewerbern**.

17 Benchmarking

17.1 Allgemeine Kennzeichnung

Schon immer haben Menschen versucht, durch Vergleiche herauszufinden, wieso andere Menschen auf verschiedenen Gebieten erfolgreicher sind als sie selbst. Wettbewerbsvergleiche werden auch zwischen Regionen, Volkswirtschaften und Kontinenten sowie zwischen Schulen, Hochschulen und Universitäten bis hin zu Standorten und Städten durchgeführt. Als Beobachter der Benchmarking-Szene und selbstkritischer Initiator vieler (vor allem SRD-basierter) Benchmarking-Studien könnte man sogar von einer „Benchmarking-Manie" sprechen. Angesichts zivilisationstheoretischer und gesellschaftskritischer Überlegungen von Elias und Sennet kommt Borkenhagen zu der Ansicht, dass ausgehend vom Mittelalter immer größere Verflechtungen und steigende Kontakte unter den Menschen entstanden, wodurch für den Menschen das Bild, das sich andere von ihm machen, immer bedeutender wurde. In postmodernen Zeiten gilt dies für Unternehmen und ihre Manager insbesondere aufgrund von Globalisierungsprozessen, der Entwicklung zum „globalen und transparenten Dorf" und der steigenden Bedeutung des äußeren Scheins in gleicher Weise (Schneider (q)). Zwangsläufig hat dieses Fremdbild disziplinierende Wirkung für das eigene Verhalten – von Menschen, Managern, Unternehmen, Funktionen und Geschäftsbereichen usw. – und verstärkt die Kontrolle des eigenen Erscheinungsbildes. Überspitzt formuliert ließe sich demnach das Benchmarking als wirksames Instrument für die **Umwandlung von Fremdzwang in Selbstzwang** interpretieren.

Auch bei den bislang beschriebenen Controlling-Instrumenten wurde bereits an mehreren Stellen die Bedeutung von Wettbewerbsvergleichen implizit oder explizit offensichtlich. Beispielsweise erfolgt bei der Konstruktion von Produkt-Markt-Portfolios insbesondere hinsichtlich der Dimensionen „Marktanteil" und „Ressourcenstärke" (bzw. Wettbewerbsvorteile) eine Relation zu den (besten) Wettbewerbern. Gleiches gilt für das QFD und das SRD, bei denen Wettbewerbsvergleiche methodisch fest verankert sind. Insofern finden sich in vielen und vor allem bei den **unternehmensstrategisch ausgerichteten Controlling-Instrumenten zahlreiche Benchmarking-Aspekte** – nicht selten mit dem **Begleiteffekt** der (gewollten und expliziten oder ungewollten und impliziten) **Umwandlung von Fremdzwang in Selbstzwang.**

Vor dem Hintergrund des zunehmenden **Kosten-, Qualitäts-** und **Innovationswettbewerbs** ist es wenig überraschend, wenn sich das Benchmarking mittlerweile zu einem eigenständigen strategischen Instrument der Unternehmensführung entwickelt hat. Dabei geht es nicht nur um einen Vergleich, sondern allgemein um die **„Suche nach Orientierungswerten, um von besseren bzw. den besten Unternehmen zu lernen".** Bereits die bei **Xerox** ab etwa 1979 durchgeführten – und für das Benchmarking heutiger Prägung ursächlichen – Ansätze machten deutlich, dass die neue Qualität des Benchmarking im „Vergleich" zum traditionellen Betriebsvergleich vor allem im „Lernen" liegt (z.B. Leibfried und McNair).

Benchmarking kann als ein **systematischer Prozess** zur **Leistungsbewertung**, **Zielsetzung**, **Markt-** und **Konkurrenzsimulation** und **Rationalisierung** aufgefasst werden.

Als **Benchmarking-Objekte** kommen in der Praxis z.B. Produkte (Systeme, Komponenten, Einzelteile), Fertigungseinheiten (Werkstätten, Fertigungssegmente), allgemeine Overhead-Funktionen (Abteilungen, Arbeitsplätze) sowie Prozesse und Abläufe in Betracht.

Die „Suche nach Messpunkten" kann auf verschiedenen **Orientierungsebenen** erfolgen. Neben den mit hohen Anforderungen und Aufwendungen verbundenen Ebenen des „world-best-practice" und der „Branchen-best-practice" können bereits die unteren Ebenen des „Division-best-practice" oder des „früheren-best-practice" bzw. „better-practice" sinnvolle Orientierungswerte liefern. Angesichts der z.T. enormen **Datengewinnungs-** und **Vergleichbarkeitsprobleme** wird häufig der Standpunkt vertreten, der Benchmarking-Lernprozess sollte im eigenen Unternehmen beginnen. Nach Ausführungen von Morwind wird diesem internen Benchmarking bei Henkel eine zentrale Stellung zugeordnet. Bild 196 gibt einen Überblick über die Orientierungsebenen und die Benchmarking-Objekte bei Henkel.

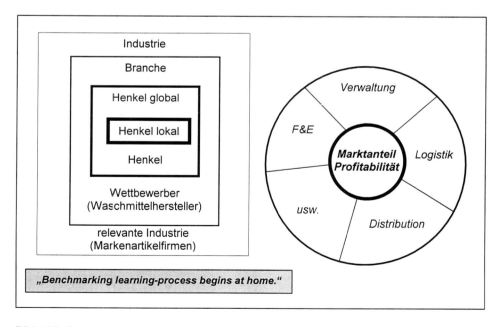

Bild 196: Benchmarking – Orientierungsebenen und Benchmarking-Objekte (Henkel)

17.2 Vorgehensweise des Benchmarking

Der **Benchmarking-Prozess** lässt sich vereinfacht in **zehn Schritte** zerlegen („zehn Benchmarking-Gebote"). Die in Bild 197 aufgeführten Schritte sind zwar logisch aufgebaut, allerdings wird man in Praxisprojekten immer wieder mit betriebsspezifischen Problemen konfrontiert, die zu Abweichungen von dieser Reihenfolge führen.

---

1. Schritt: *Benchmarking-Autorisierung und -Akzeptanz sicherstellen*
2. Schritt: *Benchmarking-Team bilden*
3. Schritt: *Benchmarking-Objekte identifizieren*
4. Schritt: *Benchmarking-Inhalte definieren*
5. Schritt: *Benchmarking-Inhalte (Daten) erheben und interpretieren*
6. Schritt: *Benchmarking-Vorteilsursachen aufspüren*
7. Schritt: *Benchmarking-Inhalte priorisieren*
8. Schritt: *Benchmarking-Ziele für die Inhalte setzen/vereinbaren*
9. Schritt: *Benchmarking-Aktionen zielorientiert umsetzen*
10. Schritt: *Benchmarking-Kontrolle*

Bild 197: 10 Benchmarking-Schritte („zehn Benchmarking-Gebote")

Schritt 1: *Benchmarking-Autorisierung und -Akzeptanz sicherstellen*

Die Autorisierung eines Benchmarking-Projekts muss sich zunächst an der Orientierungsebene, dem Benchmarking-Objekt und dem Ausmaß des Benchmarking-Projekts ausrichten. Unabhängig davon wird es sich in der Praxis als sinnvoll erweisen, die Autorisierung möglichst weit oben in der **Hierarchieebene** zu verankern (z.B. Geschäftsführung). Dies ist erforderlich, um z.B. die **Bedeutung des Projekts** zu signalisieren und den **Ressourcen-** und **Datendurchgriff** sicherzustellen. Außerdem sollte aus Akzeptanzgründen eine breite Information der Beteiligten und Betroffenen angestrebt werden. Von der „Strategie eines überraschenden Bombenwurfs" sollte das Management nicht Gebrauch machen.

Schritt 2: *Benchmarking-Team bilden*

Zur breiten Akzeptanzsicherung kann die Bildung eines **heterogenen Benchmarking-Teams** beitragen, das sich aus verschiedenen Ebenen und Funktionen des Unternehmens rekrutiert. Zu prüfen wäre in diesem Zusammenhang, ob eine externe Unterstützung (z.B. durch Lieferanten, Kunden, Berater) erforderlich ist. Im Team sollten sich **Fach-, Methoden-, Sozial- und Netzwerkkompetenz** finden und ergänzen. Fachkompetenz ist z.B. hinsichtlich der Kenntnis der Benchmarking-Objekte, Methodenkompetenz z.B. hinsichtlich der Benchmarking-Vorgehensschritte und Sozial- und Netzwerkkompetenz z.B. hinsichtlich der für die Datengewinnung nötigen (internen und externen) Ansprechpartner und der mit ihnen stattfindenden Kommunikationsprozesse erforderlich. Ferner wären die **Machtausstattung** sowie die **organisatorische Einbindung** und Zuordnung des Teams zu regeln.

Schritt 3: *Benchmarking-Objekte identifizieren*

Das „grobe" Benchmarking-Objekt (z.B. Sparte, Funktion, Werk) wird i.d.R. durch die Initiatoren des Benchmarking-Projekts (z.B. Geschäftsführung, Spartenleiter) meist schon zu einem relativ frühen Zeitpunkt bestimmt (u.U. schon vor der Teambildung und Autorisierung). Das „Unwohlsein" des Managements führt bei der groben Objektdefinition i.d.R. zu einer „Voreinstellung" der Objektdefinition. Aufgabe des Benchmarking-Teams wird es allerdings sein, die Benchmarking-Objekte noch weiter zu zerspalten, zu dekomponieren bzw. zu hierarchisieren (Bild 198).

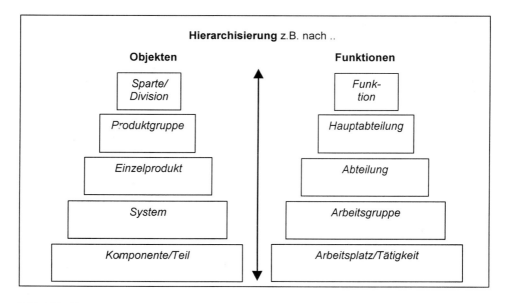

Bild 198: Hierarchisierung der Benchmarking-Objekte

Schritt 4: *Benchmarking-Inhalte definieren*

Bei der Festlegung und Definition der Benchmarking-Inhalte – u.U. auf den verschiedenen Hierarchieebenen – ist besonders auf die **Vergleichbarkeit**

der Daten zu achten. Wie bei der Konkretisierung von Zielen (vgl. Punkt II.1.2) sind möglichst genaue und unmissverständliche Definitionen erforderlich. Bei der Kennzahl „Wertschöpfung pro Mitarbeiter" ist beispielsweise noch weiter zu konkretisieren, wie die Wertschöpfung und die Zahl der Mitarbeiter errechnet werden soll (soll z.B. bei der Bestimmung der Wertschöpfung der Umsatz nur um die Vorleistungen oder auch um den Gewinn gekürzt werden; wie sind Teilzeitarbeitskräfte und Praktikanten bei der Mitarbeiterzahl zu behandeln?). Auch die im F&E-Bereich immer wieder in den Mittelpunkt gestellte „Job-Rotation-Intensität von Forschern und Entwicklern" dürfte im Einzelfall enorme **Operationalisierungsprobleme** auslösen (zu diesen Kennzahlen vgl. unten, Punkt III.17.3). Im Gegensatz zu zwischenbetrieblichen Vergleichen sind beim in-house-Benchmarking die Definitionsprobleme weit geringer.

Schritt 5: *Benchmarking-Inhalte (Daten) erheben und interpretieren*

Beim zwischenbetrieblichen Benchmarking sind grundsätzlich zwei Untersuchungspfade möglich. Entweder wird versucht, über **Sekundärmaterial** Vergleichsdaten zu beschaffen; in diesem Fall bestehen oft relativ hohe Definitions- und Vergleichsbarkeitsprobleme. Oder es handelt sich um eine **Primärerhebung**, bei der das Benchmarking-Team erstmals Daten ermittelt. Die Definitionen hat dann zwar das Team in der Hand, allerdings ist die Frage, ob und inwieweit der Benchmarking-Partner seine Informationsbasis (Kalkulationen, Statistiken, Ablaufpläne usw.) für das „fremde" Team offenlegt. Handelt es sich jedoch um ein von mehreren Unternehmen getragenes Benchmarking-Projekt (z.B. Verbund aus vertikal, horizontal oder diagonal in der Wertkette liegenden Nachbarunternehmen), dürfte sich der Durchgriff auf die Informationsbasis leichter gestalten. Gleiches gilt für das innerbetriebliche Benchmarking, wenn eine hinreichende Autorisierung, Akzeptanz, Machtausstattung und organisatorische Einbettung des Teams vorliegt (vgl. v.a. Schritte 1 und 2). Die Interpretation des erhobenen Materials und besonders der Unterschiede im Vergleich zum eigenen Unternehmen ist stark davon abhängig, ob es sich um eine Sekundär- oder Primärerhebung bzw. ein zwischenbetriebliches oder ein innerbetriebliches Benchmarking handelt.

Schritt 6: *Benchmarking-Vorteilsursachen aufspüren*

Insbesondere unter dem Anspruch, von besseren Unternehmen zu lernen, bildet die Erhebung und vor allem die Interpretation der Daten für die sich anschließende Untersuchung der **Gründe für das bessere Abschneiden anderer Unternehmen** (oder auch des eigenen Unternehmens) eine wichtige Basis. Ob und inwieweit die Vorteilsursachen (bzw. Nachteilsursachen) aufspürbar sind, beeinflussen mehrere Faktoren (Bild 199):

- Datenverfügbarkeit und -beschaffbarkeit (vgl. Schritt 5)
- Art des Benchmarking
  (innerbetriebliches, gemeinschaftliches, zwischenbetriebliches)
- Konkurrenzintensität der beteiligten Unternehmen
  (bei diagonalen Wertkettennachbarn dürfte sie gering, bei vertikalen mittel und bei horizontalen hoch sein)
- Ein- oder Mehrseitigkeit des Lernens bzw. des Informationsflusses zwischen den Benchmarking-Partnern
  (bei Primärerhebungen und gemeinschaftlichen Benchmarks wird eher Mehrseitigkeit, bei Sekundärerhebungen und zwischenbetrieblichen wird eher Einseitigkeit vorliegen)
- Intensität der Kenntnis über das eigene Unternehmen
  (dies ist wiederum abhängig von der Intensität und Ausgestaltung, mit der die Unternehmensanalyse betrieben wird; vgl. Abschnitt II.4)
- Priorisierung der Benchmarking-Inhalte und Umfang der Budgets für die Aufspürung (vgl. Schritt 7)

Bild 199: Einflussfaktoren der Aufspürbarkeit von Vor- und Nachteilsursachen

Vor dem Hintergrund der Interpretation der Benchmarking-Inhalte, der Identifikation der Vorteilsursachen sowie des Transfers der „best-practice" in das eigene Unternehmen wird oft darauf verwiesen, dass es sich um vergleichbare Unternehmen bzw. Branchen handeln sollte („**Kommensurabilität**"). Dies liefe jedoch in der Praxis darauf hinaus, die Idee des Benchmarking auf Vergleiche zwischen direkten Konkurrenten zu begrenzen. Aus Wettbewerbsgründen wird jedoch der Austausch von Informationen über Wettbewerbsvorteile zwischen Rivalen nur sehr spärlich ausfallen. Um dieses Problem zu umgehen, werden oft Nicht-Wettbewerber für Benchmarkings herangezogen, weil viele – nicht alle – Bereiche, Funktionen, Prozesse, Handlungs- und Organisationsmuster zwischen vertikalen und diagonalen Wertkettennachbarn durchaus übertragbar sind. So kann ein Chemie- oder Pharmaunternehmen im Logistikbereich von Logistikspezialisten wie United Parcel Services lernen (dazu z.B. Kühne).

Schritt 7: *Benchmarking-Inhalte priorisieren*

Die Priorisierung von Benchmarking-Inhalten verfolgt mehrere Zwecke. Einerseits kann sie bereits für die Erhebung und Interpretation wichtig sein, um den **Ressourcenaufwand** zu budgetieren, der für die Gewinnung der einzelnen Inhalte eingesetzt werden soll. Insofern ist es denkbar, dass die Inhalts-Priorisierung bereits vor der Erhebung erforderlich wird. Andererseits geht es beim Benchmarking vor allem um die eigene **Leistungsbewertung**, die **Ableitung von Zielen** und die **Rationalisierung** und **Verbesserung** auf Gebieten, auf denen das eigene Unternehmen im Benchmarking vergleichsweise schlecht abschneidet. Aus diesem Grund haben die durch die Datenerhebung gewonnenen Abstände zu den besten Unternehmen einen Aufforderungscharakter für das Management und geben Hinweise, auf welchen Feldern Verbesserungs-

Controlling-Instrumente für die Unternehmensführung

maßnahmen sinnvollerweise anzusetzen haben. Die Priorisierung sollte sich jedoch nicht nur an den **„Benchmarking-Abständen"** orientieren, sondern muss auch die eigenen **Möglichkeiten für Verbesserungsmaßnahmen** im Blick haben (z.B. vorhandene Potenzialreserven, Zeitaufwand, interner Durchsetzungswille, interne Widerstände). Die eigenen Aktionsmöglichkeiten („AM") und die (evtl. bewerteten) Benchmarking-Abstände („BA") bilden die Grunddimensionen für die Priorisierung auf der Basis des so genannten **„AMBA-Portfolios"** (Bild 200).

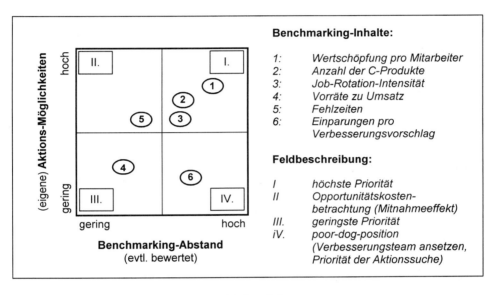

Bild 200: Benchmarking-Inhalte im AMBA-Portfolio

Das AMBA-Portfolio ergibt z.B. für den Inhalt „Wertschöpfung pro Mitarbeiter" einerseits den höchsten Benchmarking-Abstand, andererseits bestehen für das eigene Unternehmen hierfür auch die größten Aktionsmöglichkeiten. Das Management sollte daher an der Verbesserung dieses Inhalts mit höchster Priorität arbeiten. Darüber hinaus wird die für die Generierung von Aktionsalternativen erforderliche Kreativität durch die Kenntnis über die Ursachen beeinflusst, warum andere Unternehmen bei bestimmten Inhalten Vorteile aufweisen. Auch an dieser Stelle zeigt sich die durchschlagende Relevanz der Schritte 5 und 6.

Bei der Planung von Maßnahmen, um die Benchmarking-Abstände zu reduzieren, sollte das Management besonders auf die Beziehungen zwischen den Maßnahmen achten. Wie bei den Zielbeziehungen (vgl. Abschnitt II.1.4), so muss auch bei der Maßnahmenplanung untersucht werden, ob **komplementäre, konfliktäre, indifferente** oder **temporäre Beziehungen** bestehen.

Schritt 8: *Benchmarking-Ziele für die Inhalte setzen/vereinbaren*

Negative Benchmarking-Abstände sollen durch die Einleitung von Verbesserungsmaßnahmen reduziert werden. Daher sind für die einzelnen Inhalte **Verbesserungsziele** zu formulieren. Auch hierbei kommt den verschiedenen Aspekten der **Zielbildung** hohe Bedeutung zu (Punkt II.1). So ist z.B. festzulegen, welcher Inhalt (z.B. Wertschöpfung pro Mitarbeiter) bis wann bzw. innerhalb welchen Zeitraums (z.B. bis zum 31.5. des nächsten Jahres, innerhalb von 5 Monaten) in welchem Ausmaß zu verbessern ist (z.B. Erhöhung um 10 Prozent).

Schritt 9: *Benchmarking-Aktionen zielorientiert umsetzen*

Die Umsetzung der Benchmarking-Aktionen sollte sich v.a. an der **Priorisierung der Benchmarking-Inhalte** orientieren (vgl. Schritt 7). Außerdem ist ein **Aktionsplan** zu erstellen, aus dem die Aktionen (mit Start und Ende) beschrieben sowie die Prioritäten, die Verantwortlichen, die Tangierten, das Budget usw. ersichtlich werden (vgl. hierzu auch die Ausführungen zur strategischen Umsetzung, insbesondere Punkt IV.4). Das Benchmarking-Team muss nicht zwangsläufig mit der Umsetzung betraut sein. Allerdings empfiehlt es sich u.a. aus Gründen des Know-how-Transfers, dass zumindest einige Mitglieder aus dem Benchmarking-Team auch Mitglieder des **Umsetzer-Teams** sind. Bei der Wahl sollte die Entscheidung weniger auf die analysefreudigen, sondern auf die umsetzungsorientierten Mitglieder fallen. Auch für die Umsetzung sind Fragen der Autorisierung und Akzeptanz zu klären (vgl. dazu Schritt 1).

Schritt 10: *Benchmarking-Kontrolle*

Die Benchmarking-Kontrolle umfasst vor allem die **Kontrolle der Aktionen** und die **Kontrolle der Ziele** (d.h. Aktions- und Zielkontrolle). Die Genauigkeit und Wirksamkeit der Benchmarking-Kontrolle ist abhängig von der Genauigkeit der formulierten Aktionspläne sowie der geplanten Ziele (vgl. hierzu auch Punkt II.1). Genaue Ziele sind die Voraussetzung für eine genaue Kontrolle. Ob und inwieweit durch die Aktionen die anvisierten Benchmarking-Ziele erreicht wurden, lässt sich durch die Verfolgung der zurückgelegten Wanderstrecke und -richtung der einzelnen Benchmarking-Inhalte im **AMBA-Portfolio** abbilden und nachvollziehen (Bild 201). Das **AMBA-Portfolio** weist dabei eine enge **Beziehung** zum oben beschriebenen **Stärken/Schwächen-Potenzialreserven-Portfolio** des SRD auf. Die relevante Stärken/Schwächen-Position korrespondiert mit dem Benchmarking-Abstand, die relevanten Potenzialreserven korrespondieren mit den Aktionsmöglichkeiten.

Controlling-Instrumente für die Unternehmensführung

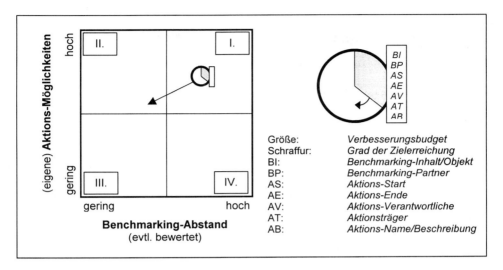

Bild 201: Benchmarking-Kontrolle mit dem AMBA-Portfolio

Neben der Abbildung der Benchmarking-Inhalte im AMBA-Portfolio – und ihrer Anreicherung mit weiteren Informationskategorien – können für die Umsetzungskontrolle weitere Instrumente zum Einsatz kommen. Dazu gehören z.B. **Hochrechnungen** und **Meilenstein-Trend-Analysen** (vgl. Punkt IV. 6).

17.3 Benchmarking-Beispiele

Benchmarking-Beispiele finden sich heute zwar in vielen Unternehmen, und in der Literatur und in Praxisberichten wird immer wieder auf die guten Erfahrungen mit dem Benchmarking hingewiesen. Schwierig wird es allerdings, wenn – unabhängig von einer Benchmarking-Partnerschaft – konkrete empirische Vergleiche und Kennzahlen gesucht werden, die über typische Verbands-, Branchen- und Regionalberichte sowie allgemeine Wirtschaftsstatistiken hinausgehen.

Als hilfreich kann sich in dieser Situation die Suche nach empirischen Forschungsberichten von Instituten und Beratern erweisen. Besonders größere Unternehmensberatungen veröffentlichen von Zeit zu Zeit ihre Beratungserfahrungen und bieten Kennzahlen, die sich für Benchmarking-Zwecke eignen können. Auch im Kompetenzzentrum für Unternehmensentwicklung und -beratung (KUBE e.V.) verfügen wir über zahlreiches empirisches Benchmarking-Material, das häufig in für die Öffentlichkeit zugänglicher Form vorliegt (vgl. dazu www.kube-ev.de und dort vor allem unter „Projekte" und „Publikationen").

Aus der bereits mehrfach zitierten KUBE-Studie „SRD-Bench-Consult" zeigen die Bilder 202, 203, 204 und 205 die Bewertung verschiedener Beratungsunternehmen aus Sicht von Klienten für mehrere Erfolgsfaktoren und Ressourcen (Skala von –3 = „hohe/große Schwäche" bis + 3 = „hohe/große Stärke").

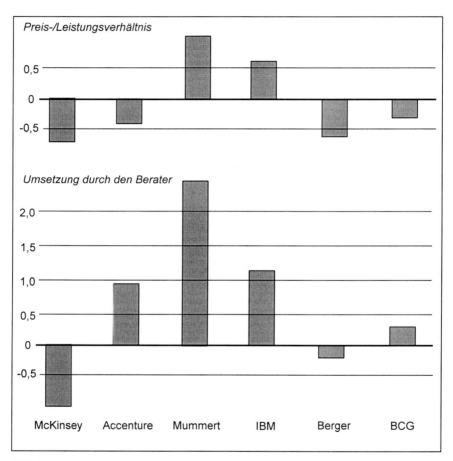

Bild 202: Benchmarking der Wettbewerber anhand ausgewählter Erfolgsfaktoren

Beim *Preis-/Leistungsverhältnis* schneiden die typischen zwei Umsetzer Mummert und IBM Business Consulting am besten und McKinsey und Roland Berger am schlechtesten ab. Auch Accenture fällt beim *Preis-/Leistungsverhältnis* stark ab.

Aus theoretischer Sicht könnte vermutet werden, dass mit der Umsetzungsintensität durch den Berater auch alle diejenigen Erfolgsfaktoren positiv korrelieren, die auf den Metafaktor „*Projekt*" laden (z.B. Projektanlaufzeit, kurze

Zeitdauer, Einbindung der Mitarbeiter des Klienten, kontinuierlicher Informationsfluss während des Projektes). Die Benchmarkingergebnisse für die einzelnen Beratungsunternehmen bestätigen diesen Zusammenhang. Denn wiederum schneiden Mummert und IBM Business Consulting am besten ab (Bild 203).

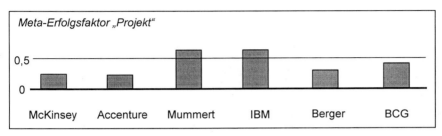

Bild 203: Benchmarking der Wettbewerber anhand des Meta-Erfolgsfaktors „Projekt"

Als äußerst wichtige Ressource von Beratungsunternehmen ist zunächst das gesamte Knowledge-Management anzusehen. Denn einerseits bestimmt u.a. der Know-how-Vorsprung gegenüber den Klienten und den Konkurrenten die Attraktivität eines Beratungshauses. Andererseits weist die Beratungsbranche eine vergleichsweise hohe Personalfluktuation auf, weshalb nicht nur der ständige Zufluss, sondern vor allem auch die Sicherung der Know-how-Basis eine überlebensnotwendige Bedeutung hat. Die typischen Umsetzer schneiden hier in der Wahrnehmung der Klienten im Vergleich zu den Strategieberatern deutlich schlechter ab (Bild 204).

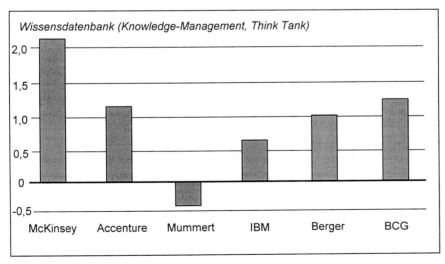

Bild 204: Benchmarking der Wettbewerber anhand der Ressource Wissensdatenbank

Obgleich sich in der KUBE-Studie „SRD-Bench-Consult" zahlreiche empirische Belege für einen etwas arroganten und eher geltungsorientierten Habitus der McKinsey-Berater finden, ordnen die Klienten die Berater des Branchenprimus McKinsey am stärksten ein (Bild 205). Überraschend ist das schlechte Abschneiden der Berger-Berater.

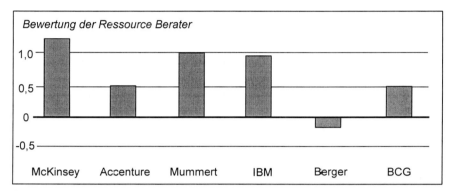

Bild 205: Benchmarking der Wettbewerber anhand der Ressource Berater

Weitere Beispiele für Benchmarks liefern häufig Publikationen von Beratungsunternehmen. Aus Studien von McKinsey (b) zeigt Bild 206 die „Job-Rotation-Intensität" von erfolgreichen und weniger erfolgreichen Unternehmen aus unterschiedlichen Branchen.

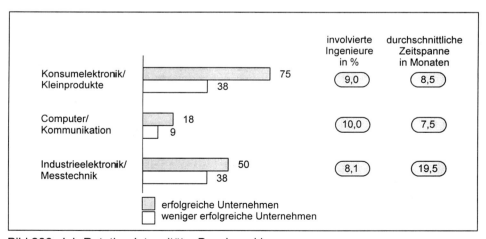

Bild 206: Job-Rotation-Intensität – Benchmarking

Controlling-Instrumente für die Unternehmensführung

Bild 207 gibt – wiederum auf der Basis von Studien von McKinsey (c) – einen Überblick über die „Mitarbeitermobilisierung" im Rahmen von Qualitätszirkeln und Kaizen-Aktivitäten bei Unternehmen aus Japan, USA und Europa. Bei den europäischen Unternehmen erfolgt zudem eine Unterscheidung in so genannte Qualitätsunternehmen bzw. Unternehmen mit geringerer Qualität.

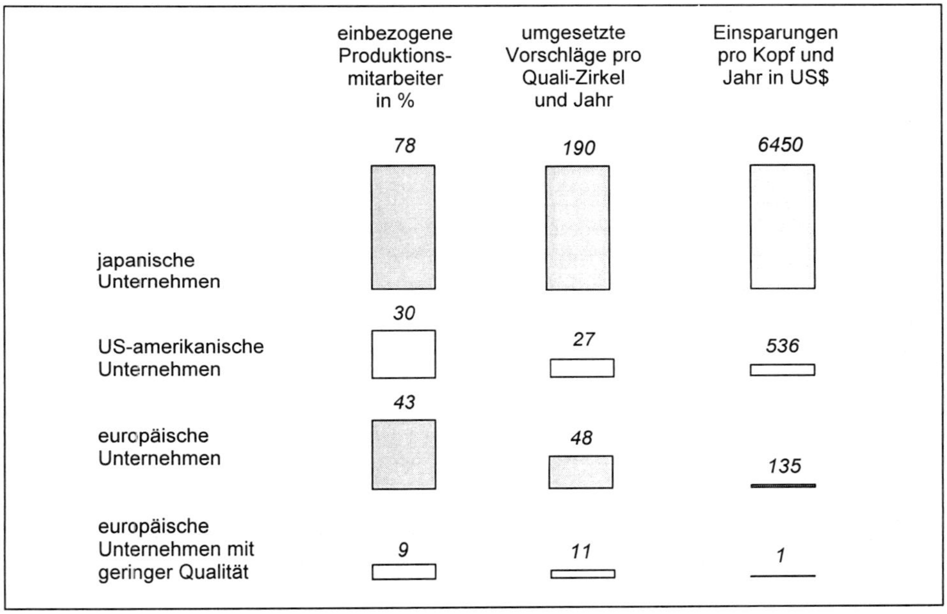

	einbezogene Produktions- mitarbeiter in %	umgesetzte Vorschläge pro Quali-Zirkel und Jahr	Einsparungen pro Kopf und Jahr in US$
japanische Unternehmen	78	190	6450
US-amerikanische Unternehmen	30	27	536
europäische Unternehmen	43	48	135
europäische Unternehmen mit geringer Qualität	9	11	1

Bild 207: „Mitarbeitermobilisierung" für Qualitätszirkel und Kaizen-Aktivitäten

Bei derartigen Suchstrategien nach Benchmarks besteht häufig das Problem, dass der Nachfrager die Definitionen und Abgrenzungen der Inhalte sowie die Separierung in weniger erfolgreiche und (sehr) erfolgreiche Unternehmen oft nicht bis ins letzte Detail nachprüfen kann. Ähnliches gilt für die Vor- und Nachteilsursachen, die in Veröffentlichungen – zwangsläufig – nur selten so erschöpfend beschrieben und erklärt werden, um einen Transfer in das eigene Unternehmen erfolgreich zu gestalten. Auf der anderen Seite ist durch solche Vorgehensweisen zumindest eine – sehr kostengünstige – grobe Positionierung des eigenen Standorts möglich. Daneben werden wichtige Anregungen für die Kursbestimmung der Verbesserungsanstrengungen und „globale Vorbilder" (vielleicht auch „Feindbilder") für die eigene Belegschaft produziert.

18 Balanced Scorecard

18.1 Allgemeine Kennzeichnung

In der Unternehmenspraxis ist häufig ein Mangel bei der **Strategieumsetzung** zu beklagen. Poststrukturalistisch interpretiert bzw. an die Philosophie der Postmoderne angelehnt entpuppen sich Strategien nicht nur häufig als **„Meta-Erzählungen"**, deren formulierte Texte sich oft (selbst) dekonstruieren bzw. dekonstruieren lassen. Vielmehr erweisen sie sich nicht selten als Managementankündigungen, die in der Praxis nur partiell oder im Extremfall nie umgesetzt werden (vgl. dazu auch Abschnitt 1 in Kapitel IV).

Unterstellt man demgegenüber managementseitig einen unerschütterlichen Umsetzungswillen, so wäre es ideal, wenn **Abweichungen von den formulierten Strategien und Zielen** möglichst frühzeitig erkannt würden, um gegensteuern zu können. Dem Thema Strategieumsetzung (wie auch der Frühwarnung) ist in diesem Buch zwar ein **separates Kapitel** gewidmet (Kapitel IV bzw. zur Frühwarnung Kapitel V). Auf der anderen Seite steht hierfür mit der **Balanced Scorecard** (BSC) ein Instrument zur Verfügung, das in den letzten Jahren in der deutschsprachigen Managementpraxis zunehmend für die Absicherung der Strategieumsetzung und die Beobachtung von (strategischen) Steuerungs- und Messgrößen Eingang gefunden hat.

Traditionelle Controlling-Systeme arbeiten oft nur mit finanziellen Kenngrößen, die nur einen Teil der für ein Geschäft erforderlichen Hebel für die Strategieumsetzung umfassen und oft nur auf Vergangenheitsdaten basieren. Für die konsequente Strategieumsetzung, die auf die nachhaltige und zukunftsorientierte Steigerung des Unternehmenswertes abzielen, sind sie dagegen wenig geeignet. Hier soll die BSC helfen, Strategien möglichst direkt mit dem operativen Handeln auf der Mitarbeiterebene zu verbinden. Außerdem soll das Management damit in die Lage versetzt werden, sich einen konkreten und zeitnahen Überblick über den Stand der Strategieumsetzung zu verschaffen, um gegebenenfalls zielgenau eingreifen zu können. Insofern ist es folgerichtig, von einem **Steuerungscockpit für das Management** zu sprechen.

Vor allem Kaplan und Norton (a, b) haben Anfang der 90er Jahre die Entwicklung der BSC vorangetrieben. Zahlreiche Groß- und Mittelstandsunternehmen haben die BSC – wenn auch in abgewandelter, betriebsspezifischer Form und/oder in Verbindung mit anderen Instrumenten – inzwischen installiert. Ein Vorreiter in Deutschland mit einer festen Verankerung der BSC in einem ausgefeilten Managementsystem war die Siemens AG (vgl. Wittmann (b)).

18.2 Perspektiven einer Balanced Scorecard

Theorie und Praxis sehen in der BSC ein geschäftsspezifisches und an strategischen Geschäftseinheiten ausgerichtetes Führungsinstrument. Die BSC zeigt und begleitet die Strategie und die zu ihrer Umsetzung notwendigen Hebel in den i.d.R. vier **Dimensionen** (1) **Finanzen**, (2) **Kunden/Markt**, (3) (interne) **Prozesse** und (4) **Lernen und Entwicklung bzw. Personal** und **operationalisiert** diese von den **strategischen Zielen** über die **Mess- und Steuerungsgrößen** bis zu ihren konkreten Ausprägungen. „Balanced" ist eine Scorecard, weil sie mehrere Perspektiven verwendet und nicht nur auf die finanzielle Perspektive fixiert ist (vgl. dazu die BSC-Prinzipdarstellung in Bild 208 sowie den Auszug aus einer BSC in Bild 210; vgl. dazu u.a. Kaplan u. Norton (a, b), Horváth (c), Wittmann (b), Camphausen (b).

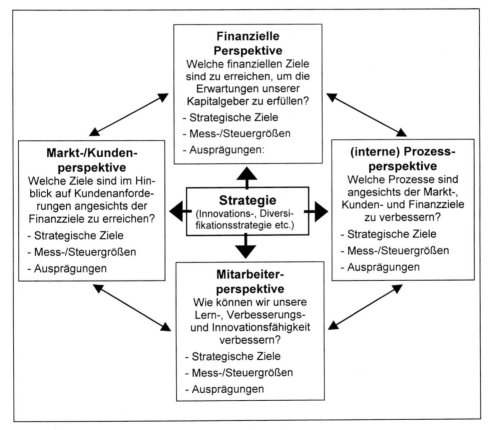

Bild 208: Perspektiven einer BSC – Prinzipdarstellung

- Die **finanzielle Perspektive** (monetäre Perspektive) erstreckt sich auf typische finanzwirtschaftliche Ziele und Kennzahlen (z.B. Umsatzrendite, ROI, Liquidität). Da in ihnen die Ergebnisse der übrigen drei (nicht unmittelbar monetären) Perspektiven münden und sie für Unternehmen und Management letztlich die entscheidenden Messgrößen sind, anhand derer die Kapitalmärkte und Eigentümer die Performance ablesen, kann man der finanziellen Perspektive einen Vorrang gegenüber den anderen Perspektiven einräumen. Um den notwendigen Zukunftsbezug von Strategien zu erreichen, sollten die finanziellen Kennzahlen einer BSC verstärkt zukünftige Werte enthalten. Dabei ist zu berücksichtigen, dass die finanzielle Leistungsfähigkeit eines Geschäfts u.a. von der Lebenszyklusphase und der Positionierung im Portfolio abhängt (vgl. dazu die Darstellungen zum Lebenszyklusinstrument und zur Portfolio-Methode in diesem Buch). In Einführungs- und Wachstumsphasen sind beispielsweise Umsatz- und Ertragswachstum sowie F&E- und Investitionsbudgets weit höher zu veranschlagen als dies in der Reife-, Sättigungs- und Erntephase der Fall ist, in denen es eher um die Erzielung von Grenznutzen und die Erreichung der Amortisationsziele geht.

- Die **Kunden- bzw. Marktperspektive** – als erste nicht unmittelbar monetäre Perspektive – rückt die Erfüllung der Anforderungen und Wünsche der Kunden auf den Absatzmärkten in das Zentrum des Interesses. Sie trägt dem Umstand Rechnung, wonach die kunden- und marktorientierte Ausrichtung von Unternehmen – insbesondere bei Stättigungserscheinungen und im Verdrängungswettbewerb – immer wichtiger wird. Der Einsatz von Instrumenten, die vor allem auf die Stärkung der Kunden- und Marktorientierung zielen (Conjoint Measurement, Target Costing, Quality Function und Success Resource Deployment usw.) ist hierfür eine wichtige Voraussetzung.

- Die (interne) **Prozessperspektive** hat die Prozesse entlang der gesamten Wertschöpfungskette im Blick. Sie reicht von der Identifikation der Kundenwünsche über den F&E- und Produktionszyklus bis zum Service und After-Sales-Geschäft und umfasst immer häufiger auch die Wiederaufarbeitung und das Recycling. Wichtige Darstellungsinstrumente sind beispielsweise Auftragsabwicklungs- und Fertigungslinienverläufe, Arbeitspläne, Wertkettenlandkarten und Prozessanalysen.

- Die **mitarbeiterbezogene Lern- und Entwicklungsperspektive** konzentriert sich auf die Ressource „Humankapital". Die Erhaltung und der Ausbau von Fähigkeiten, Potenzialen, Motivationsgrundlagen und die Ausrichtung des Personals auf die Unternehmensziele sind dabei wichtige Themen. Anknüpfungspunkte ergeben sich aber auch zur lernenden Organisation und der Auffassung von Unternehmen als Know-how-Pool, dem als offenes System Know how zu- und abfließt.

SWOT-analytisch betrachtet sind diese vier **BSC-typischen Dimensionen**, die in der einschlägigen BSC-Literatur immer wieder im Mittelpunkt stehen, allerdings als **defizitär** einzustufen. Denn die **OT-Komponente** (Opportunities und Threats auf der Umweltseite) der BSC, die Kunden-/Marktperspektive, vernachlässigt beispielsweise die **five forces**, die bereits von **Porter** für das Gewinnpotenzial einer Branche (und damit die finanzielle Perspektive) als durchschlagend bedeutsam identifiziert wurden. Daher ist der Praxis dringend anzuraten, zumindest für die externe OT-Komponente noch zusätzliche – und womöglich an die five forces von Porter angelehnte – OT-Perspektiven aufzumachen. Andernfalls droht der BSC die im Zusammenhang mit Management- und Controlling-Instrumenten nicht selten festzustellende Perspektivenverengung. Gleiches kann sich für die **SW-Komponente** ergeben (Strength und Weaknesses auf der Unternehmensseite), wenn die intern orienterten Prozess- und Mitarbeiterperspektiven wichtige Inhaltsbereiche der **Potenzial- und Managementanalyse** unberücksichtigt lassen.

Bereits durch diese Argumentation deutet sich demnach sowohl eine Rivalitäts- bzw. Substitutions- als auch eine Komplementaritäts- und Ergänzungsbeziehung zwischen dem klassischen SWOT-analytischen Vorgehen (u.a. auf Basis des five-forces-Modells von Porter) und der neueren Konzeption der BSC an. Für (notorische) BSC-Skeptiker spricht für die BSC-Konzeption zumindest, dass die BSC seit einigen Jahren von einer positiv gestimmten Modewelle getragen wird, die das „Meer der Managementinstrumente immer wieder in Bewegung" hält, wovon häufig die Beratungsbranche durch entsprechende Implementierungsaufträge von Klienten profitiert.

Trotz dieses Anflugs von Kritik muss der BSC die **explizite Konzentration auf die Strategieumsetzung** und die explizite **Verbindung zwischen der finanziellen und den nicht unmittelbar monetären Perspektiven** zugute gehalten werden, die möglicherweise bei der klassischen SWOT-Betrachtung nicht immer mit diesem Nachdruck im Vordergrund steht. Allerdings sind dafür die einzelnen Perspektiven in der BSC so auszugestalten, dass sie die (globalen) Geschäftsstrategien und Ziele sowie die in der finanzwirtschaftlichen Perspektive hinterlegten Ziele unterstützen und operationalisieren (vertikal komplementärer sowie konkretisierender Beziehungsaufbau).

18.3 Ursache-Wirkungsketten

Auf die in der finanziellen Perspektive festgelegten Oberziele sind die nicht unmittelbar monetären Perspektiven im Sinne von so genannten **Ursache-Wirkungsketten** auszurichten. Diese Ursache-Wirkungsketten sind jedoch auch für jede einzelne Perspektive nachvollziehbar aufzuzeigen. In Bild 209 ist eine solche Ursache-Wirkungskette zwischen der Lern- und Entwicklungsperspektive und der finanziellen Perspektive grob skizziert (in Anlehnung an Camphausen (b) sowie Kaplan u. Norton (a, b)).

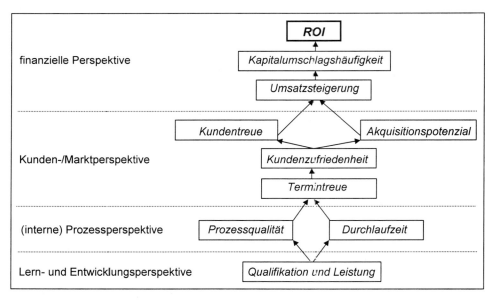

Bild 209: Beispiel einer Ursache-Wirkungskette

Ursache-Wirkungsketten können **positive Motivationseffekte** auslösen. Sie schaffen **Transparenz** für die Beziehung zwischen den Bedingungen und Verhaltensmustern auf den nachgeordneten Arbeitsplätzen und den übergeordneten (finanziellen) Unternehmenszielen. Daneben steigern Ursache-Wirkungsketten die Sensibilität für erwartbare negative Konsequenzen auf der finanziellen Ebene in Abhängigkeit von Ursachen in den nicht unmittelbar monetären Bereichen. Daher sind sie für die **Frühwarnung** geeignet. Allerdings sind Ursache-Wirkungsketten nicht eindimensional zu interpretieren. Sie sind oftmals **mehrdeutig, zeitabhängig und in komplexe vermaschte Netze** eingebunden. Im skizzierten Beispiel können verbesserte Qualifikation und steigende Leistung auch zu höheren Entgeltzahlungen führen, wodurch insgesamt die unterstellte positive Beziehung zum ROI kompensiert oder sogar überkompensiert werden könnte. Außerdem können die Mitarbeiter in der Vergangenheit die Erfahrung gemacht haben, dass verbesserte Qualifikation und steigende Leistung nicht honoriert wurden, weshalb sich eine steigende Fluktuation bei besonders qualifizierten und leistungsfähigen Mitarbeitern ergibt und Durchlaufzeiten und Prozessqualität torpediert werden – und der ROI letztlich sinkt.

18.4 Auszug aus einer Balanced Scorecard

Bild 210 zeigt einen vereinfachten Auszug aus einer Balanced Scorecard mit den oben genannten vier Perspektiven. Darin sind die festgelegten Ziele über die einzelnen Messgrößen bis zu den jeweiligen Ausprägungen operationalisiert (vgl. auch die Beispiele bei Camphausen (b), Kaplan u. Norton (b) sowie Wittmann (b)).

Bereits dieser vereinfachte Auszug aus einer BSC macht auf das zum Teil komplexe und vermaschte Netzwerk aufmerksam, in dem die strategischen Ziele sowie die Mess- und Steuergrößen verbunden sind, um die finanziellen Ziele zu erreichen und die hierfür formulierten Strategien umzusetzen. Nicht nur lässt sich die Mitarbeiterperspektive global als unterstützende Komponente für die Markt- und Prozessperspektive auffassen. Vielmehr zeigt sich, wie die gewählten Strategien (z.B. Innovationsstrategie) in den nicht unmittelbar monetären Perspektiven durch die dortigen Ziele (z.B. Innovatorimage erzielen, kontinuierliche Verbesserungsprozesse fördern, F&E-Zeiten senken) und Mess- und Steuergrößen (z.B. %-Anteil neuer Produkte, Verbesserungsvorschläge, durchschnittliche F&E-Zeit) verankert und operationalisiert sowie schließlich noch durch die jeweiligen Ausprägungen unterfüttert werden.

Ferner lassen sich beispielsweise die auf der Mitarbeiterebene formulierten strategischen **Ziele** (z.B. Personal entwickeln, KVP intensivieren) als unterstützende **Maßnahmen** für die Ziele in der Prozessperspektive interpretieren (z.B. Prozess- und Ressourcenoptimierung), wodurch sich auf der finanziellen Ebene die strategischen Ziele (z.B. Kapitaleinsatz optimieren) bewegen lassen müssten, was sich anschließend in den **Mess- und Steuergrößen** (z.B. Kapitalumschlag) niederschlagen könnte.

Durch derart „**vernetzte Lesarten**" erreicht das Management eine sehr hohe **Transparenz** für die durchaus komplexen gegenseitige Abhängigkeiten, für konfliktäre, komplementäre und substitutive Beziehungen zwischen den einzelnen Perspektiven und den dort jeweils niedergelegten Zielen und Maßnahmen.

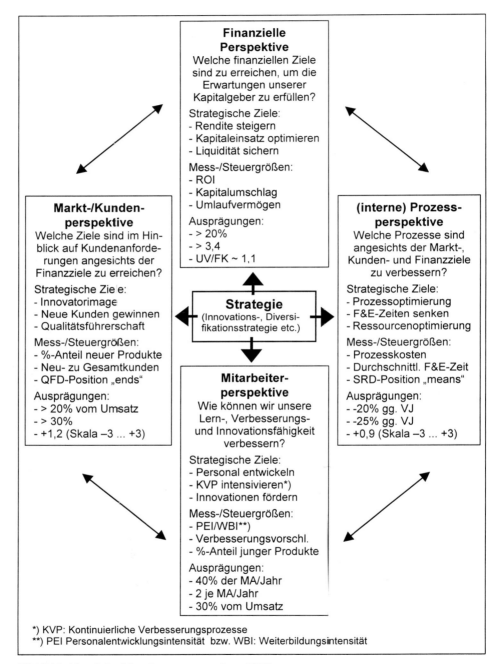

Bild 210: Vereinfachter Auszug aus einer BSC

Selbstverständlich verbergen sich hinter den einzelnen Perspektiven konzeptionelle und instrumentelle Unterfütterungen, wie sie in den einzelnen Kapiteln dieses Buches dargestellt wurden. Was die **finanzielle Perspektive** angeht, so besteht eine enge Anbindung zum **ROI-Schema**; für die **Formulierung von strategischen Zielen und Mess- und Steuergrößen** ist die Kenntnis über die Zielvertikalisierung und die Zieldimensionen hilfreich; sowohl für die **Maßnahmengewinnung als auch für die Festlegung der Mess- und Steuergrößen** kann sich ein Rückgriff auf verschiedene Instrumente der Unternehmensführung als sinnvoll erweisen. So verweist die „QFD-Position der ends" in der Markt-Kundenperspektive des in Bild 210 vereinfacht skizzierten BSC-Auszugs auf das Quality Function Deployment (QFD). Gleiches gilt für das Success Resource Deployment (SRD). Die „SRD-Position der means" kann als Mess- und Steuergröße für die (interne) Prozessperspektive dienen. Ein SRD-Programm kann die Erreichung sämtlicher Ziele dieser Dimension fördern und auch in den anderen Perspektiven zum Einsatz kommen (z.B. für die praktische Umsetzung eines Kundengewinnungsprogramms auf der Kunden-/Marktseite oder die Optimierung der Personalentwicklung auf der Mitarbeiterseite).

Da BSCs mehrere Perspektiven verwenden, lassen sich Veränderungen und ihre Ursachen in den nicht unmittelbar monetären Leistungsbereichen im Hinblick auf ihre Wirkungen bis hinauf zu den finanziellen Konsequenzen verfolgen. Das Management kann damit die zur Strategieumsetzung ergriffenen (Sub-) Ziele und Maßnahmen einfacher beurteilen und auf Abweichungen schnell reagieren. Die nicht unmittelbar finanziellen Mess- und Steuergrößen der Perspektiven Markt, Lernen und Prozesse unterstützen die Strategieumsetzung auch dadurch, dass diese nicht nur vergangenheitsorientiert, sondern eher zukunfts- und potenzialorientiert ausgerichtet sind, wodurch sie außerdem Frühwarnzwecken dienen. Damit wird der gezielte Auf- und Ausbau (qualitativer) **strategischer Potenziale** gefördert (Wittmann (b)).

Auch Camphausen (b) würdigt derartige **Vorteile einer BSC**. Allerdings weist er daneben auf einige **Kritikpunkte** hin. Sie liegen beispielsweise im nicht unerheblichen **Ressourceneinsatz**, der für die **Implementierung** in der Praxis aufzuwenden ist. Die „erste Implementierungsphase" schätzt er auf drei bis vier Monate, und er geht davon aus, dass man von einer geregelten und verlässlichen Integration zwischen Planung, Zielsetzung und verwendetem Kennzahlensystem erst nach dem ersten Planungszyklus sprechen kann. Die Integration in das „normale" Managementinformations- und Planungssystem bzw. das Reporting (Controllingsystem, Budgetierung, Business Pläne usw.) sieht auch Wittmann (b) als große Herausforderung der Implementierung einer BSC. Ob sich die Investitionen in die BSC für ein Unternehmen „lohnen", hängt daher u.a. vom instrumentell-methodischen Leidensdruck des Managements und den bereits im Unternehmen vorhandenen Instrumenten, Methoden und Systemen ab (Camphausen (b)). Soweit diese bereits in der Lage sind, die im Zusammenhang mit der BSC genannten Vorzüge zu erreichen,

Controlling-Instrumente für die Unternehmensführung

kann man auf die Implementierung einer BSC verzichten. Es macht wirtschaftlich betrachtet wenig Sinn, bereits ausgefeilten Systemen – womöglich nur intendiert durch die Übernahme einer in neuen Begriffe verpackten (Mode-) Erscheinung – noch zusätzlich eine BSC ohne großen Mehrwert für die Unternehmensführung aufzupfropfen. „Ob das im Unternehmen zum Einsatz kommende Steuerungsmodell Balanced Scorecard heißt, oder einen anderen Namen trägt, ist unwichtig." (Camphausen (b).

IV Strategische Umsetzung

1 Grundlagen der strategischen Umsetzung

Aus den dargestellten strategischen Instrumenten lassen sich in den meisten Fällen direkt strategische Handlungsanweisungen und Normstrategien ableiten. Aus dem Lebenszykluskonzept, den verschiedenen Versionen der Portfolio-Methode und der Ergebniskennlinie ergeben sich z.B. Hinweise für Investitions- und Desinvestitionsstrategien, Insourcing- und Outsourcingstrategien, Lieferanteneinbindungs- und Personalentwicklungsstrategien sowie Produktbereinigungsstrategien. Aus der Präferenzmethode und der Conjoint-Analyse ergeben sich z.B. unternehmensstrategisch wichtige Hinweise für die Stärkung der Kunden- und Marktorientierung sowie die Verfolgung von Preisstrategien.

Diese Strategien werden meist noch weiter spezifiziert und in den strategischen Unternehmensplänen verankert. Die **strategische Umsetzung** befasst sich anschließend mit der Realisierung der in den strategischen Unternehmensplänen formulierten Strategien und allgemeinen Handlungsempfehlungen, die vor allem auch anhand der strategischen Controlling-Instrumente – oder auch aufgrund der unternehmerischen Intuitionskraft – generiert werden konnten.

Es gehört zur Alltagserfahrung, dass der beste strategische Plan nutzlos ist, wenn er nicht in Aktionen umgesetzt wird. Außerdem garantieren weder die instrumentell gewonnenen Strategieformulierungen noch die bis in den letzten Winkel verästelten strategischen Pläne, dass die Planerreichung von den Beteiligten und Betroffenen auch tatsächlich angestrebt wird. Und selbst wenn die Planerreichung angestrebt wird, ist damit noch nicht gesagt, dass wirklich erreicht wird, was geplant wurde.

1.1 Probleme der Strategieumsetzung

Obgleich die praktische Bedeutung der Strategieumsetzung offensichtlich ist, behandelte man die Thematik der Umsetzung strategischer Pläne lange Zeit eher stiefmütterlich. Auch heute erlebt sie in Managementtheorie und -praxis noch häufig ein Schattendasein.

Die Quellen für diese „**Umsetzungsmisere**" und den oft beklagten „**Strategietod in der Schublade**" sind sehr vielfältig. Besonders folgende Gründe können dafür ursächlich sein:

(1) Personelle Aufgabenteilungen:
Zunächst ist in der Praxis davon auszugehen, dass die Planungs-, Entscheidungs- und Umsetzungsprozesse in Unternehmen auf mehrere Per-

sonen und/oder organisatorische Einheiten verteilt sind (funktional-personale Arbeitsteilung). Insbesondere wenn der zwischenmenschliche Transfer von der Planung über die Entscheidung und Umsetzung nicht gelingt, wird die Strategieumsetzung stark erschwert.

(2) Mangelnde Akzeptanz und Motivation:
Nicht zuletzt die personelle Teilung führt oft zu Akzeptanz- und Motivationsproblemen, mit der die strategische Umsetzung konfrontiert wird. Die Auslöser für mangelnde Akzeptanz und geringe Motivation für die Strategieumsetzung liegen oft in der unzureichenden Partizipation der operativen und umsetzenden Einheiten im Rahmen des Planungsprocederes. Damit in Verbindung stehen die häufig beklagte Realitätsferne und Arroganz der Planer. Fehlende Schulungsmaßnahmen (für die Planer und Umsetzer) und die zurückhaltenden gegenseitigen Informations- und Kommunikationsbeziehungen sind weitere Gründe. Dazu kommt nicht selten, dass die umsetzenden Einheiten von den geplanten Strategien entweder selbst negativ betroffen werden und/oder den positiv Betroffenen die Zugewinne nicht gönnen und „Gegenpläne und -strategien" entwickeln.

(3) Auftritt neuer Probleme und eintretende „Umweltungünstigkeit":
Aufgrund ihres längerfristigen und ganzheitlichen Anspruchs ist die Planung zur Abstraktion und Verallgemeinerung gezwungen. Aus diesem Grund können trotz intensiver Planverfolgung immer wieder Probleme und ungünstige Umweltzustände, die im Planungsstadium nicht gesehen und/oder explizit ausgeschlossen wurden, zu einer Planvereitelung führen. Vielfach wird die Existenz neu auftretender Probleme und/oder plandestruktiver Umweltkonstellationen auch nur vorgespiegelt. Dies geschieht häufig von den durch die strategischen Pläne negativ Betroffenen, um die Nichtrealisierbarkeit der Pläne zu plausibilisieren (so genannte „Rationalisierung der Plausibilität des subjektiv Ungewünschten").

(4) Handlungsunfähigkeit des Managements:
Auch die – in der Praxis durchaus häufig vorhandene – Handlungsunfähigkeit des Managements kann die Strategieumsetzung unterminieren. Dafür gibt es viele Gründe: Managementfehlbesetzungen (vgl. dazu die Bedeutung der Managementanalyse, Punkt II.4.1) und das berüchtigte gegenseitige „Schach-Matt-Stellen" der Manager untereinander („Manager-Paralyse", vgl. Punkt III.16.2.). Der Autor ist häufig überrascht darüber, welches Ausmaß an Ressourcen in Unternehmen für diese „Strategiespielchen" aufgewandt wird. Außerdem fehlt es häufig am notwendigen „Leidensdruck", um Handlungsfähigkeit zu beweisen. Dies gilt vor allem, wenn sich das Unternehmen in einer prosperierenden Phase befindet. Dies gilt aber auch in schlechten Zeiten, wenn insbesondere „harte" Entscheidungen umzusetzen wären. Denn auch für den „Leidensdruck" gibt es eine personelle Teilung. So muss der erforderliche „Leidensdruck" nicht nur hinsichtlich der Situation eines Unternehmens, sondern vor allem auch hinsichtlich der Exis-

tenz und des Status des Managements bestehen. Der „Leidensdruck" des Unternehmens reicht nicht aus, wenn am Ruder saturiertes und/oder nur noch kurzfristig engagiertes Management sitzt, das seine „Schäfchen im Trockenen" hat. Aus allen diesen Gründen muss Leidensdruck oft – und besonders auch für das Management – „simuliert" werden (z.B. durch ständige Vergleiche mit den besten Unternehmen über zyklisches Benchmarking, stärkere Verbindung des Schicksals des Managements mit dem Schicksal des Unternehmens, Koppelung des Einkommens der Manager mit der Kursentwicklung von Aktien).

(5) Plansignalisierung ohne Umsetzungsanspruch als Plan eines „noch größeren" Plans:
Sowohl im internen als auch im externen Aktionsfeld können Pläne Wirkungen erzielen, obwohl sie in der Realität nie umgesetzt werden (sollen). Über die Wirkung abstrakter Pläne und Strategien ohne tiefergehenderen Umsetzungsanspruch sollte man sich stets bewusst sein. Ohne überhaupt konkrete Umsetzungsaktivitäten eingeleitet zu haben, können allein von den abstrakten Plänen und Strategien eines Unternehmens Signale ausgehen, die beispielsweise im Umsystem unverzüglich zu (gewünschten) Reaktionen führen. Die Signalisierung und gezielte Verbreitung von Plänen (z.B. ein Plan über die Verlagerung von Fertigungen ins Ausland) kann zu einem umfassenderen Plan eines Unternehmens gehören, um in der Umwelt bestimmte Reaktionen auszulösen (z.B. Verbesserung der Position bei Tarifverhandlungen, Erzielung von Subventionen) und/oder das Umfeld zu testen (kommen Subventionierungsangebote von der Bundes- oder Landesregierung oder nicht?). Mit Plänen kann Politik betrieben, sanktioniert und gedroht werden – ohne jemals wirklich zu beabsichtigen, sie tatsächlich umzusetzen.

1.2 Strategieumsetzung und Handlungsfähigkeit von Unternehmen

Die Frage der Umsetzung setzt an der **Handlungsfähigkeit von Unternehmen** an (vgl. auch oben). Nach der Auffassung vieler System- und Managementtheoretiker gehört die Handlungsfähigkeit neben der **Wahrnehmungs-** und **Erkenntnisfähigkeit** zu den überlebensnotwendigen Systemeigenschaften von Unternehmen (Kirsch (a); und in der Theorie des Unternehmers wird ihnen immer wieder herausragende Bedeutung für erfolgreiches Unternehmertum bescheinigt (Schneider (f)):

- Die Fähigkeit zur **Wahrnehmung** setzt voraus, dass das Management gegenüber internen und externen Bestimmungsfaktoren und Entwicklungen eine hohe Sensibilität aufweist (z.B. gegenüber Marktveränderungen, Kunden- und Mitarbeiterbedürfnissen, aber auch gegenüber der postmodernen Gesellschaftsdiagnose). Die strategischen **Umwelt- und Unternehmensanalysen** (vgl. Punkt II.3 und 4) übernehmen klassischerweise die Funktion der Steigerung der unternehmerischen Wahrnehmungsfähigkeit. Auch Frühwarnsysteme können Wahrnehmungsfunktionen übernehmen (Kapitel V).

- Die Fähigkeit zum **Erkenntnisfortschritt** soll der Überführung der wahrgenommenen Signale in (objektivierte) Informationen zur Steuerung des Unternehmens dienen. Die wahrgenommenen Sachverhalte äußern sich häufig nur sehr vage (durch „schwache Signale", Unbehagen des Managements). Daher müssen sie von subjektiven Spekulationen und Vermutungen „gereinigt" werden. Erst dann liegt ein Erkenntnisfortschritt vor. Hier liegt einer der zentralen Ansatzpunkte strategischer Controlling-Instrumente (Kapitel III).

- Die **Handlungsfähigkeit** ist dann gefordert, wenn Anregungen aufgenommen wurden. Andererseits sind Handlungen erst auf der Basis „guter" Informationen gezielt vorantreibbar. Daher setzt Handlungsfähigkeit Wahrnehmungs- und Erkenntnisfähigkeit voraus. Allerdings bringen hohe Wahrnehmung und tiefgehende Erkenntnis aus pragmatischer Sicht für die Praxis wenig Nutzen, wenn keine Aktionen eingeleitet werden (können). Zudem tragen Handlungen ihrerseits zur Steigerung des Erkenntnisfortschritts bei, da der Erfolg von Handlungen erst dann zu erkennen ist, wenn sie durchgeführt werden. Dies setzt jedoch wiederum voraus, dass der Erfolg bzw. Misserfolg sowie die Vielfalt der Handlungskonsequenzen wahrgenommen werden.

Die Darstellung verdeutlicht die gegenseitige und sich hochschaukelnde Beziehung zwischen diesen Fähigkeitskomponenten. Für strategische Pläne ergibt sich daraus neben der Aufforderung für ihre Durchsetzung vor allem auch, dass ihre Güte und ihr Erfolg letztlich erst dann abschließend bestimmbar sind, wenn sie umgesetzt wurden. Bei mangelnder Umsetzung bleiben außerdem Erkenntnisse über Effektivität und Effizienz von geplanten Handlungen aus – es lässt sich nur darüber spekulieren und theoretisieren.

Vor diesem Hintergrund sind die Ergebnisse jüngerer Untersuchungen wenig überraschend, wonach schnelle Umsetzungsraten auf den Gebieten der Entwicklungs- und Geschäftszyklen zu einem beschleunigten Zuwachs an Wissen über Fehler und Erfolge von Handlungsweisen führen und sich für die "Wissensakkumulation lernender Organisationen" positiv auswirken (z.B. Posth).

2 Gewinnung von Strategien

Die in Plänen verankerten Strategien verlangen nach Umsetzung. Dazu müssen sie zunächst ermittelt werden. Die Gewinnung von **Strategiearten** (Punkt IV.2.3), die meist in einem **Strategiemix** mündet (Punkt IV.2.4), ist einerseits durch den Einsatz von **Controlling-Instrumenten** (Kapitel III) und eine gezielte **Strategiesuche** (Punkt IV.2.2) möglich. Andererseits ist zu beachten, dass die **strategischen Grundpositionen eines Unternehmens** auf die Strategiegewinnung einen erheblichen Einfluss haben (Punkt IV.2.1).

2.1 Strategische Grundpositionen

Eng mit den Grundhaltungen des Unternehmens und seines Managements (Punkt II.4.1) sind die strategischen Grundpositionen verbunden. Für die Entwicklung von Unternehmensstrategien und das strategische Verhalten spielen sie eine wichtige Rolle. Dabei ist nach Miles und Snow zu unterscheiden, ob sich das Unternehmen eher **passiv** oder eher **aktiv** verhält und sich das Verhalten entweder auf **Strategien** oder **Strukturen** erstreckt (Bild 211):

Struktur (intern) \ Strategie (extern)	passiv	aktiv
passiv	Reagierer	Verteidiger
aktiv	Analysierer	Prospektor

Bild 211: Strategie-Struktur-Matrix des Unternehmensverhaltens

- **Verteidiger** beschränken sich auf enge und meist stabile Marktsegmente. Sie profitieren von ihren spezifischen Wissenspotenzialen in ihren angestammten Geschäftsbereichen. Sie verlassen ihre aktuellen Segmente kaum. Vielmehr ist ihr Verhalten darauf ausgelegt, die bestehenden Geschäfte aggressiv zu verteidigen. Hierfür setzen sie weniger auf Strategien der Produktinnovation, sondern vielmehr auf Prozess- und Verfahrensinnovationen. Die enge Marktausrichtung führt häufig zu einem (wertketten- und werktaktivitätenseitigen) „Small-Numbers-Problem". Daher haben Verteidiger häufig enorme Probleme mit Marktveränderungen.

- **Prospektoren** sind ständig auf der Suche nach neuen Gewinngelegenheiten, Produkten und Märkten. Sie sind dynamische Unternehmer, setzen auf ihre Flexibilität und kennen daher keine stabilen Strukturen.

- **Analysierer** treiben zwar Strategien der Reorganisationen im Hinblick auf ihre internen Unternehmensstrukturen voran, sind jedoch hinsichtlich ihrer marktorientierten Innovationsstrategien eher als Imitatoren einzustufen, die sich bestenfalls auf Routine- und Verbesserungsstrategien konzentrieren.

- **Reagierer** lassen demgegenüber keine konsistente Strategie-Struktur-Beziehung erkennen. Marktwirksame Strategien leiten sie nur dann ein und die internen Unternehmensstrukturen verändern sie nur dann, wenn von außen ein entsprechend hoher (Leidens-) Druck ausgeübt wird. Aktive Innovationsstrategien werden nicht verfolgt. Reagierer sind lediglich in sehr stabilen und wenig dynamischen Umwelten überlebensfähig.

2.2 Strategiesuche

Die strategische Grundhaltung hat maßgeblichen Einfluss auf die Strategiesuche. Der Reagierer wird beispielsweise ein sehr eingeschränktes Suchverhalten aufweisen. Gleiches gilt für den Analysierer, der allenfalls Strategien zur schnelleren Anpassung seiner internen Strukturen sucht (z.B. Strategien zur Steigerung der Ressourcenflexibilität). Sowohl der Verteidiger und in besonderer Weise der Prospektor werden dagegen ein aktives Strategie-Suchverhalten zeigen.

Anlass der Strategiesuche kann ein konkretes Problem und/oder ein spezifisches Bedürfnis sein, das beispielsweise aus der instrumentell unterstützten strategischen Analyse entspringt (z.B. Verlust von Wertschöpfungsaktivitäten, mangelnde Ausgewogenheit des Produkt-Markt-Portfolios). In diesen Fällen liegt ein akuter Handlungs- bzw. Strategiebedarf vor. Die Motivation für die aktive Suche nach strategischen Optionen kann darin liegen, lediglich Strategien für die Abwehr von potenziellen Bedrohungen zu suchen. Neben dieser passiven Strategiesuche kann aktiv nach Strategien gesucht werden, um mögliche Chancen zu nutzen.

Schließlich kann die Strategiesuche entweder durch intuitives oder durch rationales Vorgehen gekennzeichnet sein. Bei der intuitiven Form orientiert sich das Management des Unternehmens an den bereits gemachten Erfahrungen der Vergangenheit und an ad hoc abgeleiteten, subjektiven Einschätzungen über die Umwelt- und Unternehmenssituation. Meist ist sie wenig systematisch und mit einem inkrementalen Planungsverständnis verbunden (Punkt II.2.4). Bei der rationalen Vorgehensweise bilden dagegen einerseits fundierte Umwelt- und Unternehmens- sowie Stärken- und Schwächenanalysen die Ausgangsbasis. Außerdem wird bei der Strategiesuche auf die Anwendung strategischer Instrumente zurückgegriffen. Rationale Strategiesuche korrespondiert mit einem synoptischen Planungsverständnis (Punkt II.2.4).

2.3 Strategiearten

Auch für die Gewinnung verschiedener **Strategiearten** empfiehlt sich der Blick auf **strategische Instrumente**. Ferner ermöglichen empirische Beobachtungen von Verhaltensmustern von Unternehmen – zum Beispiel im Rahmen eines **Benchmarking** – Rückschlüsse auf mögliche (erfolgreiche) strategische Stoßrichtungen.

Strategieumsetzung

Ohne Anspruch auf Vollständigkeit gibt Bild 212 einen schematischen Überblick über gebräuchliche Strategiearten.

Ansatzpunkt / Kriterium	Strategieausprägungen
Art des Wettbewerbsvorteils	• Kostenführerschaft • Differenzierung • Focussierung (Nischenstrategie)
Markt	• Marktführerschaft • Marktgefolgschaft
Preis	• Nutzung autonomer Preisspielräume • Markteintrittsverhindernde Preissetzungsstrategie
Technologie	• Technologieführerschaft • Technologiegefolgschaft
Wertkette	• Integrationsstrategie • Desintegrationsstrategie
Ressourcenbereitstellung	• Eigenfertigungsstrategie (make) • Outsourcingstrategie (buy) • Kooperationsstrategie
Ressourcenzuordnung	• Abschöpfungs-/Desinvestitionsstrategie • Investitions-/Wachstumsstrategie • Selektive Strategie

Bild 212: Unternehmensstrategien im Überblick

Die einzelnen Unternehmensstrategien dürfen nicht unabhängig voneinander gesehen werden. Darüber hinaus wird in der Praxis meist – bewusst oder unbewusst – von einem Strategiemix Gebrauch gemacht.

2.4 Strategiemix

Die folgenden Beispiele sollen die gegenseitige Abhängigkeit von Strategien sowie die praktische Bedeutung eines **Strategie-Mix** aufzeigen.

Beispiel (1): Ein Unternehmen möchte das Konzept der so genannten **preispolitischen Spielräume** aktiv nutzen, um damit Umsatz und Gewinn zu steigern. In dieser Situation fallen die Preisspielräume i.d.R. um so höher aus, je unterschiedlicher die am Markt erhältlichen Produkte sind. Aus diesem Grund kann die gleichzeitige Verfolgung einer **Differenzierungsstrategie** ratsam sein. Unterstützt könnte diese Vorgehensweise werden durch einen möglichst frühen Markteintrittszeitpunkt (**Marktführerschaftsstrategie**). Dadurch besteht zumindest temporär eine monopolistische Stellung. Sie könnte preisopportunistisch voll ausgenutzt werden. Ferner kommt das Unternehmen früher als die Konkurrenz in den Genuss von Erfahrungskurveneffekten. Gelingt dies, sind die dadurch erzielbaren Kostendegressionen einerseits an die Kunden weitergebbar. Andererseits wäre es möglich, durch die dadurch ausgelösten Preissenkungen nachfolgende Anbieter („follower") zu schädigen bzw. vom Markteintritt abzuhalten und folglich von einer **markteintrittsverhindernden Preissetzungsstrategie** Gebrauch zu machen.

Beispiel (2): Ein Unternehmen verfolgt die Strategie, in seiner Branche die Position des kostengünstigsten Anbieters zu erreichen (**Kostenführungsstrategie**). Dies ist u.a. deshalb möglich, weil es als Technologieführer über die neueste und beste Fertigungstechnologie verfügt (**Technologieführerschaftsstrategie**) und als so genanntes „Pionierunternehmen" als erstes mit seinem Produkt am Markt ist (**Marktführerschaftsstrategie**). Letzteres trägt dazu bei, dass Erfahrungskurveneffekte früher erzielbar sind als dies bei den Konkurrenten der Fall ist. Um die Erfahrungskurveneffekte noch zu steigern, wird versucht, die Produkte zu standardisieren. Hierdurch lassen sich auch die Losgrößen ausweiten und die Teilevielfalt reduzieren. Außerdem werden hierfür die Lieferanten langfristig eingebunden. Sie sollen in Anlehnung an das Ford-Beispiel (vgl. Punkt III.4.5) u.a. dazu gebracht werden, ihre eigene Fertigung und Produktpalette auf die Erfordernisse des Unternehmens auszurichten. Sie werden weiterhin dazu aufgefordert, in bestimmten Zeitintervallen Vorschläge für Kostenreduzierungen für die Bauteile und Komponenten zu unterbreiten, die sie zuliefern. Dadurch erhöht sich der gegenseitige Integrationsgrad zwischen Lieferanten und Unternehmung. In einigen Fällen kommt es sogar zu gemeinsamen Forschungs- und Entwicklungsaktivitäten, Produktionsvolumensteilungen und gegenseitigen finanziellen Beteiligungen (**Kooperationsstrategie**). Soweit sich Lieferanten auf diese enge Einbindung nicht einlassen und/oder aus Sicht des Unternehmens zu vermuten ist, dass die Lieferanten mit den zugelieferten Teilen und Komponenten hohe Gewinne abschöpfen, soll von „buy" zu „make" übergegangen werden, um die Gewinne selbst einzustreichen (vertikale **Integrationsstrategie**). Hierdurch ist andererseits der Aufbau neuer Kapazitäten erforderlich (**Investitionsstrategie**).

3. Bewertung und Auswahl von Strategien

3.1 Verwendung strategischer Instrumente

Soweit bei der strategischen Analyse und Planung auf die bekannten **strategischen Controlling-Instrumente** (Kapitel III) zurückgegriffen wird, sind damit unmittelbar Möglichkeiten der Bewertung der gewonnenen Strategiealternativen gegeben. Strategische Instrumente sind daher immer auch als Bewertungsinstrumente für Strategien aufzufassen. Anhand der Portfolio- und Erfahrungskurvenmethode lässt sich dies aufzeigen.

(1) Bei der Anwendung von **Portfolio-Methoden** verzichtet das Management zwar auf die exakte Quantifizierung der Erfolgswirkungen einer Strategie. Allerdings werden über Ersatzkriterien bzw. stellvertretende strategische Erfolgsfaktoren (z.B. Marktattraktivität, Ressourcenstärke) Positionierungen von strategischen Geschäftseinheiten in Portfolio-Feldern vorgenommen, die ganz bestimmte Strategien empfehlen (z.B. Abschöpfungs- und Desinvestitionsstrategie, Investitionsstrategie). Durch diese Empfehlung ergibt sich indirekt eine Positivbewertung für eine strategische Stoßrichtung (z.B. Desinvestitionsstrategie für dogs) und gleichzeitig eine Negativbewertung für andere Strategien (z.B. Investitionsstrategie).

(2) In ähnlicher Weise ist das **Erfahrungskurvenkonzept** für die Strategiebewertung und -auswahl einsetzbar. Eine offensive und auf die Erlangung der Kostenführerschaft ausgelegte Preisstrategie für ein Produkt muss fehlschlagen und ist nicht zu empfehlen, wenn die Erfahrungskurvenanalyse ergibt, dass Konkurrenten auf einem weit höheren Mengenniveau arbeiten und/oder eine first-Position einnehmen. In diesem Fall ist es erfolgsträchtiger, eine Differenzierungs- und Innovationsstrategie zu verfolgen und die Produkte der Konkurrenten indirekt zu „veraltern", um die marktliche Wirksamkeit der Erfahrungskurvenvorteile der Konkurrenten außer Kraft zu setzen.

Diese Beispiele zeigen, dass in den strategischen Controlling-Instrumenten eine Strategiebewertung und präskriptive Geschichten (Meta-Erzählungen) „eingebaut" sind. Damit findet bei der Anwendung von strategischen Instrumenten stets eine implizite Strategiebewertung und -erzählung statt. Die Kenntnis von strategischen Instrumenten bildet daher auch gute Voraussetzungen für die Bewertung, die Auswahl und die kommunikative Darstellung und Diffusion von Strategien.

3.2 Strategiebewertungskataloge

Neben der (impliziten) Bewertung von Strategien durch strategische Instrumente zählen **Checklisten** und **Kriterienkataloge** zu den am meisten verbrei-

Strategieumsetzung

teten Methoden der Strategiebewertung und -auswahl. Häufig werden sie auch herangezogen, um die grundsätzliche „Machbarkeit" von Strategien (Machbarkeitsanalysen) zu prüfen.

Bild 213 zeigt eine Checkliste, die der Frage nachgeht, ob die Strategiealternativen verschiedene Kriterien erfüllen oder nicht.

Kriterien	Ja	Nein
• Vereinbarkeit mit Unternehmensphilosophie?	O	O
• Vereinbarkeit mit Unternehmenszielen?	O	O
• Synergien mit anderen Geschäftsfeldern?	O	O
• Erschließung neuer Märkte?	O	O
• Technologische Basis im Unternehmen vorhanden?	O	O
• Personelle Basis im Unternehmen vorhanden?	O	O
• Substitution von Konkurrenzprodukten?	O	O
• Beitrag zur Schließung von - Umsatzlücken?	O	O
- Gewinnlücken?	O	O
- Beschäftigungslücken?	O	O

Bild 213: Checkliste zur Strategiebewertung – Beispiel

Bei dieser Form der Strategiebewertung findet eine **„Digitalisierung" der Kriterienprüfung** (ja/nein) statt.

Daneben wäre die **Erhebung von Erfüllungsgraden** durch ein Rating denkbar, wie es in der Praxis häufiger zur Anwendung kommt. Dabei handelt es sich um eine weitere Verfeinerung der Checklisten-Methode, wodurch die Ableitung von Strategieprofilen ermöglicht wird.

Die Erhebung von Erfüllungsgraden durch verfeinerte Checklisten erlaubt es, die gewonnenen Profile der einzelnen Strategien gegenüberzustellen und diejenige Strategie auszuwählen, deren Profil den anderen Strategiealternativen überlegen ist. Außerdem können so genannte „Minimalprofile" als mindestens einzuhaltende Anspruchsniveaus vorgegeben werden.

Bild 214 zeigt in Anlehnung an Überlegungen von Koch ein Beispiel für eine profilierbare Checkliste:

Strategieumsetzung

Erfolgsfaktor	Bewertung				
	sehr gut	gut	Durch-schnitt	schlecht	sehr schlecht
I. Attraktivität des Absatzmarktes					
1. Marktgröße					
2. Reale Marktwachstumsrate					
3. Entwicklungsmöglichkeiten des eigenen Marktanteils					
4. Wettbewerbssituation					
5. Schwierigkeit der Nachahmung durch die Konkurrenz					
II. Verfügbarkeit der eigenen Produktionsmittel					
1. Personal					
2. Rohstoffe					
3. Energie					
4. Fertigungsanlagen					
5. Eigene Fähigkeiten, Kundendienstforderungen zu entsprechen					
6. Nutzung der besonderen Produktionserfahrungen der Unternehmung					
7. Inanspruchnahme vorhandener, bisher nicht voll ausgenutzter Anlagen					
III. Forschungs- und Entwicklungspotenzial					
1. Schutzfähigkeit des technischen Know-how					
2. Ausnutzung vorhandener Kenntnisse und Fähigkeiten					
IV. Fertigungspotenzial					
1. Ausschöpfen spezieller Fertigungskenntnisse					
2. Ausnutzung von Überkapazitäten					
3. Standortvorteile					
4. Kosten der Fertigung im Vergleich zur Konkurrenz (Erfahrungskurveneffekte)					
V. Finanzierungspotenzial					
1. Relative Verfügbarkeit der benötigten finanziellen Mittel					
2. Sinnvolles Verhältnis zwischen erforderlichen und verfügbaren finanziellen Mitteln					
3. Annehmbarkeit der Entwicklungs- und Einführungskosten					

Bild 214: Strategieprofil zur Strategiebewertung – Beispiel

Checklisten- und Profilmethoden zeichnen sich durch ihre einfache Handhabung aus. Die Anzahl der Kriterien ist beliebig veränderbar. Problematisch erscheint die Auswahl der Kriterien und die häufig vorgeschlagene Kriterienge-

Strategieumsetzung

wichtung. Beide Probleme nehmen starken Einfluss auf die Strategiebewertung und -auswahl, sind aber andererseits von den subjektiven Einschätzungen und Zielen der Entscheider abhängig, die damit **gewünschte Wahrheiten** produzieren können. Checklisten und Profilmethoden lässt sich ferner entgegengehalten, sie würden nur **Machbarkeitsanalysen** zulassen und wiesen eine „Inputorientierung" auf. Auch die Kriterien in den Bildern 213 und 214 zeigen, dass die Outputbetrachtung (Erfolgs-/Ertragskriterien) unterrepräsentiert ist. Die Kritik, wonach typische Checklisten und Profile oft nur für die **Negativ-Selektion von Strategien** anwendbar sind, ist daher verständlich.

3.3 Wertorientierte Bewertungskonzepte

Die Idee der wertorientierten („value-based") Strategiebewertung liegt darin, Erkenntnisse der Finanztheorie für die Strategiebeurteilung zu nutzen. Danach stellt sich die Frage, welchen Beitrag eine Geschäftseinheit zum Unternehmenswert leistet und welche Auswirkungen Strategien für den Wert eines Unternehmens haben (z.B. Rappaport, Wittmann(a).

Besonders in größeren Unternehmen wird eine wertorientierte Strategiebewertung vorgenommen. Nach Zimmermann orientiert sich die Geschäfts- und Unternehmenswertermittlung bei der Siemens AG z.B. an den in Bild 215 aufgeführten Einflussgrößen:

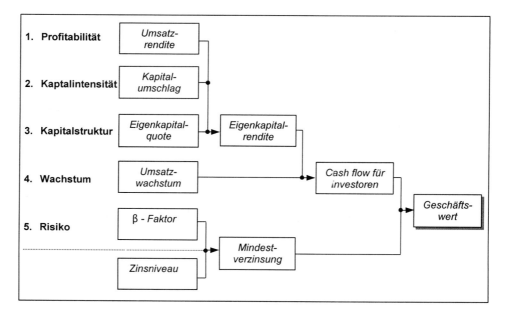

Bild 215: Einflussgrößen auf den Geschäfts- bzw. Unternehmenswert (Siemens)

Strategieumsetzung

Alle bisherigen Modelle gehen im Kern davon aus, dass das zentrale **Ziel des Unternehmens und seines Managements** in der **Schaffung von Werten für die Anteilseigner** liegt – und zwar sowohl im Hinblick auf die Auszahlung von Dividenden als auch im Hinblick auf die Erhöhung des Marktwertes (Börsenwertes). Die Stichhaltigkeit dieser Unterstellung wirft natürlich Zweifel auf. Schließlich haben bereits die **postmodernen Relativierungen** in Kapitel I sowie die Ausführungen zur **Managementanalyse** in Kapitel II darauf aufmerksam gemacht (und ständig wiederkehrende Veröffentlichungen in der Tagespresse bestätigen dies fast täglich), dass sich im Management eine „gewisse" Selbstbedienungsmentalität nicht leugnen lässt, Prinzipal-Agent-Probleme immer wieder aufflackern, bei kurzfristigem Engagement und Zeithorizont manche Maßnahme rational erscheint, die sich längerfristig als völlig irrational entpuppt und Managern (wie Mitarbeitern) opportunistisches Verhalten – auch zum Schaden des Unternehmens und der Eigentümer – nicht fremd ist (vgl. dazu Punkt I.2 sowie II.4.1; ferner Schneider (q)).

Ungeachtet dieser Probleme und Einschränkungen kann die Beurteilung des durch Strategien schaffbaren Zusatzwertes für Unternehmen, strategische Geschäftseinheiten oder Projekte methodisch-instrumentell beispielsweise auf der Kapitalwertermittlung beruhen. Hiefür kann auf die bekannten Verfahren der dynamischen Investitionsrechnung zurückgegriffen werden. Im Mittelpunkt stehen dabei vor allem die interne Zinsfuß- und/oder die Kapitalwertmethode (dazu z.B. Pflaumer (b)).

Diese Grundidee ist Basis aller aktuellen und vielfach kontrovers diskutierten Ansätze des (Shareholder-) **Value-Based-Managements**.

Anhand des so genannten **Marktwert-Buchwert-Modells** lässt sich die Vorgehensweise vereinfacht wie folgt skizzieren (Hax und Majluf):

(1) Der **Buchwert** eines Unternehmens steht im Nenner und zeigt die Sicht des Buchhalters. Der Nenner entspricht dem Wert der bislang von den Aktionären zur Verfügung gestellten Ressourcen.

(2) Im Zähler zeigt der **Marktwert** (Börsenwert) der Unternehmensaktien die Sicht des Investors, der an einer Wertsteigerung interessiert ist. Der Marktwert entspricht den geschätzten künftigen Zahlungen, die von den Aktiva, über die das Unternehmen bereits verfügt, und von den Investitionen (und Strategien), die das Unternehmen künftig beabsichtigt, hervorgebracht werden.

(3) Das **Verhältnis zwischen Marktwert und Buchwert** (M/B) entspricht danach dem Verhältnis zwischen künftig erwarteten Zahlungen und bislang (und zukünftig) eingesetzten Ressourcen.

(4) Folgende **Grundaussagen** sind dann ableitbar:
- gilt M/B = 1, dann ist zu erwarten, dass die zukünftigen Zahlungen einen den eingesetzten Ressourcen entsprechenden Ertrag erbringen. Es ergeben sich keine Wertveränderungen. Weder werden Werte geschöpft, noch vernichtet (bei Inflation ergibt sich jedoch ein Substanzverlust);
- gilt M/B > 1, dann stellen sich überschüssige Erträge ein. Das Unternehmen schafft Werte für die Anteilseigner;
- gilt M/B < 1, dann liegt der Ertrag unter der vom Markt vorgegebenen Norm. Das Unternehmen vernichtet Werte seiner Anteilseigner.

Für die Strategiebewertung bedeutet dies zunächst, dass im Gegensatz zur Checklisten- und Profilmethode eine **outputorientierte Wirkungsanalyse** von Strategien stattfindet. Allerdings muss es gelingen, das Marktwert-Buchwert-Modell bis auf die Ebene der einzelnen strategischen Geschäftseinheiten und die darin verfolgten Strategien herunterzubrechen, was in der Praxis erhebliche Zurechnungsprobleme auslöst.

Außerdem können konkurrierende strategische Alternativen für Geschäftseinheiten (-felder) bewertet und die beste(n) Strategie(n) ausgewählt werden.

Schließlich zeigen die abgeleiteten Grundaussagen, dass im Einzelfall auch eine **Strategieunterlassung** und/oder Aufgabe von strategischen Geschäftseinheiten (bzw. im Extremfall des gesamten Geschäftsbetriebs) angeraten werden muss. Dies ist dann der Fall, wenn eine Strategie und/oder weitere Aufrechterhaltung einer Geschäftseinheit mit einer **Wertvernichtung** verbunden ist (M/B < 1).

Ziel des Managements muss es unter diesen Bedingungen sein, den Wert des Unternehmens und seiner Teile durch geeignete Strategien zu steigern. Dies hat vielfältige Konsequenzen. So müssen beispielsweise die einzelnen Teile für das Unternehmen einen höheren Wert besitzen als wenn sie verkauft oder verselbständigt würden. Die Wertbeurteilung auf Basis der Marktwert-Buchwert-Methode bzw. des Shareholder-Value-Ansatzes kann daher vor allem auch für die Bewertung von **Disintegrations- und Liquidierungsstrategien** und **Integrations-, Übernahme- und Kooperationsstrategien** herangezogen werden.

Bild 216 zeigt exemplarisch die Positionierungen von Tochterunternehmen eines Konzernunternehmens in einem **Marktwert-Buchwert-Portfolio**:

Strategieumsetzung

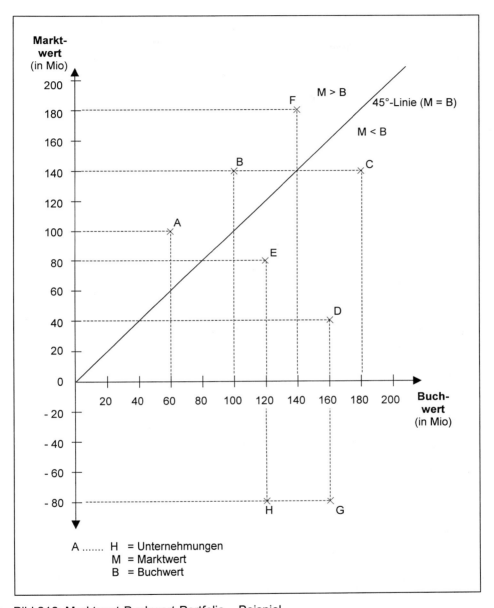

Bild 216: Marktwert-Buchwert-Portfolio – Beispiel

Das beste Verhältnis zwischen Markt- und Buchwert weist Unternehmen A auf (100/60). Danach folgen B (140/100) und F (180/140). Sie liegen oberhalb der 45-Grad-Linie (M=B). Bei den Unternehmen C (140/180), E (80/120) und D (40/160) liegen dagegen die Marktwerte unter den Buchwerten. Für die Unternehmen H (-80/ 120) und G (-80/160) ergeben sich sogar negative Marktwerte.

In Bild 217 sind die dazugehörigen kumulierten Markt- und Buchwerte in Treppenform dargestellt:

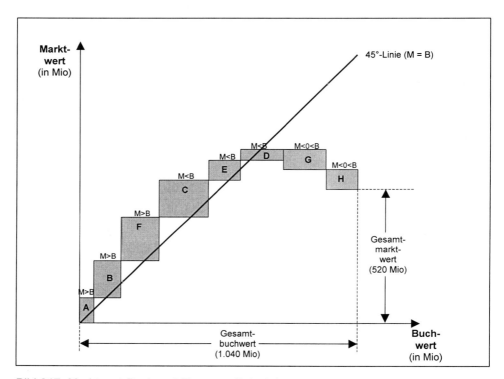

Bild 217: Marktwert-Buchwert-Treppe – Beispiel

Bei einem Gesamtbuchwert von 1.040 Mio Euro liegt der Gesamtmarktwert bei lediglich 520 Mio Euro. Die Geschäftseinheiten C, E und D tragen zum Marktwert des Unternehmens bei, ihre Rentabilität (bzw. ihr laufender Marktwertzuwachs) liegt aber offensichtlich unter den Kapitalkosten (bzw. den laufenden Aufwendungen für die Ressourceneinsätze). Wenn ihr Liquidations- oder Verkaufswert den von diesen Geschäftseinheiten erbrachten Wert übersteigt, sollten sie zur Liquidierung bzw. zum Verkauf freigegeben werden. H und G wären möglichst bald aufzulösen, weil sie den Wert des Unternehmens schmälern. Durch diese Umschichtungsmaßnahmen würde sich die Situation des Unternehmens wesentlich verbessern.

Die hier dargestellte wertorientierte Strategiebewertung hat drei grundsätzliche **Anwendungsvoraussetzungen:**

(1) Zunächst muss es in der Praxis möglich sein, die Werte nicht nur für das gesamte Unternehmen, sondern auch Werte für die einzelnen Teile bzw. strategischen Geschäftseinheiten separat zu ermitteln. Ob dies gelingt, ist vor allem davon abhängig, inwieweit gegenseitig klar abgrenzbare und voneinander möglichst unabhängige Geschäftseinheiten gebildet worden sind (vgl. hierzu Punkt II.5).

(2) Daneben muss es möglich sein, die Wirkungen der Strategiealternativen auf die Geschäftseinheits- und Unternehmenswerte zu ermitteln. Aufgrund des inhärenten Zukunftsbezugs von Strategien ist es dazu notwendig, von Zukunftswerten (Ertragswerten) auszugehen. Eine Substanzwertbetrachtung ist demgegenüber aufgrund ihrer Vergangenheitsorientierung nicht geeignet.

(3) Schließlich gilt es, die Anwendung dieser Methode im Unternehmen durchzusetzen und zu autorisieren. Um die strikte und einheitliche Anwendung sicherzustellen, wird oft vorgeschlagen, sowohl auf der Ebene des Gesamtunternehmens als auch auf der Ebene der einzelnen strategischen Geschäftseinheiten ein unternehmens- und geschäftswertorientiertes Incentive-System für das Management zu etablieren (so beispielsweise Wittmann (a) für die Siemens AG).

3.4 Entscheidungsregeln

Strategien sind stets in die Zukunft gerichtete Handlungen. Da die Zukunft nicht exakt vorausgesagt werden kann, erfolgt die Strategieauswahl in der Praxis immer unter Ungewissheit. Dies bedeutet, dass sich insbesondere die Prämissen über die Unternehmensumwelt, unter denen die strategischen Pläne und Strategien formuliert werden, ständig verändern können.

Für die Strategieauswahl ist es daher sinnvoll, mehrere denkbare **Zukunftsbilder** zu erstellen und die Wirkungen alternativer Strategien für die verschiedenen (wahrscheinlichen) Umweltszenarien zu ermitteln.

Das strategische Entscheidungsfeld, das strukturell einem vereinfachten Planungstableau entspricht (Punkt I.3), lässt sich dann anhand der in Bild 218 beispielhaft dargestellten **Entscheidungsmatrix** systematisieren, wie sie beispielsweise aus der präskriptiven Form des entscheidungsorientierten Ansatzes bekannt ist (vgl. dazu und zu verschiedenen Entscheidungsregeln z.B. Heinen (b, c), Bamberg u. Coenenberg, Laux, Schildbach, im Überblick dazu Schneider (o)).

Strategieumsetzung

	Szenarien			
Strategiealternativen	S_1	S_2	S_3	S_4
A_1	30	40	20	35
A_2	35	30	40	50
A_3	50	40	35	42
A_4	45	42	48	52
A_5	42	42	58	44

Bild 218: Entscheidungsmatrix für die Strategieauswahl – Beispiel

Den jeweiligen **Strategiealternativen** (A1...A5) sind in Abhängigkeit von denkbaren (wahrscheinlichen) **Szenarien** (S1...S4) Ergebniswerte zugeordnet. Bei den Ergebniswerten könnte es sich um die zu erwartenden **Wertzuwächse** einer strategischen Geschäftseinheit handeln.

Es ist zu fragen, welche Strategiealternative zu wählen ist, wenn nicht mit Sicherheit vorhersagbar ist, welches Szenario eintreten wird. Die Antwort hängt vor allem davon ab, ob **(1)** das Management die Unternehmensumwelt und damit den Eintritt eines Szenarios beeinflussen kann, **(2)** wie hoch die Risikobereitschaft des Managements ist und ob **(3)** eine Wahrscheinlichkeitsverteilung über den Eintritt der Szenarien vorliegt.

(1) Kann das Management sein Umfeld stark beeinflussen, dann wird es versuchen, das Szenario S3 zu verwirklichen und die Strategiealternative A5 wählen. Der Wertzuwachs ist in diesem Fall maximal (58).

(2) Existieren für das Management keine Beeinflussungsmöglichkeiten, so bestimmt sich die Wahl der Strategie nach der Risikobereitschaft des Managements. Sie ist davon abhängig, ob es sich eher um (21) pessimistische oder (22) optimistische Entscheidungsträger handelt:

(21) Liegen **Pessimisten** vor, dann wird das Management die so genannte Maxi-Min-Entscheidungsregel anwenden. Bei ihr ist diejenige Strategie auszuwählen, bei der der minimale Wertzuwachs noch am höchsten ist. Bei A1 liegt er bei 20, bei A2 bei 30, bei A3 bei 35, bei A4 bei 42

Strategieumsetzung

und bei A5 bei 42. Danach wäre Strategiealternative A4 oder A5 zu wählen.

(22) Liegen dagegen **Optimisten** vor, dann wird das Management die so genannte Maxi-Max-Entscheidungsregel anwenden. Danach ist diejenige Strategie zu wählen, bei der der maximale Wertzuwachs am höchsten ist. Im gewählten Beispiel liegt er bei A1 bei 40, bei A2 bei 50, bei A3 bei 50, bei A4 52 und bei A5 bei 58. In diesem Fall fiele die Wahl auf Strategie A5.

Über diese zwei Regeln hinaus hat die Entscheidungstheorie viele weitere Entscheidungsregeln entwickelt, die bei der Strategieauswahl zum Einsatz kommen können. An dieser Stelle soll jedoch auf sie nicht mehr explizit eingegangen werden (z.B. Optimismus-Pessimismus-Regel, Methode des geringsten Bedauerns; vgl. dazu die eingangs dieses Punktes zitierten Autoren).

(3) Hat das Management Kenntnisse über die **Wahrscheinlichkeiten**, mit der die einzelnen Szenarien eintreten können, dann kann sich die Strategieauswahl am zu erwartenden Wertzuwachs orientieren („Erwartungswert des Wertzuwachses"). In dieser Situation kann die so genannte Bayes-Entscheidungsregel angewandt werden. Hiernach sind die einzelnen Wertzuwächse je Szenario mit den Eintrittswahrscheinlichkeiten für die Szenarios zu multiplizieren und eine Addition über die so erhaltenen Ergebnisse durchzuführen. Unterstellt man für Szenario S1 eine Eintrittswahrscheinlichkeit von 0,2, für S2 eine von 0,3, für S3 eine von 0,1 und für S4 eine von 0,4, so ergibt sich für Strategiealternative A1 ein Erwartungswert für den Wertzuwachs von 34 (30x0,2 + 40x0,3 + 20x0,1 + 35x0,4). Der Erwartungswert von A2 liegt bei 40, der von A3 bei 42,3, der von A4 bei 47,2 und der von A5 bei 44,4. Strategie A4 weist den höchsten Erwartungswert auf und wäre auszuwählen.

Die Anwendung von Entscheidungsregeln für die Strategieauswahl setzt zunächst beim Management **Kenntnisse über diese Methoden** voraus. Diese Bedingung ist in der Praxis oft nicht erfüllt. Ein weiteres Problemfeld erstreckt sich auf die **Vollständigkeit** hinsichtlich der Strategien und der zugrundeliegenden Umweltkonstellationen (Szenarien). Schließlich besteht das Erfordernis, jeder Strategiealternative-Szenario-Kombination **Ergebniswerte** zuzuordnen. Dies kann einen enormen **Aufwand** für die Informationsgewinnung und Wertermittlung auslösen.

Grundsätzlich liegt der Anwendungsbereich von Entscheidungsregeln in der Ableitung von Auswahlentscheidungen. Allerdings können sie auch zum **„praktischen Durchspielen"** zum Einsatz kommen. Stellt sich dabei heraus, dass – unabhängig von einer bestimmten Regel – die Wahl sehr häufig auf eine oder mehrere Strategiealternative(n) fällt, dann kann (können) diese Alternative(n) als relativ günstig angesehen und insgesamt präferiert werden sowie eine positive Vorselektion erfolgen (im Beispiel die Strategien A4 und A5). Ferner kann sich die beschriebene Vorgehensweise selbst dann als nützlich erweisen, wenn die einzelnen Methoden gar nicht zum Einsatz kommen und nur eine entsprechende Tabellierung erfolgt. Allein die **systematische Auf- und Gegenüberstellung** von Strategiealternativen und Szenarien ist angesichts der in der Praxis häufig feststellbaren „Strategiewahl aus dem hohlen Bauch" positiv zu bewerten. Im vorliegenden Beispiel würde z.B. ersichtlich, dass die Wertzuwächse der Strategiealternativen A4 und A5 bei jedem Szenario über den Wertzuwächsen der Strategiealternative A1 liegen. Aufgrund der Strategiedominanz von A4 und A5 müsste Strategie A1 für weitere Betrachtungen nicht mehr beachtet werden.

4 Konkretisierung und Umsetzung von Strategien

Bei einer systematischen und umsetzungsorientierten Vorgehensweise der strategischen Planung folgt der Bewertung und Auswahl von Strategien die weitere Konkretisierung und praktische Umsetzung. Hierzu ist im ersten Schritt die **Formulierung strategischer Programme** in Angriff zu nehmen (Punkt IV.4.1). Die (mittelfristige) **Maßnahmenplanung** (Punkt IV.4.2) und die **Budgetierung** (Punkt IV.4.3), mit denen die Zuteilung der Ressourcen festgelegt wird, schließen sich an. Durch zusätzlich flankierende Maßnahmen (z.B. eine entsprechende Führungskräftezuordnung) kann eine weitere **Umsetzungsabsicherung** erfolgen (Punkt IV.4.4).

4.1 Strategische Programme

Strategien sind mittel- bis langfristig wirksame Vorgehensweisen, um wünschbare Zielprojektionen zu erreichen. Zwischen der gewünschten Entwicklung und der aufgrund der gegebenen Ist-Situation prognostizierten Entwicklung liegen jedoch meist Lücken (Punkt II.4.3 und III.6). Diese Lücken können auf der Ebene des Gesamtunternehmens, verschiedener Geschäftsbereiche, Produktgruppen und Einzelprodukte (sowie in Einzelfällen auch auf Funktionsebene) auftreten und bestimmt werden.

Für die einzelnen Aktivitäten und Maßnahmen, mit denen die Lücken auf den jeweiligen Ebenen reduziert bzw. geschlossen werden sollen, bilden so genannte **strategische Programme** den Rahmen (Bild 219). Sie bestehen folglich aus mehreren konkreten (operativen) Maßnahmen bzw. Aktivitäten und bilden das Bindeglied zu den übergeordneten Strategien, wie sie beispielsweise aus der **Vier-Felder-Matrix der strategischen Verhaltensoptionen** bekannt sind (also z.B. Produkt-, Markt-, Ressourcen- und/oder Strukturentwicklung, vgl. Punkt III.6).

Strategieumsetzung

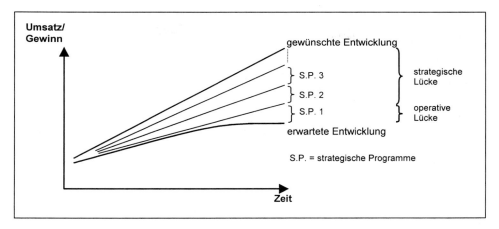

Bild 219: Operative und strategische Lücke und strategische Programme

Zwischen der Ziel- und Strategieformulierung einerseits und den einzelnen Aktivitäten, Maßnahmen und der Ressourcenzuteilung (Budgetierung) andererseits übernehmen strategische Programme also eine wichtige **Scharnierfunktion**.

Auf der Basis der strategischen Ziele und der ausgewählten Strategien legen strategische Programme die strategischen Stoßrichtungen fest. Beziehen sich die Strategien auf das Gesamtunternehmen und mehrere oder alle strategischen Geschäftsbereiche, dann bilden strategische Programme die Klammer zwischen diesen Strategien, den Geschäftsbereichen und den Funktionsbereichen. Beziehen sich die Strategien nur auf einen Geschäftsbereich, dann bilden die strategischen Programme die Klammer zwischen den Geschäftsbereichsstrategien und den Maßnahmen auf der Ebene der betroffenen Funktionsbereiche.

Geht man von der Umsetzung einer Geschäftsbereichsstrategie aus, dann legen die strategischen Programme i.d.R. globale Maßnahmen fest, die von den einzelnen betrieblichen Funktionsbereichen ergriffen werden müssen, um die geplante Strategie zu realisieren.

Bild 220 zeigt beispielhaft ein strategisches Ziel, die vom Management dazu formulierte Strategie und ihre Konkretisierung auf der Ebene der jeweiligen funktionalen Einheiten des Unternehmens. Über die folgende Maßnahmenplanung (vgl. unten) wird anschließend eine weitere Konkretisierung erreicht.

Strategisches Ziel:	Ausweitung des Geschäftsvolumens, internes Wachstum, Sicherung und Ausweitung der Beschäftigung
Strategie:	Aktive vertikale Vorwärts- und Rückwärtsintegration
Funktionen	Globale Maßnahmen
Forschung und Entwicklung	*Akquisition von Know how über vor- und nachgelagerte Produktionsstufen in der Wertkette*
Personal	*Anwerbung von Engpass- und Schlüsselpersonal, das derzeit bei Lieferanten/Kunden tätig ist; Einleitung von Personalentwicklungsmaßnahmen für eigenes Personal*
Produktion	*Bereitstellung der Produktionskapazitäten für die Übernahme vor- und nachgelagerter Produktionsstufen*
Einkauf	*Verstärkter Übergang von „buy" zu „make" bei attraktiven Vorleistungen*

Bild 220: Beispiel eines vereinfachten strategischen Programms

Bild 220 zeigt, dass es bei der Entwicklung strategischer Programme nicht um die vollständige Übersetzung einer Strategie geht. Vielmehr handelt es sich um die systematische Aufstellung von Globalmaßnahmen, die von den einzelnen Funktionen durchzuführen sind. Dabei werden jedoch nur die für die geplante Strategie kritischen Maßnahmen fixiert. Eine detaillierte und vollständige Verankerung der gesamten Maßnahmen auf allen Ebenen wäre nicht im Sinne der Zielsetzung strategischer Programme, weil jede kleinste Veränderung zu einer Revision der strategischen Programme führen würde.

Bei der Aufstellung der strategischen Programme werden die strategischen Ziele und die ausgewählten Strategien nicht mehr in Frage gestellt. Allenfalls können auf den Funktionsebenen Engpässe bestehen, die eine Maßnahme bedrohen könnten. Beispielsweise wäre es im o.g. Fall denkbar, dass die Produktionskapazitäten voll ausgelastet sind, weshalb die Eigenerstellung von bestimmten und vormals von außen zugelieferten Teile und Baugruppen im Zuge der Integrationsstrategie gefährdet ist. Auch in solchen Situationen darf dies nicht dazu führen, die Strategie zu verwerfen. Vielmehr müssen derartige Probleme schon im Rahmen einer umsichtigen Unternehmensanalyse und Strategiebewertung antizipiert worden sein. Eine anhaltende Strategieverwerfung im Stadium der funktionalen Maßnahmenplanung im Rahmen der strategischen Programmplanung würde zum Versanden jeder Strategieumsetzung und zu einem schrittweisen Verlust der Handlungsfähigkeit und Glaubwürdigkeit des Managements führen, die in Legitimationskrisen münden könnten.

Um u.a. der in der Praxis berüchtigten und latenten **Gefahr der „Strategietorpedierung auf der Maßnahmenebene"** entgegenzuwirken, wird häufig gefordert, für die Strategiebewertung und -auswahl sowie die Konzipierung von strategischen Programmen ein **strategisches Projektteam** einzusetzen. Die Mitglieder des strategischen Teams sollten sich aus den verschiedenen vertikalen Ebenen und horizontalen Funktionsbereichen zusammensetzen, um einen Informationstransfer entlang der Konkretisierungsstufen und Funktionsbereiche zu fördern. **Top-down** werden dadurch gute Voraussetzungen geschaffen, um stets hierarchischen Druck auf die Realisierung von Strategien und die damit beauftragten nachgeordneten Ebenen auszuüben. **Bottom-up** ist dadurch andererseits eher sicherstellbar, dass insbesondere die mit der konkreten Umsetzung verbundenen Probleme auf der Funktionsebene den übergeordneten Ebenen zur Kenntnis gebracht werden und in die Strategiebewertung und -auswahl eingehen.

4.2 Maßnahmenplanung

Aus den strategischen Programmen sind mittelfristige Maßnahmen, einzelne Projekte und Meilensteine abzuleiten und zu planen. Während auf der Stufe der strategischen Programme bestenfalls längerfristige und sehr grobe zeitliche Festlegungen getroffen werden, erfolgen auf der Maßnahmenebene relativ genaue **Zeitvorgaben**.

Außerdem werden die im Rahmen der strategischen Programme festgelegten (Global-) Maßnahmen in **detailliertere Maßnahmen** oder so genannte **Funktionsprogramme** überführt. Dies geschieht meist durch die Funktionsbereichsleitungen und/oder durch sie beauftragte Stellen (Stäbe). Sie haben sich an den Globalmaßnahmen der strategischen Programme zu orientieren.

Bild 221 zeigt dazu in Fortführung des o.g. Beispiels für funktionsorientierte Globalmaßnahmen eine detailliertere **Maßnahmenplanung für den Funktionsbereich Personal**:

Strategieumsetzung

Funktion:	Personal			
Globale Maßnahme:	Anwerbung von Engpass- und Schlüsselpersonal, das derzeit bei Lieferanten/Kunden tätig ist; Einleitung von Personalentwicklungsmaßnahmen für eigenes Personal			
	Maßnahme/Aktion	Termin	Verantwortungsträger	tangierte Funktionen
1	Klärung der Frage, welche Produktionsstufen bis zu welchem Termin übernommen werden sollen	bis 01.03.	Funktionsleiter Personal/ strategisches Team	alle Funktionen, vgl. strategisches Programm
2	Definition des entsprechenden Engpass- und Schlüsselpersonals	bis 15.04.	Leiter Personalentwicklung mit Assistent	F&E und Produktion
3	Festlegung der Anwerbemaßnahmen (z.B. Einschaltung von Head-Huntern, Direktkontakt)	bis 01.05.	Leiter Personalbeschaffung	—
4	Erste Kontaktaufnahme/Bewerbungsgespräche mit Engpass-/Schlüsselpersonal	bis 30.08.	Leiter Personalbeschaffung	jeweilige Fachfunktionen
5	Auswahl entwicklungsfähiger und entwicklungsbereiter Mitarbeiter	bis 30.04.	Leiter Personalentwicklung und betroffene Abteilungsleiter	alle Funktionen, vgl. strategisches Programm
6	Konzipierung und Festlegung der Personalentwicklungsmaßnahmen	bis 15.07.	Leiter Personalentwicklung und Funktionsleiter Produktion und F&E	Produktion und F&E bei Bedarf externe Berater
7	Einleitung erster Entwicklungsmaßnahmen und Durchführung	bis 15.08.	Leiter Personalentwicklung mit Assistent	bei Bedarf externe Trainer

Bild 221: Beispiel einer detaillierteren Maßnahmenplanung für die Funktion Personal

Neben den **Terminen** für den Abschluss der Maßnahmen sind die **Verantwortungsträger** und **tangierten Funktionen** zu bestimmen. Dadurch soll eine genaue Personifizierung der Verantwortung und die persönliche Maßnahmenidentifikation gesteigert werden. Andererseits sollen durch die Angabe der tangierten Funktionen die Maßnahmeninterdependenzen verdeutlicht und die interfunktionalen Abstimmungsprozesse intensiviert werden.

Dass sowohl bei den horizontalen als auch den vertikalen Abstimmungsprozessen Konflikte und Dissonanzen auftreten, kalkuliert das Management dabei meist bewusst ein. Um insgesamt das strategische Bewusstsein im Unternehmen zu steigern, wird oft geraten, dies durch einen möglichst breiten Diskurs über die Ziele und Strategien sowie durch eine intensive Partizipation zu verfolgen. Kritiker halten dem entgegen, die Zeitintensität der Strategieumsetzung würde dadurch steigen und ein Versanden von strategischen Plänen wäre dadurch vorprogrammiert.

An dieser Stelle könnte die so genannte **"Loose-Tight-Hypothese"** (Albers und Eggers) aus dem Dilemma helfen. Sie wurde ursprünglich im Rahmen des Innovationsmanagements entwickelt, um Forschungs- und Entwicklungsprojekte von der Konzeption bis zur Realisierung erfolgreich zum Abschluss zu führen. Überträgt man diese Hypothese auf das strategische Management, so wäre für das Stadium der Schaffung eines erhöhten Strategiebewusstseins und der Strategieentwicklung ein sehr lockerer, breiter und vor allem partizipierender Einbindungsstil („loose") zu empfehlen. Mit zunehmender Strategiekonkretisierung und besonders bei der Strategieumsetzung sollte dagegen ein strafferer („tight") Führungsstil einsetzen. Da Führungspersonal häufig auf bestimmte Führungsstile festgelegt ist, kann es in diesem Zusammenhang durchaus sinnvoll sein, entlang der Projektphasen das Führungspersonal schrittweise zu wechseln bzw. die Führerschaft phasenorientiert personell neu zuzuordnen. Bei einem Strategie- und/oder Projektteam könnte das bedeuten, die Teamführung sukzessive vom „Loos-Leader" auf einen „Tight-Leader" zu übertragen

4.3 Budgetierung und Ressourcenzuteilung

Für die Umsetzung von Strategien sind vor allem finanzielle Mittel erforderlich. Sie müssen entweder neu bereitgestellt oder anderen Verwendungsarten entzogen werden. Sowohl die strategischen Programme als auch die einzelnen Maßnahmen müssen budgetiert werden, um den Gesamtetat für das Unternehmen sowie die Teiletats der Geschäftsbereiche und Funktionen festzulegen.

Da die strategischen Programme noch sehr allgemein formuliert sind, ist eine Ressourcenzuteilung in diesem Konkretisierungsstadium meist nur sehr grob möglich. Oft wird sie aus diesem Grund unterlassen. Spätestens dann, wenn die Maßnahmen und Projekte aus den strategischen Programmen zu detaillierteren Maßnahmenplänen weiterentwickelt werden, ergibt sich jedoch das Erfordernis der umfassenden finanziellen (und materiellen) Ressourcenzuteilung. Dies geschieht durch die explizite Festlegung von Budgets.

Unterstellt man wiederum die praktische Umsetzung einer Geschäftsbereichsstrategien (in Fortführung an das oben ausgeführte Beispiel), dann sind sowohl für die jeweiligen Maßnahmen als auch für die jeweils betroffenen Funktionen Budgets einzurichten (Bild 222).

Strategieumsetzung

Strategien / Programme / Maßnahmen \ Funktionen	Forschung und Entwicklung	Personal	Produktion	Einkauf	Sonstige	**Gesamt**
Strategie 1: Aktive vertikale Vorwärts- und Rückwärtsintegration Globale Maßnahmen	400.000	300.000	320.000	120.000	200.000	**1.340.000**
Maßnahme / Aktion ① ② ③ ④ ⑤ ⑥ ⑦ ⓝ		10.000 10.000 5.000 30.000 30.000 40.000 140.000 5.000				
Summe Funktionsbudget	400.000	300.000	320.000	120.000	200.000	**1.340.000**
Strategie 2: Globale Maßnahmen	200.000	50.000	120.000	150.000	180.000	**700.000**

Bild 222: Beispiel einer matrixartigen Budgetierung

Auf der **horizontalen Budgetachse** zeigt Bild 222 die Budgets für die Strategie sowie die einzelnen Maßnahmen und Aktionen des strategischen Programms (Strategie- oder Programmbudget). Die **vertikale Budgetachse** zeigt die einzelnen Maßnahmen sowie das Gesamtbudget für die Funktionsbereiche.

Der Vorteil der budgetorientierten Vorgehensweise liegt zunächst darin, dass der Aufwand für jedes strategische Programm und die Einzelmaßnahmen ermittelt werden kann. Dies erleichtert u.a. die spätere Kontrolle. Daneben ist ersichtlich, welche Funktionen in welchen (finanziellen) Ausmaßen an der Umsetzung der Programme beteiligt sind.

Häufig findet eine weitere **Verfeinerung der Budgets in Aufwandsarten** statt. Danach wäre es denkbar, das Budget in Höhe von 140.000 Euro für die Maßnahme 7 im Funktionsbereich Personal zum Beispiel nach verschiedenen Sachkostenarten (z.B. für die Durchführung von Schulungsmaßnahmen, Seminargebühren, Reisekosten) und Personalkostenarten (z.B. für intern freigestelltes Personal, externe Berater) aufzugliedern.

Strategieumsetzung

Neben der bislang beschriebenen Budgetierung der für die Strategieumsetzung erforderlichen Maßnahmen (so genannte **Maßnahmen-Budgetierung**) ist auch an die Vorgabe der mit den Strategien verfolgten Zielgrößen zu denken (so genannte **Zielgrößen-Budgetierung**). Maßnahmen-Budgetierung und Zielgrößen-Budgetierung sind eng miteinander verzahnt. Bei der diskutierten Integrationsstrategie ist beispielsweise zu vermuten, dass nach Umsetzung der Strategie Veränderungen für den Umsatz, die Wertschöpfung, die Vorräte, die Mitarbeiterzahl, den F&E-Aufwand, den Gewinn usw. eintreten. Auch für diese Größen sind Budgets vorzugeben. Gleiches gilt für die Zielgrößenveränderungen, die mit den Strategien verfolgt werden. Erst wenn auch für die Zielgrößen (neue) Budgets festgelegt werden, ist eine Kontrolle der Effektivität und Effizienz der Strategieumsetzung möglich (Bild 223).

Eckdatenblatt SGE 1	Vorjahr (vor Strategieumsetzung)	aktuelles Jahr (nach Strategieumsetzung)				
		Budget	Ist	Abweichung I (Ist-Budget)	Abweichung II (Ist-Vorjahr)	darin strategiebedingt
Outputgrößen: *)						
Auftragseingang	405	480	470	-10	+65	+50
Umsatz	370	440	425	-15	+55	+20
Wertschöpfung	220	340	330	-10	+110	+80
Gewinn (v. St.)	14	22	20	-2	+6	+1
Ressourceneinsatz: *)						
Mitarbeiter	1.900	2.150	2.160	+10	+260	+290
F&E-Aufwand	25	35	40	+5	+15	+15
Investitionen	40	80	75	-5	+35	+40
Vorräte	80	95	95	+/-0	+15	+5
Materialaufwand	120	115	90	-25	-30	-25

*) jeweils in Mio €; Mitarbeiter in Vollzeitbeschäftigteneinheiten

Bild 223: Eckdatenblatt eines Geschäftsbereichs – Beispiel

Bild 223 zeigt einen Vergleich für verschiedene **Eckdaten** eines Geschäftsbereichs für ein **Vorjahr** (vor Strategieumsetzung), das **Budget** und das **Ist** für das aktuelle Jahr (nach Strategieumsetzung) sowie die **Gesamtabweichung** und die darin enthaltene Abweichung, die auf die Umsetzung der Strategie zurückzuführen ist. Für die Erfolgsbestimmung der strategischen Maßnahmen ist vor allem diese **strategiebedingte Abweichung** von Interesse.

Strategieumsetzung

Nach Darstellungen von Zimmermann entstehen die Budgets bei der **Siemens AG** in einer durchgängigen und detaillierten Planung der kürzerfristigen Geschäftsziele, der durchzuführenden Maßnahmen und Ressourceneinsätze sowie der daraus folgenden Wirkungen auf Ergebnis, Finanzierung und Bilanz. Die Budgetplanung für das zukünftige Geschäftsjahr durchläuft bei Siemens alle organisatorischen Einheiten der Unternehmenshierarchie. Dabei können die Zielgrößen für Leistungen und Einsatzfaktoren inhaltlich variieren und sich an der geschäftsumsetzenden Basis von finanzwirtschaftlichen Wertgrößen (z.B. Umsatz) schrittweise lösen und an „technischen und mengenorientierten Größen" (wie z.B. Maschinenstunden oder Stückzahlen) orientieren. Bild 224 zeigt die **Platzierung der kurzfristigen Budgetplanung** bei der Siemens AG als eine Aktivität zwischen mittelfristiger Geschäftsplanung und Abschluss:

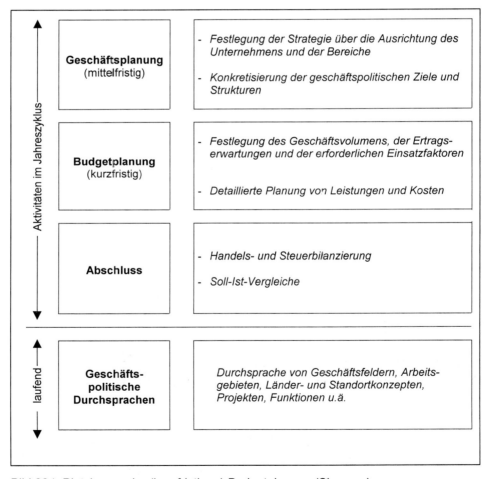

Bild 224: Platzierung der (kurzfristigen) Budgetplanung (Siemens)

Bild 225 gibt einen Überblick über **Aufbau und Inhalte der Budgets** für die Bereiche, selbständigen Geschäftsgebiete und Gesellschaften der Siemens AG (Zimmermann).

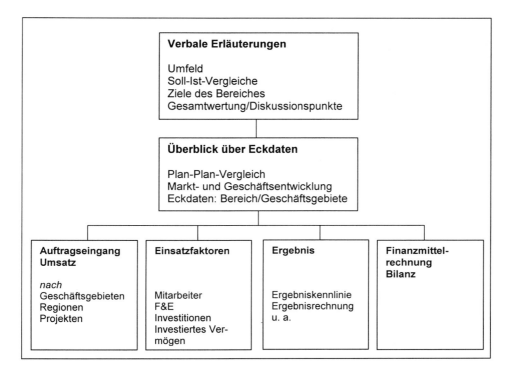

Bild 225: Aufbau und Inhalte der Budgets (Siemens)

Die verbalen Erläuterungen dienen den Teilnehmern der Budgetgespräche (z.B. aus den Zentralbereichen Finanzen und Unternehmensplanung sowie aus den geschäftsführenden Einheiten) zur inhaltlichen Vorbereitung auf die anstehenden Diskussionspunkte und Entscheidungen. Dabei wird z.B. an der strategischen Ausgangslage der Geschäftsfeldplanung angesetzt und ein fundierter Einblick in die Veränderungen im Geschäftsfeld gegeben (z.B. Markt, Wettbewerb, Kunden, Konjunktur). Schließlich folgen die Eckdaten des Bereichs, wobei auch Plan-Plan-Vergleiche durchgeführt werden und ein Überblick über die aktuelle Markt- und Geschäftsentwicklung erfolgt. Das Zahlenmaterial des Budgets erstreckt sich auf Geschäftsdaten (Auftragseingang und Umsatz), Daten über die Einsatzfaktoren (z.B. Mitarbeiter, Forschung und Entwicklung), Ergebnisse sowie die Finanzmittelrechnung und die Bilanz. Je nach Umfang und Relevanz wird dabei ein Bereich noch tiefergehend in Geschäftsgebiete, Regionen und Projekte unterteilt.

Die Budgetierung ist das bekannteste und am weitesten verbreitete Instrument der Umsetzung von (strategischen Teil-) Plänen und dort formulierten Strategien. Budgets sind allgemein als schriftliche Aufstellungen aufzufassen, durch die den Aufgabenträgern und Führungskräften für einen bestimmten Zeitraum möglichst genaue Sollgrößen für geplante Aktivitäten (Maßnahmen-Budget) und/oder Zielgrößen der Maßnahmen (Zielgrößen-Budget) vor allem in wertmäßiger (evtl. auch mengenmäßiger) Form vorgegeben werden. Für die Beteiligten entsteht durch die Budgetierung der Zwang, die angestrebten Ziele und Maßnahmen so weit zu konkretisieren, dass sie in wert- und mengenmäßigen Größen (z.B. Kosten, Erlöse, Gewinn, Mitarbeiter) ausgedrückt werden können und müssen.

Grundsätzlich sind verschiedene **Arten von Budgets** denkbar. In der Praxis kommen meist mehrere Arten in kombinierter Form zum Einsatz:

- In **vertikaler** Hinsicht kann es sich zum Beispiel um Gesamtunternehmens-, Geschäftsbereichs-, Abteilungs-, Kostenstellen- und Arbeitsplatzbudgets handeln. Wird **horizontal** differenziert, so ist z.B. eine Unterscheidung in (wiederum) Geschäftsbereichs-, Regional- und Funktionsbereichsbudgets möglich.

- Im Hinblick auf die **zeitliche Geltungsdauer** gibt es Monats-, Quartals-, Jahres- und Mehrjahresbudgets. Maßnahmenbudgets haben z.B. meist eine jährliche oder quartalorientierte Fristigkeit. Programmbudgets haben eine zeitliche Geltungsdauer von einem Jahr oder mehreren Jahren.

- Zusätzlich kann der **Verbindlichkeitsgrad** der Budgets variieren. Danach kann es sich um starre oder flexible Budgets sowie Budgets mit Korridoren bzw. Unter- und/oder Obergrenzen handeln.

4.4 Weitere Absicherung der Strategieumsetzung

Die Budgetierung übernimmt für die Strategieumsetzung eine wichtige Funktion im Rahmen der Zuteilung von Ressourcen.

Trotz vorhandener Budgets ist damit die Realisierung der Strategieumsetzung noch nicht gesichert. Außerdem gibt es mehrere Faktoren der Strategieumsetzung, die sich nicht unmittelbar in wert- und mengenmäßigen Budgets ausdrücken lassen, jedoch für die praktische Durchsetzung von strategischen Plänen eine ähnlich hohe Bedeutung haben. Dazu zählen u.a. folgende **ergänzende Möglichkeiten der Absicherung der Strategieumsetzung**:

- Schaffung von günstigen organisatorischen Rahmenbedingungen (z.B. Projektmanagement, strategische Teams),

Strategieumsetzung

- Abbau von Akzeptanzbarrieren bei den Beteiligten und Betroffenen (z.B. durch Aufklärung, Überzeugung und Förderung der Mitarbeiterbeteiligung),
- möglichst genaue Formulierung der Zielgrößen. Hierbei spielt besonders die vertikale Zielbildung eine wichtige Rolle (Punkt II.1.2),
- umsetzungsfördernde Gestaltung des Anreizsystems (Incentives),
- Einführung von strategischen Kontrollmechanismen (Punkt IV.6),
- Besetzung von umsetzungsrelevanten Schaltstellen mit besonders pragmatischen, handlungs- und umsetzungsfähigen Managern.

Der letzte Punkt weist darauf hin, für die Absicherung der Strategieumsetzung die Zuteilung von personellen Ressourcen in Form der **Führungskräfte** möglichst sorgsam zu betreiben. In Theorie und Praxis gibt es immer wieder Hinweise, wonach in Abhängigkeit von den umzusetzenden Strategiearten geeignetes Führungspersonal bereitgestellt werden muss.

Bild 226 zeigt hierzu die **Eigenschaften von Führungskräften** in Abhängigkeit von typischen Normstrategien, wie sie beispielsweise aus einem Produkt-Markt-Portfolio abgeleitet werden können (Hinterhuber). Daraus ergeben sich zusätzlich grobe Empfehlungen für grundsätzlich mögliche Beurteilungskriterien von Führungskräften.

Strategien	Wichtigste Führungsqualitäten	Beurteilung der Führungskräfte aufgrund	
		laufender Ergebnisse	zukünftiger Gewinne
Investitions- und Wachstumsstrategien	unternehmerische Fähigkeiten	nicht sinnvoll	sinnvoll
selektive Strategien	Urteilsfähigkeit	◄──────── teils teils ────────►	
Abschöpfungs-/ Desinvestitionsstrategien	administrative Fähigkeiten	sinnvoll	nicht sinnvoll

Bild 226: Führungskräfte in Abhängigkeit von Strategien

In ähnlicher Weise versucht Laukamm in Abhängigkeit von der Lebenszyklusphase einer Geschäftseinheit in Verbindung mit der Wettbewerbssituation so genannte **„passende Managerpersönlichkeiten"** zu entwickeln (Bild 227):

Strategieumsetzung

Lebenszyklusphase / Wettbewerbsposition	Entstehung	Wachstum	Reife	Alter
dominierend	Verteidiger	Verteidiger	Verwalter	Verwalter
stark	Verteidiger	Verteidiger	Verwalter	Verwalter
günstig				
haltbar	Entrepreneur	Entrepreneur	Sanierer	Sanierer
schwach	Entrepreneur	Entrepreneur	Sanierer	Sanierer

Bild 227: Wettbewerbsposition, Lebenszyklusphase und erforderliche Managertypen

Da sich die Wettbewerbspositionen verändern können und die Phasenpositionierungen im Lebenszyklus sowie die Positionierungen im Portfolio einem Wandel ausgesetzt sind, wäre in der Praxis idealtypisch ein **laufender Führungskräftewechsel** und eine heterogene Führungsmannschaft erforderlich. Dies gilt insbesondere für große und stark divisionalisierte Unternehmen, die mehrere strategische Geschäftseinheiten aufweisen und eine Vielfalt von Strategien gleichzeitig verfolgen. Vor allem Klein- und Mittelstandsunternehmen werden in diesem Zusammenhang gezwungen sein, entsprechendes Führungspersonal bei Bedarf von außen zu akquirieren.

Ferner lassen sich anhand dieser Versuche für die Führungskräftebeschaffung, -freisetzung und -entwicklung wichtige Erkenntnisse ableiten – je nach Führungskräftebedarf und -deckung. So müssten die Anforderungsprofile für Verteidiger, Verwalter, Entrepreneur und Sanierer erstellt und das im Unternehmen vorhandene Führungskräftepotenzial ständig nach diesen Profilen durchforstet werden. Ergänzend wäre für die Unterstützung der externen Personalbeschaffung ein Überblick über am Beschaffungsmarkt akquirierbare Führungskräfte erforderlich. Beides könnte in einer Datenbank münden, die über im Unternehmen vorhandene und sich entwickelnde Managerstellen sowie über intern und extern disponierbare Führungskräfte Auskunft gibt.

Schließlich ist an die zeitweise – und speziell für die Strategieumsetzung mögliche – Konsultation von Beratern oder an die Anstellung von „Managern auf Zeit" zu denken. Sie können sich für ein handlungsunfähiges Management als unverzichtbare „Handlanger" erweisen. Dies gilt vor allem auch dann, wenn die umzusetzenden Strategien nach außen und innen zu Imageverlusten für das Management führen können. In diesen Fällen übernehmen solche „Handlanger" eine wichtige Blitzableiterfunktion.

5 Projektablaufpläne für die Instrumenten-Implementierung

Soweit die Formulierung und Umsetzung von Strategien auf der Anwendung bestimmter Instrumente basiert, müssen diese Instrumente zunächst implementiert werden. Die Strategieumsetzung hat dann die erfolgreiche Instrumenten-Implementierung zur Voraussetzung.

Die **Implementierung von Instrumenten** kann in der Praxis durch externe (Methoden-) Berater, externe und/oder interne Trainings, Schulungen und work shops und/oder gemischte Formen des Know-how-Transfers erfolgen. Besonders erfolgreich gestaltet sich der **instrumentelle Know-how-Transfer**, wenn die Instrumente im Zuge eines so genannten „scharfen" Projekts angestrebt wird, bei dem das Instrument anhand eines konkreten betriebsspezifischen Falls zur Anwendung kommt. Instrumentenimplementierung, Strategieableitung und -formulierung sowie -umsetzung geschehen dann weitgehend **simultan**. In einem ersten Anlauf konzentriert man sich dabei günstigerweise auf ein „kleineres" Projekt bzw. Anwendungsobjekt (z.B. Produktgruppe, einzelne Funktion), das als „Vorbild" für nachfolgende „größere" Projekte bzw. Anwendungsobjekte (z.B. ganzer Geschäftsbereich, strategische Geschäftseinheit, ganzes Unternehmen) fungiert. Aus einer solchen Perspektive zeigt dieser Abschnitt beispielhaft zwei Projektablaufpläne. Im ersten Fall geht es um die praktische Implementierung von Make-or-Buy-Portfolios, im zweiten Fall um den Ablaufplan für die praktische Umsetzung des Success Resource Deployment.

5.1 Beispiel 1: Make-or-Buy-Portfolio

Dieses Beispiel entstammt einem **Kooperationsprojekt** zwischen dem **Kompetenzzentrum für Unternehmensentwicklung und -beratung** (KUBE e.V.) und der **Merckle/ratiopharm GmbH** (vgl. dazu ausführlich Bräuner u. Schneider). In verschiedenen anderen Unternehmen wurde dieses Make-or-Buy-Instrumentarium in ähnlicher Weise erfolgreich eingeführt (z.B. Büroartikelhersteller, Technologie- und Maschinenbaukonzern). Insofern profitierte dieses Projekt von den Erfahrungen aus der Implementierung mehrerer „Vorläufer-Unternehmen". Beispielhaft ist die Firma 3M Deutschland zu nennen, die seit 1995 mit dem auf diese Weise installierten MoB-Instrument MoB-Entscheidungen trifft (Regiert).

Das Ziel des Projekts lag darin, ein Instrument für die Ableitung von Make-or-Buy-Entscheidungen zu entwickeln und anschließend anhand konkreter Make-or-Buy-Objekte (Funktionen, Dienste usw.) im Unternehmen anzuwenden. Dazu wurde ein hierarchie- und funktionsübergreifendes **Projektteam** aus Personal, Forschung, Controlling, Einkauf, Technik und einem externen MoB-Methoden-berater, den KUBE stellte, institutionalisiert. Die Patenschaft für das Projekt übernahm ein Vertreter aus der Geschäftsleitung.

Strategieumsetzung

Die Entwicklung des MoB-Tools umfasste rund fünf Projekttage, die sich auf sechs Wochen verteilten. In Bild 228 sind die einzelnen Projektschritte aufgelistet.

---

1. Stufe:
Kick-Off-Meeting, Konstituierung des MoB-Teams, Bestimmung des Untersuchungsfeldes.

2. Stufe:
Gewinnung operationalisierender Kriterien für die Grunddimensionen des MoB-Portfolios (anhand von bereits existierenden Kriterienlisten aus früheren Projekten; Empfehlung: mindestens 10 Kriterien pro Grunddimension).

3. Stufe:
Design des MoB-Fragebogens (unter Berücksichtigung der verschiedenen praktischen Portfolio-Konstruktionseffekte wie Skaliertausch, Trend zur Mitte usw.) mit den gesammelten Kriterien und Bestimmung von MoB-Objekt-Experten.

4. Stufe:
Nutzung und Aufbereitung der MoB-Software „MoB für Excel" nach den betriebsspezifischen Anforderungen und Pre-Test.

5. Stufe:
Befragung von Objekt-Experten anhand des MoB-Fragebogens mit anschließender Datenerfassung.

6. Stufe:
Erstellung des MoB-Portfolios mit MoB-Software und Maßnahmengenerierung (gegebenenfalls unter Rücksprache mit den Objekt-Experten).

Bild 228: Projektschritte für die Erstellung des MoB-Portfolios

Im Anschluss an das entlang dieser Projektschritte entwickelten MoB-Instruments wurden bei Merckle/ratiopharm 36 MoB-Objekte von je fünf bis neun Experten beurteilt und im MoB-Portfolio positioniert. Das konstruierte MoB-Portfolio baute auf insgesamt ca. 6.000 erhobenen Daten auf, die mit der Software „MoB für Excel" (vgl. dazu Strey sowie den Softwarehinweis im Anhang) ausgewertet wurden. Das in Bild 229 skizzierte Portfolio zeigt die Positionierung von fünf MoB-Objekten.

Strategieumsetzung

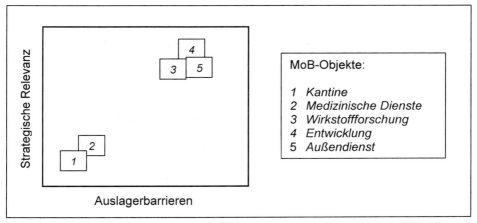

Bild 229: MoB-Objekte im MoB-Portfolio

5.2 Beispiel 2: Success Resource Deployment

Auch die Implementierung des SRD sollte in der betrieblichen Praxis einem sorgsamen Ablaufplan folgen. Inhaltlich sei dafür auf die Dastellungen in Abschnitt 16.2 in Kapitel III verwiesen, weshalb es an dieser Stelle genügt, die strukturellen Schritte zu skizzieren (vgl. Bild 230). In dieser Abfolge sind im KUBE bislang über 70 SRD-Projekte abgewickelt worden.

Zunächst sollte ein **SRD-Team** gebildet werden. Die Mitglieder sollten einerseits gute Kenntnisse über das jeweilige SRD-Objekt (ganzes Unternehmen, Funktion, Division usw.) haben. Andererseits ist ein Mitglied erforderlich, das die SRD-Methode beherrscht und günstigerweise aus früheren Projekten viel SRD-Erfahrung mitbringt. Sofern externe Berater eingesetzt werden, sollten die Klienten auf einen vollständigen **Know-how-Transfer** achten, um mögliche Nachfolgeprojekte weitgehend unabhängig von exerner Hilfe vorantreiben zu können. Ein professionell organisiertes SRD-Projekt kann einschließlich der empirischen Erhebung (bei Kunden) in sechs bis acht Wochen abgearbeitet werden. **Geschwindigkeit** ist auch deshalb erforderlich, um die insbesondere aus der SRD-Matrix ableitbaren Vitalisierungs- und Optimierungsmaßnahmen möglichst rasch umsetzen zu können. Außerdem reduziert eine zügige Abwicklung die Wahrscheinlichkeit des in der Praxis berüchtigten „Versandens" von Projekten, senkt die Gefahr der Fluktuation von Teammitgliedern, erhöht die Motivation im Team und steigert die Akzeptanz für das Projekt und die Projektergebnisse.

Strategieumsetzung

> 1. Stufe:
> Kick-Off-Meeting, SRD-Team und SRD-Objekt festlegen.
>
> 2. Stufe:
> Bestimmung der SRD-Objektspezifischen Erfolgsfaktoren und Ressourcen (günstigerweise anhand von bereits existierenden Erfolgsfaktoren- und Ressourcenlisten aus früheren Projekten, die branchen- bzw. objektspezifisch überarbeitet werden müssen Empfehlung: mindestens 30 Erfolgsfaktoren und 10 Ressourcen).
>
> 3. Stufe:
> Erstellung der SRD-Fragebögen und deren Design; Bestimmung der (internen und externen) Probanden bzw. Kunden.
>
> 4. Stufe:
> Nutzung und Aufbereitung der MoB-Software „SRD für Excel" nach den betriebsspezifischen Anforderungen und Pre-Test.
>
> 5. Stufe:
> Empirische Erhebung mit anschließender Datenerfassung.
>
> 6. Stufe:
> SRD-spezifische Auswertungen und Anfertigung der SRD-Charts sowie insbesondere der SRD-Portfolios für die Erfolgsfaktoren und die Ressourcen einschließlich und SRD-Aktionsmatrix mittels „SRD für Excel".
>
> 7. Stufe:
> Ergebnispräsentation einschließlich Maßnahmen- und Strategiegenerierung im SRD-Team.
>
> 8. Stufe:
> Priorisierung und Pilotierung von Maßnahmen und Strategien.

Bild 230: Projektschritte für die Erstellung des MoB-Portfolios

Obwohl in Abhängigkeit von den praktischen Gegebenheiten kleinere Abweichungen von diesem Fahrplan denkbar sind (z.B. Wechsel der Stufe 4 mit der Stufe 5), sollte diese Grundstruktur in sämtlichen SRD-Projekten realisiert werden.

Das SRD-Projektziel kann im Einzelfall „lediglich" in der **Gewinnung von Benchmarking-Daten** liegen, die beispielsweise in einer Balanced Scorecard (BSC) für die Bestimmung der in den einzelnen BSC-Perspektiven einzuarbeitenden Ziele, Mess- und Steuerungsgrößen sowie deren Ausprägungen verwandt werden sollen. In einem solchen Fall ist selbstverständlich ein Verzicht auf die in den Stufen 7 und 8 verankerte und direkt SRD-bestimmte Ableitung und Umsetzung von Maßnahmen und Strategien möglich.

Prinzipiell gilt die in Bild 230 beschriebene Stufenfolge in gleicher Weise für Projekte, die mit dem Quality Function Deployment abzuwickeln sind. Auf der Seite der unterstützenden Informationstechnologie kann hierfür das Softwarepaket „QFD für Excel" zum Einsatz kommen (vgl. hierzu Strey und die Hinweise im Anhang).

6 Strategische Kontrolle

Strategische Analyse, Planung und Umsetzung finden vor dem Hintergrund hoher Komplexität und Ungewissheit statt. Daher können sich die der Analyse und Planung zugrundeliegenden Prämissen ständig ändern, weshalb sie laufend zu überprüfen sind.

Aufgrund des vergleichsweise hohen **Abstraktionsniveaus** und starken **Zukunftsbezugs** bauen strategische Analyse und Planung auf sehr globalen Annahmen auf. Daher weisen sie stets eine hohe „Selektivität" auf. Dies bedeutet, dass im Laufe der Zeit neue Situationen und Detailprobleme auftreten oder von den Beteiligten und Betroffenen Gegenstrategien vorangetrieben werden, die im Planungsstadium nicht berücksichtigt wurden bzw. aufgrund des „Zwangs zur Selektivität" nicht berücksichtigt werden konnten. Deshalb ist auch unsicher, ob die Umsetzung der strategischen Pläne in der gewünschten Weise erfolgt.

Schließlich ergibt die strategische Kontrolle wichtige Erkenntnisse und Eingangsinformationen für die Formulierung von nachfolgenden strategischen Plänen. Insofern trägt die strategische Kontrolle auch zum unternehmerischen **Erkenntnisfortschritt** bei – gerade hinsichtlich der Gewinnung von Erfolgsfaktoren der Strategieumsetzung. Allerdings setzt dies voraus, gegenüber strategischen Abweichungen (Lücken) eine hohe **Wahrnehmungsfähigkeit** zu entwickeln. Aus allen diesen Gründen ist eine strategische Kontrolle erforderlich.

Die **operative Kontrolle** hat eher einen kurzfristigen, vergangenheits- und gegenwartsorientierten Charakter und konzentriert sich auf die abgelaufenen und/oder laufenden operativen Geschäfte. Im Gegensatz dazu muss die **strategische Kontrolle** eine Langfrist- und Zukunftsorientierung aufweisen und mit Nachdruck auch bei der Überwachung des potenziellen Geschäfts ansetzen. Die strategische Kontrolle erstreckt sich meist auf die folgenden **drei Kontrollfelder** (z.B. Steinmann und Schreyögg):

Strategieumsetzung

(1) Kontrolle der Prämissen:

Ausgangspunkt der **Prämissenkontrolle** ist der Zwang der strategischen Planung zur selektiven Vorgehensweise, die zur (bewussten oder unbewussten) Setzung von Annahmen (Prämissen) über die unternehmensinternen und -externen Faktoren führt. **Interne Prämissen** können sich z.B. beziehen auf die Setzung von Fluktuations- und Fehlzeitenquoten, die Unterstellung bestimmter (durchschnittlicher) Rationalisierungsfortschritte, die Beibehaltung der Organisationsstruktur, die Konstanz des Führungskräftepotenzials und die Kontinuität der Unternehmensziele. **Externe Prämissen** betreffen z.B. die Entwicklung des Bruttosozialprodukts und der Bevölkerungsstruktur sowie die Kaufkraft, die politischen und sozio-ökonomischen sowie rechtlichen Rahmenbedingungen, den technischen Fortschritt und das Konkurrenzverhalten.

Die **Setzung von Prämissen** in der Phase der Strategieplanung und -formulierung bedeutet zwangsläufig immer, eine Großzahl von möglichen, anderen Zuständen auszublenden. Dies induziert für die Umsetzung von strategischen Plänen eine hohe **Realisierungsungewissheit**. Gegenüber Prämissenänderungen muss daher das strategische Management eine hohe Wahrnehmungsfähigkeit aufweisen. Durch den praktischen Einsatz von Frühwarnsystemen kann dies gefördert werden (vgl. Kapitel V).

In der Praxis bietet es sich an, eine **arbeitsteilige Kontrolle der Prämissenentwicklung** vorzusehen. Danach wäre es denkbar, die Kontrolle der technologischen Prämissen den Konstruktions-, Forschungs- und Entwicklungsabteilungen, die Kontrolle der marktlichen Prämissen dem Vertrieb und/oder der Marktbeobachtung (-forschung) und die Kontrolle von Einsatzfaktoren (z.B. Personal, Material) den jeweiligen Funktionsbereichen zu übertragen. Bei einer derartigen arbeitsteiligen Organisation ist allerdings sicherzustellen, dass eine zentrale Koordination erfolgt. Ferner ist zu entscheiden, ab welchem Ausmaß von Prämissenabweichungen eine Meldung an die Unternehmensführung bzw. die von ihr beauftragten Planungseinheiten und eine Revision der Pläne und Strategien erfolgen soll. Um sowohl die damit verbundene latente Informationsflut und die möglichen Profilierungsversuche der Prämissenbeobachter als auch die Intensität von Planrevisionen zu verringern, kann sich die Festlegung von prämissenspezifischen Schwellenwerten als sinnvoll erweisen.

Ob eine hohe Voreinstellung und Formalisierung der Prämissenkontrolle möglich und sinnvoll ist, muss bezweifelt werden. Eine Voreinstellung würde oft bedeuten, nur die in den strategischen Plänen festgehaltenen Prämissen zu überwachen. Dies würde jedoch u.a. darauf hinauslaufen, dass neben der strategischen Planung auch die strategische Kontrolle nur selektiv vorgeht und andere als die in der Planung festgelegte Ausgangsdaten – obwohl sie Pläne durchkreuzen könnten – nicht kontrolliert würden.

Strategieumsetzung

Daher ist weder ein hohes Ausmaß an Voreinstellung, noch eine intensive Formalisierung und Strukturierung möglich.

(2) Kontrolle der Durchführung und Umsetzung:

Im Gegensatz zur Prämissenkontrolle zeichnet sich die **Durchführungs- und Umsetzungskontrolle** durch einen hohen Voreinstellungs-, Formalisierungs- und Strukturierungsgrad aus, da sich die Kontrollobjekte meist sehr genau bestimmen lassen. Dabei handelt es sich z.B. um zeit-, kosten- und aktivitätenorientierte strategische Zwischenziele (Meilensteine). Typischerweise kommt sie z.B. bei der Kontrolle der Maßnahmenpläne zum Einsatz. Die **Instrumente** der Durchführungs- und Umsetzungskontrolle setzen an dem Ziel an, Störungen und Abweichungen von den strategischen Meilensteinen festzustellen, um Gefährdungen des strategischen Kurses und der strategischen Zielerreichung zu erkennen. Dafür wird in der Praxis häufig die so genannte **Meilenstein-Trend-Analyse** herangezogen, die auch im Projektcontrolling zur Anwendung kommt (Bild 231):

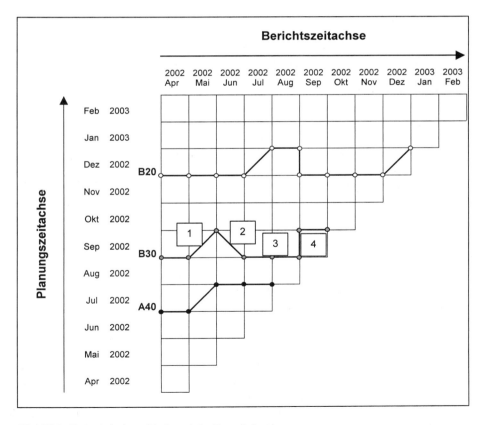

Bild 231: Beispiel einer Meilenstein-Trend-Analyse

Strategieumsetzung

Die Meilenstein-Trend-Analyse baut auf zwei Zeitachsen auf. Die so genannte **Planungs-Zeitachse** zeigt die Meilensteintermine zum Zeitpunkt der Planung. Die so genannte **Berichts-Zeitachse** zeigt die zum jeweiligen Berichtszeitpunkt prognostizierten (End-) Termine. **Waagerechte Linien** in den typischen Analyse-Charts machen darauf Aufmerksam, dass die geplante Maßnahme entweder nach Plan verläuft oder gegenüber dem vorherigen Berichtszeitpunkt keine Veränderung eintritt. **Schräge Linien nach oben** zeigen demgegenüber Terminverzögerungen an (bzw. Verschlechterungen im Vergleich zum letzten Berichtszeitpunkt). **Schräge Linien nach unten** signalisieren vorzeitige Terminerreichungen (bzw. Verbesserung im Vergleich zum letzten Berichtszeitpunkt). **Senkrechte Linien** kennzeichnen Planänderungen bzw. -überarbeitungen (z.B. aufgrund von Planrevisionen durch neue bzw. veränderte Prämissen). In Bild 231 ergibt sich beispielsweise für die Maßnahme B30 zuerst eine Terminverzögerung (1), dann eine Termineinhaltung bzw. -verbesserung (2), eine Termineinhaltung bzw. einen Gleichlauf zum letzten Berichtszeitpunkt (3) und anschließend eine Planänderung (4).

(3) Strategische Überwachung:

Die strategische Überwachung übernimmt für die **Prämissen- und Durchführungskontrolle** eine Klammerfunktion. Sie ist „die Antwort auf die prinzipielle Unabschließbarkeit des strategischen Entscheidungsfeldes der Unternehmung" (Steinmann u. Schreyögg).

Prämissen- und Durchführungskontrolle sind hinsichtlich neuer Entwicklungen eher als passiv einzustufen. Die Prämissenkontrolle überwacht oft nur diejenigen Prämissen, die in den vorgegebenen Plänen niedergelegt wurden, während sich die Durchführungskontrolle lediglich auf die festgelegten strategischen Meilensteine konzentriert. Die Erfassung strategischer Überraschungen wird daher i.d.R. weder von der Prämissen- noch von der Durchführungskontrolle abgedeckt. Die strategische Überwachung verfolgt daher nicht nur eine Klammerfunktion, sondern sie muss auch die durch die Durchführungs- und Prämissenkontrolle nicht abgedeckten Kontrollfelder beobachten. Der Bedarf der strategischen Überwachung wird daher um so höher, je weniger Planprämissen in den strategischen Plänen berücksichtigt, je gröber die strategischen Zwischenziele definiert und je globaler die Pläne formuliert wurden. Mit anderen Worten, je mehr die Planung sowie die Prämissen- und Durchführungskontrolle versagen, desto höher sind die Anforderungen für die strategische Überwachung. Hinsichtlich der Voreinstellung auf bestimmte Kontrollobjekte, die Formalisierung und die Strukturierung kann die strategische Überwachung aus diesen Gründen nur ein vergleichsweise geringes Niveau aufweisen. Für die Unterstützung der strategischen Überwachung bieten sich – ebenso wie bei der Prämissenkontrolle – die in Kapitel V dargestellten Frühwarnsysteme an.

Strategieumsetzung

Bild 232 gibt einen zusammenfassenden Überblick über die drei **Typen der strategischen Kontrolle** und ihre charakteristischen Kriterien (vgl. dazu Steinmann u. Schreyögg).

Typen strategischer Kontrolle / Kontrollcharakteristika	strategische Überwachung	Prämissen-kontrolle	Durch-führungs-kontrolle
Ausmaß der Gerichtetheit	gering	mittel	hoch
Kontrollobjekt	Umwelt/ Ressourcen	Planungs-prämissen	Zwischenziele/ Meilensteine

Bild 232: Systematisierung der strategischen Kontrolle

V Strategische Frühwarnung

1 Frühwarnung, Früherkennung und Frühaufklärung

In Theorie und Praxis gibt es vielfach verschiedene Begriffe für ähnliche Vorstellungsinhalte. Dies gilt auch für die **Frühwarnung**, die einerseits mit **Früherkennung** und **Frühaufklärung** gleichgesetzt wird. Andererseits wird vor allem in der Theorie öfters zwischen Frühwarnung, Früherkennung und Frühaufklärung unterschieden (Krystek und Müller-Stewens).

Nach dieser Auffassung handelt es sich bei **Frühwarnsystemen** lediglich um einen Vorläufer heute diskutierter Konzeptionen. Häufig werden Frühwarnsysteme mit kennzahlen-, hochrechnungs- und indikatororientierten Ansätzen gleichgesetzt, die lediglich zur frühzeitigen Ortung von Bedrohungen eingesetzt werden.

Der Unterschied zwischen Frühwarn- und **Früherkennungssystemen** liegt dagegen vor allem darin, dass Früherkennung neben Bedrohungen auch aktiv nach potenziellen Chancen und Gelegenheiten Ausschau hält.

Frühaufklärungssysteme umschließen nach dieser Interpretation die Frühwarnung und die Früherkennung und erstrecken sich darüber hinaus auch auf die Initiierung von Strategien und Handlungsprogrammen zur Einleitung von Gegenmaßnahmen. Eine besondere Bedeutung kommt danach vor allem auch der Sensibilisierung des Managements gegenüber „schwachen Signalen" zu (Ansoff (b), vgl. unten, Abschnitt 5.3).

Trotz dieser – vielleicht aus theoretischer Sicht sinnvollen – Unterscheidung werden die Begriffe in der Praxis meist als synonym erachtet, wobei sich der Begriff „Frühwarnung bzw. Frühwarnsystem" weitgehend durchgesetzt hat. Dieser Entwicklung trägt auch die weitere Vorgehensweise Rechnung. Wenn daher von **„Frühwarnsystemen"** die Rede ist, dann bezieht sich dieser Begriff auf alle drei Systemarten und schließt daher auch Systeme der Frühaufklärung ein – auch wenn nicht immer explizit auf das Chancenpotenzial von Ereignissen oder Entwicklungen und/oder die Bedeutung schwacher Signale eingegangen wird.

2 Planung, Frühwarnung und Krisenmanagement

Die Unternehmensführung hat die zentralen Aufgabe, für eine zielorientierte und planvolle Gestaltung der Strukturen und Prozesse des Unternehmens zu sorgen. Dadurch soll auf den Märkten die **Sicherung und Steigerung der Wettbewerbsfähigkeit** gegenüber den Konkurrenten erreicht werden.

Strategische Frühwarnung

Um diese globalen Ziele zu realisieren, bedient sich die Unternehmensführung i.d.R. der strategischen **Unternehmensplanung** sowie der verschiedenen Controlling-Instrumente. Auf der Basis von systematischen Analysen sind hierzu außerdem globale (strategische) Handlungsmöglichkeiten aufzuzeigen und in Plänen festzulegen, wie diese Ziele erreicht werden können bzw. sollen. Die Strategieumsetzung muss anschließend für die Realisierung sorgen.

Das betriebliche **Krisenmanagement** hat grundsätzlich ähnliche Aufgaben. Um die Wettbewerbsfähigkeit des Unternehmens zu sichern bzw. zu steigern, ist es darauf ausgerichtet, potenzielle Krisen zu vermeiden – **aktive Krisenvermeidung** – und bestehende Krisen zu überwinden – **reaktive Krisenbewältigung**. Da der Krisenbegriff neben dem Risiko stets auch die Entwicklung von Chancen einschließt, sind darüber hinaus die sich aus Krisen ergebenden Chancen aktiv zu nutzen.

Unternehmensplanung kann dazu beitragen, Unternehmenskrisen zu verhindern bzw. ihre existenzbedrohenden Wirkungen zu reduzieren und sich bietende Chancen zu nutzen. Ferner schafft die Unternehmensplanung günstige Voraussetzungen für zukunftsorientiertes Handeln und ermöglicht es, Alternativen zu ergreifen, die ohne tiefgehende Planung zu späteren Zeitpunkten nicht mehr zu realisieren wären. Insofern lassen sich durch Planung aufgrund eines zeitlichen Vorlaufs Krisen leichter bewältigen. Diese Gründe sprechen dafür, die Unternehmensplanung in einer Substitutionsbeziehung zum Krisenmanagement zu sehen.

Andererseits wird die **Frühwarnung** auf Gebieten tätig, welche die Unternehmensplanung nicht abdecken kann. Daher bestehen zwischen Unternehmensplanung und Frühwarnsystemen mehrere Ergänzungsbeziehungen. So kann die strategische Unternehmensplanung nicht alle **Diskontinuitäten** verhindern. Die planerische Vorsorge weist in der Praxis immer „weiße Flecken" auf. Daher wird Krisenmanagement im Sinne von Krisenbewältigung im Ernstfall stets erforderlich sein.

Ferner würde die Unternehmensführung ihrer verantwortungsvollen Funktion nicht gerecht, würde sie auf Instrumente der Krisenvermeidung verzichten. Überlebenskritische Prozesse kündigen sich nämlich oft durch vorher – wenn auch nur schwer – wahrnehmbare Signale an, die von darauf spezialisierten Informationssystemen (Frühwarnsystemen) rechtzeitig aufgenommen und verarbeitet werden können. Dieses aktive Krisenmanagement hat offensiven Charakter und richtet sich auf die Phasen eines Krisenprozesses, in denen noch keine unmittelbaren Bedrohungen bestehen. Darauf zu verzichten liefe trotz Unternehmensplanung meist darauf hinaus, mögliche oder versteckt vorhandene Krisenprozesse frei zur Entfaltung kommen zu lassen.

Dazu kommt, dass der Beobachtungsbereich im Rahmen der Frühwarnung oft umfassender ist als der Umfang der **Umwelt- und Unternehmensanalyse** im

Strategische Frühwarnung

Rahmen der strategischen Unternehmensplanung. Für die Frühwarnung sind grundsätzlich alle Bereiche relevant, aus denen Bedrohungen oder Chancen erwachsen können. Dies gilt vor allem auch für unternehmensexterne Bereiche (z.B. politische, rechtliche, soziale Felder). Sollen alle diese Bereiche tatsächlich „beplant" werden, würde eine so umfassend interpretierte Unternehmensplanung die Grenzen der Wirtschaftlichkeit sprengen. Zudem sind Frühwarnsysteme häufig darauf ausgelegt anzuzeigen, ob die auf der Basis einer (früheren) fundierten Umwelt- und Unternehmensanalyse formulierten strategischen Pläne durch zwischenzeitlich eingetretene Veränderungen in ihrer Wirkung bedroht und/oder wirtschaftlich noch sinnvoll sind. Insofern übernehmen Frühwarnsysteme auch die Aufgabe, vor dem Hintergrund aktueller Entwicklungen die Effektivität und Effizienz der einmal gefassten strategischen Pläne laufend zu überprüfen. Daraus können sich **Revisionen der strategischen Pläne** ergeben. Aus diesen Gründen gibt es Gebiete, die von der Unternehmensplanung – selbst bei noch so fundierten Umwelt- und Unternehmensanalysen – nicht abdeckbar und deshalb von Frühwarnsystemen zu übernehmen sind.

Schließlich bestehen zwischen (aktivem) **Krisenmanagement** und **Unternehmensplanung** mehrere **Interdependenzbeziehungen**. Durch Frühwarnprozesse gewinnbare Daten stellen beispielsweise sehr häufig Eingangsinformationen für die strategische Planung dar – und umgekehrt. Daher sind strategische Planung und Frühwarnung aufeinander angewiesen. Auf einigen Gebieten greift man sogar auf ähnliche Instrumente zurück (z.B. Umwelt- und Unternehmensanalyse); und auch strategische **Controlling-Instrumente** sind selbstverständlich als **Frühwarninstrumente** einsetzbar (z.B. Warnung vor sich anbahnenden Geschäftskonzentrationen durch die Ergebniskennlinie, Warnung vor einer unausgeglichenen Geschäftssituation anhand eines Prognose-Portfolios).

Auf der anderen Seite bedarf das Krisenmanagement der Planung. Sind beispielsweise Krisen anzeigende Signale zu erkennen, muss geplant werden, welche Maßnahmen zur Überwindung der Krise beitragen können. Sind Unternehmenskrisen bereits eingetreten, sind Pläne notwendig, um die Situation zu verbessern.

Ein **planvolles Vorgehen des Krisenmanagements** ist besonders auch deshalb notwendig, weil das Management in Krisensituationen oft der Fehler macht, sämtliche Anstrengungen und Ressourcen vorbehaltlos der Krisenüberwindung zu widmen („Hysterie der Krisenüberwindung"). Damit treten in der Praxis häufig **Perspektivenverengungen** ein, die ihrerseits wiederum **Ursache von Folgekrisen** in noch nicht krisenbefallenen Bereichen sein können.

Frühwarnsysteme kann man als spezielle Ausgestaltungsformen von **Management-Informationssystemen** interpretieren. Sie verarbeiten relevante Informationen zu so genannten **Frühwarninformationen**, die dem Management als Systemnutzer idealerweise antizipativ mögliche Gefährdungen anzeigen. Hierdurch soll das Management in die Lage versetzt werden, möglichst frühzeitig gegen potenzielle Krisen Abwehrschritte einzuleiten oder bei bereits eingetretenen Krisen die Krisenwirkungen abzumildern.

Frühwarnung steht in erster Linie im Dienste der **Krisenvermeidung**. Krisenvermeidung bedeutet eine ex-ante und steuernde Ausrichtung des Managements, d.h. es wird agiert bevor Krisen eingetreten sind (Bild 233). Insofern entspricht die Krisenvermeidung eher einem **synoptischen Planungsverständnis**, während die Krisenbewältigung eher der **inkrementalen Planungsauffassung** entspricht.

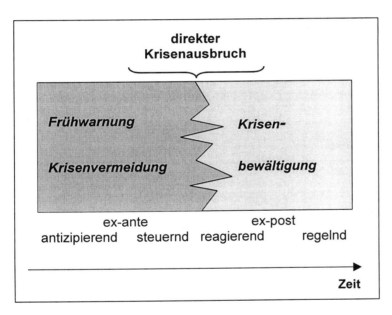

Bild 233: Frühwarnung, Krisenvermeidung und Krisenbewältigung

Krisenbewältigung betrifft dagegen das Krisenmanagement im engeren und klassischen Sinne. Krisenbewältigung unterliegt einer ex-post und regelnden Interpretation des Managements. Während der Krise oder nach Krisenausbruch wird reagiert.

Im Sinne des vor allem auch auf der Kybernetik basierenden **systemorientierten Managementansatzes** korrespondiert die **Krisenvermeidung** mit der **Steuerung** und die **Krisenbewältigung** mit der **Regelung** (vgl. z.B. Schneider (o)).

3 Krisenursachen und Krisenverläufe

Trotz des Einschlusses von Chancen liegt ein Schwergewicht von Frühwarnsystemen in der Aufdeckung von Bedrohungspotenzialen durch Krisen. Für die grundsätzliche Positionierung ist es daher von fundamentaler Bedeutung, ein tiefgehendes Bewusstsein für **Krisenursachen** und **Krisenverläufe** zu entwickeln.

Außerdem kann eine systematische Analyse von **Ursachen- und Verlaufsmustern von Krisen** für die Konzipierung von Frühwarnsystemen erste wichtige Orientierungshilfen geben:

(1) Krisenursachen:

Eine Ursachenanalyse von Hauschildt kommt zu insgesamt zwölf „Misserfolgsquellen" (Bild 234):

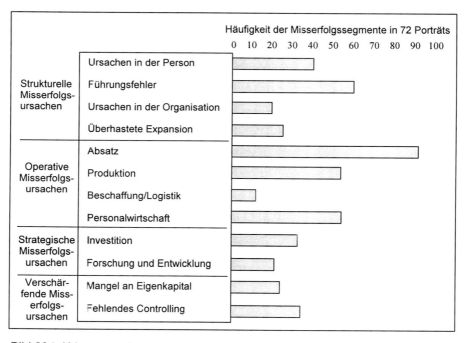

Bild 234: Krisenursachen

Während danach die strukturellen Misserfolgsursachen meist in Fehlern der Unternehmensführung begründet liegen (z.B. Koordinationsmängel, Fluktuation des Managements, Entscheidungs- und Handlungsschwäche), bestehen die operativen Misserfolgsursachen vor allem im Absatzbereich

Strategische Frühwarnung

(z.B. zu breites oder zu schmales Sortiment, Mängel in den Vertriebswegen, kein bewusstes Portfolio).

(2) Krisenverläufe:

Im Zuge der betriebswirtschaftlichen Forschung über Krisenphänomene sind verschiedene Ansätze entwickelt worden, die sich der Darstellung und Beschreibung von **Prozessphasen von Unternehmenskrisen** widmen. Bild 235 zeigt einen u.a. von Krystek formulierten Verlauf mit vier Phasen.

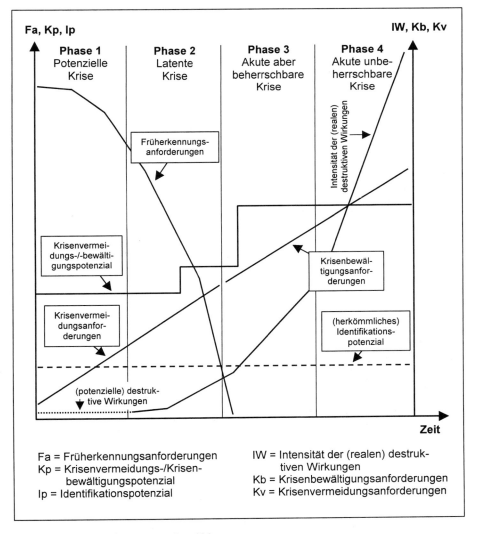

Bild 235: Phasen des generellen Krisenprozesses

In **Phase 1** kündigt sich eine Unternehmenskrise an. Die destruktive Bedrohung ist gering. In dieser Phase kann durch die gedankliche Vorwegnahme möglicher Unternehmenskrisen und die Einleitung von Gegenmaßnahmen ein hoher Beitrag zur Reduktion der Krisenbewältigungsanforderungen geleistet werden. Allerdings bestehen noch erhebliche Probleme bei der konkreten Identifikation der Unternehmenskrise.

Phase 2 lässt sich als Phase der latenten Unternehmenskrise kennzeichnen. Die Krise steht praktisch „vor der Tür". Soweit sie durch entsprechende Methoden wahrgenommen wird, erlaubt diese Phase eine aktive Beeinflussung der latent vorhandenen Krisenprozesse durch präventive Maßnahmen. Günstig wirkt sich aus, dass noch keine akuten Entscheidungs- und Handlungszwänge vorliegen, weshalb noch ein relativ breites Spektrum an Handlungsmöglichkeiten besteht.

In **Phase 3** treten bereits die destruktiven Wirkungen der Krise in Erscheinung. Reaktives Krisenmanagement im Sinne von Krisenbewältigung ist notwendig. Entscheidungs- und Handlungszwänge entstehen, während gleichzeitig Handlungsoptionen „vernichtet" werden. Für die Krisenbewältigung müssen immer mehr Ressourcen eingesetzt werden, wodurch sogar destruktive Wirkungen für noch nicht krisenbefallene Bereiche provoziert werden.

Phase 4 tritt ein, wenn sich die akute Unternehmenskrise nicht beherrschen lässt. Die Krise wächst sich zur Katastrophe aus. Die Krisenbewältigungsanforderungen übersteigen das Krisenbewältigungspotenzial. Eine Steuerung des Krisenverlaufs erscheint u.a. aufgrund des ständigen Wegfalls von Handlungsmöglichkeiten, des zunehmenden Zeitdrucks und der steigenden Intensität der destruktiven Wirkungen unmöglich.

Die geschilderten Phasen müssen nicht immer in der beschriebenen Reihenfolge ablaufen. Der Krisenprozess kann außerdem in einer späteren Phase beginnen („überraschende Diskontinuität"). Die Verlaufsbeschreibung macht einerseits deutlich, wie wichtig eine möglichst frühzeitige Wahrnehmung der latenten Krise ist und zeigt die Unterschiede zwischen Krisenvermeidung und -bewältigung. Andererseits werden die Zusammenhänge zwischen Früherkennungsanfoderungen, Krisenvermeidungs- und Krisenbewältigungsanforderungen sowie Krisenvermeidungs- und Krisenbewältigungspotenzial deutlich.

4 Komponenten eines Frühwarnsystems

Zur näheren Charakterisierung von Frühwarnsystemen ist in Anlehnung an Hahn und Krystek eine Unterscheidung in **Elemente, Träger** und **Benutzer** von Frühwarnsystemen sowie den bestehenden **Beziehungen** sinnvoll (Bild 236):

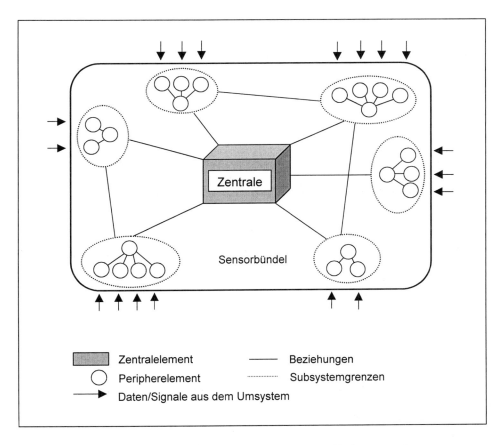

Bild 236: Elemente, Subsysteme und Beziehungen eines Frühwarnsystems

Elemente können Menschen, Maschinen oder Mensch-/Maschinen-Kombinationen sein. Dabei handelt es sich einerseits um so genannte **Peripherelemente** (bzw. Sensoren oder Rezeptoren). Die Peripherelemente nehmen als „Außenbeobachter" relevante Ereignisse und Entwicklungen – häufig in der Form von „schwachen Signalen", vgl. unten – aus den Umsystemsegmenten des Unternehmens wahr und geben diese entweder bereits in verarbeiteter oder unverarbeiteter Form weiter. Adressat sind die so genannten **Zentral-**

elemente des Frühwarnsystems. Die Zentralelemente nehmen eine Weiterverarbeitung der Informationen vor. Ihre hauptsächliche Aufgabe besteht folglich darin, eine – oft nach bestimmten Regeln oder Formaten vorgesehene – Verdichtung der empfangenen Informationen zu **Frühwarninformationen** vorzunehmen, um sie anschließend an die Benutzer des Frühwarnsystems weiterzugeben.

Träger von Frühwarnsystemen sind alle Personen, Institutionen sowie technische Einrichtungen. Sie ermöglichen und unterstützen den Betrieb von Frühwarnsystemen.

Benutzer sind alle Personen, Institutionen oder technische Einrichtungen, die den Output von Frühwarnsystemen – Frühwarninformationen – verwerten.

Träger und Benutzer von Frühwarnsystemen müssen nicht zwangsläufig identisch sein. Die Trägerschaft von Frühwarnsystemen kann beispielsweise bei speziell beauftragten oder eingerichteten Institutionen liegen (z.B. staatliche oder private Forschungsinstitute, Branchenverbände, Unternehmensberatungen), wie dies bei überbetrieblichen Frühwarnsystemen der Fall ist (vgl. dazu unten). Die Benutzer können dagegen verschiedene Unternehmen sein, die einem Verband angehören bzw. auf die jeweiligen Forschungsinstitute oder Unternehmensberatungen zurückgreifen.

Die **Beziehungen** in einem Frühwarnsystem sowie zwischen Frühwarnsystem und dem Umsystem sowie den Trägern, Benutzern und Elementen lassen sich vor allem durch die bestehenden Informations- und Kommunikationskanäle abbilden.

5 Formen von Frühwarnsystemen

5.1 Überblick

Bis heute haben Theorie und Praxis eine Vielfalt verschiedener Arten von Frühwarnsystemen entwickelt. Auf der Basis verschiedener Autoren (z.B. Hahn und Krystek, Krystek) lassen sie sich anhand folgender Unterscheidungskriterien systematisieren (vgl. dazu auch das zusammenfassende Bild 237, unten):

(1) Bezugsebene:
Nach diesem Merkmal sind **gesamtwirtschaftliche** und **einzelwirtschaftliche Frühwarnsysteme** unterscheidbar. Bei gesamtwirtschaftlichen Frühwarnsystemen steht beispielsweise die frühzeitige Erkennung volkswirtschaftlicher Veränderungen (z.B. konjunktureller oder struktureller Art) im Vordergrund. An dieser Stelle ist auch an den Indikator „Geschäftsklima" zu denken, bei dem von ca. 12.000 Unternehmen die Befragungsergebnisse zur bisherigen Geschäftslage und zur erwarteten Geschäftsentwicklung eingehen. Einzelwirtschaftliche Frühwarnsysteme zielen dagegen auf die Früherkennung von Bedrohungen (und Chancen) eines einzelnen Unternehmens oder einer begrenzten Zahl von Unternehmen ab. Die nachfolgenden Kriterien beziehen sich vor allem auf einzelwirtschaftliche Frühwarnsysteme.

(2) Anwendungszweck:
Im einzelwirtschaftlichen Bereich kann sich der Anwendungszweck von Frühwarnsystemen entweder auf die Früherkennung eigener Unternehmenskrisen oder auf die Früherkennung von Krisen bei Marktpartnern (z.B. Kunden, Lieferanten, Konkurrenten) ausrichten. Daneben sind Kombinationen beider Formen möglich. Bezieht sich ein Frühwarnsystem auf die Früherkennung eigener Unternehmungskrisen, kann auch von **eigenorientierten Frühwarnsystemen** gesprochen werden. Liegt der Ansatz bei der Erkennung von Krisen bei Marktpartnern, handelt es sich um **fremdorientierte Frühwarnsysteme**. Führen z.B. Banken aus der Sicht von Gläubigern, Aktionärsvertretungen und/oder aus der Sicht von Eigenkapitalgebern und Anlegern Frühwarnanalysen durch (Insolvenzprognosen, Markt- und Kurswertprognosen usw.), dann handelt es sich um Ausgestaltungsformen der fremdorientierten Frühwarnsysteme.

(3) Bezugsbereich:
Nach diesem Kriterium sind **gesamtunternehmungs-** und **bereichsbezogene Frühwarnsysteme** zu unterscheiden. Sind Frühwarnsysteme auf grundsätzlich alle externen und internen Gefährdungen ausgerichtet, die das Unternehmen als Ganzes betreffen, dann handelt es sich um gesamtunternehmungsbezogene Frühwarnsysteme. Konzentriert sich das Interes-

se demgegenüber auf Gefährdungen, die schwerpunktmäßig nur für einzelne Funktionen (z.B. Absatz, Beschaffung) oder Sparten (z.B. Geschäftseinheiten) relevant sind, liegen bereichsbezogene Frühwarnsysteme vor.

(4) Ausstattung:
Dieses Merkmal orientiert sich an der für das Frühwarnsystem zur Verfügung stehenden Unterstützung durch Datenverarbeitungsanlagen und durch sonstige computergestützte Informationsverarbeitungssysteme. Danach sind **computergestützte** und **nicht computergestützte Frühwarnsysteme** zu separieren. Angesichts der zunehmenden DV-Durchdringung sämtlicher Managementfunktionen und -ebenen und des erheblichen Informationsspeicherungs- und Informationsverarbeitungsaufwands im Zuge des Betriebs von Frühwarnsystemen ist zu erwarten, dass in der Praxis meist computergestützte Systeme zum Einsatz kommen.

(5) Trägerschaft:
Danach können Frühwarnsysteme zunächst nur von einem Unternehmen getragen werden. In diesem Fall liegen **betriebliche Frühwarnsysteme** vor. Bei so genannten **zwischenbetrieblichen Frühwarnsystemen** sind dagegen mehrere Unternehmen die Träger. Dabei können sich z.B. vertikal in einer Wertkette gereihte oder horizontal auf der gleichen Wertschöpfungsstufe agierende Unternehmen zu einem „Frühwarnverbund" zusammenschließen. **Überbetriebliche Frühwarnsysteme** zeichnen sich demgegenüber dadurch aus, dass einerseits ebenfalls mehrere Unternehmen zusammengeschlossen sind und andererseits zusätzlich eine Ergänzung durch weitere Institutionen (z.B. Forschungsinstitute, Beratungsunternehmen) erfolgt.

(6) Historische Entwicklung:
Unter Beachtung der zeitlichen Stufen der bislang entwickelten Frühwarnsysteme können betriebliche (eigenorientierte) Formen der **ersten, zweiten** und **dritten Generation** identifiziert werden. Frühwarnsysteme der ersten Entwicklungsstufe basieren vor allem auf Zeitvergleichen von Kennzahlen oder (innerjährlichen) Hochrechnungen von Über- oder Unterschreitungen bestehender (Jahres-) Pläne oder Budgets (kennzahlen- bzw. hochrechnungsorientierte Frühwarnsysteme). Frühwarnsysteme der zweiten Generation verwenden Frühwarnindikatoren. Sie sollen mit einem gewissen zeitlichen Vorlauf Informationen über latente Erscheinungen und Entwicklungen innerhalb und außerhalb der Unternehmung liefern (indikatorenorientierte Frühwarnsysteme). Die dritte Generation von Frühwarnsystemen ist auf die systematische Erfassung und Beurteilung strategisch relevanter Frühwarninformationen und die Sicherstellung ihrer umgehenden Meldung an die obersten Führungskräfte spezialisiert (Konzepte des „strategischen Radars" und der „schwachen Signale").

Strategische Frühwarnung

(7) Art des Einsatzgebietes:
Nach dem Verwendungszweck bzw. Einsatzgebiet ist eine Differenzierung in **operative** und **strategische Frühwarnsysteme** möglich.

Kriterium	Formen	Beschreibung
• Bezugsebene	▪ gesamtwirtschaliche	Frühzeitige Erkennung volkswirtschaftlicher Veränderungen (z.B. Konjunktur, Kaufkraft), Geschäftsklimaindex (12.000 U.)
	▪ einzelwirtschaftliche	unternehmensorientiert (evtl. auch Kooperationen)
• Anwendungszweck	▪ eigenorientierte	Erkennung von Krisen für eigenes Unternehmen
	▪ fremdorientierte	Erkennung von Krisen bei anderen Unternehmen (Konkurrenten, Lieferanten, Kunden)
• Bezugsbereich	▪ gesamtunternehmensbezogene	Auf sämtliche interne/externe Beobachtungsbereiche konzentriert
	▪ bereichsbezogene	Konzentration auf Funktion und/oder Sparte
• Ausstattung	▪ computergestützte	Logisch
	▪ nicht computergestützte	Logisch
• Trägerschaft	▪ betriebliche	FWS wird nur von einem Unternehmen getragen
	▪ zwischenbetriebliche	mehrere Unternehmen sind Träger (wertkettenorientiert horizontal/vertikal)
	▪ überbetriebliche	Zusätzlich zu zwischenbetrieblich auch weitere Institutionen (Forschungsinstitut)
• historische Entwicklung	▪ erste Generation	Zeitvergleiche von Kennzahlen, Hochrechnungsverfahren
	▪ zweite Generation	Frühwarnindikatoren
	▪ dritte Generation	„Strategisches Radar", Konzept der „schwachen Signale"
• Einsatzgebiet	▪ operative	Vgl. weitere Darstellungen
	▪ strategische	

Quelle: u.a. Hahn, Krystek

Bild 237: Überblick über Formen von Frühwarnsystemen

In der Praxis trifft man meist auf verschiedene **System-Kombinationen**, wobei die einzelnen Merkmale je nach den unternehmensspezifischen Gegebenheiten unterschiedlich intensiv ausgeprägt sind. Die folgenden Ausführungen konzentrieren sich vor allem auf operative und strategische Frühwarnsysteme.

5.2 Operative Frühwarnsysteme

Operative Frühwarnsysteme sind in entwicklungsgeschichtlicher Hinsicht den Systemen der **ersten** und **zweiten Generation** zuzuordnen.

Dazu zählen

(1) **kennzahlenorientierte**,
(2) **hochrechnungsorientierte** und
(3) **indikatorenorientierte Frühwarnsysteme**.

Sowohl im Hinblick auf ihre zeitliche Reichweite als auch im Hinblick auf die inhaltlichen Aspekte korrespondieren die kennzahlen- und hochrechnungsorientierten Systeme mit der operativen Planung. Indikatorenorientierte Frühwarnsysteme können dagegen in Einzelfällen insbesondere die zeitliche Reichweite der operativen Planung übersteigen und auch strategisch wichtige Informationen bieten, wenn es sich um langfristig vorauseilende Indikatoren handelt.

(1) Kennzahlenorientierte Frühwarnsysteme:

Die Verwendung von Kennzahlen für die Analyse, Kontrolle, Planung und Beobachtung von Trends hat im Management eine lange Tradition. Obgleich dies nicht immer im Vordergrund steht, so können Kennzahlen auch für die Zwecke der Frühwarnung herangezogen werden. Als Kennzahlen werden neben Verhältnis- auch Absolutzahlen verwendet. Besonders durch Zeit- und Betriebsvergleiche gewinnen Kennzahlen an Aussagewert.

- Kennzahlenquellen:
Von besonderer Bedeutung für den Einsatz von Kennzahlen als Basis von Frühwarnsystemen sind die Quellen der Kennzahlenerhebung. Die traditionelle Basis für die Entwicklung innerbetrieblicher Kennzahlensysteme für die Insolvenz- und Krisenfrüherkennung sind beispielsweise Bilanz und Jahresabschluss (externes Rechnungswesen). Darüber hinaus ist aber auch an Quellen des internen Rechnungswesens und die verschiedenen externen Quellen zu denken.

Bild 238 gibt einen systematisierenden Überblick über Beispiele möglicher Quellen von Kennzahlen:

Strategische Frühwarnung

Primäre Quellen:	• Dokumente • Beobachtung • Befragung • Feldforschung • Experimente

Sekundäre Quellen:	• interne Quellen
	  ▪ internes Rechnungswesen
	     - Kostenrechnung
	     - Planungsrechnung
	     - Betriebsstatistik
	     - Nebenbuchhaltungen
	  ▪ externes Rechnungswesen
	     - Bilanz
	     - Gewinn- und Verlustrechnung
	  ▪ Arbeitspläne
	  ▪ Personalpläne/-kartei
	• externe Quellen
	  ▪ Branchenanalysen/-statistiken
	  ▪ Zeitungen/Fachzeitschriften
	  ▪ Gesetze/Verordnungen
	  ▪ Verbandsberichte
	  ▪ Statistisches Bundesamt

Bild 238: Quellen für die Kennzahlenerhebung – Beispiele

Die Bezugsbereiche von Kennzahlensystemen können sich wie Frühwarnsysteme auf das Gesamtunternehmen und/oder Unternehmensbereiche beziehen:

- **Gesamtunternehmensorientierte Kennzahlensysteme:**
Gesamtunternehmensorientierte Kennzahlensysteme sollen dem Management vor allem einen ganzheitlichen Überblick verschaffen. Sehr bekannt ist das so genannte Du-Pont-Schema. Ausgangspunkt des Du-Pont-Schemas ist, dass nicht die Gewinnmaximierung als absolute Größe, sondern die relative Größe Kapitalrentabilität (Return on Investment – ROI) ein anzustrebendes Unternehmensziel ist. Außerdem werden die zwei wichtigen „Stellschrauben" des ROI ersichtlich, Kapitalumschlag und Umsatzrentabilität. Die weitere Auflösung der Kennzahlenpyramide zeigt nachgordnete Einflussgrößen. Das Du-Pont-Schema

kann als Planungs- und Budgetierungs- sowie als Frühwarninstrument eingesetzt werden (Bild 239, vgl. auch Punkt II.1.2).

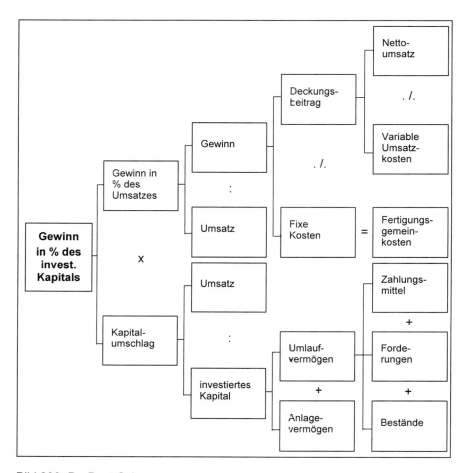

Bild 239: Du-Pont-Schema

Das Du-Pont-Schema ist häufig ergänzt und erweitert worden (vgl. z.B. das Kennzahlenschema des Zentralverbandes der Elektronischen Industrie (ZVEI) oder das Rentabilitäts- und Liquiditäts-Kennzahlensystem von Reichmann).

Bei gesamtunternehmensorientierten Kennzahlensystemen stehen meist rentabilitäts- und liquiditätsorientierte Informationen im Zentrum. Es handelt sich i.d.R. um sehr hoch aggregierte Kennzahlen, die kaum Einblick in die einzelnen Bereiche des Unternehmens geben. Hier liegt der Ansatzpunkt von bereichsorientierten Kennzahlensystemen.

Strategische Frühwarnung

- **Bereichsorientierte Kennzahlensysteme:**
Bereichsorientierte Kennzahlensysteme konzentrieren sich auf einzelne Funktionen (z.B. Absatz, Beschaffung) oder Sparten eines Unternehmens. Bekannt und relevant sind die so genannten funktionsorientierten „Alarmkennziffern" von Oehler (Bild 240 zeigt hierzu einen Ausschnitt):

Frühwarnsystem			
Finanzwesen	*Absatz*	*Materialwirtschaft*	*Personalwesen*
Eigenkapitalrentabilität	Auftragseingangsquote	Beschaffungserfolgsquote	Arbeitsintensität
Gesamtkapitalrentabilität	Markterschliessungsgrad	Materialintensität	Arbeitsproduktivität
Eigenkapitalnutzungsgrad	Marktanteil	Umschlagshäufigkeit	Fluktuationsquote
Gesamtkapitalnutzungsgrad	Kalkulationsabweichung	Lagerdauer	Anwerbeerfolgsquote
Gewinnrate	Preiselastizität	Lieferverzögerungen	Krankenquote
Gewinnschwelle	Termintreue	Fehlerquote	Altersstruktur
Liquidität	Werbeerfolgsquote		
übriger Umlaufbereich	Werbeelastizität		
Investitionsbereich	Vertriebserfolgsquote		
Eigenkapitalquote	Umschlagshäufigkeit		
Fremdkapitalquote	Reichweite		
Verschuldungsgrad			
Kreditspielraum			
Investitionsquote			
Zahlungsziel			

Bild 240: Überblick über funktionsorientierte „Alarmkennziffern"

Trotz der weiten Verbreitung und traditionellen Anwendung von gesamt- und unternehmensorientierten Kennzahlensystemen ergeben sich bei ihrer Verwendung im Rahmen von Frühwarnsystemen verschiedene **Einsatzprobleme**. Kritisch ist anzumerken, dass Kennzahlensysteme i.d.R. nur mit einer erheblichen zeitlichen Verzögerung gegenüber der Krisenursache verfügbar sind. Das Problem des **Vergangenheitsbezugs** betrifft auch die Verwendung von Finanzkennzahlen aus Jahresabschlüssen zur Liquiditätsprognose und Insolvenzfrüherkennung. Dieses Problem hat vielen Kennzahlensystemen den Vorwurf eines reinen „Ex-Post-Analysecharakters" eingebracht.

Bei pyramidal aufgebauten Kennzahlensystemen, die besonders bei gesamtunternehmensorientierten Systemen vorliegen, ist ferner davon auszugehen, dass die aggregierten und an der Spitze der Pyramide stehenden Kennzahlen („Global-Kennzahlen") Bedrohungen bzw. negative Entwicklungen erst mit großer zeitlicher Verzögerung anzeigen, während sie in den weniger aggregierten Größen im unteren Teil der Pyramide früher zu erkennen sind. In diesem Zusammenhang spricht man auch von der **„Frühwarnträgheit des oberen Teils von Kennzahlenpyramiden"**. Hierzu hat sich z.B. Müller-Merbach wie folgt geäußert: „Tatsächlich haben die Gobal-Kennzahlen für Frühwarnsysteme etwa den gleichen Wert wie Anlagen zur Messung der Durchschnittstemperatur eines Waldes für Waldbrand-Frühwarnsysteme. Wenn die Durchschnittstemperatur in einem Wald signifikant gestiegen ist, so dass der Tatbestand eines Waldbrandes als erfüllt zu betrachten ist, dann brennt das Feuer schon nach Herzenslust, so dass auf die Meldung des Warnsystems verzichtet werden kann".

(2) Hochrechnungsorientierte Frühwarnsysteme:

Bei diesen Frühwarnsystemen vergleicht man die Perioden-Plan-Werte zum Ende eines Planjahres mit den hochgerechneten Perioden-Ist-Werten. Da auf der Basis der im Zeitablauf bereits realisierten Zwischenergebnisse immer wieder Projektionen auf das Endergebnis durchgeführt werden, kann an sie als „antizipierende Kontrolle" oder „Feed-forward-Analyse" bezeichnen. Typisch sind dafür in der Praxis z.B. so genannte hochrechnungsorientierte Vorschaurechnungen für Outputgrößen (z.B. Umsatz, Auftragseingang). Bild 241 zeigt für diese Vorgehensweise ein Beispiel anhand einer Umsatz- und Ergebnisvorschau.

Strategische Frühwarnung

	Monat				Jahresvorschau			
	Plan	Ist	Abweichung		Plan	Ist	Abweichung	
			absolut	in %			absolut	in %
Umsatz Inland Ausland								
Gesamt								
Ergebnis Inland Ausland								
Gesamt								

Bild 241: Beispiel einer Umsatz- und Ergebnisvorschau

Planumsätze und -ergebnisse für das In- und Ausland sowie Gesamtumsätze und -ergebnisse werden in einer unterjährigen Hochrechnung (Vorschau) kontrolliert („antizipierende Kontrolle"). Dies eröffnet die Möglichkeit, Abweichungen und ihre Wirkungen auf die (geplanten) Gesamtzahlen frühzeitig zu erkennen und kompensierende Maßnahmen einzuleiten.

Ähnliche Überlegungen liegen z.B. so genannten Kosten-Trend-Analysen zugrunde, die in der Praxis vor allem für laufende Projektverfolgungen genutzt werden (Bild 242, vgl. hierzu auch die Ausführungen zur Meilenstein-Trend-Analyse, Punkt IV.4.2).

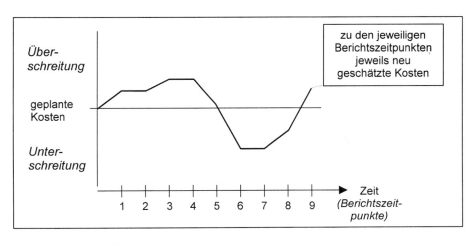

Bild 242: Kosten-Trend-Analyse

Bei der Kosten-Trend-Analyse werden zu verschiedenen Berichtsperioden auf der Basis neuer (Kosten- und Projekt-) Informationen z.B. die Gesamtkosten eines Projekts für das Projektende hochgerechnet. Dadurch ergeben sich frühzeitige Hinweise auf Kostenabweichungen und die Einleitung von Gegenmaßnahmen.

Solche Verfahren sind wesentliche Bestandteile gängiger Controlling-Konzeptionen in der Praxis. Obgleich die Bezeichnung meist unterbleibt, so handelt es sich bei diesen Verfahren dennoch um hochrechnungsorientierte Frühwarnsysteme. Ob der unterjährigen Hochrechnung wirklich in jedem Fall Frühwarneigenschaften zugeordnet werden können, ist umstritten. Durch den unterjährigen Bezug ist sie sehr kurzfristig ausgelegt. Meist handelt es sich „nur" um die Kenntlichmachung der Wirkungen von Veränderungen für geplante Größen (z.B. Umsätze, Auftragseingänge, Ergebnisse, Kosten). Damit ist einerseits das Problem verbunden, dass die Wirkungen auf außerhalb der geplanten Größen liegende (ungeplante) Größen nicht deutlich werden. Andererseits erfolgt keine frühzeitige Warnung vor den eigentlich ursächlichen Entwicklungen, die für die Veränderungen der geplanten Größen verantwortlich sind.

(3) Indikatorenorientierte Frühwarnsysteme:

Indikatoren sind als „vorlaufende Anzeiger" für latente Ereignisse und Entwicklungen zu interpretieren. Sie sind die tragenden Säulen von indikatororientierten Frühwarnsystemen, die der zweiten Generation der operativen Systeme angehören.

- Aufbau eines indikatorenorientierten Frühwarnsystems:

Über die praktische Funktionstüchtigkeit von indikatorenorientierten Frühwarnsystemen entscheidet vor allem ein systematisches Vorgehen beim Systemaufbau. Die insbesondere von Hahn entwickelten Aufbaustufen sind in Bild 243 verdeutlicht.

Strategische Frühwarnung

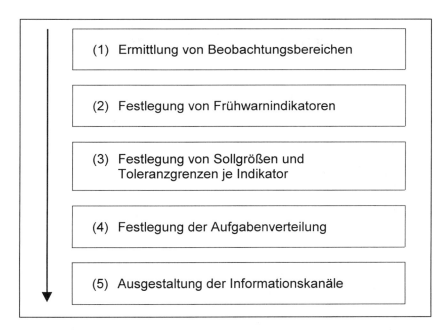

Bild 243: Aufbaustufen eines indikatorenorientierten Frühwarnsystems

Die einzelnen **Stufen** lassen sich wie folgt kennzeichnen:

(1) Ermittlung von Beobachtungsbereichen:
Zunächst ist festzulegen, welche Bereiche innerhalb und außerhalb des Unternehmens Ursprung von Bedrohungen sein können und daher zu beobachten sind. Ausgangspunkt hierfür müssen die generellen Ziele und die bereichsorientierten Zielgrößen des Unternehmens sein.

Die **externen Bereiche** der Beobachtung können sich z.B. auf folgende Elemente erstrecken:
- politische, soziale, technologische, konjunkturelle Entwicklung
- Absatz-, Beschaffungs-, Arbeits- und Kapitalmärkte
- Konkurrenten, Lieferanten

Bei den **internen Bereichen** der Beobachtung ist z.B. an folgende zu denken:
- Mitarbeiter, Produkte, Investment, Ergebnis- und Finanzlage (gesamtunternehmens- oder bereichsorientiert)
- Forschung und Entwicklung, Absatz, Verwaltung, Großprojekte (vor allem bereichsorientiert)

Strategische Frühwarnung

(2) Festlegung der Frühwarnindikatoren:
Je nach Beobachtungsbereich sind verschiedene Frühwarnindikatoren festzulegen. Dies ist meist der schwierigste Teil des Aufbaus von indikatorenorientierten Frühwarnsystemen. Die Auswahl sollte sich u.a. an folgenden Kriterien bzw. **Indikatorenanforderungen** ausrichten (z.B. Krystek, Krystek und Müller-Stewens):

- **Frühzeitigkeit:** Informationen über Erscheinungen, Veränderungen oder Entwicklungen in den jeweiligen Beobachtungsbereichen müssen so frühzeitig empfangen werden, dass für den Benutzer noch hinreichend Zeit für das Ergreifen wirksamer Gegenmaßnahmen verbleibt.
- **Bedrohungs- und Chancenorientierung:** Diese Bedingungen sind nur dann zu vernachlässigen, wenn Indikatoren entweder nur Bedrohungen oder nur Chancen anzeigen sollen. Ansonsten sollten Indikatoren sowohl auf positive als auch auf negative Ereignisse aufmerksam machen.
- **Eindeutigkeit:** Sind Indikatoren nicht eindeutig, so führt dies wegen des nachträglichen Interpretationsbedarfs zu Zeit- und Ressourcenverlusten bei der Einleitung von Gegenmaßnahmen. Daher ist zu fordern, dass man möglichst eindeutig, sicher und zuverlässig von der Anzeige auf latente Chancen und Bedrohungen schließen kann.
- **Wirtschaftlichkeit:** Die Auswahl und Ausgestaltung sowie Unterhaltung von Indikatoren muss unter wirtschaftlichen Gesichtspunkten angebracht sein. Insbesondere muss ein ökonomisch sinnvolles Verhältnis zwischen Informationsnutzen und dem damit verbundenen Aufwand für die Informationsgewinnung bestehen. Allerdings wird dabei meist ein „Informations-Paradoxon" ausgelöst, weil der Nutzen einer Information letztlich erst dann bewertet werden kann, wenn sie vorliegt (bzw. der Indikator bereits praktisch eingesetzt wird).
- **Vollständigkeit:** Indikatoren sollen alle wichtigen Abweichungen und Veränderungen sowie sich abzeichnenden Entwicklungen wahrnehmen und dürfen sich nicht nur auf eine enge, selektive Beobachtung beschränken.

(3) Festlegung von Sollgrößen und Toleranzgrenzen je Indikator:
Die Veränderung von Indikatoren kann in bestimmten Schwankungsbereichen unkritisch sein. Erst wenn die Abweichungen von den Sollgrößen ein bestimmtes Ausmaß annehmen, ergeben sich „deutliche Warnungen", auf die reagiert bzw. agiert werden muss. Toleranzgrenzen können dabei in Stufen und Dringlichkeitsbereiche weiter unterteilbar sein.

(4) Festlegung der Aufgabenverteilung:
Die Aufgabenverteilung ergibt sich u.a. aus der Beschreibung der Komponenten von Frühwarnsystemen (vgl. Punkt V.4). Vor allem ist die Aufgabenverteilung zwischen Peripher- und Zentralelementen zu

regeln. Peripherelemente haben zunächst die Aufgabe der Wahrnehmung von Indikatorveränderungen. Im Zusammenhang mit der Festlegung von Toleranzgrenzen ist es beispielsweise möglich, dass die wahrnehmenden Peripherelemente Indikatorveränderungen erst dann an die Zentralelemente weiterleiten, wenn vereinbarte Schwankungsbereiche überschritten werden, um die Zentralelemente nicht zu überlasten. Die Zentralelemente können angewiesen sein, einzelne Frühwarnindikatoren zu Gesamtindikatoren zu bündeln und erst dann an die Unternehmensführung oder andere Nutzer des Frühwarnsystems weiterzugeben.

(5) Ausgestaltung der Informationskanäle:
Die Funktions- und Leistungsfähigkeit von Frühwarnsystemen wird erheblich von der Strukturierung und Absicherung der Informationskanäle (Informationsbeziehungen) geprägt. Wichtig sind dabei die Kanäle und Beziehungen zwischen Umwelt, Unternehmung, Frühwarnsystem sowie seinen Elementen und Benutzern.

- **Beispiele für Indikatorenarten und Indikatorensysteme**

Eine besonders wichtige Anforderung von Indikatoren betrifft die bereits oben erwähnte Frühzeitigkeit der Anzeige. Nach diesem zeitlichen Merkmal unterscheidet man zwischen **Frühindikatoren**, **Spätindikatoren** und **Präsenzindikatoren**.

Für Frühwarnsysteme können grundsätzlich nur so genannte „Frühindikatoren" zum Einsatz kommen. Spätindikatoren sind dafür nicht geeignet, weil sie Entwicklungen oder Ereignissen nachhinken und nur mit einem time-lag anzeigen. Auch die Verwendung von Präsenzindikatoren ist nicht zu empfehlen, denn sie ermöglichen nur eine zeitgleiche Anzeige, d.h. sie zeigen lediglich, dass bestimmte Ereignisse oder Entwicklungen gegenwärtig eingetreten sind.

Daneben hat bereits die Aufbaustufe 2 der indikatorenorientierten Frühwarnsysteme Aufschluss über verschiedene Indikatorenarten gegeben. Nach dem Beobachtungsbereich (Stufe 2) können beispielsweise interne und externe Indikatoren unterschieden werden.

Die Bilder 244 und 245 zeigen nach Krystek mögliche Indikatoren in den jeweiligen Beobachtungsbereichen:

Strategische Frühwarnung

Externe Beobachtungsbereiche	
Generelle	**Unternehmensindividuelle**

1.1 Wirtschaftlicher Bereich
 	
• Konjunkturelle Entwicklungen (nach Ländern/Regionen)
  ▪ Auftragseingänge (amtliche)
  ▪ Auftragsbestände (amtliche)
  ▪ Beurteilung der Fertigwarenläger
  ▪ Geschäftsklima (Ifo-Indikator)
  ▪ Investitionsneigung
  ▪ Kreditzusagen von Banken
  ▪ Konsumentenstimmung
 	
• Strukturelle Entwicklungen (nach Ländern/Regionen)
  ▪ Investitionstendenzen
  ▪ Bevölkerungsdichte
  ▪ Bruttosozialprodukt pro Kopf
  ▪ Berichte über sonstige relevante Veränderungen (z.B. Aufnahme neuer Partner in die EU)
 	
1.2 Sozio-politischer Bereich
 	
• Politische Entwicklungen (nach Ländern/Regionen)
  ▪ Wahlergebnisse
  ▪ Informationen aus politischen Parteien und Verbänden
  ▪ Informationen aus Ausschüssen/Ministerien
  ▪ Politischer Risiko-Index
 	
• Soziale Entwicklungen (nach Ländern/Regionen)
  ▪ Bevölkerungszahlen/-struktur
  ▪ Lebensqualität (Ifo-Indikator)
 	
• Technologischer Bereich
  ▪ Informationen über mögliche Änderungen der Verfahrenstechnologie bei Wettbewerbern/Forschungsinstituten
  ▪ Informationen über mögliche Änderungen der Produkttechnologie bei Wettbewerbern/Forschungsinstituten
  ▪ Informatinen über signifikante Änderungen von Verbrauchergewohnheiten
	2.1 Absatzmarkt
	
	• Produkte/Absatzregionen der Unternehmung
	  ▪ Auftragseingänge (eigene)
	  ▪ Auftragsbestände (eigene)
	
	• Kunden der Unternehmung
	  ▪ Bestellverhalten/Einkaufsverhalten
	  ▪ Zahlungsverhalten
	  ▪ Nachfragevolumen wichtiger Kunden
	  ▪ Auftragseingänge bei wichtigen Kunden
	  ▪ Investitionen bei wichtigen Kunden
	  ▪ Kennzahlen aus Jahresabschlüssen wichtiger Kunden
	
	• Konkurrenten der Unternehmung
	  ▪ Preispolitik
	  ▪ Programmpolitik
	  ▪ Investitionen
	
	2.2 Beschaffungsmarkt
	
	• Produkte/Regionen
	  ▪ Volumen bekannter Vorkommen je Rohstoff
	  ▪ Durchschnittlicher Jahresverbrauch je Rohstoff
	  ▪ Termingeschäfte an Rohstoffbörsen
	  ▪ Vorratshaltung je Rohstoff
	
	• Lieferanten
	  ▪ Termintreue
	  ▪ Qualitätsniveau
	  ▪ Preise/Konditionen
	  ▪ Angebotsvolumen
	  ▪ Kennzahlen aus Jahresabschlüssen wichtiger Lieferanten
	
	2.3 Arbeitsmarkt
	
	  ▪ Zahl offener Stellen (nach Berufsgruppen/Regionen)
	  ▪ Zahl zukünftiger Erwerbstätiger (nach Berufsgruppen/Regionen)
	  ▪ Gewerkschaftsforderungen
	
	2.4 Kapitalmarkt
	
	  ▪ Zinsen
	  ▪ Wechselkurse
	  ▪ Inflationsraten

Bild 244: Mögliche Indikatoren in externen Beobachtungsbereichen

Strategische Frühwarnung

Interne Beobachtungsbereiche	
Gesamtunternehmensbezogene	**Funktionsorientierte**
3.1 Produktprogramm • Altersstruktur • Programmbreite • Programmtiefe • Anteil der Nachwuchs-, Star-, Cash- und Problemprodukte	**4.1 Absatzmarkt** • F&E-Kapazität • Anzahl der Patente • Anzahl vergebener Lizenzen • Anzahl erworbener Lizenzen • F&E-Kosten
3.2 Mitarbeiter • Altersstruktur • Fluktuationsraten • Krankenstände • Lohn-/Gehaltszuwächse	**4.2 Absatz (Bereich)** • Umsätze (Hochrechnungen) • Umsätze pro Absatzmitarbeiter • Preise (netto) • Lagerbestände (Hochrechnung)
3.3 Maschinelle Ausrüstung • Altersstruktur/Technologiestand • Energieverbrauch • Umweltbelastung • Instandhaltungskosten	**4.3 Produktion und Beschaffung** • Ausstoß (Hochrechnung) • Ausschussquote • Lohnkosten (Hochrechnung) • Lohnkostenanteil • Beschaffungspreise
3.4 Ergebnis- und Finanzlage • Kalkulatorisches Ergebnis (Hochrechnung) • Bilanzielles Ergebnis (Hochrechnung) • Cash flow (Hochrechnung) • Liquiditätsreserve (Hochrechnung) • Bilanzkennzahlen	**4.4 Verwaltung** • Verwaltungskosten **4.5 Großprojekte** • Verhältnis von Anfragen zu weltweit vorgesehenen Projekten • Verhältnis von Anfragen zu Aufträgen • Zahl der Aktionsfolgeänderungen gegenüber Plan • Zahl der zeitlichen Abweichungen gegenüber Plan

Bild 245: Mögliche Indikatoren in internen Beobachtungsbereichen

Die von Krystek gewählte Rubrik der funktionsorientierten Indikatoren im Feld des internen Beobachtungsbereichs kann im Bedarfsfall noch stärker auf verschiedene Funktionen zugeschnitten werden.

5.3 Strategische Frühwarnsysteme

Die verschiedenen operativen Frühwarnsysteme haben meist nur eine kurz- bis mittelfristige Reichweite. Die damit verbundenen Probleme und die steigende Bedeutung der strategischen und längerfristig ausgelegten Unternehmensplanung haben zur Entwicklung der strategischen Frühwarnung geführt.

(1) Schwache Signale als Ansatzpunkte der strategischen Frühwarnung:

Besonders Ansoff hat die Entwicklung strategischer Frühwarnsysteme wesentlich beeinflusst. Ansoff (b) geht davon aus, dass sich strategische Diskontinuitäten – im Sinne von völlig neuartigen Situationen und Überraschungen – durch so genannte **„Schwache Signale"** (Weak Signals) ankündigen.

Durch den Empfang, ihre Eingrenzung und ihre richtige Deutung – z.B. im Rahmen einer „Signal-Diskussion" (z.B. auf der Ebene der Unternehmensleitung bzw. beauftragter Stäbe) – können schwache Signale bereits im Frühstadium dazu beitragen, strategische Handlungsalternativen systematisch vorzubereiten; es muss nicht abgewartet werden, bis die Bedrohung „Fakten schafft".

Trotzdem kann der Aktion auf der Basis von schwachen Signalen entgegengehalten werden, dass für eine fundierte Entscheidung „Fakten statt Vermutungen" ausschlaggebend sind.

Vor diesem Hintergrund ist nicht zu übersehen, dass schwache Signale „lediglich" als unsichere, schlecht definierte und unscharf strukturierte Informationen aufzufassen sind. Sie weisen einen hohen Erstmaligkeits- und einen geringen Bestätigungsgrad auf. Im Einzugsbereich des Empfängers erzeugen daher schwache Signale oft nur eine geringe Aufforderungswirkung für die Vornahme von konkreten Handlungen. Schwache Signale stoßen daher in der Managementpraxis zum Teil auf eine beträchtliche **Ignoranz**.

Kirsch u.a. haben dazu in Weiterentwicklung der Überlegungen von Ansoff verschiedene **Stadien der Ignoranz** erarbeitet und auf die Situation eines Spielzeugherstellers übertragen, der schrittweise zu realisieren beginnt, wie sich die Mikroelektronik auf sein Geschäft auswirken könnte (Bild 246).

Strategische Frühwarnung

Informations-inhalt \ Stadien der Ignoranz	Überzeu-gung, dass Diskontinui-täten bevorstehen	Gebiet identi-fiziert, das Quelle der Diskontinuität ist	Charakteri-stika der Ge-fahr/Gele-genheit; Art, Schwere u. Zeitraum der Folgen	Reaktions-alternativen bekannt; Aktionen, Programme, Ressourcen, Zeitpunkt, Dauer	Konsequen-zen der Re-aktionen auf die Ertrags-lage sind absehbar	Die Stadien der Ignoranz für das vorgegebene Beispiel
Gefühl der Gefahr/Gele-genheit	Ja	Nein	Nein	Nein	Nein	Small-talk im Golf-Club des Spiel-warenherstellers über die revolutio-nären Auswirkungen zu erwartender Erfindungen auf die technologische Entwicklung
Quelle der Gefahr/ Gelegenheit	Ja	Ja	Nein	Nein	Nein	Wahrnehmung der Erfindung neuer integrierter Schaltkreise im „Bild der Wissenschaft"
Gefahr/ Gelegenheit konkret	Ja	Ja	Ja	Nein	Nein	Möglichkeiten zur Übernahme der neuen Technologie in die Spielwaren-industrie analog zu den vorgelagerten Adaptoren
Reaktion konkret	Ja	Ja	Ja	Ja	Nein	Entwicklung eines handlichen und relativ leistungs-fähigen Schachcom-puters mit Hilfe der integrierten Schaltkreise
Ergebnis konkret	Ja	Ja	Ja	Ja	Ja	Aus marketing-theoretischer Sicht scheint eine gewinnbringende Stückzahl des Schachcomputers zum kalkulierten Preis über den Spielwarenhandel absetzbar

Bild 246: Stadien der Ignoranz gegenüber Diskontinuitäten

(2) Aufbau eines strategischen Frühwarnsystems:

Ausgehend vom Konzept der schwachen Signale von Ansoff sind strategi-sche Frühwarnsysteme als Informationssysteme aufzufassen, die Verände-rungen in der Umwelt und im Unternehmen, ihre Ursachen und Zusam-menhänge sowie Entwicklungstendenzen bereits zu einem möglichst frü-hen Zeitpunkt erfassen, um auf dieser Basis gezielte Maßnahmen abzulei-ten.

Dieser Beschreibung muss der Aufbau eines Frühwarnsystems Rechnung tragen. Bild 247 zeigt fünf Aufbaustufen eines strategischen Frühwarnsys-tems (dazu z.B. Hahn und Krystek). Gleichzeitig verdeutlicht es nochmals die Beziehungen zwischen Frühwarnsystemen und der strategischen Un-ternehmensplanung.

Strategische Frühwarnung

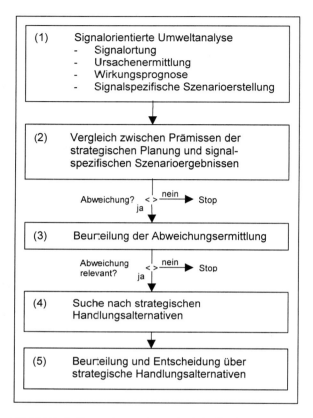

Bild 247: Aufbau eines strategischen Frühwarnsystems

(1) Signalorientierte Umweltanalyse:

Die Analyse der Umwelt dient nach diesem Konzept der Ortung schwacher Signale in den strategisch relevanten Beobachtungsbereichen. Kritisch ist dabei allerdings anzumerken, dass sich die strategisch relevanten Beobachtungsbereiche nicht nur auf die Unternehmensumwelt beschränken dürfen, sondern auch den unternehmensinternen Bereich umfassen müssen. Dazu gehören z.B. Geschäftsfelder, die Aufbauorganisation, Führungskräfte sowie das soziopolitische und technologische Umfeld. Der Signalortung folgt die Ursachenermittlung und die Prognose der Wirkungen der signalisierten Veränderungen. Anhand der Analyse- und Prognoseergebnisse ist schließlich die Erstellung eines Szenarios notwendig.

(2) Vergleich zwischen Prämissen der strategischen Planung und den signalspezifischen Szenarioergebnissen:
Die aus dem erstellten Szenario ableitbaren Aussagen sind mit den Annahmen und Prämissen zu vergleichen, die der strategischen Planung zugrundegelegt wurden. Besteht keine hinreichende Identität zwischen den Planungsprämissen und den Szenarioergebnissen, so bedeutet dies konsequenterweise, neue strategische Alternativen zu ermitteln und die strategischen Pläne zu ändern bzw. zu überarbeiten (Planrevision).

(3) Beurteilung der Abweichungsermittlung:
Unter anderem aufgrund des Wirtschaftlichkeitsaspekts ist vor der Gewinnung (neuer) strategischer Handlungsalternativen – als Antwort auf wahrgenommene Diskontinuitäten – eine Relevanzbewertung für die empfangenen Signale erforderlich.

(4) Suche nach strategischen Handlungsalternativen:
Sind die empfangenen Signale und damit die Diskontinuitäten als „relevant" eingestuft worden, müssen neue strategische Handlungsalternativen generiert bzw. die bestehenden Handlungsalternativen angepasst werden. Dies geschieht u.a. unter Nutzung der bekannten strategischen Planungs- bzw. Controlling-Instrumente (z.B. Portfolio-Technik, Ergebniskennlinie, vgl. Kapitel III).

(5) Beurteilung und Entscheidung über strategische Handlungsmöglichkeiten:
In dieser Stufe geht es um die Beurteilung der Wirkungen der einzelnen Handlungsalternativen. Hierfür können Prognosen und Simulationen zum Einsatz kommen, um einen genaueren Aufschluss über die Wirkungen verschiedener strategischer Vorgehensweisen zu gewinnen (vgl. außerdem vor allem zur Wirkungsanalyse Punkt II.6.2).

(3) Quellen schwacher Signale:

Vor allem für die erste Stufe des grundsätzlichen Aufbaus von Frühwarnsystemen sind die Gewinnung schwacher Signale und die dafür notwendigen Analysen von **„Signalquellen"** grundlegende Voraussetzungen. Als Quellen können z.B. Zeitschriften, Bücher, Informations-Broker und Forschungsveröffentlichungen in Frage kommen. Gefüllt werden diese Quellen durch **„Signalsender"** (z.B. Experten und Erfahrungsträger, Erfinder, Politiker, Wissenschaftler).

Der **„Signalempfänger"** sollte aufgrund der latenten Gefahr der „Signal- bzw. Informationsüberladung" – die letztlich auch Ursache hoher Ignoranz sein kann – versuchen, seine Informationsquellen gezielt auszuwählen. Da-

Strategische Frühwarnung

für muss der Empfänger neben der Kategorisierung der Signalquellen seine relevanten Bezugsebenen eingrenzen.

Bild 248 zeigt eine Matrix der Quellenkategorien und Bezugsebenen (nach Krystek und Müller-Stewens):

Quellen- kategorien \ Bezugs- ebene	Fachbereich	Funktions- bereich	Betrieb	Überbetrieb- lich	Allgemein
Zeit- schriften und Zeitungen	Die Metall- oberfläche für den Fachbereich Oberflächen- technik 1	Technology Review für den Funktionsbe- reich Technik 7	IBM- Nachrichten für IBM 13	VDI- Nachrichten des Deutsch. Verbandes technisch- wissenschaftl. Vereine 19	Übermorgen oder The Wall Street Journal 25
Bücher und Abstract- Dienste	Annual Report on Industrial Robots für den Fach- bereich Ferti- gungstechnik 2	Technology Abstracts für den Funktionsbe- reich Technik 8	BMW- Pressespiegel für die BMW AG 14	Sinclair (1983): The World Car für die Automobil- industrie 20	Naisbitt (1982): Megatrends 26
Scanning- Dienste	High Tech Materials Alert für den Fach- bereich Oberflächen- technik 3	Technology Forecasts für den Funktionsbe- reich Technik 9	Future Scan für die Security Pacific National Bank 15	ACLI- Trendreport für das American Council of Life Insurance 21	Trendradar oder Future Survey 27
Informations- Broker und (Auftrags-) Forschungs- institute	Inpadoc als Datenbank für Patentrecher- chen auf dem Gebiet der Oberflächen- technik 4	Predicast als Datenbank für Wirtschafts- themen 10	Volkswagen- werk als Datenbank für VW 16	Handel 2000 als Auftragsstudie des Battelle- Instituts 22	Global 2000 als Auftragsstudie des Council of Environmental Quality 28
Netzwerke	Erfa-Gruppe für den Fachbereich Oberflächen- technik 5	Marketing- Club e.V. für den Funktions- bereich Marketing 11	TEAM für SRI International 17	Branchenkreis Konsumgüter in der Gesellschaft für strategische Planung 23	European Issues Group von SRI International oder Rotary-Club 29
Persönliche Informations- quellen	Experten- gespräche 6	Versuchs- berichte 12	Besuchs- berichte 18	Messe-, Kongress- und Seminar- besuche 24	jede Form der informalen, persönlichen Informations- gewinnung 30

Bild 248: Systematisierung strategischer Informationsquellen mit Beispielen

Strategische Frühwarnung

Obwohl besonders unter Zeitdruck eine Tendenz dafür besteht, sollte die Eingrenzung der Bezugsebenen nicht zu eng sein (z.B. in Bild 248 nur Metalloberflächentechnik), um die Aufmerksamkeit auch auf scheinbar „artfremde" Variablen zu richten und die angestammte Bezugsebene in einem größeren Ganzen besser positionieren zu können (z.B. in Bild 248 Technology Review für den Funktionsbereich Technik). Daneben sind die Meldeintensitäten der Quellen (z.B. Erscheinungszyklen von Fachzeitschriften) und ihre potenziellen Vorläuferquellen (z.B. Forschungsberichte) sowie die Originärsender (z.B. Forscher) wichtige Anhaltspunkte, wenn es darum geht, zur näheren Charakterisierung und Identifizierung der schwachen Signale mögliche Informationsverzerrungen auszuschalten.

(4) Ausgewählte Instrumente der Erfassung und Gewinnung schwacher Signale:

Ist es gelungen, die Signalquellen ausfindig zu machen und auszuwählen, dann ist zu fragen, wie die Quellen genutzt und die schwachen Signale konkret erfasst werden können. Dabei geht es nicht nur um die datentechnische Frage der Erfassung und Dokumentation, sondern vor allem um die **Instrumente und Methoden der systematischen Gewinnung schwacher Signale**.

Grundsätzlich ist einerseits anzumerken, dass letztlich alle in Kapitel III dargestellten **Controlling-Instrumente** gleichzeitig als **Instrumente der Erfassung und Gewinnung schwacher Signale** interpretiert und genutzt werden können (und sollen).

Andererseits können die unten dargestellten Instrumente und Methoden sowohl im Planungsprozess des Unternehmens für die Prognose (vgl. Punkt II.6) als auch für die Umwelt- und Unternehmensanalyse (vgl. Punkt II.3 und II.4) sowie zur Ergänzung der beschriebenen Controlling-Instrumente (z.B. Netzwerkanalyse im SRD) zur Anwendung kommen. Ferner sind die anschließend aufgeführten Instrumente in kombinierter Form einsetzbar.

- Trendmeldungen:

Da die Gewinnung schwacher Signale meist arbeitsteilig organisiert ist und im ersten Schritt insbesondere durch die Peripherelemente geschieht, sollten hierfür Standards festgelegt werden. Eine sehr pragmatische Vorgehensweise, die vor allem dem Ziel der genauen Erfassung und Dokumentation und weniger der eigentlichen originären Gewinnung von schwachen Signalen entspricht, ist das Konzept der Trendmeldungen. Dabei können z.B. unternehmensinterne, überbetriebliche und externe Trendmeldungen unterschieden werden. Sie sollten z.B. folgende Informationen enthalten: Meldedatum, Name des Melders, Meldeinhalt, Quelle des Meldeinhalts, Konsequenzen des Meldeinhalts (z.B. für die Branche, das eigene Unternehmen, die Geschäftsgebiete und Funktionsbereiche). Viele Trendmeldungen können zu so genannten Trendlandschaften zusammengefasst werden. Ist für Trendmeldungen ein einheitliches Format vorgeschrieben, erleichtert dies die EDV-maschinelle Dokumentation und Verarbeitung.

- **Szenarien:**

Durch die Szenariotechnik wird ein in sich möglichst konsistentes **Bild der Zukunft** erstellt („Produktion von Zukunftsbildern"). In Frühwarnsystemen können sie mehrere Funktionen übernehmen (z.B. Warnung vor zukünftigen Umweltsituationen, Überprüfung der bislang für die Planformulierungen unterstellten Zukunftsbedingungen). Insgesamt sollen sie dazu dienen, das Management gegenüber (wahrscheinlichen) Zukunftsbildern zu sensibilisieren.

Daraus können sich schwache Signale derart herausbilden, dass das Unternehmen in der derzeitigen Konfiguration schlecht gerüstet ist (z.B. in technologischer oder personeller Hinsicht). Vielleicht ergibt sich deshalb eine ungünstige Positionierung im Zukunftsbild, weil auf entsprechende Veränderungen im Umsystem bislang zu wenig reagiert wurde (z.B. neue Erfindungen, Wertewandel). Darauf aufbauend sind dann z.B. **„Was-muss-geschehen-dass-Szenarien"** zu entwickeln. Bei ihnen wird danach gefragt, durch welche Veränderungen des Unternehmens die Unternehmensziele besser erreicht werden können, damit im Zukunftsbild eine günstigere Positionierung erfolgen kann. Darüber hinaus können Vermutungen über mehrere sich verändernde Variablen bestehen und verschiedene Zukunftsbilder möglich sein. Im Sinne von **„Was-wäre-wenn-Szenarien"** kann dann einerseits der Frage nachgegangen werden, welche verschiedenen Zukunftsbilder möglich sind und wie dann jeweils das Unternehmen zu positionieren wäre. Andererseits können auch Veränderungen des Unternehmens simuliert und der Frage nachgegangen werden, was wäre, wenn sich die Unternehmung unter den jeweiligen Szenarien in diese oder jene Richtung entwickeln würde.

„alte" Szenarien

Bild 249 bietet ein Szenario-Beispiel aus der Sicht von 1992 für die **Positionierung europäischer Branchen im internationalen Wettbewerb** anhand von Marktanteilsentwicklungen bis 2000 (Henzler (b)). Aus heutiger Sicht kann man diesem Szenario eine hohe Prognosequalität bescheinigen:

Strategische Frühwarnung

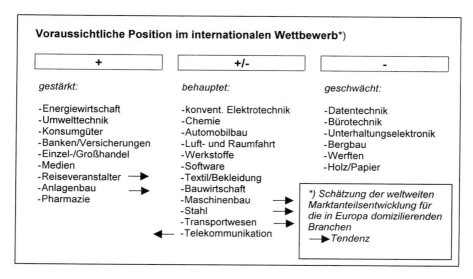

Bild 249: Entwicklungen europäischer Branchen bis zum Jahr 2000

Der Leser mag anhand des von Seeser entworfenen Szenarios für das Bild der Automobilindustrie selbst entscheiden, ob bzw. inwiefern das Szenario Wirklichkeit geworden ist. Seeser, der 1989/90 anhand einer intensiven Analyse der Wettbewerbskräfte ein eher spezifisch industriestrukturelles – und deshalb eher nur mittelfristig ausgelegtes – Szenario bietet, geht für die **„frühen 90er Jahre in der Automobilindustrie"** (bis ca. 1995) insbesondere von folgenden Entwicklungen aus:

- Ansteigende Internationalisierung des Automobilmarktes und Dezentralisierung von Entwicklungs-, Fertigungs- und Montagestätten.
- Scharfer Wettbewerb bei Überkapazitäten und geringer Rendite.
- Weiterer Konzentrationsprozess bei den Automobilherstellern.
- Diversifikationsbestrebungen der Automobilhersteller.
- Schrittweise Verlagerung des Wettbewerbs von „objektiven" Funktionalitätskriterien (z.B. Federungskomfort) zu eher „subjektiven" Image-, Prestige-, Ästhetik- und Modemerkmalen.

„neue" Szenarien

In einem Beitrag aus dem Jahr 2000 entwirft Radermacher unter der Fragestellung „welche Perspektiven eröffnet uns das neue Jahrtausend" zwei (gesellschaftliche Total-) **Szenarien für die Welt im Jahr 2005**, die er jedoch für unterschiedlich wahrscheinlich hält. Einem „im Raum stehenden hoffnungsvollen Szenario" stellt er ein so genanntes „chaotisch-schmerzhaftes Szenario" gegenüber, das Radermacher zukünftig für das wahrscheinlichere Zukunftsbild ansieht. Nach den Einschätzungen von Radermacher lässt es sich u.a. wie folgt charakterisieren:

- Weltweite Wanderungen.
- Hungersnöte.
- Aufstände und soziale Konflikte.
- (terroristische) Angriffe auf zentrale Infrastrukturen im Bereich von Informations-, Energie- und Versorgungsnetzen.
- Konflikte um Ressourcen.
- Lokale Kriege, Bürgerkriege und Weltkriege.
- Zerstörung der Umwelt, Ökoterror, Ökodiktatur.
- Diktat des Geldes.
- Meinungsmanipulation.

Glotz, ehemals u.a. Generalsekretär der SPD, Rektor der Universität Erfurt und Kommunikationswissenschaftler an der Universität St. Gallen, hat sich in mehreren Beiträgen mit der **Zukunftsgesellschaft** befasst (vgl. z.B. Glotz (a), (b), (c)). Danach lässt sich die Zukunftsgesellschaft durch folgende Merkmale kennzeichnen:

- Dezentralisierung und Beschleunigung.
- Plurale Lebenskulturen in Verbindung mit „scharfen" Kulturkonflikten.
- Politische und ethnische Konflikte in Verbindung mit der Gefahr atomarer Kriege.
- Verstärkter internationaler Terrorismus, der ganze Armeen aus den so genannten „Youth Bulges" rekrutiert (u.a. unter dem demografischen Wachstum von verarmten Regionen stammende junge Männer, die an der Armutsgrenze und ohne Beschäftigung leben und einen „Ausweg" in Kriegen suchen).
- Zerbrechen des Nationalstaats (wörtlich: „Im Säurebad des digitalen Kapitalismus zerfallen die tragenden Wände der Staatlichkeit", Glotz (c)).
- Entwicklung eines „digitalen Kapitalismus", in dem Börsen die zentrale Stellung einnehmen (und an denen vor allem Zukunftswerte höher gehandelt werden als Sachwerte).
- Dejobbing (tradierte Normalarbeitsverhältnisse zerfallen in vielfältige und kurzfristige Jobverhältnisse).

Glotz weist ist in diesem Zusammenhang immer wieder auf die Spaltung der Gesellschaft hin. Nach seiner Ansicht dürfte ein Drittel der Menschen als „prekäre Unterschicht" und „Bodensatz" ins gesellschaftliche Abseits gleiten.

Angesichts der im Zuge der **postmodernen Relativierungen** im ersten Kapitel gemachten Ausführungen wird nun deutlich, dass diese „neueren Szenarien" in vielfältiger Weise mit der **postmodernen Gesellschafts- und Entwicklungsdiagnose** korrespondieren, die wenig optimistisch erscheinen. Pluralisierung der Lebens- und Erwerbsformen, diskontinuierliche Bibliografien und Erwerbsverläufe, Auflösung der gesellschaftlichen Bindungsformen, Kurzlebigkeit und Oberflächlichkeit der Beziehungen, Privatisierung und Deregulierung, Simulation und Beschleunigung, Entbettung und Individualisierung, Durchökonomisierung der Gesellschaft und Börsendiktatur, Abschottungstendenzen und Paralellgesellschaften, Chaotisierung und Terrorismus, Legitimitätsverluste und Unsicherheit usw. sind typische **postmoderne Charakterisierungen der gesellschaftlichen Verhältnisse und ihrer Entwicklungslinien**.

In Anbetracht dieser neueren (gesellschaftlichen Total-) Szenarien – wie bei Radermacher, Glotz und den postmodernen Entwicklungsdiagnosen – muss man den Eindruck gewinnen, dass sie vielfach und in ihrer Mehrheit von einer reichlich **negativen Grundstimmung** durchdrungen sind. Darüber, ob und inwieweit darin ein überzogener apokalyptischer Alarmismus und/oder eine angstdominierte und zukunftsskeptische Kultur zum Ausdruck kommt, die sich in Anlehnung an den Zukunftsforscher Horx (dessen Zukunftsbilder als durchaus „postmodern" zu bezeichnen sind) über Jahrhunderte hinweg – insbesondere in Deutschland – zum nachhaltig wirksamen Kulturcode ausgewachsen hat, lässt sich trefflich streiten (vgl. Horx, Uetkötter u. Hohensee).

- Netzwerkanalyse:

Vertreter des so genannten „vernetzten Denkens" gehen u.a. davon aus, dass jedes **System** aus vielen **Elementen** besteht, die miteinander über ein vielfältiges Netzwerk verbunden sind. Diese Verbindungen sind meist weder linearer noch monokausaler Art.

Durch **Interaktionen zwischen den Elementen** in einem Netzwerk verändern sich nicht nur die Elemente selbst, sondern auch das ganze System. Außerdem lassen sich Systeme kaum abgrenzen, denn jedes System kann wiederum als Subsystem eines größeren und ganzheitlicheren Systems aufgefasst werden.

Netzwerkanalysen können helfen, die Vielfalt der Elemente und ihre gegenseitigen **Beziehungen und Abhängigkeiten** zu verdeutlichen sowie so genannte **aktive, passive, kritische** und **träge Elemente** zu identifizieren (vgl. dazu auch Punkt III.16). Auch die Unterschiede bei den **Reaktionszeiten** können aufgedeckt werden.

Bild 250 zeigt zunächst in Anlehnung an Probst und Gomez einen Ausschnitt eines Netzwerkes. Dieses Teilnetzwerk verdeutlicht z.B. die Vielfalt der Elemente sowie ihre gegenseitigen Beziehungen und Abhängigkeiten in einem so genannten **Feedbackdiagramm** für einen Zeitschriftenverlag.

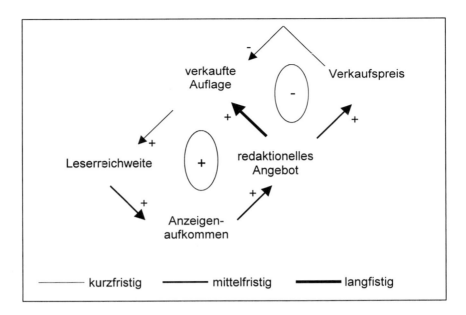

Bild 250: Beispiel eines Netzwerkausschnitts für einen Zeitschriftenverlag

Erwartet das Management des Verlags z.B. eine steigende Verkaufsauflage, dann erhöht dies zunächst die Leserreichweite. Dies führt zu einem steigenden Anzeigenaufkommen, dies steigert das redaktionelle Angebot und daraus resultiert eine Erhöhung der Gesamterlöse. Zudem werden die zeitlichen Wirkungen („Reaktionszeiten") im Netzwerk durch unterschiedliche Stärken der Pfeile zum Ausdruck gebracht.
Sowohl für die Wahl von Strategien als auch für die Frühwarnung vor Diskontinuitäten ist ferner von Bedeutung, welche Rolle die einzelnen Elemente im Netzwerk spielen. Dabei geht es um die Aufdeckung von **aktiven, passiven, kritischen** und **trägen Elementen**.

Besonders wichtig ist die Identifikation von aktiven und kritischen Elementen. Aktive Elemente haben einen starken Einfluss auf andere Elemente, während sie ihrerseits von anderen Elementen kaum beeinflusst werden. Kritische Elemente haben zwar auch einen starken Einfluss auf andere Elemente, werden von diesen aber gleichzeitig stark beeinflusst.

In Bild 251 ist hierzu auf der Basis von Arbeiten von Probst und Gomez eine **Einflussmatrix** und ein **Einfluss-Portfolio** dargestellt:

Strategische Frühwarnung

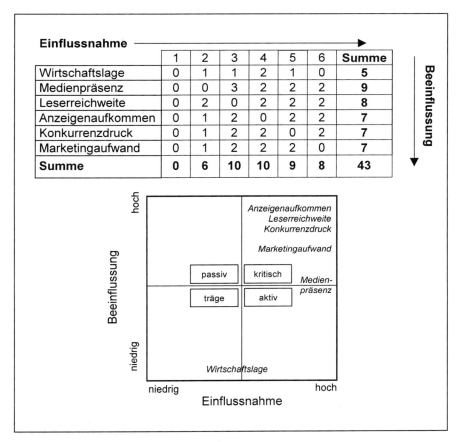

Bild 251: Einflussmatrix und Einfluss-Portfolio

Die Intensitäten der wechselseitigen Beeinflussung werden in ganzen Zahlen (0 = gering bis 3 = hoch) ausgedrückt. Die Medienpräsenz hat nach den Netzwerkanalysen von Probst und Gomez z.B. auf die Leserreichweite einen hohen Einfluss (3), während der Einfluss der Leserreichweite auf die Medienpräsenz einen mittleren Einfluss ausübt (2); die Leserreichweite hat z.B. keinen Einfluss auf die Wirtschaftslage, die ihrerseits die anderen Elemente vergleichsweise wenig beeinflusst.

Die Zeilen- und Spaltensummen zeigen die Gesamtintensitäten der Einflussnahme und der Beeinflussung der einzelnen Elemente. Danach wäre z.B. die Wirtschaftslage als träges Element (geringe Beeinflussung, geringe Einflussnahme), das Anzeigenaufkommen und die Leserreichweite z.B. als kritische Elemente (hohe Beeinflussung, hohe Einflussnahme) und die Medienpräsenz als Mischung zwischen kritischem und aktivem

Element zu klassifizieren. Passive Elemente (hohe Beeinflussung, geringe Einflussnahme) wären in der angegebenen Situation nicht vorhanden.

Auch wenn das konzipierte Netzwerk unter den Gestaltern strittig ist, so erweist sich die Netzwerkanalyse über ihre Anwendung im Zuge der strategischen Analyse und Frühwarnung hinaus als sinnvolles **Instrument des organisatorischen Lernens**. Durch die gemeinsame Konzipierung wird ein wesentlicher Beitrag für die Bewusstwerdung über Systemzusammenhänge geschaffen. Daneben werden die Konstruktions- und Wirkungsvorstellungen der Beteiligten transparent und „objektiviert" und somit insgesamt die (strategische) Wissensbasis der Beteiligten erweitert.

- Delphi-Methode:

Bei der Delphi-Methode handelt es sich um eines der bekanntesten und in der Praxis am intensivsten genutzten **qualitativen Verfahren der Prognose** (vgl. hierzu auch Punkt II.6.3). Meistens liegt die Absicht der Delphi-Methode in der systematischen „Produktion von Zukunftsbildern". Insofern stellt sie eine Technik dar, die für die Entwicklung der o.g. Szenarien zum Einsatz kommt. Aus der Anwendung der Delphi-Methode können sich für die Informationsgewinnung im Rahmen der strategischen Frühwarnung sowie die strategische Umwelt- und Unternehmensanalyse wichtige Anhaltspunkte ergeben.

Die Delphi-Methode basiert i.d.R. auf – meist schriftliche – Befragungen mehrerer Experten (Expertenpanel) zur Einschätzung über künftige qualitative und quantitative Entwicklungen (z.B. technologischer, wirtschaftlicher und politischer Art). Die Befragungen der Experten erfolgen stufenweise in mehreren Durchgängen, wobei die Prognoseergebnisse vorangegangener Befragungsstufen kontinuierlich in die neuen Stufen übernommen werden. Dadurch soll eine möglichst gleichmäßige Verteilung der bereits vorhandenen Informationen auf alle beteiligten Experten gesichert werden. Ziel ist eine schrittweise Annäherung an eine „Ideallösung" und/oder die Erreichung eines „idealen bzw. sicheren Zukunftsbilds". Erfolgshypothese der Vertreter dieses Verfahrens ist, dass die Experten aufgrund ihrer vielfältigen und besonderen Fachkenntnisse, Erfahrungen und häufigen Zusatzkenntnisse die Vielschichtigkeit künftiger Entwicklungen besser erfassen können als noch so aufwändige mathematisch-quantitative Verfahren.

Für die praktische Durchführung sind jedoch Festlegungen über die Fragenkomplexe, die Zusammenfassung der Befragungsergebnisse und ihre erneute Verteilung an die Experten erforderlich. Hierzu muss ein Koordinator bestimmt werden. Außerdem sind in der Vorbereitungsphase die jeweiligen Experten zu benennen. An dieser Stelle ist zu beachten, dass ihre Zusammensetzung die Prognose und damit das Zukunftsbild maßgeblich beeinflussen kann. Ferner ist darüber zu entscheiden, ob es sich bei den Experten um unternehmensinterne und/oder -externe Personen handeln soll, welche Fähigkeiten sie aufweisen sollen, welchen gesellschaftlichen, wirtschaftlichen und politischen Ebenen und Gruppierungen sie angehören sollen usw.

Wird die Delphi-Methode z.B. im Rahmen der Netzwerkbildung eingesetzt, so könnte eine homogene Zusammensetzung die Gefahr in sich bergen, das Netzwerksystem zu eng abzugrenzen. Meist wird daher für ein heterogenes Expertenteam plädiert, um derartige Verzerrungen zu vermeiden.

Schließlich ist auch die Gruppengröße und die Anzahl der Befragungsdurchgänge zu bestimmen. Sie nehmen u.a. Einfluss auf die Kosten dieses Verfahrens. Grundsätzlich ist die Verwendung der Delphi-Methode z.B. auch bei langfristigen Prognosen, die Produktion weit in der Zukunft liegender Szenarien sowie der Bildung umfassender und zukunftsorientierter Netzwerke möglich.

- Ergebniskennlinie:

Grundsätzlich sind alle strategischen Controlling-Instrumente dazu geeignet, schwache Signale zu senden und zu erfassen. Besonders aus Zeitvergleichen können sich Hinweise für schleichende Fehlentwicklungen ergeben. Dies gilt zum Beispiel für den jährlichen Vergleich der Positionierungen von Geschäftsfeldern, Lieferanten und Belegschaftsteilen in Portfolios (Punkt III.7). Auch die Verteilung des Umsatzes auf Produkte, die sich in unterschiedlichen Lebenszyklus-Phasen befinden, kann Anhaltspunkte liefern (Punkt III.5). Ferner ist an die Veränderung der Gewichtungen bei den Erfolgsfaktoren und/oder des Schwerpunkts im Schwächen-Stärken-Potenzialreserven-Portfolio für Erfolgsfaktoren und Ressourcen im Rahmen des SRD zu denken (Punkt III.16). Und Ursache-Wirkungsketten – wie sie im Zusammenhang mit der Balanced Scorecard zum Einsatz kommen (vgl. Punkt III.18) – können Hinweise für zu erwartende Konsequenzen auf der finanziellen Perspektive liefern, die durch Veränderungen auf der Seite der internen Prozess-, der Mitarbeiter (bzw. Lern-) und der Markt-/Kundenperspektive ausgelöst werden.

Am Beispiel der Ergebniskennlinie (Punkt III.11) soll abschließend gezeigt werden, auf welche Weise strategische Controlling-Instrumente durch Zeitvergleiche auf Fehlentwicklungen hinweisen können. Dazu sind in Bild 252 im Zeitvergleich drei Ergebniskennlinien (für 2005, 2006 und 2007) eingezeichnet.

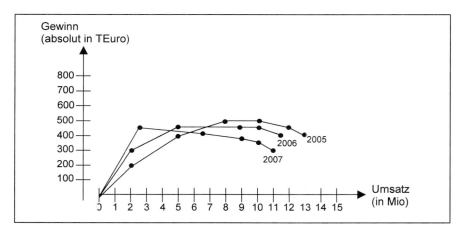

Bild 252: Ergebniskennlinien im Zeitvergleich

Der Ergebnissaldo gibt schrittweise nach. Daneben hat sich sowohl der Sattelpunkt als auch die Ergebniskonzentration verschlechtert. Aus der Ergebniskennlinie ergeben sich demnach Signale für die schleichende Zunahme eines bedrohlichen Small-Numbers-Problems.

6 Praktische Einführung von Frühwarnsystemen

Bei der praktischen Einführung von Frühwarnsystemen sind die verschiedenen Ausgestaltungsformen von Frühwarnsystemen zu berücksichtigen, wie sie bislang beschrieben wurden.

Neben dieser **methodisch-inhaltlichen Dimension** haben Frühwarnsysteme eine **psychologisch-menschliche Dimension**. Sie lässt sich nicht nur auf die praktische Einführung von Frühwarnsystemen beschränken, sondern sie gilt letztlich für sämtliche Instrumente, die Gegenstand dieses Buches waren.

Auf einer übergeordneten psychologisch-menschlichen Ebene können die Ursachen für die Entwicklung und Verwendung von Instrumenten für die (strategische) Frühwarnung – aber auch sämtlicher anderer (rationaler) Instrumente, Methoden und Werkzeuge (nicht nur auf betriebswirtschaftlichem, sondern auch auf technischem Gebiet) – in der **Angst** vor Ungewissheit gesehen werden (so Jain (a) in seinen tiefgehenden philosophischen Überlegungen zur (Post-) Moderne). Sie sind Ausflüsse einer rationalistischen Ordnung und die Waffen im Kampf gegen das Unbestimmte und Ambivalente, um sich vor zukünftigen Bedrohungen zu schützen und Chancen zu nutzen – obwohl sie selbst zahlreiche Ambivalenzen und Unzulänglichkeiten aufweisen. Angst und der Gebrauch von Instrumenten (im weitesten Sinne), um sie bzw. ihre Auslöser zu bekämpfen, sind daher die ständigen Begleiter des menschlichen Daseins. In Angstsituationen ist daher mit einem händeringenden Bedarf an „Instrumenten" zu rechnen, nach denen wie nach den rettenden Strohhalmen gegriffen wird. Sieht man sich die Slogans an, unter denen insbesondere Instrumente der (strategischen) Frühwarnung beispielsweise von Beratungsinstituten beworben werden, so rekurieren sie (bewusst oder unbewusst) direkt oder indirekt auf Angst („sicher entscheiden mit ...", „vermeiden Sie Unsicherheiten bei unternehmerischen Entscheidungen", „unsere Systeme schützen Sie vor Überraschungen", „sichern Sie Ihr Geschäft mit ...", usw.).

Obwohl (Frühwarn-) Instrumente also im Kern Angst reduzieren helfen sollen, löst die Ankündigung ihrer Einführung auf der operativeren Umsetzungsebene und im ersten Schritt nicht selten Angst bei den Beteiligten und Betroffenen aus. Die praktische Umsetzung und die Realisierung von Frühwarnsystemen bedürfen danach besonders der **Annahme** und **Akzeptanz** durch die Beteiligten und Betroffenen sowie vor allem der Autorisierung durch die Vertreter des Managements, die ihrerseits Beteiligte und Betroffene darstellen.

Bei der Einführung von Frühwarnsystemen können u.a. folgende **Ängste** und dadurch induzierte **Willensbarrieren** auftreten (Krystek und Müller-Stewens):

- **Interessenkollisionen und Angst vor Machtverlust**, die z.B. dann entstehen, wenn aufgrund der Einrichtung von Informationspools (z.B. auf der Seite der Zentralelemente von Frühwarnsystemen) Machtverlagerungen und Einflussverluste erwartet bzw. befürchtet werden.

- **Ressortegoismus** kann entstehen, wenn die Einführung, der Aufbau und die dauernde Pflege z.B. eine Neuzuteilung der betrieblichen Ressourcen verlangt, d.h. verschiedene Ressorts werden bei der Verteilung von Ressourcen Einbußen hinnehmen müssen, andere Ressorts werden in den Genuss zusätzlicher Ressourcen kommen.

- **Informationsüberladungen** können sich einstellen, wenn betriebliche Entscheidungsträger zu viele Informationen erhalten bzw. mit Informationen überschüttet werden. Dies kann u.a. an der Profilierungssucht der Melder schwacher Signale liegen.

- **Hard-Fact-Gläubigkeit** ist gegeben, wenn im Unternehmen eine stark auf Zahlen und auf (zumindest scheinbar) wohlstrukturierte Informationen ausgerichtete Entscheidungskultur vorherrscht bzw. eine geringe Bereitschaft besteht, über Vermutungen zu spekulieren („Was interessieren mich Vermutungen, ich will Fakten sehen").

- **Selbstüberschätzung** führt häufig dazu, dass man Frühaufklärung nicht für erforderlich hält, weil die Entscheidungsträger häufig glauben, das „Geschäft im Blut zu haben" und „selbst Trendsetter" zu sein.

Erfahrungen aus der Praxis legen es nahe, dass diese Willensbarrieren reduzierbar und die Einführungsprozesse um so effizienter gestaltbar sind, je früher und intensiver die Beteiligten und Betroffenen eingebunden werden und je intensiver die Unterstützung durch das Management ausfällt.

Im Zuge der praktischen Einführung können beispielsweise folgende Maßnahmen nützlich sein, um **Ängste abzubauen, Überzeugungskonflikte zu reduzieren,** die **Akzeptanzhaltung zu verbessern**:

- Einsetzen einer **Projektorganisation** für die Einführung eines Frühwarnsystems.
- **Autorisierung** des Einführungsprojekts durch das (Top-) Management.
- Positive Beeinflussung des Bewusstseins der Betroffenen und Beteiligten über die **unternehmensstrategische Bedeutung der Frühwarnung** (z.B. durch Schulung).
- **Aufdeckung** und **Bewusstmachung von strategischen Fehlleistungen** und Diskontinuitäten, durch die in der Vergangenheit Schäden für das Unternehmen entstanden sind, die jedoch durch ein Frühwarnsystem reduziert oder verhindert worden wären.
- Hinweise auf den **Erfolg von Frühwarnsystemen** bei anderen Unternehmen und Institutionen.
- **Frühzeitige Einbindung** der verschiedenen Interessentträger.
- **Schrittweise, systematische Einführung** (statt der Strategie des „Bombenwurfs").

Anhang

DV-Tools auf Excel-Basis

Mehrere Instrumente, die in diesem Buch vorgestellt werden, liegen bereits auf Excel-Basis als professionelle Software-Tools vor. Sie haben sich in der Unternehmens-, Controlling- und Consultingpraxis hervorragend bewährt. Dazu gehören beispielsweise
- **Portfolio für Excel** (Portfolios nach McKinsey-Vorbild für bis zu 25 Bewertungsobjekte je Portfolio mit 50 Bewertungskriterien, Skaliertausch, Gruppen- und Einzelbewertung usw.)
- **Ergebniskennlinie für Excel** (Ergebniskennlinie für bis zu 200 Bewertungsobjekte in auf- und absteigender Form)
- **Conjoint für Excel** (Conjoint-Analyse mit bis zu 99 Produktmerkmalen und 9 Ausprägungen je Merkmal, einschl. grafischer Aufbereitung der Teilnutzenfunktionen und Nutzenbereiche, Güte-Check usw.)
- **Success Resource Deployment für Excel** (SRD mit bis zu 99 Erfolgsfaktoren und 30 Ressourcenkomponenten, 20 SRD-spezifische Charts wie Relevanzanalysen, Potentialreserven, Stärken-Schwächen-Positionierungen, Ressourcen- und Erfolgsfaktoren-Portfolios, Suchfeldmatrix für die Ableitung von Vitalisierungsmaßnahmen usw.)

Ansprechpartner: Michael Strey, KUBE-Beirat für betriebswirtschaftliche Projektierung, DV-Unterstützung und SAP; Vorwaldstr. 76, 87471 Durach; e-mail: **Michael.Strey@strey-consult.de**

Kompetenzzentrum für Unternehmensentwicklung und -beratung - KUBE e.V.

Das KUBE betreibt u.a. die
- Pflege, Weiterentwicklung und Diffusion betriebswirtschaftlicher Methoden und Instrumente in Theorie und Praxis,
- Nutzbarmachung dieser Methoden und Instrumente für die Management und Beratungspraxis der KUBE-Mitglieder und externe Interessenten,
- Förderung der Karriere- und Unternehmensziele der KUBE- Mitglieder und KUBE-Klienten.

Dazu hält KUBE ein breites Leistungsspektrum für die Mitglieder und die externen Interessenten bereit. Hierzu gehören auch Beratungs- und Trainingsleistungen, die vor allem durch KUBE-Beiräte aus Theorie und Praxis ständig fort- und weiterentwickelt werden. In Projekten arbeitet KUBE gezielt an ausgewählten und aktuellen Managementthemen, die auch durch Publikationen, Referenzen und KUBE-News, Trainings und Tagungen dokumentiert werden.

Die KUBE-Adresse im Internet lautet www.kube-ev.de

Literatur

Abernathy, W.J.; Wayne, K.: Limits of the Learning Curve in: Harvard Business Review, 52, 1974, S. 109 - 119.

Akao, Y.: Quality Function Deployment, übersetzt aus dem Amerikanischen von G. Liesegang, Landsberg/Lech, 1992

Albers, S.; Eggers, S.: Organisatorische Gestaltung von Produktinnovations-Prozessen, in: Zeitschrift für betriebswirtschaftliche Forschung, 1991, S. 44 - 64.

Ansoff, H.I. (a): Management-Strategie, München, 1966.

Ansoff, H.I. (b): Managing surprise and discontinuity – strategic response to weak signals. Die Bewältigung von Überraschungen – Strategische Reaktionen auf schwache Signale, in: Zeitschrift für betriebswirtschaftliche Forschung, 1976, S. 129 - 152.

Antoni, M.; Riekhof, H.-C.: Die Portfolio-Analyse als Instrument der Strategieentwicklung, in: Praxis der Strategieentwicklung, hrsg. v. H.-C. Riekhof, 2. Aufl., Stuttgart, 1994, S. 109 - 128.

Aust, E.: Simultane Conjointanalyse, Benefitsegmentierung, Produktlinien- und Preisgestal-tung, Frankfurt/M. usw., 1996.

Backhaus, K.; Erichson, B.; Plinke, W.; Weiber, R.: Multivariate Analysemethoden, 7. Aufl., Berlin usw., 1994.

Backhaus, K. (a): Viele handeln erst, wenn das Wasser bis zum Halse steht, in: VDI Nachrichten v. 4.2.1994, S. 4.

Backhaus, K. (b): Im Geschwindigkeitsrausch, in: Aus Politik und Zeitgeschichte – Beilage zur Wochenzeitung Das Parlament, B 31/99, S. 18 - 24.

Bamberg, G.; Coenenberg, A.G.: Betriebswirtschaftliche Entscheidungslehre, 13. Aufl., München, 2006.

Baudrillard, J.: Agonie des Realen, Berlin, 1978.

Bauer, H.H.; Herrmann, A.; Mengen, A.: Conjoint + COST: Nicht Marktanteile, sondern Gewinne maximieren!, in: Controlling, 1995, S. 339 - 345.

Baumann, Z.: Unbehagen in der Postmoderne, Hamburg, 1999.

Baur, C. (a): Make-or-Buy-Entscheidungen in einem Unternehmen der Automobilindustrie, München, 1990.

Baur, C. (b): Vertikale Kooperation als Strategie innovativen Unternehmertums - Dargestellt am Beispiel der Automobilindustrie, in: Innovation und Unternehmertum, hrsg. v. U.D. Laub und D. Schneider, Wiesbaden, 1991, S. 79 - 109.

Baur, C.; Kluge, J.: Die Wertkette als Instrument der strategischen Analyse, in: Praxis des Strategischen Managements, hrsg. v. M.K. Welge, A. Al-Laham, P. Kajüter, Wiesbaden, 2000, S. 135 - 146.

Beck, U.: Risikogesellschaft. Auf dem Weg in eine andere Moderne, Frankfurt/M. 1986.

Behrens, R.: Postmoderne, Hamburg 2004.

Benkenstein, M.; Henke, N.: Der Grad vertikaler Integration als strategisches Entscheidungsproblem, in: Die Betriebswirtschaft, 1993, S. 77 - 91.

Literatur

Berle, A.A.; Means, G.C.: The Modern Corporation and Private Property, New York, 1932.
Borkenhagen, A.: Gemachte Körper. Die Inszenierung des modernen Selbst mit dem Skalpell. Aspekte zur Schönheitschirurgie, in: Psychologie & Gesellschaftskritik, 25, S. 55 - 67.
Bourdieu, P.: Three Forms of Capital, in: Handbook of Theory and Research for the Sociology of Educa-tion, New York, 1986, S. 241 - 258.
Bramsemann, R.: Handbuch Controlling, München, 1987.
Bräuner, T.; Schneider, D.: Make-or-Buy-Portfolios für die Wahl zwischen Insourcing und Outsourcing, in: Power Tools, hrsg. v. D. Schneider u. P. Pflaumer, Wiesbaden, S. 83 - 90.
Brunner, F.J.: Produktplanung mit Quality Function Deployment QFD, in: Gezielt Kosten senken, hrsg. v. H. Siegwart und R. Müller, Zürich, 1995, S. 131 - 138.
Buck, G.; Schneider, D.: Kundenorientierung in der katholischen Kirche, in: Die lebendige Zelle, 4, 1999, S. 26 - 27.
Bühner, R.: Das Management-Wert-Konzept, Stuttgart, 1990.
Burger, A.: Kostenmanagement, 3. Aufl., München u. Wien, 1999.
Camphausen, B. (a): Geschäftsfeldanalyse mit Portfolios, in: Power Tools, hrsg. v. D. Schneider u. P. Pflaumer, Wiesbaden 2001, S. 13 - 25.
Camphausen, B. (b): Strategisches Management, München u. Wien, 2003.
Coase, R.H.: The Nature of the Firm, in: Economica, 1937, S. 386 - 405.
Commes, M.T.; Lienert, R.: Controlling im FuE-Bereich, in: Zeitschrift Führung und Organisation, 1983, S. 347 - 354.
Curtius, B.; Ertürk, Ü.: QFD-Einsatz in Deutschland – Status und Praxisbericht, in: Qualität und Zuverlässigkeit, 39, 1994, S. 394 - 402.
Derrida, J.: Die Schrift und die Differenz, Frankfurt/M., 1976.
Deyhle, A.: Controller-Praxis, Bd. I und II, 6. Aufl., Gauting b. München, 1986.
Deyhle, A.; Gill, D.; Blazek, A.: Controlling & the Controller, 2. Aufl., Gauting b. München, 1992.
Dietel, B.; Müller-Bader, P.: Elemente einer Theorie der Führung, in: Betriebswirtschaftliche Führungslehre, hrsg. v. E. Heinen, 2. Aufl.,Wiesbaden 1984, S. 139 - 187.
Dunst, K.H.: Portfolio Management. Konzeption für die strategische Unternehmensplanung, 2. Aufl, Berlin u. New York, 1983.
Easton, D.: A systems analysis of political life, New York, 1965.
Egger, A.; Winterheller, M.: Kurzfristige Unternehmensplanung, 7. Aufl., Wien, 1994.
Egner, H.; Hoffmann, J.: QFD-Einsatz in der Praxis - Nutzen auch für kleine und mittelständische Unternehmen, in: Qualität und Zuverlässigkeit, 40, 1995, S. 446 - 450.
Egner, H.; Hoffmann, J., Martinetz, H.: Methodengestützt planen und entwickeln, in: Qualität und Zuverlässigkeit, 40, 1995, S. 1282 - 1286.
Ehrlenspiel, K.: Integrierte Produktentwicklung, München und Wien, 1995.
Elias, N.: Über den Prozeß der Zivilisation, Frankfurt/M., 1986.

Literatur

Engelmann, P.: Einführung: Postmoderne und Dekonstruktion. Zwei Stichwörter der zeitgenössischen Philosophie, in: Postmoderne und Dekonstruktion – Texte französischer Philosophen der Gegenwart, hrsg. v. P. Engelmann, Stuttgart, 2004, S. 5 - 32.

Fama, E.F.: Agency Problems and the Theorie of the Firm, in: The Journal of Political Economy, 1980, S. 288 - 306.

Feldmann, R.; Ziebach, T.: Verfahren für die Geschäftsprognose, in: Power Tools, hrsg. v. D. Schneider u. P. Pflaumer, Wiesbaden, S. 267 – 280.

Fopp, L.: Mitarbeiter-Portfolio: Mehr als nur ein Gedankenspiel, in: Personal, 1982, S. 333 - 336.

Foucault, M.: Die Ordnung des Diskurses, München, 1991.

Foxall, G.R.; Tierney, J.D.: From CAP1 to CAP2: User-initiated innovation from the user`s point of view, in: Management Decision, 5, 1984, S. 3 - 15.

Fuchs, C.; Hofkirchner, W.: Die Dialektik der Globalisierung in Ökonomie, Politik, Kultur und Technik, Paper aus einem laufenden Projekt am Institut für Gestaltungs- und Wirkungsforschung der Technischen Universität Wien.

Gälweiler, A.: Strategische Unternehmensführung, 2. Aufl., Frankfurt u. New York, 1990.

Geisbüsch, H.-G.: Produktpositionierung, in: Marketing, 2. Aufl., hrsg. v. H.-G. Geisbüsch, R. Geml u. H. Lauer, Landsberg/Lech, 1991, S. 339 - 348.

Geisenberger, V.: Präferenzen von Führungsnachwuchskräften bei der Wahl zukünftiger Arbeitgeber – Ein empirisch gestützter und conjoint-analytischer Beitrag für das Personalmanagement, Diplomarbeit, Kempten und Peiting, 1997.

Gerybadze, A.: Innovation und Unternehmertum im Rahmen internationaler Joint-Ventures – Eine kritische Analyse, in: Innovation und Unternehmertum, hrsg. v. U.D. Laub und D. Schneider, Wiesbaden, 1991, S. 137 - 164.

Giehl, T. (a): Unternehmensanalyse mit Success Resource Deployment – dargestellt am Beispiel eines DV-Unternehmens, Diplomarbeit, Kempten, 1997.

Giehl, T. (b): Innovation und Rollenverteilung in strategischen Netzwerken am Beispiel der Hightechindustrie, bislang unveröffentlichtes Manuskript, Kempten, 2007.

Giehl, T.; Brenner, U.: Beratungsunternehmen im Internet – eine nutzwertanalytische Bewertung, in: Power Tools, hrsg. v. D. Schneider u. P. Pflaumer, Wiesbaden 2001, S. 161 - 168.

Glotz, P. (a): Die beschleunigte Gesellschaft. Kulturkämpfe im digitalen Kapitalismus, Reinbek, 2001.

Glotz, P. (b): Von Analog nach Digital. Unsere Gesellschaft auf dem Weg zur digitalen Kultur, Frauenfeld, 2001.

Glotz, P. (c): Die beschleunigte Gesellschaft in der Ökonomie; Manuskript eines Vortrags für die Freimaurerloge „Zur Brudertreue", Aarau (o.J.).

Grubert, S.: Personal-Portfolios als Instrumente des Personal-Controlling, Diplomarbeit, Kempten, 1996.

Literatur

Hagenloch, T.; Schneider, U.: Produktgestaltung mit Conjoint Measurement, in: Wirtschatsstudium, 2005, S. 1220 - 1229.

Hagenloch, T.; Berneburg, A.: Choice Based Conjoint Analyse versus Poor-Man-Verfahren: Ein empirischer Vergleich; Manuskript eines bislang unveröffentlichten Forschungsprojekts, Merseburg, 2007.

Hahn, D.; Krystek, U.: Frühwarnsysteme als Instrument der Krisenerkennung, in: Betriebswirtschaftslehre und ökonomische Krise, hrsg. v. W.H. Staehle u. E. Stoll, Wiesbaden 1984, S. 3 - 24.

Hambrick, D.C.; Mac Millan, J.C.; Day, D.L.: Strategic attributes and performance in the BCG-matrix - A PIMS-based analysis of industrial product business, in: Academy of Management Journal, 1982, S. 510 - 531.

Hammer, R.M.: Unternehmungsplanung, 3. Aufl., München u. Wien, 1988.

Hartmann, R.: Anwendung der Ergebniskennlinie als Benchmarking-Instrument – eine empirisch gestützte Studie anhand von Unternehmen aus der Chemie-, Pharma- und Elektrotechnikindustrie, Diplomarbeit, Kempten 2005.

Hasenbeck, M: Siemens: Kultur – Revolution, in: Wirtschaftswoche, 6, 1988, S. 36 - 43.

Hauke, W.; Opitz, O.: Mathematische Unternehmensplanung, 2. Aufl., Norderstedt, 2003.

Hauschildt, J.: Aus Schaden klug, in: manager-magazin, 10, 1983, S. 142 - 147.

Hauser, J.R.; Clausing, D.: Wenn die Stimme des Kunden bis in die Produktion vordringen soll, in: HARVARD-manager, 4, 1988, S. 57 - 70.

Hax, A.C.; Majluf, N.S.: Strategisches Management, Frankfurt u. New York, 1991.

Hedley, B.: A Fundamental Approach to Strategy Development, in: Long Range Planning, 10 (Dezember), 1997, S. 2 - 11.

Hehl, G.; Hermann, N.: Mitarbeiterbeurteilung als integrativer Prozeß, in: Personalführung, 1989, S. 548 - 553.

Heinen, E. (a): Führung als Gegenstand der Betriebswirtschaftslehre, in: Betriebswirtschaftliche Führungslehre, hrsg. v. E. Heinen, 2. Aufl., Wiesbaden, 1984, S. 17 - 49.

Heinen, E. (b): Industriebetriebslehre als entscheidungsorientierte Unternehmensführung, in: Industriebetriebslehre, hrsg v. E. Heinen, 9. Aufl., Wiesbaden, 1991, S. 1 - 71.

Heinen, E. (c): Grundfragen der entscheidungsorientierten Betriebswirtschaftslehre, München 1976.

Henderson, B.D.: Die Erfahrungskurve in der Unternehmensstrategie. Übersetzt und bearbeitet von A. Gälweiler, Frankfurt, 1974.

Henzler, H. (a) (Hrsg.): Handbuch Strategische Führung, Wiesbaden, 1988.

Henzler, H. (b): Europreneurs - Europas Unternehmer melden sich zurück, Wiesbaden, 1992.

Heuskel, D.: Wettbewerb jenseits von Industriegrenzen: Aufbruch zu neuen Wachstumsstrategien, Frankfurt u. New York, 1999.

Hinterhuber, H.H.: Strategische Unternehmungsführung, 3. Aufl., Berlin u. New York, 1984.

Hiromoto, T.: Another hidden edge – Japanese Management Accounting, in: Harvard Business Review, 4, 1988, S. 22 - 26.
Homburg, C.: Modellgestützte Unternehmensplanung, Wiesbaden, 1991.
Horx, M.: Warum die westlichen Werte siegen werden, Interview in Spiegel Online (www.spiegel.de/plitik/deutschland/...).
Horváth, P. (a): Controlling, 5. Aufl., München 1994.
Horváth, P. (b) (Hrsg.): Target Costing - Marktorientierte Zielkosten in der deutschen Praxis, Stuttgart, 1993.
Horváth, P. (c): Wissensmanagement steuern: Die Balanced Scorecard als innovatives Controllinginstrument, in: Report Balanced Scorecard, hrsg. v. M.G. Bernhard u. S. Hoffschroer, 3. Aufl., Stuttgart, 2003, S. 177 - 187.
Hüttner, M.: Prognoseverfahren und ihre Anwendung. Berlin u. New York, 1986.
Imai, M.: Kaizen – der Schlüssel zum Erfolg der Japaner im Wettbewerb, München, 1992.
Jain, A.K. (a): Politik in der (Post-) Moderne. Reflexiv-deflexive Modernisierung und die Diffusion des Politischen, München, 2000.
Jain, A.K. (b): Die globale Klasse – Die Verfügungsgewalt über den globalen Raum als neue Dimension der Klassenstrukturierung, in: Reale Fiktionen, fiktive Realitäten, hrsg. v. J. Angermüller u.a., S. 51 - 68.
Jantsch, U.: Die Selbstorganisation des Universums, München u. Wien 1979.
Jendritzky, K.: Autovermietungen im Differenzierungswettbewerb – ein empirisch und conjointanalytisch gestützter Beitrag zur Analyse und strategischen Geschäftsentwicklung, unveröffentlichtes Manuskript, Kempten, 2000.
Jonen, A.; Lingnau, V.: Target Costing auf Basis der Conjoint Analyse, in: Wirtschaftswissenschaftliches Studium, 34, 2005, S. 354 - 360.
Kaluza, B.; Blecker, T.: Management interindustrieller Entsorgungsnetzwerke, in: Management von Unternehmensnetzwerken, hrsg. v. K. Bellmann u. A. Hippe, Wiesbaden, 1996, S. 379 - 417.
Kano, N. u.a.: Attractive Quality and Must be Quality, in: Quality, 2, 1984, S. 39 - 48.
Kaplan, R.S.; Norton, D.P. (a): The Balanced Scorecard. Strategien erfolgreich umsetzen, Stuttgart, 1997.
Kaplan, R.S.; Norton, D.P. (b): The Balanced Scorecard – Measures that drive Performance, Harvard Business Review, Jan./Feb., 1992, S. 71 - 79.
Kaulmann, T.: Property rights und Unternehmungstheorie, München, 1987.
Kerksieck, H.; Friedrich, R.R.; Rossmann, C.: Target Costing – Konsequente Marktorientierung durch Zielkostenmanagement, in: Power Tools, hrsg. v. D. Schneider u. P. Pflaumer, Wiesbaden 2001, S. 117 - 129.
Kilian, W. ; Picot, A. u.a.: Electronic Data Interchange (EDI), Baden Baden, 1994.
Kirsch, W.; Esser, W.-M.; Gabele, E.: Das Management des geplanten Wandels von Organisationen, Stuttgart, 1979.
Kirsch, W. (a): Organisatorische Führungssysteme, München 1976.
Kirsch, W. (b): Wegweiser zur Konstruktion einer evolutionären Theorie der strategischen Führung, München, 1997.

Literatur

Klebe, T.; Roth, S.: Autonome Zulieferer oder Diktat der Marktmacht?, in: Zulieferer im Netz, hrsg. v. G. Mendius und U. Wendeling-Schröder, Köln, S. 180 - 199

Kleer, M.: Gestaltung von Kooperationen zwischen Industrie- und Logistikunternehmen, Berlin, 1991.

Kluge, J. u.a.: Shrink to Grow - Lessons from Innovation and Productivity in the Electronics Industry, London, 1996.

Koch, H.: Integrierte Unternehmensplanung, Wiesbaden, 1982.

Kraljic, P.: Umbruch in DDR und Osteuropa: Herausforderungen, Chancen und Risiken. Vortrag auf dem 17. Kongreß des BME, Wiesbaden, 1990.

Kreikebaum, H.: Strategische Unternehmensplanung, 2. Aufl., Stuttgart usw., 1987.

Krysmansky, H.J.: Herrschende Klasse(n), Arbeitspapier, in veränderter Form erschienen in: Historisch-kritisches Wörterbuch des Marxismus, hrsg. v. W.F. Haug, Bd. 6/1, Berlin 2004.

Krystek, U.: Unternehmungskrisen, Wiesbaden, 1987.

Krystek, U.; Müller-Stewens, G.: Frühaufklärung für Unternehmen, Stuttgart, 1993.

Kühne, A.: Benchmarking – Ein Mittel zur Leistungssteigerung, in: Zeitschrift für Betriebswirtschaft, Ergänzungsheft (2), 1995, S. 41 - 47.

KUBE-Autorenkollektiv (Schneider, D.; Bartsch, C.; Berg, M.; Fabrowsky, J.-K.; Giehl, T.; Gschmeidler, A.; Öner, A.; Schönacher, M.): SRD schlägt QFD: Unternehmensentwicklung mit Success Resource Deployment – empirische Anwendungsbeispiele und praktische Ratschläge, in: Zeitschrift für Unternehmensentwicklung und Industrial Engineering, 2000, S. 21 - 27.

Kuß, A.: Analyse von Kundenwünschen mit Hilfe von Means-End-Chains, in: Kundennähe realisieren, hrsg. v. T. Tomczak und C. Belz, St. Gallen, 1994, S. 256 - 262.

Laub, U.D. (a): Zur Bewertung innovativer Unternehmensgründungen im institutionellen Zusammenhang – Eine empirisch gestützte Analyse, München, 1989.

Laub, U.D. (b): Innovationsbewertung: Ein Bewertungskonzept für innovative Unternehmensgründungen, in: Innovation und Unternehmertum, hrsg. v. U.D. Laub und D. Schneider, Wiesbaden, 1991, S. 23 - 49.

Laukamm, T.: Strategisches Management von Human-Ressourcen in: Strategisches Marketing, hrsg. v. H. Raffée und K.-P. Wiedmann, Stuttgart, 1985.

Laux, H.: Entscheidungstheorie, 6. Aufl., Wiesbaden, 2005.

Lehmann, D.; Schneider, D.: Airlines auf dem Weg zur Kundenorientierung – Vom konvergenten Passagiertransportgeschäft zum differenzierten Mobilitätssystem, in: Internationales Verkehrswesen, 51, 1999, S. 528 - 529.

Leibfried, K.H.J; McNair, C.J.: Benchmarking – Von der Konkurrenz lernen, die Konkurrenz überholen, Freiburg, 1993.

Leist, R.; Kühlmeyer, M.: Qualitätsmanagement-Methoden, Augsburg, 1996.

Literatur

Lemke, H.: Planung regionaler PACS (Picture Archiving and Communication Systems) am Beispiel SaxTele-Med. Working Paper, Freiburg, 2003.
Levitt, T.: The Marketing Imagination, New York u. London, 1986.
Lindblom, C.E.: The science of „muddling through", in: Public Administration Review, 19, 1959, S. 79 - 88.
Lyotard, J.-F.: Das postmoderne Wissen, 5. Aufl., Wien, 2005.
Mag, W.: Planung in: Vahlens Kompendium der Betriebswirtschaftslehre, hrsg. v. M. Bitz u.a., Bd. 2, 2. Aufl., München, 1990, S. 1 - 56.
Marr, R.; Picot, A.: Absatzwirtschaft, in: Industriebetriebslehre, hrsg. v. E. Heinen, 9. Aufl., Wiesbaden, 1991, S. 623 - 728.
McKinsey (a): Einfach überlegen, Stuttgart, 1993.
McKinsey (b): Wachstum durch Verzicht, Stuttgart, 1994.
McKinsey (c): Qualität gewinnt, Stuttgart, 1995.
Meffert, H.: Marketing, 7..Aufl., Wiesbaden, 1986.
Menze, T.: Strategisches internationales Beschaffungsmarketing, Stuttgart, 1993.
Miles, R.E.; Snow, C.C.: Organizational Strategy, Structure and Process, New York u.a., 1978
Morwind, K.: Praktische Erfahrungen mit Benchmarking, in: Zeitschrift für Betriebswirtschaft, Ergänzungsheft (2), 1995, S. 25 - 39.
Münch, R. (2004): Soziologische Theorie, Bd. 3: Gesellschaftstheorie, Frankfurt/M., 2004.
Nieschlag, R.; Dichtl, E; Hörschgen, H.: Marketing, 15. Aufl., Berlin, 1988.
Odiorne, G.S.: Strategic Management of Human Resources, San Francisco usw., 1984.
Oehler, O.: Checklist Frühwarnsystem mit Alarmkennziffern, München, 1980.
Pachner, P.; Schneider, D.; Werdich, F.: Success Resource Deployment (SRD) im Personal- und Bil-dungsmanagement – Ergebnisse einer empirischen Studie, in: Power Tools, hrsg. v. D. Schneider u. P. Pflaumer, Wiesbaden, 2001, S. 49 - 57.
Perillieux, R.: Strategisches Timing von FuE und Markteintritt bei innovativen Produkten, in: Integriertes Technologie- und Innovationsmanagement, hrsg. v. Booz Allen und Hamilton, 1991, S. 21 - 48.
Pfeiffer, W.; Bischoff, P.: Produktlebenszyklen, in: Planung und Kontrolle, hrsg. v. H. Steinmann, München, 1981, S. 133 - 156.
Pfeiffer, W.; Metze, G.; Schneider, W.; Amler, R.: Technologie-Portfolio zum Management strategischer Zukunftsgeschäftsfelder, Göttingen, 1987.
Pflaumer, P. (a): Methoden der Bevölkerungsvorausschätzung, Berlin, 1988.
Pflaumer, P. (b): Investitionsrechnung, München und Wien, 2003 (unter Mitarbeit von H.-P. Kohler).
Pflaumer, P.; Heine, B.; Hartung, J.: Statistik für Wirtschafts- und Sozialwissenschaftler: Deskriptive Statistik, 3. Aufl., München und Wien, 2005.
Pfohl, H.-C.: Planung und Kontrolle, Stuttgart, 1981.

Literatur

Pfohl, H.-C.; Elbert, R.; Hofmann, E.: Strategische Bedeutung von Geschäftsprozessen – Erfahrungsbericht zur Anwendung der Success-Resource-Deployment-Methode im Rahmen einer Praxisstudie, in: Zeitschrift für Unternehmensentwicklung und Industrial Engineering, 3, 2001, S. 196 - 200.

Picot, A. (a): Unternehmungsphilosophie und Planungsbewußtsein, in: Handwörterbuch der Planung, hrsg. v. N. Szyperski und U. Winand, Stuttgart, 1989, Sp. 2089 - 2100.

Picot, A. (b): Transaktionskostenansatz in der Organisationstheorie: Stand der Diskussion und Aussagewert, in: Die Betriebswirtschaft, 1982, S. 267 - 284.

Picot, A.; Lange, B.: Synoptische versus inkrementale Gestaltung des strategischen Planungsprozesses. Theoretische Grundlagen und Ergebnisse einer Laborstudie in: Zeitschrift für betriebswirtschaftliche Forschung, 1979, S. 569 - 596.

Picot, A.; Laub, U.D.; Schneider, D.: Innovative Unternehmensgründungen – Eine ökonomisch-empirische Analyse, Berlin, 1989.

Plenzig, S.; Hoffmann, J.; Schäfer-Kunz, J.: Gemeinsam zum Erfolg – Ein QFD-orientierter Ansatz zur Verbesserung der Schnittstellen zwischen Marketing und Produktentwicklung, in: Qualität und Zuverlässigkeit, 43, 1998, S. 429 - 432.

Plickert, H.: Methoden und Vorgehensweisen für selektive Auslagerung, in: Computerwoche, Sonderdruck aus Ausgabe 2 vom 12.01.1996.

Popper, K.R.: Objektive Erkenntnis – Ein evolutionärer Entwurf, 2. Aufl., Hamburg, 1974.

Porter, M. E.: Wettbewerbsstrategie, 6. Aufl., Frankfurt u. New York, 1990.

Posth, M.: Gestaltung des Unternehmens zu einer Learning Company, in: Visionäres Personalmanagement, hrsg. v. J. Kienbaum, Stuttgart, 1992, S. 169 - 185.

Probst, G.; Gomez, P.: Management-Ansatz von Probst und Gomez, in: Strategische Konzepte, hrsg. v. R. Eschenbach und H. Kunesch, 2. Aufl., Stuttgart, 1995.

Probst, G.J.B.: Vernetztes Denken für komplexe strategische Probleme, in: Das systemisch evolutionäre Management, hrsg. v. R. Königswieser und C. Lutz, 2. Aufl., Wien, 1992.

Radermacher, F.J.: Die Welt im Jahr 2050: Welche Perspektiven eröffnet uns das neue Jahrtausend?, in: Informatik, 4, 2000, S. 10 - 13.

Rappaport, A.: Shareholder Value – Ein Handbuch für Manager und Investoren, 2. Aufl., Stuttgart, 1999.

Regiert, S.: MoB bei 3M Deutschland, Vortragsunterlagen für das MoB-Seminar des Vereins Deutscher Ingenieure (VDI) am 23. Und 24. November 1995 im VDI-Haus, Stuttgart.

Reheis, F.: Die Kreativität der Langsamkeit – Neuer Wohlstand durch Entschleunigung, Darmstadt, 1998.

Reichert, R.: Entwurf und Bewertung von Strategien, München 1984.

Reichmann, T.: Controlling mit Kennzahlen und Managementberichten, 3. Aufl., München, 1993.

Literatur

Reichwald, R.: Die Entwicklung der Arbeitsteilung unter dem Einfluß von Technikeinsatz im Industriebetrieb, in: Die Betriebswirtschaftslehre im Spannungsfeld zwischen Generalisierung und Spezialisierung, Festschrift für E. Heinen, hrsg. v. W. Kirsch und A. Picot, Wiesbaden, 1989, S. 299 - 322.

Reimer, H.: Loyalität ist keine Einbahnstraße, in: Dialog IG Metall, v. 13.11.06.

Reinhard, W.; Weidermann, P.: Planung als Voraussetzung der Führung, in: Betriebswirtschaftliche Führungslehre, hrsg. v. E. Heinen, 2. Aufl., Wiesbaden, 1984, S. 51 - 137.

Robinson, W.T.; Fornell, C.: Market Pioneering and Sustainable Market Share Advantage, The PIMS Letter on Business Strategy, Nr. 39, Strategic Planning Institute, Cambridge, 1986.

Roth, S. (a): Hersteller-Zulieferbeziehungen am Scheideweg, Vortragspaper, Frankfurt/M., 1993.

Roth, S. (b): Zukunftsperspektiven für die Automobilzulieferindustrie, Vortragspaper, Frankfurt/M., 1993.

Rüth, D.: Planungssysteme der Industrie. Einflußgrößen und Gestaltungsparameter, Wiesbaden, 1989.

Saad, K.N.; Roussel, P.A.; Tiby, C.: Management der FuE-Strategie, Wiesbaden, 1991.

Saatweber, J.: Kundenorientierung durch Quality Function Deployment, München u. Wien, 1997.

Sakurai, M.: Target Costing and how to use it, in: Journal of Cost Management, 3, 1989, S. 39 - 50.

Schildbach, T.: Entscheidung, in: Vahlens Kompendium der Betriebswirtschaftslehre, Bd. 2, 2. Aufl., München, S. 57 - 97.

Schirrmacher, F.: Das Methusalem-Komplott, München, 2006.

Schmelzer, H.J.: Organisation und Controlling von Produktentwicklungen, Stuttgart, 1992.

Schneider, D. (a): Strategisches Insourcing-Outsourcing-Controlling mit Make-or-Buy-Portfolios, 2 Teile, in: controller magazin, 1996, S. 207 - 212 und S. 300 - 306.

Schneider, D. (b): Re-Design industrieller Wertschöpfungsstrukturen, in: Fortschrittliche Betriebsführung und Industrial Engineering, 1994, S. 318 - 322.

Schneider, D. (c): Impulse für eine zukunftsorientierte Gestaltung der Arbeitszeit - neue Schubkraft und Visionen durch Lean Management, in: Lean Management, Deutsche Industrial-Engineering-Fachtagung, Darmstadt, 1993.

Schneider, D. (d): Lean Production: Herausforderungen für die Gestaltung der Arbeitszeit, in: Personalführung, 1992, S. 698 - 707.

Schneider, D. (e): Unternehmensanalyse mit „Berater-Methoden", Seminarunterlagen, VDI, Stuttgart, 29.1.1996.

Schneider, D. (f): Zur Entstehung innovativer Unternehmen – Eine ökonomisch-theoretische Perspektive, München, 1988.

Schneider, D. (g): Der Controlling-Würfel - ein Systematisierungskonzept für „virtuose REFA-Controller", in: REFA-Nachrichten, 3, 1996, S. 54 - 57.

Literatur

Schneider, D. (h): Success Resource Deployment (SRD) - vom Quality Function Deployment zu einem multifunktionalen Ansatz für Unternehmensplanung, -entwicklung und -beratung, in: Fortschrittliche Betriebsführung und Industrial Engineering, 1997, S. 65 - 70.

Schneider, D. (i): Produktoptimierung und zielorientierte Kostengestaltung mit Conjoint Measurement, in: Zeitschrift für Unternehmensentwicklung und Industrial Engineering, 1998, S. 24 - 27.

Schneider, D. (j): Geschäftsvitalisierung mit Success Resource Deployment – SRD: in: Power Tools, hrsg. v. D. Schneider u. P. Pflaumer, Wiesbaden, 2001, S. 27 - 38.

Schneider, D. (k): SRD schlägt QFD: Unternehmensentwicklung mit Success Resource Deployment – empirische Anwendungsbeispiele und praktische Ratschläge, Arbeitspapier; in veränderter Form erschienen, in: Zeitschrift für Unternehmensentwicklung und Industrial Engineering, 2000, S. 21 - 27 (KUBE-Autorenkollektiv).

Schneider, D. (l): Success Resource Deployment – Erfolgreiche Produkte und Geschäfte jenseits von Quality Function Deployment, in: io management, 5, 2001, S. 18 - 27.

Schneider, D. (m): Unternehmensentwicklung mit Success Resource Deployment – ein Praxisbericht aus der Pharmaindustrie und ein Überblick über weitere SRD-Anwendungsbeispiele, in: Cntroller Magazin, 2001, S. 462 - 469.

Schneider, D. (n): Optimierung von Geschäfts- und Vertriebssystemen in der Pharmaindustrie durch Success Resource Deployment, in: Die pharmazeutische Industrie, 1, 2003, S. 1 - 6.

Schneider, D. (o): Grundlagen der Betriebswirtschaftslehre, kompaktes Basiswissen, Norderstedt, 2004.

Schneider, D. (p): Replik auf die Fallstudie „Target Costing auf Basis der Conjoint Analyse von Jonen und Lingnau, in: Wirtschaftswissenschaftliches Studium, 2005, S. 716 - 717.

Schneider, D. (q): Wirtschaft und Gesellschaft in der UFO-Falle – Postmodernes Leben und Handeln am Abgrund zur Neoklassik, bislang unveröffentlichtes Manuskript (www.ufo-falle.de), Dietramszell.

Schneider, D. (r): Die unternehmerische Produktion von Erstmaligkeit und ihre Konsequenzen für die Evolution ökonomischer Transaktionsbeziehungen: Der Beitrag von Austrianismus, Transaktionskosten- und Informationstheorie für das Verständnis von Innovation und Unternehmertum, in: Innovation und Unternehmertum, hrsg. v. U.D. Laub u. D. Schneider, Wiesbaden, 1991, S. 339 - 367.

Schneider, D. (s): Informationstheorie zwischen Erstmaligkeit und Bestätigung: Einsichten für die Wirt-schaftsinformatik, in: Das Wirtschaftsstudium, 1990, S. 626 - 627.

Schneider, D. (t): Unternehmensführung – Instrumente für das Management in der Postmoderne, Norderstedt, 2007.

Schneider, D.; Amann, M. (a): Benchmarking von Beratungsgesellschaften mit Success Resource Deployment – ein empirischer Vergleich von Accenture über BCG bis McKinsey aus Kundensicht, Norderstedt, 2005.

Schneider, D.; Amann, M. (b): Benchmarking von Beratungsgesellschaften mit Success Resource Deployment (SRD): in: Unternehmensberater, 6, 2005, S. 31 - 36.

Schneider, D.; Amann, M. (c): Unternehmensberatungen im SRD-Benchmarking, in: REFA-Nachrichten, 4, 2005, S. 27 - 31.

Schneider, D.; Amann, M. (d): Benchmarking von Beratungsgesellschaften mit Success Resource Deployment (SRD) empirische Ergebnisse für einzelne Wettbewerber, in: Zeitschrift der Unterneh-mensberatung, 2006, S. 9 - 15.

Schneider, D.; Amann, M. (e): Soziale Geltung und Einbindung im Beratungsgeschäft – Die empirische Evidenz eines individual- und sozialpsychologischen Klassikers in der Consultingbranche, in: Zeitschrift der Unternehmensberatung, 2006, S. 53 - 58.

Schneider, D.; Amann, M. (f): Die Klienten-Berater-Beziehung in Consultingprojekten – Ergebnisse einer empirischen Analyse auf Basis des Successs Resource Deployment (SRD) in der Beratungsbranche, in: Projektmanagement, 1, 2007, S. 32 - 36.

Schneider, D.; Baur, C.; Hopfmann, L.: Re-Design der Wertkette durch Make or Buy, Wiesbaden, 1994.

Schneider, D.; Zieringer, C.: Make-or-Buy-Strategien für Forschung und Entwicklung, Wiesbaden, 1991.

Schneider, D.; Bäumler, M. (a): Der Controller: Navigation mit Instrumenten-Einsatz und/oder intuitivem Unternehmerblut?, in: Controller Magazin, 1994, S. 239 - 243.

Schneider, D.; Bäumler, M. (b): Controlling-Instrumente versus Unternehmertum – Wider ein altes Vorur-teil, in: Controlling, 1994, S. 370 - 372.

Schneider, D.; Geisenberger, V.: Präferenzen von Führungsnachwuchskräften bei ihrer Arbeitgeberwahl – eine Anwendung der Conjoint-Analyse im Personalmanagement, unveröffentlicher Projektbericht, Kempten, 1997.

Schneider, D.; Ullrich, K.: Retail Banking im Spannungsfeld zwischen Kostendruck und Kundenorientierung – Ergebnisse einer empirischen Untersuchung im Rahmen des Projektes „Kundenorientierung in Genossenschaftsbanken", in: Genossenschaftsblatt, 12, 1999, S. 24 - 27.

Schneider, D.; Gschmeidler, A.; Laub, U.D.: Überlegene Produktoptimierung mit Conoint Measurement – Eine empirische Exploration am Beispiel von Immobilienfonds, in: Der Betriebswirt, 4, 1999, S. 24 - 30.

Schneider, D.; Zeprzalka M.: Benchmarking von Airlines mit Success Resource Deployment – Ergebnisse einer empirischen Studie über British Airways, Lufthansa, LOT, Deutsche BA Ryanair, LTU und Hapag Lloyd, in: Internationales Verkehrswesen, 2004, S. 272 - 276.

Schneider, D.; Philipp, P.: Benchmarking der Hersteller-Händler-Beziehung in der Sportartikelindustrie – Adidas, Asics, Puma, Nike, Reebok und New Balance im KUBE-SRD-Benchmarking, in: Controller Magazin, 2004, S. 255 - 259.

Schneider, D.; Steiger, M.: Forschungsbericht zur KUBE-Studie SRD-Bench-Uhren-Exclusiv – Hersteller exklusiver Uhren im SRD-Benchmarking, bislang unveröffentlichtes Manuskript, Kempten und Dietramszell, 2007.

Literatur

Schoeffler, S.; Buzzel, R.D.; Heany, D.F.: Impact of strategic planning on profit performance, in: Harvard Business Review, (März-April), 1974, S. 137 - 145.

Schoeffler, S.: The PIMS-Program, in: The Strategic Management Handbook, hrsg. v. K.J. Albert, New York usw., 1983, Kapitel 23, S. 1 - 10.

Scholz, C.: Spieler ohne Stammplatzgarantie. Darwiportunismus in der neuen Arbeitswelt, Weinheim, 2003.

Schwarz, E.J.: Industrielle Verwertungsnetze, in: Management von Unternehmensnetzwerken, hrsg. v. K. Bellmann u. A. Hippe, Wiesbaden, 1996, S. 349 - 377.

Schwarzer, U.: Aufholjagd ins Ungewisse in: Manager Magazin, 12, 1985, S. 30 - 36.

Seidenschwarz, W.: Target Costing. Marktorientiertes Zielkostenmanagement, München, 1993.

Sennet, R.: Der flexible Mensch. Die Kultur des neuen Kapitalismus, Berlin, 1998.

Siebert, H.: Technologische Entwicklung und Vorproduktbeschaffung, Frankfurt/M. 1990.

Simon, H.; Dolan, R.J.: Profit durch Power Pricing - Strategien aktiver Preispolitik, Frankfurt u. New York, 1997.

Sommerlatte, T.: Hochleistungsorganisation, in: Gabler Verlag (Hrsg.): Management heute, Wiesbaden, 1991.

Staehle, W.H.: Management. 7. Aufl., München, 1994.

Steinmann, H. (Hrsg.): Planung und Kontrolle, München, 1981.

Steinmann, H.: Schreyögg, G.: Management, Wiesbaden, 1990.

Stigler, G.J.: The Organization of Industry, Homewood, 1968.

Strey, M.: Excel-Software-Tools für Controlling und Unternehmensführung – Conjoint, SRD, QFD, Netzwerkanalyse, Portfolio, Ergebniskennlinie, Kempten, 2007 (vgl. auch Anhang).

Sullivan, L., P.: Der Erfolgreiche setzt Maßstäbe, in: Qualität und Zuverlässigkeit, 36, 1991, S. 681 - 686.

Szyperski, N.; Winand, U.: Duale Organisation - Ein Konzept zur organisatorischen Integration der strategischen Geschäftsplanung, in: Zeitschrift für betriebswirtschaftliche Forschung, 1979, S. 195 - 205.

Tanaka, M.: Cost planning and control systems in the design phase of a new product, in: Japanese Mana-gement Accounting, hrsg. v. Y Monden u. M. Sakurai, Cambridge (Mass.), 1989, S. 49 - 71.

Uekötter, F.; Hohensee, J. (Hrsg.): Wird Kassandra heiser? Die Geschichte falscher Ökoalarme, Stuttgart, 2004.

Vershofen, W.: Die Marktentnahme als Kernstück der Wirtschaftsforschung, 2. Aufl., Berlin und Köln, 1959.

Wacker, P.-A.: Die Erfahrungskurve in der Unternehmensplanung, München, 1980.

Weizsäcker v., E.U.: Erstmaligkeit und Bestätigung als Komponenten der Pragmatischen Information, in: Offene Systeme I – Beiträge zur Zeitstruktur von Information, Entropie und Evolution, hrsg. v. E.U. v. Weizsäcker, Stuttgart, 1974, S. 82 - 113.

Literatur

Weizsächer v., E.U.; Weizsächer v., C.: Wiederaufnahme der begrifflichen Frage: Was ist Information?, in: Nova Acta Leopoldina 206, 1972, S. 535 - 555.

Welge, M.K.; Al-Laham, A.: Planung, Wiesbaden, 1992.

Welsch, W.: Unsere postmoderne Moderne, 6. Aufl., Berlin, 2002.

Wheelwright, S.C.; Clark, K.B.: Revolution der Produktentwicklung, Frankfurt/M. u. New York, 1994.

Wildemann, H.: Entsorgungsnetzwerke, in: Management von Unternehmensnetzwerken, hrsg. v. K. Bellmann u. A. Hippe, Wiesbaden, 1996, S. 305 - 348.

Williamson, O.E.: The Economic Institutions of Capitalism: Firms, Markets, Relational Contracting, New York, 1985.

Witt, F.-J.: Personalportfolios, in: controller-magazin, 1987, S. 271 - 274.

Wittmann, E. (a): Shareholder Value-Management - Anwendungserfahrungen zum Geschäftswertkonzept in der Siemens AG, Vortragsunterlagen, München, 1996.

Wittmann, E. (b): Balanced Scorecard als strategisches Führungsinstrument, in: Power Tools, hrsg. v. D. Schneider u. P. Pflaumer, Wiesbaden, S. 91 - 102.

Womack, J.P.; Jones, D.T.; Roos, D.: Die zweite Revolution in der Autoindustrie, Frankfurt/M, 1991.

Zahn, E.: Strategische Planung in: Handwörterbuch der Planung, hrsg. von N. Szyperski und U. Winand, Stuttgart, 1989.

Zima, P.V.: Moderne/Postmoderne, 2. Aufl., Tübingen u. Basel, 2001.

Zimmermann, A.: Siemens Organisationsstruktur und Führungssystem in: Hahn, D. (Hrsg.): PuK-Controllingkonzepte. 4. Aufl., Wiesbaden, 1994.

Zimmermann, V. (a): Qulity Function Deployment (QFD) im Entwicklungsprozeß, Kaiserslautern, 1995.

Zimmermann, V. (b): Quality Function Deployment – QFD: Aufgabe, Methodenunterstützung und Umsetzung, in: Power Tools, hrsg. v. D. Schneider u. P. Pflaumer, Wiesbaden, 2001, S. 131 - 141.

Stichwortverzeichnis

ABC-Analyse .... 197 ff
Abschöpfungsstrategie 175
ADL-Portfolio .... 177 f
Alarmkennziffern,
   funktionsorientierte .... 375 f
Altersstrukturanalyse .... 141 ff, 197
AMBA-Portfolio .... 302 ff
Analogiebildung, historische .. 103 f
Analysierer 323
Antiplaner 79
Architekt 78
Auslagerbarrieren .... 184 ff

Balanced Scorecard .... 310 ff
Basisfaktoren .... 46 ff
Bayes-Entscheidungsregel 337
Begeisterungsfaktoren .... 46 ff
Benchmarking .... 297 ff
Benchmarking-Abstand .... 302 ff
Benchmarking-Aktionen .... 302 ff
Benchmarking-Gebote .... 299 ff
Benchmarking-Inhalte .... 300 ff
Benchmarking-Kontrolle .... 304 f
Benchmarking-Objekt .... 300 ff
Benchmarking-Prozess .... 299 ff
Benchmarking-Team .... 299 f
Benchmarking-Vorteils-
   ursachen .... 301 f
Benchmarking-Ziele .... 297 ff
Beschaffungs-Portfolio .... 184 ff
Beschleunigungsfalle 140
Bestätigung (-sgrad) .... 47 ff
Betriebszeitverkettung 214
Beziehungsmatrix .... 278 ff
Branchenanalyse .... 85 ff
Budgetarten .... 343 ff
Budgetierung .... 343 ff
Budgetplanung .... 343 ff

Chancen-Risiken-Matrix 82
Conjoint-Analyse .... 236 ff
Conjoint für Excel .... 236 ff

Controlling .... 53 ff
Controlling und Unterneh-
   mensführung .... 53 ff
Controlling, virtuoses .... 53 ff
Controlling-Determinismen ...... 53 f
Controlling-Dimensionen .... 56 ff
Controlling-Ebenen .... 57 ff
Controlling-Inhalt .... 58 f
Controlling-Instrumente .. 6 ff, 108 ff
Controlling-Leitsätze .... 53 ff
Controlling-Matrix 58
Controlling-Phase 57
Controlling-Sub-Würfel 58
Controlling-Würfel .... 56 ff
customer-active-innovation-
   effects 146

Darwiportunismus .... 28 ff
Defensivstrategie .... 167 ff
Dekonstruktion .... 21 ff
Delphi-Methode .... 103, 394 f
Desinvestitionsstrategie ... 168, 175
Differenzierungsrelevanz . 239, 247
Differenzierungs-
   strategie .... 112 f, 325 f
Dimensionenklappen 205
Disintegrationsstrategie .... 208 ff
Diskurs .... 27 f
Diversifikation .... 93, 149 ff
Diversifikation horizontale 151
Diversifikation, interne .... 159 ff
Diversifikation, laterale 151
Diversifikation, vertikale 150
Diversifikation, visionäre .... 159 ff
Du-Pont-Schema 63, 374
Dynamik .... 35 ff

Eigenfertigung ..... 124 ff, 144, 184 ff
Einflussgrößen-
   Portfolio .... 285 ff, 391 ff
Einflussgrößenmatrix . 285 ff, 391 ff
Entscheidungsmatrix .... 335 f

Stichwortverzeichnis

Entscheidungsregeln .... 335 ff
Entsorgungszyklus 135
Entstehungszyklus .... 132 f, 249
Entwicklungsanalyse ...... 92 f 155 ff
Entwicklungsdilemma .... 137 ff
Entwicklungsprognose .... 97 f
Entwicklungstrichter .... 180 f
Erbauungsnutzen .... 46 f
Erfahrungskurven-
    konzept .... 117 ff, 164
Erfolgsfaktoren .... 272 ff
Erfolgsstrukturanalysen .... 199 f
Erfolgs-Wolkenkratzer .... 278 ff
Ergebniskennlinie .... 223 ff, 395 f
Ergebniskennlinie
    für Excel 226
Ergebnissaldo .... 224 ff
Ergebnisunsicherheit .... 182 f
Erkenntnisfähigkeit .... 321 f
Erkenntnisfortschritt 322
Erstmaligkeit und Bestätigung 47 ff

Faktorenanalyse 276
first .... 139 ff
five forces 85, 313
Flexibilität .... 35 ff
Flexibilitätsfalle .... 39 f
Flexibilitätsüberschätzung .... 39 f
follower .... 139 ff
Forschungs- und Entwick-
    lungs-Portfolio .... 180 ff
Fragezeichen .... 165 ff
Fremdbezug .....125 ff, 143 ff, 184 ff
Frequentierungs-Portfolio ..... 203 ff
Frequentierungsanalyse .... 201 ff
Frequentierungsanteils-
    Portfolio .... 204 f
Frühaufklärung 360
Früherkennung 360
Frühindikatoren .... 378 ff
Frühwarnsysteme,
    operative .... 372 ff
    strategische .... 384 ff
Frühwarnsysteme, Formen ... 369 ff

Frühwarnsysteme, Kompo-
    nenten .... 367 f
Frühwarnung .... 360 ff
Führungskonflikte .... 66 f
Führungsschwäche .... 65 ff
Führungsstärke .... 65 ff
Funktionskostenmatrix I, II ..... 255 f
Funktionsprogramme .... 341 ff

Gap-Analyse .... 92 f
Gap-Analyse,
    mehrfach ergänzte .... 148 ff
Gap-Analyse, Varianten .... 153 ff
Geltungsnutzen .... 46 f
Generalist 78
Gesamtnutzenwerte .... 239 ff
Geschäftseinheiten,
    strategische 94
Gesellschaftsdiagnose ... 23 f, 391 f
Glättung, exponentielle 102
Gleitende Durchschnitte .... 102 f
Großunternehmen .... 41 ff
Grundformel der Unterneh-
    mensstrategie 86
Grundnutzen .... 46 f
Grundpositionen,
    strategische .... 323 f

Handlungsfähigkeit .... 319 ff
Hauptziele 68
Hierarchieabflachung .... 17 ff
Hochrechnung .... 376 ff
Human-Resource-Portfolio ... 190 ff

Ignoranz .... 384 f
Indikatoren .... 378 ff
Indikatorenanforderungen 380
Indikatorenarten .... 381 ff
Infokat-
    Management 164, 170, 204
Informationsverkettung 214
Innovationswettbewerb .... 114 ff
Innovator 78
Insourcing .... 184 ff, 209
Integration, vertikale ...... 116, 206 ff

Stichwortverzeichnis

Integrationsgrad .... 213 ff
Integrationsgrad, vertikaler ... 213 ff
Integrationsstrategie .... 213 ff
Intrapreneuring 42
Intuition, unternehmerische ..... 41 ff
Investitionsstrategie ..... 167 f, 175 f
Investmentintensität 115
Ist-Kosten (-Bewertung) .... 250 ff

Käufermarkt 44
Kapitalumschlag 63, 330, 374
Kapitalrendite 63, 330, 374
Kaufwahrscheinlichkeiten ..... 230 ff
Kennzahlen .... 63, 330, 374 ff
Kennzahlenquellen .... 372 f
Kernleistungen .... 184 ff
Kleinunternehmen .... 41 ff
Komplexität .... 35 ff
Komplexitätskosten .... 194 f
Konkurrentenanalyse .... 88 f
Kontraktremanenz 147
Kontrolle, operative .... 358 f
Kontrolle, strategische .... 355 ff
Kostenführerschaft .... 325 f
Kosten-Trend-Analyse .... 377 f
Kostenpolitik .... 159 ff
Kostenremanenz 147
Kostenwettbewerb .... 144, 249 ff
Krisenbewältigung .... 261 ff
Krisenmanagement .... 260 ff
Krisenursachen .... 364 ff
Krisenverläufe .... 364 ff
Krisenvermeidung .... 361 ff
Kundenanforderungen . 44 ff, 249 ff
Kundenfrequentierung .... 201 ff
Kundenorientierung .... 44 ff
Kundenstrukturanalyse .... 198 ff

Länder-Portfolio .... 188 ff
Large-Numbers-Situa
  tion ... 50, 146 f, 182, 201 ff, 213
Lean Management 17, 45 184
Lebenszyklus .... 132 ff
Leidensdruck .... 320 f
Leitungsspanne .... 17 ff
Leistung, menschliche .... 190 ff

Leistungsschwäche .... 65 ff
Leistungsstärke .... 65 ff
Lernkurveneffekt 117
Lieferantenmacht 86
Lieferanten-Portfolio .... 187 ff
Lieferantenpyramide .... 214 f
life-time-contract 147
Logistikverkettung 214
Loose-Tight-Hypothese 343
Lücken, strategische,
  operative 93
Lückenanalyse .... 92 f, 155 ff

Make or
  Buy . 184 ff, 201 ff, 218 ff, 351 ff
Make-or-Buy-Objekte . 184 ff, 351 ff
Make-or-Buy-Portfolio 184 ff, 351 ff
Management .... 15 ff
Managementanalyse .... 90 f
Managementhierarchie .... 16 ff
Managertypen .... 349 f
Marketing-Mix 194
Market into company .... 249 ff
Marktabgrenzung 169
Markt-Lebenszyklus .... 132 ff
Marktanalyse .... 86 ff
Marktanteil .... 86 ff, 115, 163 ff
Marktanteil, relativer ..... 115, 163 ff
Marktattraktivität .... 171 ff
Marktattraktivitäts-Wettbewerbs-
  vorteils-Portfolio .... 171 ff
Marktdurchdringung 93, 149, 159 ff
Marktentwicklung .... 93, 149 f
Marktfenster 139
Marktlücke 196
Marktsegmentierung 150, 196
Marktversagen .... 145 f
Marktwachstum .... 86 ff, 115, 163 ff
Marktwachstums-Marktanteils-
  Portfolio .... 163 ff
Marktwert-Buchwert-Modell .. 330 ff
Marktwert-Buchwert-Portfolio . 332 f
Marktwert-Buchwert-Treppe 334
Maßnahmen-Budgetierung ... 343 ff

Stichwortverzeichnis

Maßnahmenplanung .... 341 ff
Maxi-Max-Entscheidungs-
regel 337
Maxi-Min-Entscheidungs-
regel .... 336 f
Means-End-Kon-
zept ... 50 ff, 250 ff, 263 ff, 273 ff
MEFA 271
Meilenstein-Trend-Analyse .... 357 f
Melkkühe .... 165 ff
Menschenführung .... 15 ff
Messgrößen .... 311 ff
Metha-Erzäh-
lung ... 20 ff, 43, 45, 62, 69, 167 ff, 270, 294, 310, 327, 331
Methode zur Ermittlung funktio-
naler Anspannung 271
Mittelstandsunternehmen .... 42 f
muddling through 70, 111

Nebenziele 68
Netzwerk 206, 314
Netzwerkanalyse .... 285 ff, 391 ff
Normstrate-
gien .... 165ff, 175 ff, 225, 284
Nutzen .... 44 ff
Nutzenanteile .... 239 ff
Nutzenbereiche .... 239 ff
Nutzenwerte .... 239 ff

Oberziele 69
Offensivstrategie .... 168 f
Outsourcing ..... 184 ff, 208 ff, 218 ff

Personalführung .... 15 ff
Personal-Markt-Matrix .... 157 f
Personal-Portfolio .... 190 ff
Phantast 79
PIMS .... 114 ff, 140, 164
Planung .... 35 ff, 70 ff , 360 ff
Planung, integrierte .... 73 f
Planung, operative .... 74 f
Planung, rollierende 76
Planung, strategische .... 74 f
Planung, taktische .... 74 f
Planungsansätze 76

Planungsasket 79
Planungsaufgaben 80
Planungsebenen .... 74 f
Planungselemente .... 72 ff
Planungsfunktionen 80
Planungsintellektueller 79
Planungsmodul .... 72 f
Planungsprozess .... 71 f
Planungsrelevanz .... 80 f
Planungstableau .... 37 f
Planungstypen .... 78 f
Planungsverständnis .... 76 f
Planungswürfel .... 72 f
Politiker-Portfolio .... 191 f
poor and busy man position 284
Portfolio für Excel 174, 184
Portfolio-Methode .... 163 ff
Positionierungsmodelle .... 195 ff
Postmoderne (Poststrukturalis-
mus .. 20 ff, 36, 170 f, 310, 331, 392 f
Potenzialanalyse .... 91 f
Potenzialreserve .... 278 ff
Präferenzmethode .... 229 ff
Präferenzmethode, differen-
zierende .... 232 ff
Präferenzmethode, differenzierende
und gewichtende 235
Präferenzmethode, einfache . 230 ff
Präferenzpunkte .... 232 ff
Prämissenkontrolle .... 358 f
Präsenzindikatoren 381
Preiseinbruch .... 122 f
Preisschirm .... 121 ff
Preisverhalten, strategisches 121 ff
Prinzipal-Agent-Problem 90, 331
Produkt-Lebenszyklus .... 132 ff
Produkt-Markt-Kontrakt-
Synchronisierung 147
Produkt-Markt-Matrix
(Beschaffung) .... 189 f
Produkt-Markt-
Matrix .... 93, 149 ff
Produkt-Markt-Matrix,
verfeinerte .... 153 ff
Produktentwicklung 93, 149 f, 229 ff

Stichwortverzeichnis

Produktpolitik .... 194 ff
Produktpositionierung .... 195 ff
Produktqualität ..... 44 ff, 115, 229 ff
Prognose .... 95 ff
Prognosearten .... 97 ff
Prognoseintensität .... 95 f
Prognosekosten 95
Prognoseobjekte .... 95 ff
Prognoseverfahren .... 100 ff
Prognoseverfahren,
  qualitative .... 101 ff, 384 ff
Prognoseverfahren,
  quantitative .... 100 ff
Programmanalyse .... 194 ff
Programmbreite 194
Programme, strategische ...... 338 ff
Programmtiefe 194
Projektattraktivität .... 180 ff
Projektselektion .... 180 ff
Prospektor 78, 323
Prozessunsicherheit .... 182 f
Punktbewertungsverfahren .... 252 f
Punktwolke 188

Qualitätswettbewerb 44, 262
Quality Function
  Deployment .... 262 ff
Quality-House .... 263 ff
Quasi-Integration .... 213 ff

Randleistungen .... 185 ff
Rating .... 173 f, 183 f
Rationalität .... 21 ff
Reagierer 78, 323
Regelkreis 33
Regression .... 101 ff
relevant set .... 230 ff
Relevanz, strategische .... 185 f
Relevanz-Portfolio .... 282 f
Relevanz-Verantwortungs-
  Portfolio .... 282 f
Ressourcenausschöpfung .... 292 ff
Ressourcen-Struktur-Matrix .. 159 ff
Ressourcen-Struktur-Strategie 159 ff
Ressourcenentwicklung .... 160 ff

Ressourcenkomponenten ..... 274 ff
Ressourcenstärke .... 172 f, 182 f
Ressourcenzuteilung .... 343 ff
Return on
  Investment ..... 62 f, 114 ff, 373 f
Risiko 82
Risikostreuer 78
Risikoanalyse .... 106 f
Rivalität .... 85 f
Rückwärtsdisintegration .... 208 ff
Rückwärtsintegration .... 208 ff

Sattelpunkt .... 224 ff
Schwache Signale .... 384 ff
Sensitivitätsanalyse .... 105 f
Shareholder-Value-
  Konzept .... 330 ff
Skaliertausch .... 173 f, 183 f
Skalierungsproblem ..... 173 f, 183 f
Small-Numbers-Problem
  146 f, 151, 185 f, 201 ff, 211,
  225 f
Soll-Kosten .... 256 ff
Sorgenkinder (dogs) .... 165 ff
Spätindikatoren 381
Spezialist 78
Spezifität 147, 151
Spielräume, preispolitische .... 112 f
SRD-Aktionsmatrix .... 291 f
SRD für Excel 296
Stärken-Schwächen-
  Profil .... 91 f, 281
Stärken/Schwächen-Potenzial-
  reserven-Portfolio .... 283 f
Stars .... 165 ff
Steuerungsgrößen .... 311 ff
Strategiearten .... 324 f
Strategiebewertung .... 327 ff
Strategiebewertung, wert-
  orientierte .... 330 ff
Strategiebewertungs-
  kataloge .... 327 ff
Strategiegewinnung .... 322 ff
Strategiemix .... 325 f
Strategie-Struktur-Matrix .... 323 f
Strategiesuche 324

Stichwortverzeichnis

Strategietreiber 36
Strategie-
  umsetzung .. 161 f, 310 ff, 319 ff
Strategiewahl .... 152, 327 ff
Strukturentwicklung .... 160 ff
Substitution .... 37 ff, 85
Success Resource
  Deployment ... 271 ff, 316, 353 ff
Success Resource
  Deplyment für Excel 296, 355
Success Tower .... 273 ff
Supply Chain .... 206 ff
SWOT-Analyse .... 82 ff, 313
Szenario .... 390 ff

Target-Costing .... 249 ff
Technologie- und
  F&E-Portfolio .... 180 ff
Technologieattraktivität .... 180 ff
Technology connections .... 182 f
Teilnutzenwerte .... 238 ff
Traditionalist 78
Trend zur Mitte .... 169, 176 f
Trendextrapolation 101
Trendmeldungen .... 389 f
Turbulenzabsorbtion .... 37 ff

Überholstrategie .... 291 f
Überwachung, strategische .... 358 f
Umsatzstruktur-Mix .... 141 ff, 197 ff
Umsatzstrukturanalyse .... 197 ff
Umsetzungskontrolle .... 355 ff
Umwelt, aufgabenspezifische . 85 ff
Umwelt, globale .... 82 ff
Umweltanalyse .... 82 ff
Ungewissheit .... 104 ff
Ungewissheitshandhabung ... 104 ff
Unsicherheit 104
Unternehmensanalyse ...... 82, 90 ff
Unternehmensführung .... 15 ff
Unternehmensführung, kunden-
  orientierte .... 44 ff, 229 ff
Unternehmensführung, wert-
  orientierte .... 330 ff
Unternehmensnetzwerke ...... 206 ff
Unternehmensplanung 70 ff, 360 ff

Unternehmenswachstum .... 86 f
Unterziele 69
Ursache-Wirkungsketten .... 313 f

Value Chain .... 206 ff
Value-based-Management .... 330 ff
Verantwortlichkeit,
  chaotische .... 282 f
Verhaltensoptionen,
  strategische .... 159 ff
Verhandlungsstärke,
  Lieferanten 86
Verkäufermarkt 44
Verkettungsintensität .... 213 ff
Verteidiger 78, 323
Vier-Felder-Matrix,
  strategische .... 159 ff
Vitalisierung, externe .... 159 ff
Vitalisierung, interne .... 159 ff
Vitalisierungsstrategie .... 291 f
Vorwärtsdisintegration .... 208 ff
Vorwärtsintegration .... 208 f

Wachstumsstrategie 176
Wahrnehmungsfähigkeit .... 256 f
Wahrheit .... 21 ff
Wahrscheinlichkeiten,
  objektive 100
  subjektive 100
Wahrscheinlichkeitsprognose .. 100
Wertaktivitäten .... 206 ff
Wertaktivitätenanalyse .... 206 ff
Wertaktivitäten-
  freqeuntierung .... 201 ff
Wertkette .... 206 ff
Wertkettenstabilität .... 207 ff
Wertkettenlandkarte .... 206 ff
Wertkettenstrategien .... 208 ff
Wertkettenzange 213
Wertschöpfungsquote .... 190 ff
Wertschöpfungs-
  strukturanalyse .... 218 ff
Wertschöpfungs-
  strukturen .... 218 ff
Wettbewerbsvorteile .... 171 ff
Willensbildung .... 15 ff

Stichwortverzeichnis

Willensdurchsetzung .... 15 ff
Wirkungsprognose .... 98 ff

Zeitzonenproblem 169
Ziel, zeitlicher Bezug 64
Zielausmaß 64
Zielbeziehungen .... 67 ff
Zielbildung .... 60 ff
Zielbildungsmacht 62
Zielbildungsprozess .... 60 ff
Zieldimensionen .... 62 ff
Ziele .... 16 ff, 60 ff
Ziele der Unternehmung .... 60 f
Ziele für die Unternehmung ..... 60 f
Zielformulierung .... 62 ff
Zielformulierungs-
  Hypothesen .... 65 ff
Zielformulierungs-
  präferenzen .... 65 ff
Zielgrößen-Budgetierung 345
Zielindifferenz 69
Zielinhalt 64
Zielkomplementarität 69
Zielkompromiss 41
Zielkonflikt 68
Zielkosten-
  kontrolldiagramm .. 257 ff, 267 f
Ziellosigkeit .... 33 f
Zielpreis .... 249 ff
Zielpyramide .... 62 f, 69
Zielvertikalisierung .... 62 ff
Zielwandel 61
Zusatznutzen .... 46 ff, 277
Zuschlagskalkulation 253
Zwecknutzen .... 46 ff